国家社科基金
后期资助项目
GUOJIA SHEKE JIJIN HOUQI ZIZHU XIANGMU

古犹太人入华研究

李大伟 著

上海人民出版社

国家社科基金后期资助项目
出版说明

后期资助项目是国家社科基金设立的一类重要项目,旨在鼓励广大社科研究者潜心治学,支持基础研究多出优秀成果。它是经过严格评审,从接近完成的科研成果中遴选立项的。为扩大后期资助项目的影响,更好地推动学术发展,促进成果转化,全国哲学社会科学工作办公室按照"统一设计、统一标识、统一版式、形成系列"的总体要求,组织出版国家社科基金后期资助项目成果。

全国哲学社会科学工作办公室

目　录

引言 ··· 1

绪论 ··· 1
　一　古犹太人入华诸说 ····································· 1
　二　研究现状与本书研究内容 ······················· 11

第一章　唐代犹太人入华 ·································· 20
　一　唐代犹太-波斯文信件与于阗犹太人 ········· 20
　二　拉唐犹太商人入华 ··································· 28
　三　Khānfū 与 Khānfū 犹太商人 ···················· 68
　四　883 年阿比尼西亚埃尔达德信件 ··············· 84
　五　唐代通向中国的犹太人海路贸易 ··············· 90
　六　唐代通向中国的犹太人陆路贸易 ··············· 98

第二章　唐代汉籍所记犹太人信息 ··················· 132
　一　唐代敦煌景教文献所见犹太人称谓 ··········· 132
　二　"犹太人"阿罗憾 ···································· 150
　三　漕矩吒与穆那天神考 ······························ 173
　四　汉籍所记唐代犹太人考辨 ························ 182

第三章　宋元犹太人入华 ·································· 186
　一　宋代犹太人流散状态 ······························ 186
　二　戈尼萨文书所记印度洋犹太人贸易 ············ 211
　三　开封犹太人入华问题再思考 ····················· 221
　四　文献所记宋元各地犹太人入华 ·················· 242

第四章　宋元汉籍所记犹太人信息 ······················· 252

一　宋元汉籍所记犹太人称谓 ······················· 252

二　宋元汉籍所见犹太人举隅 ······················· 259

参考文献 ··· 262

附录 ··· 283

后记 ··· 305

图 表 目 录

图 1-1-1　丹丹乌里克犹太-波斯文信件 ･･････････････ 21

图 1-1-2　丹丹乌里克遗址分布图(局部) ･･････････････ 22

图 1-2-1　塞瓦杜地图 ･･･････････････････････････ 47

图 1-2-2　唐代海路交通 ･････････････････････････ 56

图 1-5-1　僧急里犹太人古泰米尔铜盘铭文 ･･････････ 96

图 1-6-1　戈尼萨文书可萨犹太人信件 ･････････････ 105

图 1-6-2　阿拉伯时期呼罗珊辖地 ･･･････････････ 120

图 1-6-3　唐利･阿佐(Tang-li Azao)犹太-波斯文碑刻 ･･ 122

图 1-6-4　贾姆宣礼塔 ･･････････････････････････ 123

图 1-6-5　伯希和所获敦煌犹太人祈祷文 ･･････････ 130

表 3-1-1　11 世纪西班牙部分地区犹太人分布状况 ･･･････ 190

表 3-1-2　中世纪法国与英格兰犹太人分布状况 ･･･････ 192

表 3-1-3　本杰明所记 12 世纪意大利犹太人分布状况 ･･･ 192

表 3-1-4　本杰明所记 12 世纪拜占庭帝国犹太人分布状况 ･･ 193

表 3-1-5　本杰明所记 12 世纪叙利亚-巴勒斯坦地区犹太人分布状况

　　　　　　･･･････････････････････････････････ 196

表 3-1-6　本杰明所记 12 世纪美索不达米亚地区犹太人分布状况 ･････ 199

表 3-1-7　本杰明所记 12 世纪阿拉伯半岛犹太人分布状况 ･･･････ 201

表 3-1-8　本杰明所记 12 世纪波斯与中亚地区犹太人分布状况 ･･･････ 203

表 3-1-9　本杰明所记 12 世纪埃及犹太人分布状况 ････ 208

引　言

关于古犹太人入华研究,前辈学人多有关注,相关国内外研究成果甚丰。自 17 世纪初开封犹太人被西方耶稣会士"发现"之后,以怀履光(Willam Charles White)、詹姆斯·费因(James Finn)、李渡南(Donald Leslie)、桑原骘藏等为代表的国外学者以及陈垣、潘光旦、张星烺、江文汉、孔宪易、高望之、魏千志、张倩红、李景文等为代表的国内学者历经数百年,对开封犹太人的研究取得了大量学术成果,同时对开封之外的古代犹太人入华亦有不同程度的涉猎与探讨。

整体而言,关于古代犹太人入华的文献资料无论在汉籍,还是异域文献中都非常稀少,为进一步推进对该问题的研究带来了极大困难。而且,现有研究基本都对目前所知的文献资料进行了解读,甚至取得了某些公认的学术观点。因此,从某种程度而言,古犹太人入华问题似乎是一个"题无剩义"的研究课题,已无多大研究推进的余地,尤其自 21 世纪以来国内外学界对其鲜少关注,本研究亦属于老题新作。

尽管如此,并不意味着古犹太人入华问题没有必要进行新的研究。值得注意的是,已有研究关于一些文献资料的解读仍存在不足,甚至讹误,对某些关于犹太人记载的信息与词汇缺乏系统史学考证,甚至脱离历史语境,对其意义把握并不完全正确,同时鲜见在较大历史空间对这些文献资料的历史内涵进行考察研究,并恰当地运用间接资料,拓展犹太人入华研究的外延,实现对古代犹太人入华的系统研究。基于以上考虑,本研究旨在立足于对古犹太人入华相关文献重新解读的基础上揭示更多新的内涵,力求于方寸间见天地、于细微处见真章,并在丝绸之路交往背景下综合运用关于犹太人的各类文献资料对古犹太人入华进行系统研究,展现犹太文明与中华文明交往的本源与形态。

本研究虽然付梓出版,但是限于本人学识与研究能力,文中难免有尚未发现的错误或处理不当之处,终究还有些"未穷尽"的地方,因此我坦诚地欢迎一切严肃而认真的批评,也期待今后有更加深入研究的出现!

李大伟

2023 年 5 月

绪　　论

一　古犹太人入华诸说[①]

1605 年，意大利耶稣会士利玛窦（Matteo Ricci，1552—1610 年）在北京会见入京赶考的开封犹太人艾田，首开对开封犹太人研究之先河。[②]在此过程中，亦有学者对"古代犹太人入华"有所涉猎，或就其中某一历史问题与细节进行过阐述。迄今为止，针对古代犹太人入华，大致有"周代（公元前 1046—前 256 年）之前说""周代说""汉代（公元前 202—220 年）说"与"唐代（618—907 年）说"四种说法。

（一）周代之前说

此说以 19 世纪俄国人阿列克谢·维诺格拉多夫（Alexei Winogradoff）为代表。阿列克谢·维诺格拉多夫据开封犹太人明代（1368—1644 年）弘治二年（1489 年）《重建清真寺记》碑所记：

> 夫一赐乐业立教祖师阿无罗汉……那其间立教本至今传，考之在周朝一百四十六年也。一传而至正教祖师乜摄，考之在周朝六百

---

① 此处需要说明的是很多学人曾对古代犹太人入华学术史，尤其是唐代之前学术史有所梳理。由于所涉学人诸多，在此不一一列举。学术史是对前人研究的总结，因所涉主题一样，因此行文难免有相似之处。为避免不必要的论争，特此说明。此处关于古代犹太人入华的部分学术史内容曾于 2018 年发表于《全球史评论》，详见李大伟：《古代犹太人入华时间考论》，《全球史评论》，2018 年第 15 辑，第 140—154 页。潘光旦、魏千志、曹寅等学人关于古犹太人入华的学术史梳理，详见潘光旦：《中国境内犹太人的若干历史问题——开封的中国犹太人》，北京，北京大学出版社，1983 年，第 26—39 页；魏千志：《中国犹太人定居开封时间考》，《史学月刊》，1993 年第 5 期；曹寅：《丝绸之路与中国古代犹太人研究》，上海社会科学院硕士学位论文，2011 年。

② 耿升：《西方人对中国开封人的调查始末》，《河南大学学报》，2007 年第 2 期，第 107 页。

十三载也。①

认为犹太人早在周代之前（即公元前 11 世纪之前）就已经进入中国。但是，西班牙耶稣会士管宜穆（Jerorme Tobar，1855—1917 年）认为，此碑所记仅涉及"立教"起源本身，非指犹太人入华的时间。②如明弘治二年《重建清真寺记》碑又记：

> 教道相传，授受有自来矣。出自天竺（印度），奉命而来，有李、俺、艾、高、穆、赵、金、周、张、石、黄、李、聂、金、张、左、白七十姓等，③进贡西洋布于宋，帝曰：归我中夏，遵守祖风，留遗汴梁。宋孝隆兴元年（1163 年）癸未，列微五思达领掌其教，俺都剌始建寺焉。④

潘光旦亦称阿列克谢·维诺格拉多夫应是据明弘治二年碑所记望文生义，再加以引申，认为犹太人早在摩西之前就已经入华；⑤丕尔曼（S. M. Permann）认为，此种说法未免太过"大胆"，似不足为信。⑥因此如管宜穆所言，此段碑文应仅是指"立教"起源本身，并将之与中国周代作时间上的对照，并没有言明犹太人在周代之前就已进入中国。因此，阿列克谢·维诺格

① 该碑文所记"一赐乐业"为希伯来语 ישראל 音译，即以色列（Israel）；"阿无罗汉"则指亚伯拉罕，即希伯来语 אברהם（Abraham）音译；"乜摄"为摩西，即希伯来语 משה（Moses）音译。关于开封犹太人明弘治二年《重建清真寺记》碑所记内容，详见李景文等编校：《古代开封犹太人——中文文献辑要与研究》，北京，人民出版社，2011 年，第 20—23 页；陈垣：《陈垣学术论文集》（第 1 集），北京，中华书局，1980 年，第 256—259 页。

② 耿升：《西方人对中国开封犹太人的调查始末》，第 108 页。

③ 陈垣认为，明弘治二年《重建清真寺记》碑所记七十姓疑为十七姓之误，因碑中所列适十七姓，而教众之知名者，又无在此十七姓之外也。且原碑"牟尼"二字既可倒置作"尼牟"，则十七姓之倒置为七十，亦或似之，然不可考也。以上诸内容，详见陈垣：《陈垣学术论文集》（第 1 集），第 270 页。

④ 列微即利未（Levi），利未为雅各（Jacob，以色列人先祖）三子，利未支派的先祖。此处的列微应是来自利未支派的犹太人。五思达为波斯语 Ustad 音译，为一种荣誉头衔，指那些备受尊敬的老师或大师等。此处所记的利未五思达显示开封犹太人受波斯文化影响之深，至少部分开封犹太人应来自波斯地区。俺都剌似应为 Abdullah 音译；阿拉伯语 Abdullah 意为"真主的仆人"，其中 Abd 为仆人之意，allah 则为阿拉伯语对上帝的称谓，即真主。Abdullah 常作为人名出现，阿拉伯地区的很多犹太人亦取此名。希伯来语 עבדיאל（Abdial）亦为上帝仆人之意，常作为犹太人名出现。但是，俺都剌发音似与 Abdullah 更为契合，显示开封犹太人应与阿拉伯地区联系密切，至少部分应来自阿拉伯地区。碑文所记"寺"即指犹太会堂。关于此碑所记内容，详见李景文等编校：《古代开封犹太人——中文文献辑要与研究》，第 21 页。

⑤ 潘光旦：《中国境内犹太人的若干历史问题——开封的中国犹太人》，第 27 页。

⑥ S. M. Permann, *The History of the Jews in China*, London: R. Mazin & Co. Ltd., 1913, p.21.

拉多夫以明弘治二年《重建清真寺记》碑所记,谓之犹太人在周代之前就进入中国的说法有失偏颇。

(二) 周　代　说

除明弘治二年《重建清真寺记》碑所记"立教本至今传,考之在周朝一百四十六年也。一传而至正教祖师乜摄,考之在周朝六百十三载也"之外,开封犹太人明正德七年(1512 年)《尊崇道经寺记》碑又记载:"至于一赐乐业教,始祖阿耽,①本出天竺西域,稽之周朝,有经传焉。"②开封犹太人康熙二年(1663 年)《重建清真寺记》碑记之:"教起于天竺,周时传于中州,建祠于大梁。"③

法国耶稣会士宋君荣(Antoine Gaubil,1689—1759 年)与西盉涅(Sionnet)据以上记载,认为周代中国已有犹太人;④詹姆斯·费因(James Finn)也主张,犹太人在周代已经入华,并认为开封犹太人可能是汉代从中国别的地方移居到开封。⑤但是,詹姆斯·费因的主张与明弘治二年《重建清真寺记》、康熙二年《重建清真寺记》碑所记开封犹太人来自"天竺"以及明正德七年《尊崇道经寺记》碑所记来自"天竺西域"差异甚大。虽然,开封犹太人明弘治二年《重建清真寺记》碑、明正德七年《尊崇道经寺记》碑以及康熙二年《重建清真寺记》碑都有类似犹太人周代入华的记载,但这些记载前后充满矛盾,如明弘治二年《重建清真寺记》碑又记之:"(开封犹太人)出自天竺,……进贡西洋布于宋。"这些碑刻为开封犹太人后裔所立,不排除其将犹太人历史与中国周代进行比附,进而附会为犹太人已于周代进入中国。因此,在无其他确凿旁证的情况下,仅依据这些碑刻的记载,断言犹太人已于周代入华的主张仍尚待商榷。

除开封犹太人碑刻记载之外,西盉涅还认为从周代直到东汉(25—220 年),汉民族和犹太民族在一些神话、传说上颇有不少相同内容,如天宫或

---

① 阿耽即为亚当(Adam),上帝所造的第一个人。

② 开封犹太人明正德七年《尊崇道经寺记》碑所记内容,详见李景文等编校:《古代开封犹太人——中文文献辑要与研究》,第 24—25 页;陈垣:《陈垣学术论文集》(第 1 集),第 260—262 页。

③ 开封犹太人康熙二年《重建清真寺记》碑所记内容,详见李景文等编校:《古代开封犹太人——中文文献辑要与研究》,第 38—42 页;陈垣:《陈垣学术论文集》(第 1 集),第 262—268 页。

④ 潘光旦:《中国境内犹太人的若干历史问题——开封的中国犹太人》,第 27 页。

⑤ 詹姆斯·费因对开封犹太人来源的研究,详见 James Finn, *The Jews in China*:*Their Synagogue*,*Their Scriptures*,*Their History*, London:B. Wertheim, Aldine Chambers, Paternoster Row,1893。

"钩天帝所"①之说、辨别善恶的树、洪水后虹的出现、七年之旱、麾戈止日等,并指出老子《道德经》中所写的"视之不见名曰夷,听之不闻名曰希,搏之不得名曰微,此三者不可致诘,故混而为一",认为其中的"夷""希""微"三字的第一个字母正好与 Ja-h-Veh(Ya-h-Weh),即上帝"耶和华"的 J(Y)、h、V(w)相同,因此老子很早就知晓耶和华,这是因为中国人与以色列人早就有往来。②古代各地神话传说难免有相似之处,其是否存在直接联系仍需仔细考究,至于西盎涅通过对《道德经》与耶和华的比较得出老子很早便知晓耶和华的结论则有断章取义之嫌。因此,西盎涅凭此间接证据,并不能直接说明犹太人周代入华。

阿列克谢·维诺格拉多夫在 1880 年出版的俄文版《东方圣经史》中则提到:"以色列王时,犹太人恒旅行支那(中国),支那犹太人古诗中,有推罗王希蓝(希兰)曾将支那帝所赠品物送往陀维之语,正当中国周昭王(?—公元前 977 年)时也。"③其中陀维即古以色列王国(公元前 1050—前 931 年)大卫王。推罗王希兰赠送大卫王之语,《旧约·撒母耳记》(下,5:11 节)记载:"推罗(Tyre)王希兰(Hiram)派遣使者到大卫王处,带着香柏木、木匠与石匠等,给大卫建造宫殿。"④

《旧约·以赛亚书》(49:11—12)记:"我将使我的众山成为大道,我的大路也应该被修高。看那,这些从远方来,这些从北方、西方来,这些从 Syene 之地而来。"⑤Syene(希尼)一词在圣经中译法各异,如《七十子希腊文本》译为"波斯",罗马教会的拉丁文译本为"南方之地",17 世纪阿姆斯特丹大拉比马那塞·以色列(Manassehben Israel)则将之译作"中国"(即"秦",Sin),⑥

---

① "钩天帝所"指传说春秋时期(公元前 770—前 476 年)赵简子(?—前 476 年)曾梦至天帝之所,与百神游于钩天,后以"钩天帝所"喻帝王的宫殿。赵简子,春秋时期晋国赵氏的领袖,原名赵鞅,又名志父,亦称赵孟。晋昭公(?—公元前 526 年)之时,赵简子为大夫,致力改革,为之后的魏国李悝(公元前 455—前 395 年)变法、秦国商鞅(公元前 390—前 338 年)变法以及赵武灵王(公元前 340—前 295 年)改革首开先河。《史记·赵世家》曾记载:"赵简子疾,五日不知人,大夫皆惧。……居二日半,简子寤。语大夫曰:我之帝所甚乐,与百神游于钩天,广乐九奏万舞,不类三代之乐,其声动人心。……",详见《史记》卷 43《赵世家》,北京,中华书局,1982 年,第 1786—1787 页。

② 张绥:《犹太教与中国开封犹太人》,上海,三联出版社,1990 年,第 15 页;潘光旦:《中国境内犹太人的若干历史问题——开封的中国犹太人》,第 29 页。

③ 陈垣:《陈垣史学论著选》,上海,上海人民出版社,1981 年,第 82 页。

④ The Harper Collins Study Bible, Wayne A. Meeks, ed., London: Harper Copllins Publishers, 1993, p.474.

⑤ The Harper Collins Study Bible, p.1084.

⑥ 沙博理:《中国古代犹太人——中国学者研究文集点评》,北京,新世界出版社,2008 年,序言第 8 页。

犹太人东方学者缪伦道夫(Mullendoffer)、天主教教士诺耶(Noye)以及基督教新教徒等在其所用的《新旧约全书》中都把"希尼"(Syene)称作"秦国"。①

因此,阿列克谢·维诺格拉多夫应是据此认为,推罗王赠送给以色列王的赠品来自中国,并提出在周昭王之时犹太人已经到达中国。马那塞、丕尔曼亦据此认为,犹太人应在周代入华,并提出中国犹太人应是以色列十个流散支派的一部分。②但是,现代圣经学者普遍认为"希尼"埃及古城"训"【Sin,位于今塞得港(Said)东南35公里处】或"色耶尼"【Syene,埃及南部阿斯旺(Aswan)地区的旧称】,并非所指中国。③因此,以圣经所记并不能确定犹太人在周代就已入华。

《旧约·利未记》(19:19)记载:"(耶和华对摩西说)你们要守我的律例。不能让你的牲畜与异类交配,不可用两样种子种你的土地,也不可用两种不同的料做穿在身上的衣服。"④《申命记》(22:11)记载:"你不可穿羊毛与细麻两样搀杂的料所做的衣服。"⑤丕尔曼据《旧约·利未记》与《旧约·申命记》所记兽毛与植物纤维混合的织品与中国某些地区,尤其是西藏的织品尤为类似,以及在以色列与中国,尤其是江苏、河南两省,都流行的"叔接嫂"或兄终弟及的"收继婚"制,认为犹太人已于周代入华。但是,丕尔曼并未对圣经中所记织品与中国织品的关系进行考证,仅凭以色列与中国相似的织品似难以断定犹太人周代入华。关于以色列与中国两地相似的"叔接嫂"以及"收继婚"等,陈垣则认为中国某些地区尽管有这两点习惯,但是究竟普遍到什么程度不得而知,除中国、以色列以外,其他民族是否也是如此呢? 即使其他民族没有,可能不可能在两个民族中各自发生,不一定是犹太人所带来的习惯,故此类旁证有穿凿附会之嫌。⑥

———————

　① 潘光旦:《中国境内犹太人的若干历史问题——开封的中国犹太人》,第28页。

　② 以色列流散十个支派。公元前931年古以色列王国分裂为北部以色列王国(公元前931年—前722年)与南部犹大王国(公元前931年—前586年),其中流便(Reuben)、西缅(Simeon)、但(Dan)、拿弗他利(Naphtali)、迦得(Gad)、亚设(Asher)、以萨迦(Issachar)、西布伦(Zebulun)、以法莲(Ephraim)以及玛拿西(Manasseh)等支派属于北部以色列国,犹大(Judah)与便雅悯(Benyamin)支派属于南部犹大国。公元前722年北部以色列王国被亚述占领之后,此十部落便消失。由于史料记载缺乏,此十部落流散历史不可考。以上说法,详见沙博理:《中国古代犹太人——中国学者研究文集点评》,序言第8页;S. M. Perlmann, *The History of the Jews in China*, p.29.

　③ 许鼎新:《旧约原文词义研究》,《金陵神学志》,第12期,金陵协和神学院,1990年,第13—14页;*The Harper Collins Study Bible*, p.1084.

　④ *The Harper Collins Study Bible*, p.182.

　⑤ *The Harper Collins Study Bible*, p.302.

　⑥ 陈垣:《陈垣学术论文集》(第1集),第278页;潘光旦:《中国境内犹太人的若干历史问题——开封的中国犹太人》,第30页。

《旧约·阿摩司书》(3:12)记载:"耶和华说,正如牧人如何从狮子口中抢回两条羊腿或半个耳朵,住在撒玛利亚的以色列人得救也不过如此。他们躺卧在床角上,或铺绣花毯的榻上。"①高德贝(Ghodbane)认为《旧约·阿摩司书》所记绣花毯子一定用到丝,其原文为 dmsk,或补上母音,为damask,应指一种丝织或缎面的靠垫;近代译经家罗伯特·莫法特(Robert Moffat)亦认为,Damask 后来成为叙利亚大马士革(Damascus)的名称,这就说明此地的闪米特人,包括一部分以色列人在内,将中国的丝织品引入西方,因此公元前 8 世纪左右犹太人与中国已有商业往来;诺耶则据此将以色列与中国通商的时间提前至所罗门王朝时期(公元前 1082—前 975 年);②郭永亮亦同意此说。③但是,张绥认为并不能仅从"绣花毯"一词,断定公元前 8 世纪(乃至更早)中国与犹太人之间就存在直接的商业交往,而且《旧约·阿摩司书》编写的年代晚于公元前 8 世纪,④因此不排除编写者以自己的生活方式描写其祖先的生活情境。尽管如此,张绥仍主张中国丝织品在周代到达以色列应是毫无争议,而且犹太人很早就知道东方有一个产丝的国家"希尼",并认为商品可能是通过转口贸易的形式到达犹太人地区,因此犹太人在周代是否已到中国进行商业活动仍没有定论。⑤但是,若以现代圣经学者普遍认为"希尼"指埃及古城"训"或"色耶尼"而论,张绥主张的丝织品在周代到达以色列之说似尚待商榷。

与之相比,江文汉虽然未明确支持周代说,但认为犹太人很早就已入华。江文汉以开封犹太人为例说明:其一,他们不知"犹太"这一称呼,只知道"一赐乐业"——"犹太"一词在公元前 6 世纪之后才开始普遍使用,犹太教也是在犹太人经过长期离散后,特别是在公元前 5 世纪先知以斯拉(Ezra)⑥倡导下方才形成,因此开封犹太人应在公元前几世纪(公元前 6 世纪)就离开本土向东离散,然后进入中国;其二,开封犹太人只以《摩西五书》为圣书,《旧约》中其他各书只有少数几部,《摩西五书》约在公元前 9 至前 4 世

① The Harper Collins Study Bible, p.1306.

② 阿拉伯语 Damask 指以丝、羊毛以及麻布等织成的织物。该种织物主要在大马士革生产、销售,大马士革亦因此得名。高德贝、罗伯特·莫法特以及诺耶等人的主张,详见潘光旦:《中国境内犹太人的若干历史问题——开封的中国犹太人》,第 30 页。

③ 郭永亮:《〈开封一赐乐业教考〉读后记》,原载《大陆杂志》,第 380 卷,第 11 期,第 376—378 页。此处摘自李景文等编校:《古代开封犹太人——中文文献辑要与研究》,第 149 页。

④ 《阿摩司书》相传为先知阿摩司(Amos,?—公元前 745 年)所写,通常认为《阿摩司书》为先知阿摩司在公元前 8 世纪中叶之前所写。

⑤ 张绥:《犹太教与中国开封犹太人》,第 16—17 页。

⑥ 以斯拉(公元前 480—前 440 年)犹太祭司,曾率以色列人从巴比伦返回至耶路撒冷。

纪逐渐形成，《旧约》其他各书形成较晚，开封犹太人只尊奉《旧约》首五卷的《道经》或《正经》①，也只有这五经完整无缺，其他各书并没有，这就说明他们进入中国是在《旧约》尚未全部形成之前。②江文汉之说虽有凭据，但是开封犹太人所使用经书情况只能说明其离开本土的时间，并不能准确反映入华时间，故其说并非确论，尚待商榷。

（三）汉　代　说

开封犹太人明正德七年《尊崇道经寺记》碑记载：

> 至于一赐乐业教始祖阿耽，本出天竺西域。稽之周朝，有经传焉。……立是教者惟阿无罗汉，为之教祖。于是乜摄传经，为之师法。厥后原教自汉时入居中国。③

艾约瑟（Joseph Edkins）、骆保禄（Gozani）、孟正气（Jean Domenge）、布洛帝埃（Brotier）、奥胥布尔（Ausubel）、麦克季理装（Macgillivray）、艾子喇（Ezra）、考迪埃（Cordier）、管宜穆、德拉古柏利（De Lacouperie）、卫利贤（Wilhelm）、徐珂、陶履恭、杨文洵、王一沙、时经训、江文汉以及单士厘等皆据此记载，认为犹太人早在汉代就已入华。

如奥胥布尔认为犹太人入华应在公元前 2 世纪，起初散居在各地，后来才大部分集中在开封；艾子喇、考迪埃、管宜穆、德拉古柏利、卫利贤以及诺耶等认为犹太人进入中国应在 1 世纪之前；麦克季理装则认为应在 2 世纪；孟正气又将犹太人进入中国的时间断定为汉明帝在位期间，即 58—75 年之间——管宜穆、伯希和、徐珂、陶履恭以及杨文洵等亦持此说；④考迪埃则明确提出罗马皇帝提图斯（Titus，79—81 年在位）毁灭耶路撒冷城之后，犹太人辗转反侧从中亚入华；德拉古柏利认为 34 年巴比伦一带的犹太人遭到迫害，幸存的一部分迁徙到了波斯东北地区，其中有些经商到达中国；王一沙亦认为犹太人首次来华应在 1—2 世纪左右，应是为了逃避统治者的迫害，

---

① 开封犹太人的《道经》或《正经》即指《摩西五经》。
② 江文汉：《中国古代基督教及开封犹太人》，北京，知识出版社，1982 年，第 186—187 页。
③ 李景文等编校：《古代开封犹太人——中文文献辑要与研究》，第 24 页。
④ 耿升：《西方人对中国开封人的调查始末》，第 109 页；徐珂：《青回回教》，李景文等编校：《古代开封犹太人——中文文献辑要与研究》，第 89 页；陶履恭、杨文洵，《中外地理大全》，第 77、82 页，上海，中华书局，民国三十五年，李景文等编校：《古代开封犹太人——中文文献辑要与研究》，第 89、113 页。

沿着丝绸之路，从罗马帝国经中亚来到中国。①诺耶一方面认为周代以色列与中国已有商业往来，《旧约·以赛亚》(49：12)中所提到的"秦"确乎指中国，但同时又指出大批以色列人进入中国则是在汉代。②时经训据明正德七年《尊崇道经寺记》记载，提出汉代张骞(公元前195—前114年)通西域至大月氏，甘英使大秦(罗马帝国)望洋而返，自是西僧到中国者甚夥，犹太人进入中国当在此时；③江文汉亦认为："如果说由于丝绸贸易的发展，犹太人由中亚更向东进入汉代的中国，那是完全可能的。"④单士厘亦指出：汉时西域道通，小亚细亚又与西域相通，(犹太)人转徙而来，事所必有，其流行于中国，不但在景教【即聂斯脱里(Nestorian)派基督教】之先，并在佛教之先矣。⑤

与上述学者相比，陈垣则指出明正德碑虽提出汉代开封已有犹太人，但"自汉至明，千有余年，犹太人若久居中国，不应无一人一事一建筑物足述。何以弘治碑之始，于本教传入源流，止溯于宋，而不及于宋以上？"故谓"汉以前已有犹太人曾至中国则可，谓开封犹太人为汉所遗留则不可。"⑥

"汉代说"的另外一个证据，则是普瑞浮(Prevost)在《洛阳的几块闪米特碑志》中提供的三块"希伯来文"碑志的照片、拓本、译文以及注释等。普瑞浮认为这些碑志应是东汉年间以希伯来文所书写。但是，佉卢文专家马雍认为这三枚铭文确为佉卢文，并非希伯来文，⑦夏鼐、季羡林等学者也持此说，故其应与犹太人毫不相关。⑧

潘光旦、张绥等对"汉代说"保持谨慎的态度。潘光旦认为，"汉代之前"以及"汉代说"并没有确凿的证据，明正德七年《尊崇道经寺记》碑与开封教人传说尽管言之凿凿，似确乎可信，但并无旁证，普瑞浮发现的三块碑刻则

---

　　① 王一沙：《开封犹太人后裔》，沙博理编著：《中国古代犹太人——中国学者研究文集点评》，第178页。

　　② 潘光旦：《中国境内犹太人的若干历史问题——开封的中国犹太人》，第34页。

　　③ 时经训：《河南挑筋教源流考》，原载民国二年(1913年)《自由报·自由文综》，分别刊登于一月二日、三日、六日、十日、十一日、十二日、十四日，共八续。摘录自李景文等编校：《古代开封犹太人——中文文献辑要与研究》，第103页。

　　④ 江文汉：《中国古代基督教及开封犹太人》，第186页。

　　⑤ 单士厘：《摩西教流行中国记》，原载《归潜记》，系《走向世界丛书》之一，摘录自李景文等编校：《古代开封犹太人——中文文献辑要与研究》，第89、122页。

　　⑥ 陈垣：《陈垣史学论著选》，第83页。

　　⑦ 马雍：《古代鄯善、于阗佉卢文资料综考》，载《中国民族古文字研究》，中国社会科学出版社，1984年，第6—49页。

　　⑧ 卓新平：《基督教犹太教志》，上海，上海人民出版社，1998年，第376页。

不足为信。张绥认为,开封犹太人明正德七年《尊崇道经寺记》碑、弘治二年《重建清真寺记》碑以及康熙二年《重建清真寺记》碑所反映的现象,即愈是古的碑,所述的传入年代愈近;愈是新的碑,所述的传入年代愈古,故有关"传入年代"的问题,在碑上况且不相统一,个人的道听途说更是难有可靠性,而认为耶路撒冷城被毁灭之后,一批犹太人流落到中国的说法,也仅是猜测而已;明正德七年《尊崇道经寺记》碑虽然记载有"自汉时入居中国"之语,如果由此联想到 66—70 年犹太人起义反抗罗马统治失败后四处逃亡,①并不是毫无根据,但却无法解释弘治二年《重建清真寺记》碑对犹太教传入中国之源流止溯于宋。②他甚至提出不仅明正德七年《尊崇道经寺记》碑所记有待商榷,且需对新疆、青海、甘肃、宁夏以及西藏等地民族历史以及"羌"部落、西部诸民族、玉树四十族、波密三十九地区予以深入研究,故对汉代说应持慎重态度。③因此,犹太人汉代入华说因缺乏确凿证据而饱受争议,目前尚无确论。

(四) 唐 代 说

较之以上诸说而言,犹太人唐代入华说在诸多文献记载以及考古发现中都得到证实。

1. 916 年,阿拉伯尸罗夫(Sīrāf)港人阿布·赛义德(Abu Saiyid)在续写阿拉伯商人苏莱曼见闻,即《中国印度见闻录》(继篇)之时,曾记载:"回历 264 年(相当于公元 877 年 9 月 13 日至 878 年 9 月 2 日),黄巢在 Khānfū 屠杀居民,仅寄居城中经商的伊斯兰教徒、犹太教徒、基督教徒、拜火教徒【即波斯琐罗亚斯德教(Zoroastrianism)】,就总共有十二万人被杀害了。这四种教徒的死亡人数所以能知道得这样确凿,那是因为中国人按他们的人(头)数课税的缘故。"④10 世纪,另外一位阿拉伯史家马苏第(Al-Masudi,约 912/913—956 年)在《黄金草原》中对黄巢在 Khānfū 屠杀伊斯兰教徒、犹太教徒、基督教徒、拜火教徒等商人亦有所记,其记载黄巢共屠杀 20 万人。⑤

---

① 66 年犹太人反抗罗马人起义失败之后,罗马人围困耶路撒冷并于 70 年占领,摧毁第二圣殿,犹太人向各地流散。

②③ 张绥:《犹太教与中国开封犹太人》,第 19—20 页。

④ 尸罗夫为中世纪时期波斯湾著名港口,详见下文。阿布·赛义德之记载,详见(阿拉伯)阿布·赛义德:《中国印度见闻录》(卷 2),(日)藤本胜次著译注、黄倬汉译,北京,中华书局,1983 年,第 96 页。

⑤ (阿拉伯)马苏第:《黄金草原》,耿升译,北京,人民出版社,2013 年,第 165—167 页。

2. 9 世纪中叶,阿拉伯阿拔斯王朝(750—1258 年)邮驿与情报官、史地学家伊本·胡尔达兹比赫(Ibn Khurdāhbeh,大约 820/825—912 年)在《道里邦国志》(*al-Masalik w-al-Mamalik*)中曾记载拉唐(Rādhānite)犹太商人沿海路与陆路入华贸易。[①]

3. 10 世纪来自阿拉伯库希斯坦(Khuzistan)拉姆霍尔莫兹(Ramhur-muz)[②]地区的波斯人巴佐尔·本·萨赫里亚尔(Buzurg ibn Shahriyar)在《印度珍异记》(*The Wonders of India*)中曾记载阿曼犹太人商人艾萨克(Isaac)沿海路入华贸易。[③]

4. 10 世纪,阿拉伯史家伊本·穆哈利尔(Ibn Muhalhil)不仅记载吐蕃城中有伊斯兰教徒、犹太人、基督教徒以及祆教徒(即波斯琐罗亚斯德教徒,又称"拜火教徒")等,而且提及在卡梯延国【Khatiyan,又作克里雅(Keriya),即于阗】[④]皮麻(Pima)地区有伊斯兰教徒、犹太人、基督教徒、祆教徒以及偶像崇拜者(即佛教徒)等。[⑤]

5. 1901 年,斯坦因(A. Stein)在新疆于阗丹丹乌利克(Dangdan-Uiliq)遗址发现了一封以犹太-波斯文(Judeo-Persian)[⑥]书写的商业信件。此信系一位在于阗经营贸易的犹太商人所写,不知由于何种原因没有发出,流落在丹丹乌利克,现存大英博物馆。[⑦]

6. 2004 年,中国国家图书馆入藏了一件新疆和田(古称于阗)出土的编号为 BH1-19 的犹太-波斯文书信。[⑧]

---

① (阿拉伯)伊本·胡尔达兹比赫:《道里邦国志》,宋岘译注,北京,中华书局,1991 年,第164 页。

② 库希斯坦,位于今伊朗西部,西接伊拉克、南临波斯湾,拉姆霍尔莫兹位于其境内。

③ Jacob R. Marcus, *The Jew in the Medieval World*: *A Source Book*, 315—1791, New York: Atheneum, p.355;(法)费琅:《阿拉伯波斯突厥人东方文献辑注》,耿升、穆根来译,北京,中华书局,1989 年,第 660 页。

④ Khatiyan, Keriya 即 Kothan 之转音,指于阗地区。

⑤ (法)费琅辑注:《阿拉伯波斯突厥人东方文献辑注》,耿升、穆根来译,第 233、238 页;(英)裕尔撰、(法)考迪埃修订:《东域纪程录丛——古代中国闻见录》,张绪山译,北京,中华书局,2008年,第 215—216 页。

⑥ "犹太-波斯语"指以希伯来字母书写的波斯语。与之类似的还有"犹太-阿拉伯语"(以希伯来字母书写的阿拉伯语),及意第绪语同样以希伯来语字母书写,属于日耳曼语,同时杂糅闪米特语、斯拉夫语等成分。

⑦ D. S. Margoliouth, "An Early Judæo-Persian Document from Khotan, in the Stein Collection, with Other Early Persian Documents", in *the Journal of the Royal Asiatic Society of Great Britain and Ireland*, Oct., 1903, pp.735—760.

⑧ 张湛、时光:《一封新发现犹太波斯语信札的断代与解读》,《敦煌吐鲁番研究》,第 11 卷,上海古籍出版社,2009 年,第 71—99 页。

7. 1908 年,伯希和(P. Pelliot)在敦煌藏经洞中发现一封以希伯来文书写的祈祷文,现存巴黎国家图书馆。波拉克(M. Pollak)考证其应为 8—9 世纪犹太人的遗物。①

因此,犹太人唐代入华说被学界普遍认同。陈垣很早便提出:“及至唐世,欧亚交通渐盛,景教、回教皆接踵而来,犹太人亦当继至。”②潘光旦亦认为:“即便没有上面所述之证据,就是从唐代东西交通趋于频繁……也可以断定比较大批的犹太人应在那时代到过中国,乃至小部分在中国留下……这不但在情理上大有可能,并且在实际上势有必至。”③龚方震则据以上所述文献记载以及考古发现,提出犹太人至少应在 6—8 世纪之时已经来到中国;④怀履光据唐墓所出土的带釉陶俑的面貌,说明闪米特人(Semites)在唐代社会已具备一定数量,犹太人属于闪米特人一支,因此唐代应有不少犹太人定居在中国。⑤

二　研究现状与本书研究内容

尽管目前所知犹太人最早于唐代入华,但是国内外学界对古代中国犹太人的研究,多集中于宋代开封犹太人。利玛窦、金妮阁、骆保禄(Giampaolo Gozani)、孟正气、宋君荣、管宜穆等留下了关于开封犹太人宝贵资料。⑥国外学者艾儒略(Ciulio Aleni)、伯希和、考迪埃、德经(De Guignes)、维诺格拉多夫、西盎涅、怀履光、詹姆斯·费因、罗文达(Rudolf Loewenthal)、伯特霍尔德·劳费尔(Berthold Laufer)、荣振华(Joseph Dehergne)、李渡南(Donald Leslie)、迈克尔·波拉克(Michael Pollak)、海曼·库柏恩(Hyman

---

① M. Pollak, *Mandarins*, *Jews and Missionaries*, *the Jewish Experience in the Chinese Empire*, Philadelphia, 1980, p.260;(法)娜婷·佩伦:《中国的犹太人——开封和上海犹太人社团的神奇历史》,耿升译,郑州:大象出版社,2005年,第 328 页。

② 陈垣:《陈垣史学论著选》,第 83 页。

③ 潘光旦:《中国境内犹太人的若干历史问题——开封的中国犹太人》,第 35—36 页。

④ 龚方震:《丝绸之路上的犹太商人》,《西北民族研究》,1989 年第 1 期,第 92 页。

⑤ Willam Charles White, *The Chinese Jews*, Toronto, 1942, Part. III, pp.44—45.

⑥ 利玛窦、金妮阁:《利玛窦中国札记》,何高济等译,北京,中华书局,1983 年,第 115—125 页;骆保禄:《关于开封一赐乐业教之吉光片羽》,原载徐宗泽《中国天主教传教史概论》,第 17—48 页,详见收录李景文等编校:《古代开封犹太人——中文文献辑要与研究》,第 184 页;(法)荣振华、(澳)李渡南等编著:《中国的犹太人》,耿昇译,郑州,大象出版社,2005 年,第 159 页;耿昇:《西方人对中国开封人的调查始末》,第 108 页。

Kublin)、娜婷·佩伦(Nadine Perront)等对开封犹太人有所研究。①中国学者张相文、时经训较早对开封犹太人进行研究,陈垣可谓早期研究集大成者;②张星烺、潘光旦、江文汉、张绥、方豪、王一沙、孔宪易、高望之、朱威烈、金应忠、魏千志、徐新、凌继尧、张倩红、李景文、卓新平、林梅村等亦对之有所研究。③总体而言,这些研究对开封犹太人之外的古代中国犹太人入华虽然有所涉及,但是较为零散、不够系统,尤其对唐代犹太人入华研究重视不足。大多学者多是只言片语地提及,或就其中某一问题、或历史细节进行阐

---

① (意)艾儒略:《职方外纪》,谢方校释,北京,中华书局,1996 年,第 52 页;伯希和:《为利玛窦提供信息的犹太人艾氏》,原文发表在 1920 年《通报》20 卷,译文详见(法)荣振华、(澳)李渡南等编著、耿昇译,《中国的犹太人》;Berthold Laufer, "A Chinese-Hebrew Manuscript, a New Source for the History of the Chinese Jews", in *the American Journal of Semitic Languages and Literatures*, Vol.46, No.3,(Apr., 1930), pp.189—197;耿昇:《西方汉学界对开封犹太人调查研究的历史与现状》,收录于《中西初识二编——明清之际中国和西方国家的文化交流之二》,2000 年 4 月,第 264 页;Willam Charles White, *The Chinese Jews*;James Finn, *The Jews in China:their Synagogue, their Scriptures, their History*, 1893;Rudolf Löwenthal, "The Early Jews in China:A Supplementary Bibliography" in *the Folklore Studies*, Vol.5, 1946;张相文、王联祖、罗文达(Rudolf Löwenthal), "An Early Chinese Source on the Kaifeng Jewish Community/大梁访碑记英译", in *the Folklore Studies*, Vol.4, 1945;Berthold Laufer, "A Chinese Hebrew Manuscript, A New Source for the History of the Chinese Jews", in *the American of Semitic Languages*, 1903, Vol.46, No.3;Donald Daniel Lesile, *The Survival of the Chinese Jews, the Jewish Community of Kaifeng*, Brill, 1972;Michael Pollak, *Mandarins, Jews and Missionaries, Philadelphia, 1980*;娜婷·佩伦:《中国的犹太人——开封和上海犹太人社团的神奇历史》,2005 年;Hyman Kubin, *Jews in Old China:Some Western Views*, Paragon Book Reprint Corp,1971;*Studies of the Chinese Jews:Selections from Journals Eastand West*, Paragon Book Reprint Corp, 1971;Donald Daniel Leslie, *The Survival of the Chinese Jews:the Jewish Community of Kaifeng, Monographie X of T'oung Pao*, Leiden, E. J. Brill, 1972;*The Chinese-Hebrew Memorial Book of the Jewish Community of K'aifeng*, Canberra College of Advanced Education, 1984。此外仍有很多国外学者对此问题有所研究,此处不一一列举;某些国外学者的研究将在正文中详细论述。

② 张相文:《大梁访碑记》,原载宣统二年《东方杂志》第 3 期,第 35—37 页,李景文等编校:《古代开封犹太人——中文文献辑要与研究》,第 85—88 页。时经训:《河南挑筋教源流考》,原载民国二年(1913 年)《自由报·自由文综》,分别刊登于一月二日、三日、六日、十日、十一日、十二日、十四日,共八续,收录于李景文等编校《古代开封犹太人——中文文献辑要与研究》,第 103 页;时经训:《挑筋教》,原载刘虎如:《本国地理参考书》(上册),上海,商务印书馆,民国十六年;陈垣:《开封一赐乐业教考》,见《陈垣史学论著选》,第 65—108 页。

③ 张星烺(编):《中西交通史料汇编》(卷 2),北京,中华书局,2003 年,第 1003—1020 页;潘光旦:《中国境内犹太人的若干历史问题——开封的中国犹太人》,1983 年;江文汉:《中国古代基督教及开封犹太人》,1982 年;张绥:《犹太教与中国开封犹太人》,1991 年;王一沙:《中国犹太春秋》,海洋出版社,1992 年;朱威烈、金应忠:《90 中国犹太学研究总汇》,上海三联书店,1992 年;徐新、凌继尧:《犹太百科全书》,上海人民出版社,1993 年;卓新平:《基督教犹太教志》,上海人民出版社,1998 年;魏千志:《中国犹太人定居开封时间考》,《史学月刊》,1993 年第 5 期;林梅村:《西域文明》,北京,东方出版社,1995 年,第 94—110 页。此外仍有很多国内学者对此问题有所研究,此处不一一列举;某些国内学者的研究将会在正文中详细论述。

述,目前未见对古代犹太人入华这一历史问题进行系统的梳理与研究者。①

具体而言,在古代犹太人入华研究中关于唐代犹太人入华部分,国内外汉学家与犹太学家对唐代相关考古发现与文献资料的研究尚不完善。摩西·吉尔(Moshe Gil)、德·胡耶(De Goeje)、拉比诺维茨(Rabinowitz)、海德(Heyd)、施舟人(Schipper)、尤利叶斯·古特曼(Julius Guttmann)、阿罗纽斯(Aronius)、罗斯(C. Roth)以及戈伊泰因(G. D. Goitein)等对Rādhānites 意义仍有争议,拉唐商人来源尚不明确,对其入华考证讹误颇多。②伯希和、裕尔(Henry Yule)、潘光旦与张星烺等对 Khānfū 地望论述甚多,但对 Khānfū 犹太商人涉猎较少,陈垣、高望之与江文汉亦鲜见深入论述。③希伯来祈祷文书、犹太商人艾萨克与伊本·穆哈利尔所记吐蕃与于阗犹太人,仅被当作犹太人入华证明,并未在较大历史空间考察其意义。

怀履光与林英等以间接资料对唐代犹太人入华有所探讨。怀履光以唐墓陶俑面貌,说明闪米特人在唐代具备一定数量,断定有犹太人在华定居;④林英据可萨(Khazars)犹太人文献,提出可萨犹太人可能在唐代入华——可萨位于高加索与里海北部一带,8—9 世纪改宗犹太教。⑤由于对以上直接资料研究不足,这些间接资料未能与其形成完整证据链,缺乏坚实的史料支撑。

唐代汉籍所记犹太人信息分为两类,即景教文献对犹太教信息汉译与汉籍所记犹太人信息。景教研究是国际汉学界重点问题之一,但是鲜见对相关犹太人信息的提炼。目前仅见林梅村、刘迎胜对《世尊布施论》《尊经》

---

① 关于目前国内外学界关于入华犹太人称谓、各聚集地(于阗、敦煌、广州、杭州、泉州、明州、扬州以及宁夏)犹太人以及具体犹太人研究现状,详见李大伟:《古代入华犹太人研究综述》,《中国史研究动态》,2015 年第 3 期,第 43—50 页。

② Moshe Gil, "The Rādhānite and the Land of Rādhān", in *the Journal of the Economic and Social History of the Orient*, Vol. XVII, No. 3, 1974, pp. 299—328; L. Rabinowit, "the Route of the Radanites", in *the Jewish Quarterly Review*, New Series, Vol. 35, No. 3(Jan., 1945), pp. 251—280; L. Rabinowitz, Jewish Merchant Adventures: a Study of the Radanites, London: Edward Goldston, 1948; De Goeje, *Opuscula*, IV, 6 ff.

③ (英)裕尔、(法)考迪埃修订:《东域纪程录丛》,第 70 页;潘光旦:《中国境内犹太人的若干历史问题——开封的中国犹太人》,第 18—21 页;张星烺:《中西交通史料汇编》(卷 2),第 759 页;(法)伯希和:《交广印度两道考》,冯承钧译,北京,中华书局,2003 年,第 234 页,第 285 页;桑原骘藏:《唐宋元时代中西通商史》,冯攸译,商务印书馆,民国十九年,第 13—14 页;《蒲寿庚考》,陈裕菁译,北京,中华书局,2009 年,第 10—11 页。

④ Willam Charles White, *The Chinese Jews*, Part. III, pp. 44—45.

⑤ 林英:《试论唐代西域的可萨汗国——兼论其与犹太人入华的联系》,《中山大学学报》,2000 年第 1 期,第 14—21 页。

中的犹太人信息有所研究。[①]

唐代汉籍所记犹太人信息分为两类,即犹太人称谓与具体犹太人。在犹太人称谓中,张星烺、桑原骘藏、林梅村、龚方震与殷罡等,分别提出吐鲁番阿斯塔那 150 号墓所记"竹忽湿"、吐鲁番文书《唐康某等杂器物帐》所记"竹忽匿"、《北史·铁勒传》所记"萨忽"、《隋书·铁勒传》所记"隆忽"、《新唐书·回鹘传》所记"注吾氏"、《新唐书·西域传》所记"漕矩吒"与《金史·金国语解》所记"术虎",为犹太人称谓。[②]这些结论多凭对音得出,即这些词汇与希伯来语对犹太人称谓 יהודי,יהודים(Yehud,Yehudim)或其他语言转音发音近似。不足的是缺乏系统史学考证,甚至脱离历史语境,对这些词汇意义把握不完全正确。

在具体犹太人研究中,羽田亨、桑原骘藏与林梅村指出端方《陶斋藏石记》所记阿罗憾与俱罗父子为犹太人,其中林梅村认为永徽五年波斯伊嗣候之子卑路斯所遣使者即为阿罗憾,并指出《新唐书·西域传》所记稹那天神指摩西。[③]张星烺、向达与朱杰勤虽然皆提到阿罗憾,但并未深究其为景教徒还是犹太人,朱杰勤仅以波斯大酋长称之。[④]阿罗憾是否指犹太人仍存有争议。桑原骘藏、林梅村、张星烺与曹寅分别指出《新唐书·孝友传》所记灵武程俱罗、《册府元龟》所记开元二十一年大食国王所遣使者摩思览达干等为犹太人。[⑤]朱江认为扬州回回哈姓一支与《明史·西域四》所记隋开皇中麦地那传教入华的撒哈八·撒阿的·干葛斯,为犹太教徒。[⑥]其中稹那天神是否指摩西尚待商榷,灵武程俱罗未见专门研究,朱江之说需详实考证。

---

① 林梅村:《犹太人入华考》,收录于林梅村:《西域文明》,第81—84页;刘迎胜:《关于术忽人(犹太人)的几个问题》,收录于刘迎胜:《蒙元帝国与 13—15 世纪的世界》,上海,三联书店,2013年,第 340 页。

② 林梅村:《犹太人入华考》,收录于林梅村:《西域文明》,第81—84页;龚方震:《丝绸之路上的犹太商人》,收录于沙博理编著:《中国古代犹太人——中国学者研究文集点评》,第 219 页。

③ 端方:《陶斋藏石记》卷 21,载于张星烺(编):《中西交通史料汇编》(卷 2),第 1078 页;林梅村:《洛阳出土唐代犹太侨民阿罗憾墓志跋》,收录于林梅村:《西域文明》,第 94—110 页;桑原骘藏:《隋唐时代西域人华化考》,何建民译,昆明中华书局,1939 年,第 23—24 页。

④ 向达:《唐长安与西域文明》,河北教育出版社,2001 年,第 33 页;朱杰勤:《中国和伊朗历史上的友好关系》,《历史研究》,1978 年 7 月,第 74 页。

⑤ 林梅村:《洛阳出土唐代犹太侨民阿罗憾墓志跋》,收录于林梅村:《西域文明》,第 97 页;张星烺:《中西交通史料汇编》(第 2 卷),第 1079 页;桑原骘藏之解释,详见桑原骘藏:《隋唐时代西域人华化考》,何建民译,第 23—24 页;曹寅:《丝绸之路与中国古代犹太人研究》,第 45—46 页。

⑥ 朱江:《犹太人在扬州的踪迹》,收录于沙博理编著:《中国古代犹太人——中国学者研究文集点评》,第 154—169 页。

在宋元犹太人入华研究中,多集中于对开封犹太人研究。①关于开封犹太人入华时间,目前存在唐代说、宋代说,甚至明代说等不同说法。孔宪易、高望之与潘光旦等根据唐代丝绸之路贸易状况与开封犹太人口头传说等,认为开封犹太人,至少是部分开封犹太人已在唐代到达开封,只是未被时人知晓。②开封犹太人入华宋代说较为流行,开封犹太人明弘治二年《重建清真寺记》与明正德七年《尊崇道经寺记》亦分别记载:"宋孝隆兴元年(1163年)癸未,列微五思达领掌其教,俺都剌始建寺焉"与"宋孝隆兴元年(1163年)癸未,建祠于汴(开封)"。③此说尤以陈垣为代表,黄义、伯希和、沙畹、时经训、王一沙、张绥、白眉初、江文汉等亦主张宋代说或大部分犹太人在宋代进入开封,尽管关于开封犹太人宋代入华的具体时间有所争议。④近来,又出现了关于开封犹太人明代到达开封的说法,即明代说,唯有 Yu Peng 持此观点,认为开封犹太人在元代入华,最早到达开封的时间为明洪武年间(1368—1398 年)。⑤

关于开封犹太人来源地问题,也存在本土说、波斯说、印度说与中亚说等不同说法。本土说以维诺格拉多夫、宋君荣、西盎涅与江文汉等为代表;⑥波斯说以怀履光、潘光旦、骆保禄等为代表;⑦印度说以潘光旦、刘迎胜、曹寅

---

①　国内外学者关于开封犹太人入华研究动态,详见李大伟:《古代开封犹太人入华研究动态》,《犹太研究》,2015 年第 13 辑,第 231—245 页。

②　孔宪易:《开封一赐乐业教钩沉》,《上海师范大学学报》,1985 年第 3 期,第 68 页;高望之:《关于中国犹太人》,收录于沙博理编著:《中国古代犹太人——中国学者研究文集点评》,第 133 页;潘光旦:《中国境内犹太人的若干历史问题——开封的中国犹太人》,第 36—37 页。

③　陈垣:《陈垣史学论著选》,第 66—69 页。

④　陈垣:《陈垣史学论著选》,第 83—84 页;黄义:《中国犹太人考》,收录于李景文等编校:《古代开封犹太人——中文文献辑要与研究》,第 151—153 页;时经训:《河南挑筋教源流考》,收录于李景文等编校:《古代开封犹太人——中文文献辑要与研究》,第 103 页;王一沙:《开封犹太人后裔》,收录于沙博理编著:《中国古代犹太人——中国学者研究文集点评》,第 178 页;张绥:《犹太教与中国开封犹太人》,第 31—32 页;白眉初:《河南省志》第六卷《政教民俗》第三节《宗教》,第 18—22 页,民国十四年版,收录于李景文等编校:《古代开封犹太人——中文文献辑要与研究》,第 112 页;该书此文又采自《东方杂志》第十七卷第五六号所载陈援庵先生著《开封一赐乐业教考》,原文近两万言;江文汉:《中国古代基督教及开封犹太人》,第 188 页。

⑤　Yu Peng, "Revising the date of Jewish arrival in Kaifeng, China, from the Song Dynasty (960—1279) to the Hung-wu period(1368—1398) of the Ming Dynasty", in *Journal of Jewish Studies*, 68 (2017), pp.375—378.

⑥　潘光旦:《中国境内犹太人的若干历史问题——开封的中国犹太人》,第 58 页;江文汉:《中国古代基督教及开封犹太人》,第 186—187 页。

⑦　Willam Charles White, *The Chinese Jews*, p.144;潘光旦:《中国境内犹太人的若干历史问题——开封的中国犹太人》,第 51 页;徐宗泽:《中国天主教传教史概论》,第 17—48 页,详见收录李景文等编校:《古代开封犹太人——中文文献辑要与研究》,第 185 页。

等为代表;①中亚说以林梅村、殷罡与龚方震等为代表。②其中如潘光旦等学者主张开封犹太人有多种来源。因此,关于开封犹太人入华问题仍有探讨必要。同时,据开封犹太人碑刻与元代文献记载,显示明州(宁波)、扬州、宁夏、汗八里(北京)、杭州与泉州等地也有犹太人的痕迹。陈垣、朱江、潘光旦、刘迎胜、殷罡、曹寅等这些地区犹太人的来源、入华等问题有所探讨,③但是关于这些地区犹太人入华的一些细节问题以及其他的可能性仍有探究的空间。

宋元时期汉籍关于犹太人信息记载研究中,关于犹太人称谓,孔宪易曾据宋孟元老《东京梦华录》、宋人朱牟《曲洧旧闻》、明人李濂《汴京遗迹志·楼》、清人宋继郊《东京志略稿本·楼》、清人周城《宋东京考》及《祥符县志》等关于"铁屑""铁薛"记载,认为"铁屑""铁薛"一词应为北宋东京(开封)犹太人对 Israel 的音译,金元两代译为"迭屑",也即开封犹太人明弘治碑中的"一赐乐业"之前身。④"铁屑""铁薛"是否指"以色列"尚有待商榷。19 世纪来华的俄国人鲍乃迪(Palladius),曾最早指出《元史·文宗本纪》中所记"术忽"为汉文史籍对犹太人的古称。关于"术忽"的语源问题仍有争议,鲍乃迪认为"术忽"为阿拉伯文 Djuhud 的汉译;德裔美国学者劳费尔认为 Djuhud 是当时流行的新波斯语对犹太人的称谓,阿拉伯语称犹太人为 Yahūd,新波斯语将字首 y 变为 j,故"术忽"源自新波斯语 Juhūt。林梅村则认为鲍乃迪和劳费尔的解释虽有理可循,但不能说明"术忽"来源,其来源应是出自于阗语的"石忽"等。⑤同时,与"术忽"发音近似的名词,尤其是元代陶宗仪

①　潘光旦:《中国境内犹太人的若干历史问题——开封的中国犹太人》,第 70 页;刘迎胜:《关于术忽人(犹太人)的几个问题》,收录于刘迎胜:《蒙元帝国与 13—15 世纪的世界》,第 340—342页;曹寅:《丝绸之路与中国古代犹太人研究》,第 76—77 页。

②　林梅村:《犹太人入华考》,收录于林梅村:《西域文明》,第 85—90 页;殷罡:《开封犹太人:来历、经历与同化进程》,收录于沙博理编著:《中国古代犹太人——中国学者研究文集点评》,第221—246 页;龚方震:《关于对中国古代犹太人研究的述评》,收录于李景文等编校:《古代开封犹太人——中文文献辑要与研究》,第 225—226 页。

③　陈垣:《陈垣史学论著选》,第 84 页;朱江:《犹太人在扬州的踪迹》,收录于沙博理编著:《中国古代犹太人——中国学者研究文集点评》,第 154—169 页;潘光旦:《中国境内犹太人的若干历史问题——开封的中国犹太人》,第 21—22 页;刘迎胜:《关于术忽人(犹太人)的几个问题》,收录于刘迎胜:《蒙元帝国与 13—15 世纪的世界》,第 345—350 页;殷罡:《开封犹太人:来历、经历与同化进程》,收录于沙博理编著:《中国古代犹太人——中国学者研究文集点评》,第 221—246 页;曹寅:《丝绸之路与中国古代犹太人研究》,上海社会科学院硕士研究生毕业学位论文,2011 年。

④　孔宪易:《开封一赐乐业教钩沉》,收录于李景文等编校:《古代开封犹太人——中文文献辑要与研究》,第 256—259 页。

⑤　Rudolf Lowenthal, *The Nomenclature of Jews in China*, Collectanea Commissionis Synodalis, 1944, Vol. XVII, pp.361—363;潘光旦:《中国境内犹太人的若干历史问题——开封的中国犹太人》,第 8—9 页;林梅村:《犹太人入华考》,收录于林梅村:《西域文明》,第 81—84 页。

(1329—1410 年)所列色目人种"竹因歹""竹温"和"竹亦歹"等是否为犹太人仍未确定。殷罡曾提出此问题,日本研究元代等级制度的箭内亘也称其名称颇奇,无从考证,实为遗憾。①另外,《元史》中多次记载"斡脱"一词,如《元史·世祖三》记载:"至元四年(1267 年)……立诸位斡脱总管府省。"②洪钧认为斡脱指犹太教,即"攸特"(Youte)——Youte 与 Judah 音近。③张星烺也支持此说,指出希腊人称犹太人曰亦俄代(Ioudaios,Ioudaia),拉丁人称之为犹地斯(Judæus),德国人与俄国人称犹太人为裕对(Jude),斡脱之名即亦俄代或裕对之别译;其自欧洲迁来自中国者,必仍曰裕对,或亦亦俄代,由此讹作斡脱。④但是,伯希和则认为斡脱为突厥语 ortaq、蒙古文 ortoq 的对音,意为穆斯林的商业组织。潘光旦亦认为据斡脱所显示,斡脱显然非指一种人,而是一种机关。⑤

　　宋元时期为古代犹太人入华高峰时期,开封犹太人便是典型代表。国内外学界对于其研究较多,也较为成熟,但是对其之外的犹太人的提炼、考证研究略显不足。陈长琦、魏千志曾据《宋史·真宗纪》所记"咸平元年,春正月……辛巳,僧你尾尼等自西天来朝,称七年始达"之记载,断定"你尾尼"为犹太人,即"列微""列未""利未"等,其与明代碑记中列微五思达领掌其教的追述等完全吻合,并称"你尾尼"就是咸平元年(998 年)率族人来到开封时的犹太掌教。⑥曹寅则认为《佛祖统纪》中所载"真宗咸平元年……中天竺沙门你尾捉等来朝,进佛舍利、梵经、菩提树叶、菩提子数珠,赐紫衣"一事与《宋史·真宗纪》所载"你尾尼"是同一事件,而所贡之物多是佛教之物,有可能是佛教僧侣,并非犹太人。⑦同时,朱江指出扬州张子祥之家保存有蓝帽子,推断张氏家族先祖可能是明代邵勇将军张炘家族中的一支——张炘原名为"剳木赤",因战功赐姓"张",明代扬州"剳木赤"很可能和元代在江南游

　　① 殷罡:《相同环境下的不同结局——开封犹太社团与穆斯林社团历史比较观察》,收录于李景文等编校:《古代开封犹太人——中文文献辑要与研究》,第 344 页。

　　② 《元史》卷 6,《世祖三》,北京,中华书局,1976 年,第 117 页。

　　③ 洪钧:《元世各教名考》,收录于李景文等编校:《古代开封犹太人——中文文献辑要与研究》,第 74 页。

　　④ 张星烺(编):《中西交通史料汇编》(卷 2),第 989—1003 页。

　　⑤ 潘光旦:《中国境内犹太人的若干历史问题——开封的中国犹太人》,第 1 页。

　　⑥ 陈长琦:《佛僧还是犹太拉比?》,收录于沙博理编著:《中国古代犹太人——中国学者研究文集点评》,新世界出版社,2008 年,第 150—153 页;魏千志:《中国犹太人定居开封时间考》,《史学月刊》,1993 年第 5 期。

　　⑦ 曹寅:《"犹太人宋咸平元年定居开封说"再思考》,《犹太研究》,山东大学出版社,2011 年,第 131—145 页。

方卖药的西域老胡"答木丁",同为 11 世纪由印度孟买迁徙到中国的犹太人,但是这一结论并没有可靠的史料作为佐证。①关于元代入华的具体犹太人,张星烺与党宝海有所提及与研究。张星烺曾提到《元典章》所记奥剌憨,亦为 Abraham 之音译,似为犹太人。②党宝海曾据元人张铉编《至正金陵新志》(卷 6)所记:"亦思哈,珠笏氏,从仕,至正元年上",指出"珠笏"即指犹太人,亦思哈即为犹太人以撒(Isaac),同时对元人的碑刻与文集中所记"亦思哈"进行了梳理与研究。③

前人研究为古代犹太人入华研究提出了良好的基础,总体而言仍存在一些不足:

1. 这些研究多据某一论题或某则考古与文献资料展开,对古代犹太人入华缺乏系统研究,尤其是对唐代犹太人入华以及开封以外的犹太人入华研究极为不足。

2. 这些研究对现有关于古犹太人入华的考古与文献资料研究不充分、讹误颇多,这些资料蕴含的历史信息尚未被正确、完整的揭示。

3. 这些研究未能很好地运用间接资料对古犹太人入华进行研究,尤其是涉及犹太人入华事宜,未能将直接与间接资料进行恰当的结合,建立完整的证据链,拓展犹太人入华研究的外延。

4. 这些研究对汉籍所记犹太人信息提炼与研究不足,某些结论讹误颇多、尚待商榷。

究其原因大致有二:一、国外研究者对汉文资料运用不足,难以发掘犹太人入华信息;二、国内研究者侧重于汉文资料,对异域文献应用不足,尤其是两者结合不够。而且,国内外汉学家与犹太学家多关注唐代之后入华的犹太人,故此研究很多基本问题尚未解决,在国际汉学与犹太学界仍属未被完全开垦之领地。

本研究将从古代犹太人入华与汉籍所记犹太人信息两个方面,综合运用中外文献互证、互解,即运用汉文文献对犹太人入华资料解读,运用异域文献对汉籍所记犹太人信息解读,以及宗教学、汉语音韵学与希伯来语等语

---

① 朱江:《犹太人在扬州的踪迹》,收录于沙博理编著:《中国古代犹太人——中国学者研究文集点评》,第 154—169 页。
② 张星烺(编):《中西交通史料汇编》(卷 2),第 1080 页。
③ 党宝海:《关于元代犹太人的汉文史料》,《中国史研究》,2005 年第 3 期,第 137—141 页;《至正金陵新志》(卷 6)的记载,见《至正金陵新志》卷六,叶 64a,台北国泰文化事业有限公司《宋元地方志三十七种》第三册,影印元至正四年(公元 1344 年)刊本,1980 年版。

言学方法,对唐宋元时期犹太人入华问题进行系统研究。一方面,通过立足于对现有有关犹太人入华的考古发现与文献资料考证研究基础上,更为深刻地揭示这些资料所蕴含的历史信息与意义,对古犹太人入华基本史实进行梳理,包括犹太人入华时间、地点、来源地、在华贸易活动、入华方式、原因与影响等。由于传统研究主要集中于对犹太人入华直接资料考证,难以拓展研究维度,故常陷入停滞。本研究将力求将有关古代犹太人入华的直接资料与间接资料相结合,通过文献互补与互证的方式在两者之间建立符合史实的证据链,充分揭示各类资料的历史意义,实现在丝绸之路中考察犹太人入华,拓展古代犹太人入华的研究内涵与外延。这一部分尤其针对目前研究较为薄弱的唐代犹太人入华以及宋元时期有所争议的问题进行重点研究。目前所知的考古与文献资料,显示犹太人最早在唐代入华,因此唐代犹太人入华属于探究犹太文明与中华文明交往的本源研究,意义重大。同时,本研究将对汉籍所记犹太人信息进行系统研究,反映古代中国对犹太民族认识程度与犹太人在华状况,揭示古代犹太文明与中华文明的交往。这一部分重点针对汉籍所记犹太人的称谓与具体犹太人进行研究;在具体犹太人研究中,仅对唐宋元时期汉籍所记可能为犹太人的历史人物进行考证研究。鉴于学界对历史上开封犹太人探讨甚多,且很多研究已经较为成熟,故本研究不再重复涉及,仅是对开封犹太人入华相关问题进行学术探讨,特此说明。

古犹太人入华研究旨在展现犹太文明与中华文明交往的本源与形态,对于认识两大文明互动交往有着深刻的历史意义,期望此研究有助于增添对犹太文明与中华文明交往的认识,并推动当下的中以文化交流。

第一章 唐代犹太人入华

一 唐代犹太-波斯文信件与于阗犹太人

1896 年,瑞典探险家斯文·赫定(Sven Hedin)在新疆塔克拉玛干沙漠腹地、于阗东北约 120 公里处,首次发现丹丹乌里克遗址。1900 至 1901 年间,斯坦因再次对丹丹乌里克遗址进行发掘,并于 1901 年获一封以犹太-波斯文书写的信件。此封信件现存大英博物馆,部分缺损,存留部分共 37 行,长 16 英寸、宽 4 至 8 英寸不等。①

2006 年,中日联合考古队对丹丹乌里克遗址 CD1F2、CD17、CD10、CD11、CD15 木骨泥篱笆墙中的芦苇和红柳进行采样,并经北京大学加速器质谱(AMC)碳-14 年代测定,树轮校正后的年代最早为 400 年、最晚为 870 年,其中多数数据均在唐代。②唐代在西域之经略,始于贞观十四年(640 年)。此时,唐廷因高昌王麹文泰(?—640 年)屡阻西域诸国朝贡,并与西突厥联合破焉耆三城,遂灭高昌,并以其地置西州,又置安西都护府;③贞观二十年(646 年),唐廷又伐龟兹,将安西都护府移植龟兹,兼统于阗、疏勒、碎叶,谓之"四镇";唐高宗之时又在于阗置毗沙都督府,以于阗王伏阇雄为毗沙都督。④长寿元年(692 年),唐廷破吐蕃,克复龟兹、于阗等四镇,并用汉兵三万人镇之;⑤开元六年(718 年),唐廷又置龟兹、于阗、疏勒、碎叶

---

① D. S. Margoliouth, "An Early Judaeo-Persian Document from Khota, in the Stein Collection, with Other Early Persion Documents", in *Journal of the Royal Asiatic Society of Great Britain and Ireland*, 1903,(10), p.761.

② 中国新疆文物考古研究所、日本佛教大学尼雅遗址学术研究机构:《丹丹乌里克遗址——中日共同考察研究报告》,北京,文物出版社,2009 年,第 39、156 页。

③ 《旧唐书》卷 198,《西戎传》,北京,中华书局,1973 年,第 5296 页。

④ 《旧唐书》卷 5 下,《高宗本纪》,第 99—100 页。

⑤ 《旧唐书》卷 198,《列传·西戎》,第 5303—5304 页。

图 1-1-1　丹丹乌里克犹太-波斯文信件①

四镇节度使,各地又置镇守使,僧侣悟空(731—812 年)入天竺之时亦曾言及:"于阗王尉迟曜,镇守使郑琚;疏勒王裴泠泠,镇守使鲁阳;焉耆王龙如林,镇守使杨日祐;龟兹王白环,四镇节度使、安西副大都护郭昕。"②乾元三年(760 年),唐廷又以于阗王尉迟胜第守左监门卫率叶护曜为太仆员外卿,仍同四镇节度副使,权知本国事。③通过置安西四镇、四镇节度使以及镇守使等,唐廷势力逐渐渗透于阗,于阗也形成坎城镇(坎城守捉)、兰城镇(兰城守捉)、胡弩镇、固城镇、吉良镇以及皮山镇等镇守。④

在丹丹乌里克遗址中所出土的《杰谢镇知镇官将军杨晋卿帖》《大历十四至十五年(779—780 年)杰谢百姓纳脚钱抄》《大历十五年(780 年)杰谢镇牒为征牛皮二张事》《大历十六年(781 年)二月六城杰谢百姓思略牒》《大历十六年杰谢合川百姓勃门罗济卖野驼契》以及《建中七年(786 年)十月五日杰谢萨波斯略条记》等文书中,均出现"杰谢"之名——其中《杰谢镇知镇官

---

①　D. S. Margoliouth, "An Early Judaeo-Persian Document from Khota, in the Stein Collection, with Other Early Persion Documents", in *Journal of the Royal Asiatic Society of Great Britain and Ireland*, 1903,(10), p.761.

②　《新修大正大藏经》51 卷,河北,河北省佛教协会,2009 年,第 980 页。

③　《旧唐书》卷 198,《西戎传》,第 5305—5306 页。

④　《新唐书》卷 43 下,《地理志》,北京,中华书局,1975 年,第 1150—1151 页。

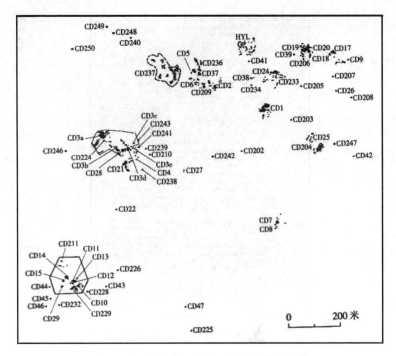

图 1-1-2　丹丹乌里克遗址分布图（局部）①

将军杨晋卿帖》文书显示唐代"傑谢"曾作为"镇"的建制，并由将军杨晋卿担任知镇官；《某年九月十七日傑谢镇帖羊户为市羊毛事》文书中也出现由"镇官将军杨晋卿"签发等字样；《大历十五年（780 年）傑谢镇牒为征牛皮二张事》文书又提及"知镇官大将军张顺"。②"傑谢"紧邻于阗，且有"镇"的建制，并设有知镇官。据《新唐书·兵志》记载："夫所谓方镇者，节度使之兵也。原其始，起于边将之屯防者。唐初，兵之戍边者，大曰军，小曰守捉、曰城、曰镇。"③故其地位应属于阗下属之镇，与坎城镇、兰城镇、胡弩镇、固城镇、吉良镇、皮山镇地位相同。

在丹丹乌里克出土的大量唐代文书，如有明确纪年的文书包括《唐大历三年（768 年）毗沙都督府六城质罗典成铣牒》《大历三（？）年正月百姓勿娑牒》《大历十四至十五年（779—780 年）傑谢百姓纳脚钱抄》《大历十五年（780 年）傑谢镇牒为征牛皮二张事》《大历十六年（781 年）二月六城傑谢百

① 中国新疆文物考古研究所、日本佛教大学尼雅遗址学术研究机构：《丹丹乌里克遗址——中日共同考察研究报告》，附录图 1。

② 以上诸文书内容，详见荣新江：《唐代于阗史概说》，《丹丹乌里克遗址——中日共同考察研究报告》，第 8、15 页。

③ 《新唐书》卷 50，《兵志》，第 1328 页。

姓思略牒》《大历十六年傑谢合川百姓勃门罗济卖野驼契》《唐大历十七年
(782年)闰三月行官霍昕悦便粟契》《唐大历某年女妇许十四典钱契》《唐建
中三年(782年)健儿马令莊举钱契》《建中六年(785年)十二月廿一日行官
魏忠顺收驼麻抄》《斯坦因第三次中亚考古所获建中七年汉文文献》《唐建中
八年(787年)四月阿孙举钱契》《贞元四年(788年)五月傑谢百姓瑟□诺牒
伊鲁欠负钱事》《唐贞元五年(789年)护国寺残牒》《唐贞元六年(790年)残
契》《贞元十四年(798年)闰四月四日典史怀□牒》等,[①]以及开元通宝、乾
元重宝等钱币,[②]显示此地极有可能就是唐代的"傑谢"镇,因此斯坦因所获
此封犹太-波斯文信件应为唐代于阗"傑谢"镇犹太人遗留之物。

　　这封信是傑谢镇犹太人所写的有关贸易事宜的商业信件,信中提到了
绵羊等贸易事宜,但是未能发出,便流落此地。此信件出土之后,对其解读
者甚多。1903年,剑桥学者马戈柳思(D. S. Margoliouth)曾对斯坦因所获
信件内容进行解读,认为信中第23行内容为:"叶齐德(יזיד)赠送给斯巴布
德(סבאבד)一条皮鞭",סבאבד是泰伯里斯坦王的称号,并将此信断代于8世
纪初。[③]希伯来语יזיד可拟音为Yazid,即叶齐德;希伯来语סבאבד拟音为Is-
bahbudh或Isbihbadh,即斯巴布德或斯比巴德。Isbahbudh或Isbihbadh
为萨珊波斯时期军事长官的徽号,6世纪库思老一世(Khosrau I)时特指地
区执政官,帝国东西南北各有一位,北方的斯巴布德管辖亚美尼亚、阿塞拜
疆、泰伯里斯坦(Tabaristan)等地;阿拉伯时期,斯巴布德则专指泰伯里斯
坦列王的徽号,为君主、国王之意。[④]阿拉伯史学家泰百里(Al-Tabari,
839—923年)记载:"(倭马亚王朝)哈里发苏莱曼(Sulayma,715—717年)
时期,叶齐德(Yazid)曾出兵征服泰伯里斯坦部分地区;哈里发奥马尔二世
(Omar II,717—720年)时,叶齐德被囚禁。"雅库比(Ya'qubi)则记载:"尽
管面临阿拉伯征服,泰伯里斯坦斯巴布德仍存在数世纪之久。"[⑤]这位犹太

　　① 荣新江:《唐代于阗史概说》,《丹丹乌里克遗址——中日共同考察研究报告》,第17—
24页。
　　② 浅冈俊夫、小岛康誉:《丹丹乌里克遗址、遗迹概述》,《丹丹乌里克遗址——中日共同考察
研究报告》,第118页;斯坦因:《西域考古记》,北京,商务印书馆,2013年,第65页。
　　③ D. S. Margoliouth, "An Early Judaeo-Persian Document from Khota, in the Stein Collec-
tion, with Other Early Persion Documents", pp.735—760.
　　④ 库思老一世(531—579年),萨珊波斯国王。Isbahbudh之意义,详见(阿拉伯)伊本·胡尔
达兹比赫:《道里邦国志》,宋岘译注,第126页。
　　⑤ 泰伯里与雅库比的记载转引自D. S. Margoliouth, "An Early Judaeo-Persian Document
from Khota, in the Stein Collection, with Other Early Persion Documents", p.747; Habib Borjian,
"Mazandaran: Language and People", in *Iran & the Caucasus*, Vol.8, No.2, 2004, p.291, p.748.

商人在信中虽然未提及叶齐德对泰伯里斯坦征服一事,但是提到了其与泰伯里斯坦的交往,故其写信时间应在苏莱曼统治(715—717 年)前夕与征服活动之前,即 8 世纪初期。马戈柳思的这一解读,通常将这位犹太商人与泰伯里斯坦地区联系起来,认为这位犹太商人来自泰伯里斯坦,8 世纪初泰伯里斯坦犹太人已在泰伯里斯坦与于阗之间建立了贸易联系。①

1968 年,瑞典学者乌塔斯(B. Utas)发表了《丹丹乌里克犹太波斯语残卷》,系统回顾了半个多世纪以来对该手稿的研究史,并根据斯坦因考察报告将手稿年代定在 8 世纪后半叶,而非马戈柳思所言 8 世纪初。②尤其关于第 23 行内容,乌塔斯认为 יויד 无疑为"上帝希望"之意,并非为马戈柳思所言阿拉伯将领叶齐德,סבאבד 为人名或头衔,但与泰伯里斯坦斯巴布德没有关系。③乌塔斯的录文可靠、注释详实,纠正了马戈柳思的一些认识,成为研究此信件最重要的一份文献,但是仍有些字词的意义悬而未决,有值得商榷之处。④

2004 年,中国国家图书馆入藏了一批新疆和田地区出土的写本,其中有一件完整的犹太-波斯语信件。张湛、时光对这封信件进行了释读,并从用纸、书写、正字法、语言与内容等方面将该信件与斯坦因所获信件进行了比对,认为两封信件有高度的一致性,这两封信件应出自同一时代同一地区,甚至可能出自同一人之手,也将新获犹太-波斯语信件认定为 8 世纪后半叶。⑤此封新获信件末尾记载,身在于阗的寄信人告诉收信人,喀什噶尔的吐蕃人全部被杀,还有人带兵去喀什噶尔。张湛认为这应是 791 年左右吐蕃人再次进入塔里木盆地时与留守当地的唐朝军队发生的一次冲突。这两封信件均来自丹丹乌里克被废弃前不久,即 791 年左右。同时,这两封信件中有大量粟特语元素,8 世纪末粟特人已活跃在于阗地区,因此渗透到该地的犹太人被称为粟特人。受彼时传递信条件限制,收信人应该距离于阗不远,这两封信可能是寄往安西。⑥

---

① 李大伟:《丹丹乌里克犹太-波斯文信件考释》,《敦煌研究》,2016 年第 1 期,第 102—110 页。

② B. Utas, "The Jewish-Persian Fragment from Dandān-Uiliq", in *Orientalia Suecana*, 1968, 17, pp.123—136.

③ B. Utas, "The Jewish-Persian Fragment from Dandān-Uiliq", p.134.

④ 张湛、时光:《一件新发现犹太波斯语信札的断代与释读》,《敦煌吐鲁番研究》,第 11 卷,上海古籍出版社,2009 年,第 73—74 页。

⑤ 张湛、时光:《一件新发现犹太波斯语信札的断代与释读》,第 75—79 页。

⑥ 张湛:《粟特商人的接班人?——管窥丝路上的伊朗犹太商人》,荣新江、罗丰:《粟特人在中国:考古发现与出土文献的新印证》,北京,科学出版社,2016 年,第 668 页。

这两封犹太-波斯语信件的发现,为探究唐代犹太人入华提供了新的线索。可以确定的是8世纪波斯化的犹太人已经深入到于阗等地贸易。5世纪萨珊波斯国王叶兹德格尔德三世(Yazdigar III,440—457年)及其子卑路斯(Piruz)曾大肆迫害波斯境内的犹太人,大量波斯犹太人被迫流散至阿拉伯、中亚及印度等地。[①]20世纪50年代在阿富汗Tang-i Azao河谷地区发现了8世纪中叶的犹太-波斯语石刻,在印度马拉巴尔海岸也曾出土9世纪刻有犹太-波斯文的铜板,这些迹象显示波斯犹太人此时已经向东方迁移,因此在唐代到达于阗是很自然之事。[②]于阗之有犹太人,10世纪阿拉伯史家伊本·穆哈利尔(Ibn Muhalhil)亦有所记。伊本·穆哈利尔不仅记载卡梯延国【Khatiyan,又作克里雅(Keriya),即于阗】[③]皮麻(Pima)地区有穆斯林、犹太人、基督徒、祆教徒以及偶像崇拜者(即佛教徒)等,而且提及吐蕃城中有穆斯林、犹太人、基督徒以及祆教徒等。[④]

这封流落在丹丹乌里克的信件虽未能发出,但是这位犹太商人致信之举,显示犹太商人应常驻丹丹乌里克,信中反复提到绵羊贸易,与傑谢镇大量羊户以养羊为生相合。在丹丹乌里克出台土的《某年九月十七日傑谢镇帖羊户为市羊毛事》文书中记载:

(1)傑谢镇　　　　　帖羊户等
(2)当镇诸色羊户共料官市毛壹伯斤
(3)右被守捉帖,称:"上件羊毛,帖至速市供,
(4)分付专官介华领送守捉,不得欠少。其价
(5)直,卖即支遣者。"准状各牒所由,限三日内
(6)送纳。待凭送上,迟违科所由。九月十七日帖。
(7)　　　　　　判官别将卫惟悌
(8)　　　　　　镇官将军杨晋卿[⑤]

此文书所陈,为傑谢镇奉守捉之命向各色羊户征购羊毛,并限三日之内

---

① Johanna Spector, "Shingli Tunes of the Cochin Jews", in *Asian Music*, Vol.3, No.2, Indian Music Issue, 1972, p.23.

② 张湛:《粟特商人的接班人?——管窥丝路上的伊朗犹太商人》,第671页。

③ Khatiyan, Keriya即Kothan转音,指于阗地区。

④ (法)费琅辑注:《阿拉伯波斯突厥人东方文献辑注》,耿升、穆根来译,第233、238页;(英)裕尔撰、(法)考迪埃修订:《东域纪程录丛——古代中国闻见录》,第215—216页。

⑤ 荣新江:《唐代于阗史概说》,《丹丹乌里克遗址——中日共同考察研究报告》,第15页。

送纳,表明此地大量羊户以养羊为生,因此这位犹太商人方才在此经营绵羊贸易。当然,除信中所提物资之外,因唐廷此时经略西域有方,并置安西四镇,故中原各地物资、尤其是为西域诸国喜爱的丝绸等流通至此应十分便利,这些贸易物资自然也会被这些犹太商人贾贩至西域等地。

这位犹太人常驻丹丹乌里克的贸易方式,显示其应在丹丹乌里克承担贸易代理商的职能,并在该地建立贸易商站,故此地亦有可能形成了犹太商人聚集区。在丹丹乌里克出土的一封《建中七年十月五日傑谢萨波斯略条记》文书中记载"建中七年(786年)十月五日,傑谢萨波斯略契内分付",同时出土的 Hoernle 2 号于阗语文书第 1 行中言及"Gayseta Spāta Sidaka"。据张广达、荣新江考证,"Gayseta Spāta Sidaka"即是"傑谢萨波斯略",傑谢(《切韵》音 giat zia)相当于 Gayseta,Spāta 即萨波,Sidaka 即思略(人名)。[1]关于 Spāta 语言流变,藤田丰八、芮传明等认为其应源自梵文"Sārthavāho",由 Sārtha 与 vāho 相合而成,Sārtha 乃商贾或巡礼旅行之一队,是队商、兵队、群众等意,vāho 即引导之意,故其意为"商队之长"或"商主",在汉文佛经《贤愚经》《佛说兴起行经》中作"萨薄";谢弗(E. F. Schafer)、荣新江则认为 Spāta 来自粟特文"Sārthavāk""s'rtp'w",由"商队首领"发展成为"聚落首领"。[2]尽管如此,Spāta 为"贸易首领"之意并无异议,其应由来华贸易的胡商传入,特指胡商聚落首领。

Spāta 汉文史籍作"萨宝"、"萨甫"、"萨保"等,《隋书》记"北齐官职"时云"鸿胪寺典客署有京邑萨甫二人、诸州萨甫一人",又记:"(隋)雍州萨保……诸州胡二百户已上萨保。"[3]《新唐书》记载:"萨宝府……萨宝、祆正二官……萨宝祆祝。"[4]《通典》记之:"视正五品,萨宝;视从七品,萨宝府;五品萨宝府史。"[5]由此可知,在北齐隋唐时期,Spāta 已经演变为中原王朝管理胡人的一种官职,该官职在诸州各地皆有设立。

于阗作为丝绸之路贸易重镇,来往商贾众多,并有大量胡人聚集在丹丹

---

① 张广达、荣新江:《〈唐大历三年三月典成铱牒〉跋》,《新疆社会科学》,1988 年,第 1 期,第 62 页。

② 详见藤田丰八:《西域研究》,杨炼译,上海,商务印书馆,1951 年,第 39—43 页;芮传明:《"萨宝"的再认识》,《史林》,2000 年第 3 期,第 23—39 页;谢弗:《唐代的外来文明》,吴玉贵译,北京,中国社会科学出版社,1995 年,第 35、78 页;荣新江:《萨保与萨薄:北朝隋唐胡人聚落首领问题的争论与辨析》,载叶弈良:《伊朗学在中国论文集》(第 3 集),北京,北京大学出版社,2003 年,第 128—142 页。

③ 《隋书》卷 27,28《百官》,北京,中华书局,1973 年,第 756、789、790、756 页。

④ 《旧唐书》卷 42,《职官志一》,第 1803 页。

⑤ (唐)杜佑:《通典》卷 40《职官》,北京,中华书局,1984 年,第 229—230 页。

乌里克。在此出土的《唐大历三年毗沙都督府六城质罗典成铣牒》《大历三(?)年正月百姓勿娑牒》《大历十六年傑谢合川百姓勃门罗济卖野驼契》《建中六年十二月廿一日行官魏忠顺收驼麻抄》《贞元四年五月傑谢百姓瑟□诺牒伊鲁欠负钱事》《唐贞元六年残契》以及《贞元十四年闰四月四日典史怀□牒》等文书就提到"状诉杂科的百姓胡书""欠债百姓勿娑牒""卖驼的百姓勃门罗济及其保人勃延仰、勿萨踵、末查、讫罗捺、偏奴、勿苟悉""为行军打驼麻的百姓讫罗捺""乘驼人桑宜本"等胡人;[1]在该地出土的于阗文文书中,亦提及 Vimaladatta、Vaśirasaṃga、Budadatta、Sidaka(思略)、Śem'maki(深莫)、Vidyadatti、Visa(尾婆)、Sudarrjam 等胡人曾任 Spāta(萨波)。在这些文书中,不仅有于阗王、守捉发给萨波征税的公函以及萨波代表商人、百姓向于阗王的请愿,而且有萨波处理胡人的借贷、纠纷等。[2]唐代傑谢镇之"萨波",起初应是来此地贸易的"胡商聚落首领",负责处理商人内部事务,之后随着唐廷势力渗透于此,逐渐演变成为管理该地胡人、胡商的一种官职,因此云集于此的犹太商人亦应受其管理。

建中二年(781 年),唐蕃会盟失败,吐蕃兵入河西地区,并占领于阗。迄今所知,《贞元十四年(798)闰四月四日典史怀□牒》为丹丹乌里克出土的最晚的汉文官方文书;798 年之后虽也出土少量汉文、于阗文双语文书,但已不用唐朝年号,显示于阗已经陷入吐蕃统治之中。[3]但是,吐蕃在于阗的统治似未多久,丹丹乌里克便荒废,因为据此地碳-14 年代测定最晚直到870 年,其废弃原因可能是吐蕃入侵引发的战乱使得当地灌溉系统遭到严重破坏所致。[4]因此,这些犹太商人在丹丹乌里克的贸易应随之终止,其有可能转向于阗等地继续贸易。

斯坦因在于阗丹丹乌里克所获此封犹太-波斯文信件与 2004 年中国国家图书馆入藏的犹太-波斯语信件,是迄今所知犹太人在华贸易的最早历史记载。据此可知,至少 8 世纪已有犹太人入华贸易,且在于阗傑谢等地形成了犹太人贸易聚集区。既然这些波斯化的犹太人已深入到于阗等地贸易,

① 荣新江:《唐代于阗史概说》,载《丹丹乌里克遗址——中日共同考察研究报告》,第 17—24 页。

② 于阗出土的于阗文、汉文文书,详见吉田丰:《有关和田出土 8—9 世纪于阗语世俗文书中的札记》(三)中、(三)下,田卫卫译、西村阳子校,《敦煌学辑刊》,2012 年第 2 期,第 165—176 页、第 148—154 页;林梅村:《新疆和田出土汉文于阗文双语文书》,《考古学报》,1993 年第 1 期,第 91—95 页。

③ 荣新江:《唐代于阗史概说》,载《丹丹乌里克遗址——中日共同考察研究报告》,第 12—13 页。

④ 斯坦因:《西域考古记》,第 73 页。

故不排除波斯各地以及较之而言更接近中国等地的犹太人早已入华贸易。因此,于阗诸地犹太人中可能亦有来自波斯等地的犹太人。

二 拉唐犹太商人入华[①]

(一)《道里邦国志》所记拉唐犹太商人

9世纪中叶,阿拉伯史地学家伊本·胡尔达兹比赫曾担任阿拔斯王朝杰贝勒省(Djibal)[②]邮驿与情报长官,后又升任巴格达及萨马拉(Samarra)[③]邮传部长官(Sāhib al-barid)。由于职务之便,伊本·胡尔达兹比赫得以接近阿拔斯王朝哈里发穆耳台米德(Mu'tamid,870—893年)。哈里发穆耳台米德为统治需要,对阿拉伯帝国税收及各地交通状况尤为关切,并愿了解欧亚各地诸民族风俗习惯、山川道里、异景奇观以及经济物产等情况。伊本·胡尔达兹比赫长期担任阿拉伯帝国邮驿长官,对阿拉伯及异域交通、风土状况颇为熟悉,且有条件接触珍贵的地理文献资料以及政府档案,故应穆耳台米德之要求,著书《道里邦国志》——据德·胡耶推算,《道里邦国志》初稿大约完成于伊斯兰历232年(约846年)左右,后所作增补应完成于伊斯兰历272年(约885年)。[④]

《道里邦国志》不仅记载了阿拔斯王朝各地税收、行政区划、民族迁徙与交通贸易,而且详述了当时欧亚各地的交通地理、贸易交往及风土人情等。[⑤]作为流传下来的最早、最完整的阿拉伯地理文献,《道里邦国志》开创了古典阿拉伯地理学,为研究中世纪时期阿拉伯及欧亚大陆交通、贸易、宗教等历史提供了弥足珍贵的文献史料。之后的伊本·法基赫(Ibn al-Faqih)、穆卡达西(Al-Maqdisi)、伊斯塔赫里(Al-Istakhri)、泰百里、雅库比以及马苏第等阿拉伯史地学家,对《道里邦国志》多有因袭,并推崇有加。[⑥]

---

① 本节内容以独立成文的形式,发表于《唐史论丛》,部分体例与格式有所调整,详见李大伟:《论拉唐犹太人及其入唐贸易路线》,《唐史论丛》,2019年第29辑,第133—149页。

② 杰贝勒省位于伊朗西部地区。

③ 萨马拉位于底格里斯河东岸地区,巴格达以北约125公里处。836—892年间,该地曾作为阿拔斯王朝首都。

④ (阿拉伯)伊本·胡尔达兹比赫:《道里邦国志》,宋岘译注,前言,第14页,第25页。

⑤ (阿拉伯)伊本·胡尔达兹比赫:《道里邦国志》,宋岘译注,前言,第14页,第24—25页。

⑥ 伊本·法基赫,穆卡达西(945/946—991年)、伊斯塔赫里(?—957年)、泰百里(839—923年)、雅库比(?—897/898年)以及马苏第等皆为9—10世纪阿拉伯史地学家,其中泰百里与伊本·胡尔达兹比赫年代较近,详见(阿拉伯)伊本·胡尔达兹比赫:《道里邦国志》,宋岘译注,前言,第17页。

奥地利东方学家阿洛伊斯·斯普瑞格（Aloys Sprenger，1813—1893年）首先发现伊本·胡尔达兹比赫所著文稿。①1865年，法国东方学家巴尔比耶·德·梅纳尔（Barbier de Meynard）将牛津大学图书馆所藏《道里邦国志》阿拉伯文写本【该写本抄于伊斯兰历630年（约1215年）】首次刊布于巴黎《亚洲学报》（Journal Asiatique）；1889年，德·胡耶将卡尔罗（Carlo）于1885年从东方所获《道里邦国志》文稿刊布于《阿拉伯舆地丛书》（Bibliotheca Geographorum Arabicorum）；1991年，宋岘将德·胡耶刊布之本翻译为中文，名曰《道里邦国志》。②

《道里邦国志》自刊布之初，影响广泛，对其翻译、注释、研究者甚多，其中该书所记"拉唐（Rādhānite）犹太商人"篇章更是备受关注，该篇章也是迄今所知最早关于犹太人入华的文献记载。早在巴尔比耶·德·梅纳尔与德·胡耶刊布《道里邦国志》文稿之前，法国汉学家雷诺就于1848年拈出《道里邦国志》所记"拉唐犹太商人"篇章，并译为法文；③《道里邦国志》文稿刊布之后，诸多学者更是注意及此，并对其进行解读。

继雷诺译出"拉唐犹太商人"之后，法国东方学家巴尔比耶·德·梅纳尔与德·胡耶分别在1865年、1885年刊布伊本·胡尔达兹比赫《道里邦国志》文稿之时，④亦译出关于拉唐犹太商人的记载。德·胡耶、所罗门·卡茨（Solomon Katz）、拉比诺维茨以及摩西·吉尔等又对伊本·胡尔达兹比赫所记"拉唐犹太商人"文本内容，如拉唐犹太商人所讲语言、所经之地、所携带贸易物资以及贸易路线等进行释读、考订。⑤迈耶尔（L. A. Mayer）、拉比诺维茨以及摩西·吉尔等对900年阿拉伯史地学家伊本·法基赫在《地

---

①　A. Sprenger, "Some passages on the early commerce of the Arabs", in *the Journal of the Asiatic Society of Bengal*, Vo.14. Part II. 2. 1844; Raphael Israeli, "Medieval Muslim Travelers to China", in *the Journal of Muslim Minority Affairs*, Vol.20, No.2, 2000, pp.319—321.

②　详见 Barbire de Meynaud, trans., in *the Journal Asiatique*, Paris, 1865; De Goeje, *Bibliotheca Geographorum Arabicorum*, Leyden, 1889, Vol.VI;（阿拉伯）伊本·胡尔达兹比赫：《道里邦国志》，宋岘译注，前言，第25页。

③　Moshe Gil, "The Rādhānite and the Land of Rādhān", p.299.

④　Barbire de Meynaud, trans. in *the Journal Asiatique*, Paris, 1865; De Goeje, *Bibliotheca Geographorum Arabicorum*, Leyden, 1889, Vol.VI.

⑤　Moshe Gil, "The Rādhānite and the Land of Rādhān", pp.299—328; L. Rabinowit, "the Route of the Radanites", in *the Jewish Quarterly Review*, New Series, Vol.35, No.3(Jan., 1945), pp.251—280; Solomon Katz, *The Jews in the Visigothic and Frankish Kingdoms of Spain and Gaul*, the Mediaeval Academy of America Cambridge, Massachusetts, 1937, p.134; De Goeje, ed., Iban Khuradadhbih, "al-Masalik wa'l-Manalik", Leiden, 1889, pp.153—155, in Norman A. Stillman, *The Jews of Arab Lands*, Oxford University Press, 1979, pp.164—165.

理志》(*Mukhtasar Kitab al-Buldan*)中传抄的伊本·胡尔达兹比赫所记"拉唐犹太商人"文本进行释读。①1991年,宋岘将德·胡耶刊布的伊本·胡尔达兹比赫《道里邦国志》文稿译为中文,其中包括"拉唐犹太商人"记载。②现据所罗门·卡茨、德·胡耶、拉比诺维茨以及摩西·吉尔等译本,③兹转录《道里邦国志》所记"拉唐犹太商人"篇章如下:

> 这些商人讲着阿拉伯语、波斯语、罗马语(Rūmīya)、法兰克语、安达卢西亚语(Andalusian)及斯拉夫语等,或经海路、或经陆路,从东方行至西方,又从西方行至东方。他们从西方贩卖来阉人、婢女、娈童、织锦、河狸皮、貂皮等皮革及宝剑等。他们从西海的法兰克起航,航行到凡莱玛(Farama);在那里卸载货物之后,以骆驼驮运,行经25法尔萨赫(Farsakhs)到达古勒祖姆(Qulzum);然后,从东海乘船,经古勒祖姆到达达伽尔(al Djar)和吉达(Jeddah),再从此航行到信德、印度和中国。他们从中国带回麝香、沉香、樟脑、肉桂及其他东方国家的货物,到达古勒祖姆,再航行到凡莱玛。然后,有些经西海到达君士坦丁堡,将货物卖给罗马人;有些经西海到达法兰克,在此贩卖货物。更有一些人经法兰克出发,到达安条克(Antioch),然后陆行三天到达伽比亚(al-Jabia),再航行至幼发拉底河,到达巴格达,再从底格里斯河航行到达乌布拉(al-Ubulla);最后,经此航行至阿曼(Oman)、信德、印度及中国。所有道路都彼此联通。
>
> 还有很多路线经过陆路。这些商人从西班牙或法兰克出发,到达苏斯·阿克萨(Sus-al-Aksa),再到丹吉尔(Tangier);再从此行至凯鲁万(Kairouan)和埃及首都;然后,再到达拉姆拉(ar-Ramle)、大马士革、库法(Kufa)、巴格达和巴士拉(Basra),穿过阿瓦士(Ahwaz)、法尔斯(Fars)、克尔曼(Kirman),到达信德、印度及中国。有时,他们也行至

---

① L. Rabinowitz, *Jewish Merchant Adventures: a Study of the Radanites*, London: Edward Goldston, 1948, p.198; Moshe Gil, "The Rādhānite and the Land of Rādhān", pp.306—307.

② (阿拉伯)伊本·胡尔达兹比赫:《道里邦国志》,宋岘译注,第164页。

③ Moshe Gil, "The Rādhānite and the Land of Rādhān", pp.299—328; L. Rabinowit, "The Route of the Radanites", pp.251—280; Solomon Katz, *The Jews in the Visigothic and Frankish Kingdoms of Spain and Gaul*, p.134; M. J. de Goeje, ed. Iban Khuradadhbih, "al-Masalik wa'l-Manalik", Leiden, 1889, pp.153—155, in Norman A. Stillman, *The Jews of Arab Lands*, pp.164—165;(阿拉伯)伊本·胡尔达兹比赫:《道里邦国志》,宋岘译注,第164页。

罗马后部，通过斯拉夫之地，到达可萨（Khazaria）首府海姆利杰（Khamlij）；然后经此至里海，到达巴里黑（Balkh），再越过河中地区，至九姓乌古斯驻地（YurtToghuzghuz），最终至中国。

伊本·胡尔达兹比赫此处所记罗马语指希腊语，非拉丁语。伊本·胡尔达兹比赫在《道里邦国志》中以罗马指称拜占庭帝国，在关于拉唐犹太商人记载中亦提到"经西海到达君士坦丁堡，将货物卖给罗马人……他们也行到罗马后部"。据此判断，此处应指中世纪时期拜占庭帝国所使用的希腊语。[1]古法兰克语，为欧洲法兰克人所使用的语言，系日耳曼语族，在法兰克墨洛温王朝（481—751 年）与卡洛林王朝（751—911 年）之时比较流行。安达卢西亚，位于今西班牙南部沿海地区。711 年阿拉伯倭马亚王朝（661—750 年）占领安达卢西亚，阿拉伯势力开始进入西班牙地区，直到 15 世纪末才最终退出该地。中世纪时期，安达卢西亚深受阿拉伯语言与宗教文化影响。伊本·胡尔达兹比赫时期，该地主要使用安达卢西亚化的阿拉伯语。此语言比传统阿拉伯语有着很大变化，并符合当地人的语言习惯，因此此处所言之安达卢西亚语应是指该语言。伊本·胡尔达兹比赫所记西海指地中海；凡莱玛为埃及港口城市，所罗门·卡茨认为是培琉喜阿姆（Pelusium），为尼罗河最东部的港口，距离今塞得港（Said）大约 20 英里远，阿拉伯帝国早期该港口已废弃不用。[2]法尔萨赫为古代波斯距离单位，1 法尔萨赫约 5.5 公里；古勒祖姆位于今埃及苏伊士地区，德·胡耶认为该地是红海地区的一个港口，位于尼罗河运河河口处；宋岘将其译为红海，此处为地名，似为更妥。[3]伊本·胡尔达兹比赫所记"从东海乘船"，宋岘翻译为"从红海出发航行到东海"，但未说明"东海"具体所指。摩西·吉尔、所罗门·卡茨皆认为此处"东海"应为"红海"。[4]

---

① 关于《道里邦国志》中对罗马的记述，详见（阿拉伯）伊本·胡尔达兹比赫：《道里邦国志》，宋岘译注，第 115—117 页。下文对伊本·胡尔达兹比赫关于罗马以及意大利罗马城记载之差异有详细论述，详见下文。

② M. J. de Goeje, ed. Iban Khurradadhbih, "al-Masalik wa'l-Manalik", pp. 153—155, in Norman A. Stillman, *The Jews of Arab Lands*, p.163.

③ Solomon Katz, *The Jews in the Visigothic and Frankish Kingdoms of Spain and Gaul*, p.134; M.J.de Goeje, ed., Iban Khurradadhbih, "al-Masalik wa'l-Manalik", pp.153—155, in Norman A. Stillman, *The Jews of Arab Lands*, p.163;（阿拉伯）伊本·胡尔达兹比赫：《道里邦国志》，宋岘译注，第 164 页。

④ Moshe Gil, "The Rādhānite and the Land of Rādhān", p.307; Solomon Katz, *The Jews in the Visigothic and Frankish Kingdoms of Spain and Gaul*, p.134.

伊本·胡尔达兹比赫所记达伽尔为阿拉伯半岛麦地那地区港口城市，吉达为麦加地区港口城市；信德即今巴基斯坦信德省，位于印度西北；安条克城为公元前 4 世纪末塞琉古(约公元前 358—前 281 年)所建，为塞琉古帝国(公元前 312—前 64 年)都城，位于今土耳其南部，土耳其称之为安塔基亚(Antakya)。十字军期间曾在此建立安条克公国；16 世纪初，该地被并入奥斯曼帝国。所罗门·卡茨认为伽比亚为幼发拉底河畔的伊拉克城镇哈纳亚(al-Hanaya)。①乌布拉位于伊拉克南部地区、底格里斯河右岸、波斯湾最北端；639 年乌特巴·加兹万(Utba b. Ghaziwan)奉哈里发奥马尔(Omar，591—644 年)之命营建巴士拉城，8—9 世纪巴士拉成为阿拔斯王朝贸易中心之前，乌布拉一直作为底格里斯河唯一的出海港口，被誉为"通往巴林、阿曼、信德与中国的门户"，拉唐犹太商人时代乌布拉港仍旧延用，但是地位有所下降。②阿曼位于阿拉伯半岛东南沿海地区，扼守波斯湾，今为阿曼苏丹国。苏斯·阿克萨位于今北非摩洛哥地区，历史上著名的贸易地区，与丹吉尔紧邻；③丹吉尔为北非摩洛哥沿海城市，与直布罗陀海峡对望。凯鲁万位于今突尼斯地区，历史上曾作为法蒂玛王朝(909—1171 年)首都。乌克巴·纳非(Ukba b. Nafi)记载凯鲁万城于 670 年建造，位于突尼斯，有时亦被称为"突尼斯之地"或"五城之地"。④641 年，阿拉伯著名将领阿穆尔·本·阿斯(Amr ibn al-As，585—664 年)占领埃及之后，建立阿拉伯人在埃及的首个都城福斯塔特(Fustat)城；969 年，法蒂玛王朝在福斯塔特城北部营建新城开罗，开罗从此取代福斯塔特成为新的首都，因此 9 世纪中叶伊本·胡尔达兹比赫所记的埃及首都应指福斯塔特城。⑤拉姆拉，位于今以色列中部地区，为倭马亚王朝时期所建；该地为连接福斯塔特与大马士革的交通要地，同时连接耶路撒冷与雅法(Jaffa)港。库法始建于 622 年，位于伊拉克南部、巴格达以南约 170 余公里处，为阿拉伯帝国文化重镇。巴士拉始建于 638 年，位于伊拉克南部地区，濒临波斯湾，阿拉伯帝国贸易与

---

①③　Solomon Katz, *The Jews in the Visigothic and Frankish Kingdoms of Spain and Gaul*, p.134.

②　M. J. de Goeje, ed., Iban Khurradadhbih, "al-Masalik wa'l-Manalik", pp.153—155, in Norman A. Stillman, *The Jews of Arab Lands*, p.163; L. Rabinowitz, *Jewish Merchant Adventures: a Study of the Radanites*, p.125, p.131.

④　L. Rabinowitz, *Jewish Merchant Adventures: a Study of the Radanites*, p.129; Moshe Gil, "The Rādhānite and the Land of Rādhān", p.310.

⑤　关于该城状况，详见下文。

文化重镇。阿瓦士为伊朗西南部库希斯坦省首府。历史上的法尔斯指波斯南部地区,今法尔斯指伊朗南部的法尔斯省。Kirman,又作 Umān,位于波斯东南部地区,今伊朗克尔曼省,克尔曼为该省首府。可萨为历史上北高加索地区部族,其首府为海姆利杰。巴里黑,即今阿富汗北部巴尔赫(Balkh)地区。河中地区为中亚锡尔河与阿姆河流域地区,该地为历史上丝绸之路重要通道。九姓乌古斯即汉籍所记之九姓回鹘,此处应是指东部天山地区的回鹘人,其驻地亦位于此。[①]

由于伊本·胡尔达兹比赫所著《道里邦国志》文稿流传有各种不同版本,其中难免因传抄引起讹误,因此所罗门·卡茨、德·胡耶、拉比诺维茨以及摩西·吉尔等在对"拉唐犹太商人"篇章译介中就其所经某些地区以及携带贸易物资等有着不同认识。

如所罗门·卡茨、德·胡耶、拉比诺维茨认为,拉唐犹太商人应到达"法兰克之地"贸易,并讲"法兰克语";摩西·吉尔则认为伊本·胡尔达兹比赫所记非指"法兰克",应为弗兰加(Firanja)地区。摩西·吉尔援引阿拉伯文献所记"弗兰加(Ifranja,即 Firanja)皇后及其女贝莎(Bertha)与哈里发穆克塔菲(al-Muktafī,877/878—902 年)关系密切,贝莎曾于 906 年赠送给穆克塔菲宝剑、斯拉夫奴隶及女童",称此地与阿拉伯帝国关系较为和睦,两地应存在贸易交往,因此拉唐犹太商人应是到达此地贸易,并说弗兰加语(ifranjīya)。阿拉伯史学家伊斯塔克尔(Al-Istakhrī,?—957 年)、伊本·豪卡尔(Ibn Hawqal,?—978 年)曾言及:"弗兰加与西西里非常临近、举目可望。"因此,摩西·吉尔认为弗兰加应是法兰克王朝统治下的意大利某地,并非法兰克本土。[②]如若考虑到此时阿拉伯帝国与法兰克及基督教之间在地中海地区的冲突,拉唐犹太商人深入到法兰克地区贸易应极为不便,因此摩西·吉尔主张拉唐犹太商人有可能是前往远离法兰克王国本土的意大利弗兰加贸易,并讲当地的弗兰加语。

在拉唐犹太商人从西方贩卖的贸易物资中,所罗门·卡茨、德·胡耶以及拉比诺维茨等认为包括阉人、婢女、娈童、锦缎、河狸皮、貂皮等皮革以及宝剑等。摩西·吉尔认为其中的"河狸皮、貂皮等皮革",应是伊本·阿西尔

---

① 关于可萨及其首府海姆利杰、巴里黑、河中地区以及九姓乌古斯等地下文专门详细论述,详见下文。

② Moshe Gil, "The Rādhānite and the Land of Rādhān", p.307; Solomon Katz, *The Jews in the Visigothic and Frankish Kingdoms of Spain and Gaul*, p.310.

(Ibn al-Athīr，1160—1233 年)所记的以羊毛或其他皮毛与丝绸混合加工而成的衣物——此衣物被称为卡茨（Khazz），并非皮革。①在阿拉伯语中，Khazz 或 Qazz 为丝绸之意，伊本·阿西尔所记应是以 Khazz 指代此以动物皮毛与丝绸加工的衣物。

900 年，阿拉伯史地学家伊本·法基赫在《地理志》中对拉唐犹太商人亦有所记。不幸的是《地理志》原书已佚失，其中关于拉唐犹太商人之记载只能从 1022 年阿拉伯人阿里·哈桑·沙扎尔（Ali b. Hassan al-Shaizari）的摘录中略见一斑。拉比诺维茨、迈耶尔与摩西·吉尔曾据阿里·哈桑·沙扎尔的摘录，节略出伊本·法基赫的记载，兹转录如下：

> 由于商人经海路从东方到达西方，又从西方到达东方，来自亚美尼亚、阿塞拜疆、呼罗珊、可萨及里海的物资云集于剌吉思（Rhages）。他们将织锦、上好的丝绸（卡茨）从法兰克带到凡莱玛，再经海路到达古勒祖姆，并携带所有物资到达中国；然后再将肉桂、白屈菜等（肉桂等其他不明物资）所有中国物资从海路运至古勒祖姆，再将其带至凡莱玛。这些犹太商人被称为 Rāhdānīs。他们说着波斯语、希腊语、阿拉伯语及法兰克语（弗兰加语）。他们从凡莱玛出发，并贩卖麝香、芦荟、木材及与法兰克国王（弗兰加）相关的任何东西。随后，他们到达安条克，又至巴格达、乌布拉。②

比较观之，伊本·法基赫与伊本·胡尔达兹比赫所记有如下不同。

其一，伊本·法基赫记载来自各地的物资云集剌吉思，伊本·胡尔达兹比赫则并未提及。剌吉思位于波斯境内，曾是米底的商业中心，古代呼罗珊道路重要城市之一，是通往中亚、可萨必经之地，为波斯贸易重镇。伊本·法基赫的家乡杰贝勒省哈马丹（Hamadān）地区，与剌吉思紧邻，故其对该地贸易状况应十分熟悉。伊本·法基赫记载剌吉思应是为凸显其地作为商业贸易中心的重要性。较之而言伊本·胡尔达兹比赫对 Rādhānites 犹太商人从巴格达向东之行程记载尤为简略，应是未能一一注明所经诸地。③

---

① Moshe Gil，"The Rādhānite and the Land of Rādhān"，p.307.

② 其中拉比诺维茨谓之丝绸，肉桂、白屈菜等，法兰克语以及法兰克王国，摩西·吉尔谓之卡茨，肉桂等其他不明物资，弗兰加语以及弗兰加，详见 L. Rabinowitz，*Jewish Merchant Adventures：a Study of the Radanites*，p.198；Moshe Gil，"The Rādhānite and the Land of Rādhān"，pp.306—307.

③ L. Rabinowitz，*Jewish Merchant Adventures：a Study of the Radanites*，pp.199—200.

其二，伊本·法基赫记载"拉唐犹太人商人从法兰克带来织锦与上好的丝绸"，伊本·胡尔达兹比赫则记载"他们从西方贩卖来阉人、婢女、娈童、锦缎、河狸皮、貂皮等皮革"，并非仅指法兰克，亦或包括西方其他地区。其中拉比诺维茨、迈耶尔认为伊本·法基赫所记应为"上好的丝绸"；摩西·吉尔则认为此应是卡茨，并指出 Khazz 是 ibrīsam，barīr【即丝绸（qazz）】的同义词，但并非"丝绸"。[1]ibrīsam，barīr 在阿拉伯语中指以丝绸织成的衣物，Khazz，ibrīsam 以及 barīr 在此处应是指丝绸衣物，并非丝绸，将上好的丝绸理解为丝绸衣物更为妥当。伊本·法基赫此处所列举从法兰克所携带的贸易物资显然没有超出伊本·胡尔达兹比赫所记范围。伊本·法基赫记载拉唐犹太商人从中国所获物资有"肉桂、白屈菜"或"肉桂及其他不明物资"，伊本·胡尔达兹比赫则并未记载白屈菜。[2]

其三，关于拉唐犹太商人贸易地区，伊本·法基赫仅记载拉唐犹太商人从法兰克（或弗兰加）至凡莱玛、古勒祖姆，再经红海至中国，而后返回至古勒祖姆、凡莱玛以及从凡莱玛至安条克、巴格达、乌布拉等贸易路线，未言及从法兰克（或弗兰加）、安条克、伽比亚、巴格达、乌布拉等地经阿曼、信德、印度航行至中国，亦未提及拉唐犹太商人到达君士坦丁堡以及经陆路贸易，更没有提及拉唐犹太商人所讲的安达卢西亚语与斯拉夫语。

因此，伊本·法基赫关于拉唐犹太商人贸易地区及其所讲语言的记载并未超出伊本·胡尔达兹比赫所记内容。考虑到后世阿拉伯史地学家对伊本·胡尔达兹比赫所著《道里邦国志》内容参考并因袭的传统，作为其晚辈的伊本·法基赫应是因袭了伊本·胡尔达兹比赫对拉唐犹太商人的记载，并在传抄中出现了一些讹误。

在唐代犹太人入华研究中，"拉唐犹太商人"篇章颇受关注。自 1848 年雷诺最早拈出《道里邦国志》所记"拉唐犹太商人"篇章并译为法文后，对"拉唐犹太商人"的研究从未中断。除了前述对"拉唐犹太商人"文本翻译、整理与考订之外，主要集中于对拉唐意义考证，即 Rādhānites 的意义，[3]以及对拉唐犹太商人贸易及入华活动的探究。拉比诺维茨曾对拉唐犹太商人贸易活动进行了系统研究，但其所主张 Rādhānites 的意义为"行者""行商"之说备受争议、难被接受，故在此基础上的研究亦错讹百出。[4]

---

[1]　Moshe Gil，"The Rādhānite and the Land of Rādhān"，p.307.

[2]　Moshe Gil，"The Rādhānite and the Land of Rādhān"，pp.306—307.

[3]　关于此问题的研究综述，详见下文"拉唐释义"。

[4]　L. Rabinowitz，*Jewish Merchant Adventures：a Study of the Radanites*，London：Edward Goldston，1948.

由于 Rādhānites 意义未见确论，因此有关拉唐犹太商人贸易活动的研究犹如空中楼阁、无源之水，自然无法完全勾勒出拉唐犹太商人入华贸易的状况。另外，拉比诺维茨对拉唐犹太商人入华贸易的研究，多集中于伊本·胡尔达兹比赫所记文本内容，未能将其与其他文献，尤其是汉文文献进行互证，因此对拉唐犹太商人与各地犹太人之间的联系及其与唐代文献所记与考古发现所显现的入华犹太人之间的关系等研究不足，未能完全揭示拉唐犹太商人入华贸易的信息，亦并未以此探究唐代犹太人贸易入华的状态。

(二) 拉唐释义

自伊本·胡尔达兹比赫记载的"拉唐犹太商人"文本刊布以来，对拉唐意义的解读可谓众说纷纭、五花八门。观其研究，大致有以下几种观点：

① Rabbi 说，即拉比：哈卡维（Harkavy）认为 Rādhānites 是 Rabbanites 的误写，Rabbanites 即犹太"拉比"之意，拉唐犹太人活跃时期恰好是拉比时期，所以伊本·胡尔达兹比赫以 Rabbanites 指代此时在东西方经营贸易的犹太人。

哈卡维所主张的 Rabbanites，与 Rabban 音近。Rabban 源自希伯来语רבן，汉译为"拉班"。与希伯来语רב（Rabbi，即拉比）一样，רבן亦为拉比之意，但不同的是רבן一词专指区别与拉比的 1—5 世纪犹太公会（Sanhedrin）[①]的首领，1 世纪犹太公会首领迦玛列一世（Gamliel I）首次被称为 Rabban；再者，Rādhānites 中的 Rādhān 与 Rabban 发音差异甚大。因此，哈卡维之说太过牵强附会，如拉比诺维茨即认为 Rabbanites 一词多用于宗教领域，而且 Rādhānites 与 Rabbanites 构词差异较大。[②]

② "布商"说：德·胡耶据伊本·法基赫对"拉唐犹太商人"的记载，指出伊本·法基将 Rādhānites 又记作 Rāhdānīya，并认为 Rāhdānīya、Rāhdānīya 由波斯语 rāb＋dān 构成，应为"布商"（Bazzaz）之义——雷诺、杜

---

① Sanhedrin 为希伯来语סנהדרין音译，指在以色列每个城市由法官构成的犹太人法庭。摩西与以色列人奉上帝之命建立犹太人法庭，法官教导并监督民众遵守律法；士师时代，法官兼具宗教与政治权力。在各地犹太公会之上是大犹太公会（Great Sanhedrin）。大犹太公会的首领作为公会代表，但不作为法庭成员。直到第二圣殿被摧毁之前，犹太公会通过圣经与拉比传统对犹太人进行了律法规范。第二圣殿被摧毁之后，犹太公会迁至亚夫内（Yavne）。之后随着罗马人的迫害，犹太公会逐渐式微，迦玛列六世（Gamliel VI，370—425 年）为最后一位犹太公会首领。

② L. Rabinowitz, *Jewish Merchant Adventures: a Study of the Radanites*, p.108.

泽(Dozy)以及马夸特(Marquart)等亦执此说。[①]但是,摩西·吉尔认为在波斯语中 Rahdān(布商)的复数形式为 Rahādina,并非 Rāhdānīya,其说并未在波斯史料中得到印证。[②]因此,该说也难被认同。

③ "行者"与"行商"说:拉比诺维茨援引德·胡耶所指 Rāhdānīya 由波斯语"Rah+dan"构成说,指出德·胡耶认为在波斯语中 Rahdan 意为"知道道路"的意思,即"行者"、"行商"之意;兹洛特尼克(J. Zlotnick)亦认为波斯语"Rah + dan"最初应源自印欧语系,与意大利、西班牙语中的 rada,英语中的 road,古英语中的 rad 同义,所以 Rādhānites 为"行者"、"行商"之意。因此,拉比诺维茨与兹洛特尼克皆主张拉唐犹太商人应是在欧亚大陆各地犹太商人的联盟,由于来往东西方经营贸易,熟知各地道路,故被称为 Rādhānites。但是,如上所述德·胡耶则主张 rāb+dān 在波斯语中为"布商"之意,拉比诺维茨、兹洛特尼克与德·胡耶的主张明显不同,且没有给出令人信服的解释,因此"行者"与"行商"之说充满争议、难被接受。

④ "信使"与"间谍"说:卡梅特维茨(Kmietowicz)主张 Rādhānites 源自 Veredarii,Veredarius 源于 Raeda(Rheda),为高卢皇家邮驿系统使用的四轮马车,Veredus 指邮驿所用的马匹,Rēdhānī(ya)转化为 Rēdārii,再转化形成 Veredarii,因此 Rādhānites 意为"信使"。雅各比(Jacobi)则认为 Rādhānites 应是"间谍"的意思,专为阿拔斯王朝提供秘密情报,伊本·胡尔达兹比赫本人也曾担任过邮驿与情报官,对此应当十分了解,故以此称呼这些犹太商人。但是,伊本·胡尔达兹比赫所记拉唐犹太人很明显是到欧亚大陆各地贸易的商人,"信使"与"间谍"之说与拉唐犹太商人的身份毫不相关,且没有其他史料可以佐证,故此说难以成立。

⑤ Rayy 说:雅各布斯(Jacobs)与卡茨(Katz)认为 Rādhānīya 极有可能就是指波斯米底(Median)[③]重要的商业中心雷伊(Rayy)——雷伊,又称剌吉思(Rhages),位于波斯北部地区,今伊朗德黑兰附近。9 世纪期间该地曾是波斯重要的贸易城市,而且拉唐犹太人所说语言包括波斯语,因此拉唐应指该地。但是,卡梅特维茨(Kmietowicz)认为,来自 Rayy 的人只可能被称之为 al-Rāzī,从词源上来看 Rayy 与 Rādhānīya 并无必然联系;拉比诺维茨

---

① Moshe Gil,"The Rādhānite and the Land of Rādhān",p.300.

② Moshe Gil,"The Rādhānite and the Land of Rādhān",p.301.

③ 米底,即古代以波斯为中心的米底王国(公元前 678—前 549 年)。

亦认为拉唐犹太人所说语言不惟有波斯语,且其出发地在欧亚大陆西部的西班牙或法兰克地区。[①]因此,此说也被难以接受。

⑥ Rhone 说,即罗纳河:西蒙森(Simonsen)、伦巴第(M. Lombard)等认为 Rādhānites 应位于罗纳(Rhone)河畔,即由 Rhone 演变为 Rhodanici,并由此形成 Rahdānīya,或经其他语言流变而与 Rādhānites 接近。西蒙森更是援引一方在叙利亚贝鲁特(Beirut)地区发现的 211/212 年的石刻——此方石刻记载一位来自西欧阿尔勒(Arles)[②]的犹太人在贝鲁特经营贸易,认为来自里昂的拉唐犹太人由于没有自己的海舶,因此先携带物资从罗纳河畔航行至阿尔勒,再从此航行至东方,而且在里昂地区也发现了大量来自提尔(Tyre)[③]以及亚历山大里亚的物资,因此拉唐犹太商人应是来自罗纳河畔,并因此得名。针对西蒙森与伦巴第的主张,德·胡耶指出 o 音不可能转化为 ā 音,换言之 Rhodanus 不能转化为 Rādhān,并坚持认为 Rādhānīya 源于波斯语,但他同时又认可拉唐犹太商人应来自法兰克南部与西班牙的说法。[④]拉比诺维茨则认为,里昂、阿尔勒以及马赛等地的犹太商人在阿拉伯人征服之前经常前往东方经营贸易,之后则很少见,而且 3 世纪的史料并不能说明伊本·胡尔达兹比赫时代西欧犹太人的贸易状态,此外没有任何资料显示 9 世纪罗纳河畔的航行者被称为 Rhodanici。[⑤]因此,Rhone 说亦饱受争议,难被接受。

1. 拉唐犹太商人"西欧说"之非

较之以上诸多饱受争议或难以成立的说法而言,拉唐犹太商人"西欧说"则十分盛行。如海德、施舟人、尤利叶斯·古特曼、德·胡耶、阿罗纽斯、罗斯以及戈伊泰因等皆认为,东方犹太人不具备长途贸易条件,西欧(即法兰克王国)不仅贸易环境优越,而且西欧犹太人颇为熟悉长途贸易,故其凭借从西班牙到中国的犹太人聚集区经营贸易活动,因此拉唐犹太商人应当来自法兰克王国。[⑥]宋岘则认为 Rādhānites 即"拉丁"之意,当指操拉丁语民族生活的欧洲地中海地区;林梅村亦视拉唐为欧洲一带,但是并未说明缘由。[⑦]宋岘、林

---

① L. Rabinowitz, *Jewish Merchant Adventures: a Study of the Radanites*, p.109.

② 阿尔勒位于法国东南部罗纳河口省。公元前 2 世纪罗马人据有此地,此地曾有运河通往地中海;中世纪时期该地为重要的基督教宗教中心。

③ 提尔位于今黎巴嫩南部沿海地区,最早为腓尼基人城市。

④ 德·胡耶之主张,详见 De Goeje, *Opuscula*, IV, 6 ff; Moshe Gil, "The Rādhānite and the Land of Rādhān", pp.300—305。

⑤ L. Rabinowitz, *Jewish Merchant Adventures: a Study of the Radanites*, p.110.

⑥ Moshe Gil, "The Rādhānite and the Land of Rādhān", pp.300—305.

⑦ (阿拉伯)伊本·胡尔达兹比赫:《道里邦国志》,宋岘译注,第 164 页;林梅村:《犹太人入华考》,详见林梅村:《西域文明》,第 89 页。

梅村之主张应显受"西欧说"影响。但是,基于此时西欧长途贸易以及中西交通的状况考量,拉唐犹太商人"西欧说"待商榷之处甚多。

早在5世纪法兰克犹太人已从事贸易活动,如圣希多尼乌斯·阿波黎纳里斯(Sidonius Apollinaris)曾提到图尔奈(Tournai)的犹太商人十分诚实;[①]6世纪图尔的格利高里(Gregory of Tours)曾谴责克莱蒙特(Clermont)主教卡提努斯(Cautinus)不认真规劝犹太人改宗,反与其融洽相处,高价购买他们的商品。[②]来到马赛贸易的罗马犹太人则向格里高利抱怨马赛犹太人遭到了不公正待遇等。[③]

中世纪时期,犹太商人只有在得到国王、主教以及地方首领赐予的特许状之后方可经营贸易。特许状对犹太人在法兰克王国享有的土地、贸易及借贷等权限,都做出了明确规定。迄今所知,9世纪之前关于法兰克犹太人的特许状仅有6件,其中4件为个人特许状,2件为地区特许状——个人特许状在帝国内有效,地区特许状只在当地有效。个人特许状分别为拉比杜马图斯(Rabbi Domatus)与其外甥塞缪尔(Samuel)、里昂的大卫·大卫提斯(David Davitis)与约瑟夫(Joseph)及其亲属、萨拉戈萨(Saragoza)[④]的亚伯拉罕(Abraham)在820—825年间所获特许状与828年一批犹太商人所获特许状——这些特许状皆为虔诚者路易一世(Louis I)[⑤]所赐;2件地区特许状为839年虔诚者路易一世赐予纳博讷(Narbonne)[⑥]犹太人的地区特许状与894年格勒诺布尔(Grenoble)[⑦]犹太人所获地区特许状。[⑧]9世纪之前,法兰克王国赐予犹太人的特许状极为稀少,且难以获得,特许状大量出

---

① 圣希多尼乌斯·阿波黎纳里斯(430—489年),古罗马末期主教、外交家、诗人。图尔奈今比利时西北部城市。

② 图尔,今法国中北部城市。图尔的格里高利(538—594年),图尔主教、历史学家。克莱蒙特,即今法国中部城市克莱蒙特-菲朗(Clermont-Ferrand),卡提努斯551—571年担任克莱蒙特主教。格里高利对卡提努斯的批评,详见 Solomon Katz, *The Jews in the Visigothic and Frankish Kingdoms of Spain and Gaul*, Cambridge, Massachusetts, 1937, p.127。

③ Norman A. Stillman, *The Jews of Arab Lands*, pp.82—83, pp.126—127.

④ 萨拉戈萨,西班牙西北部城市。

⑤ 虔诚者路易一世(778—840年),法兰克加洛林王朝国王,查理曼之子。

⑥ 纳博讷,法国南部城市。

⑦ 格勒诺布尔,法国东南部城市。

⑧ L. Rabinowitz, *Jewish Merchant Adventures: a Study of the Radanites*, p.19; Maristella Botticini and Zvi Eckstein, "From Farmers to Merchants, Conversions and Diaspora: Human Capital and Jewish History", in *Journal of the European Economic Association*, Vol.5, No.5, 2007, pp.916—918.

现则在 10 世纪中叶之后。①据德·胡耶推算《道里邦国志》大约完成于 846 年左右，因此拉唐犹太商人最晚应在 9 世纪中叶之前便开始贸易。如果拉唐犹太商人来自法兰克王国，法兰克国王将特许状赐予如此大规模的犹太商人群体应会被史籍所记载，但是却没有见到关于拉唐犹太商人的任何信息。

中世纪早期(6 至 10 世纪)，法兰克王国与东方的联系多集中在地中海周边地区。8 世纪初至 9 世纪末，据法兰克王国众多使节、朝圣者前往东方诸地行程而论，法兰克王国通往东方的交通道路主要包括：其一，从罗纳河至马赛，再航行至里维埃拉(Riviera)、坎帕尼亚(Campanian)、意大利半岛南端，然后经莫奈姆瓦夏(Monemvasia)越过爱奥尼亚海，经希腊至爱琴海，再乘船经塞浦路斯岛到达叙利亚、巴勒斯坦；②其二，从意大利出发到埃及等北非地区，进而至中东各地；其三，通过亚德里亚海至拜占庭帝国、阿拉伯；其四，经亚得里亚海或爱奥尼亚海，绕过佩特雷(Patras)湾至科林斯，再至君士坦丁堡；③其五，从法兰克王国经过多瑙河【或从萨洛尼卡(Thessalonica)④至巴尔干】，至保加利亚地区，最后至拜占庭；其六，经北欧斯堪的纳维亚半岛经过波罗的海、瓦良格人(Varangian)⑤之地至黑海、里海。⑥

---

① 据马瑞斯特拉·博提克尼(Maristella Botticini)与兹维·埃克斯坦(Zvi Eckstein)的整理，迄今所知中世纪时期，法国除了文中所提 820—825 年、839 年间虔诚者路易所颁发的 4 封、839 年纳博讷、894 年格勒诺布尔犹太人所获 2 封地区特许状之外，还有 922 年 Gironne 犹太人所获的地区特许状及 1190 年个人特许状；英格兰则分别于 1120 年、1170 年、1190 年、1201 年、1275 年分别为犹太人颁发个人特许状；德国则分别在 919 年为特里尔，965 年、973 年、979 年分别为马格德堡，1084 年、1090 年为施派尔，1074 年、1090 年、1157 年分别为沃尔姆斯，1182 年、1216 年、1230 年为里根斯堡等地犹太人颁发地区特许状；奥地利在 1238 年为维也纳犹太人颁发地区特许状，1244 年颁发个人特许状；意大利在 905 年、991 年、1014 年为特雷维索犹太人颁发地区特许状；西班牙在 1053—1071 年为巴塞罗那，1085 年为塞普维达、纳赫拉，1090 年为里昂，1116 年为图德拉，1134 年为 Catalayud，1170 年为萨拉曼卡，1177 年为昆卡，1218 年为苏里塔，1222 年为托莱多，1250 年为巴伦西亚等地犹太人颁发地区特许状，详见 Maristella Botticini and Zvi Eckstein, "From Farmers to Merchants, Conversions and Diaspora：Human Capital and Jewish History", in *Journal of the European Economic Association*，p.917。

② 此处里维埃拉指意大利里维埃拉，即今西北沿海地区利古里亚(Liguria)海岸地区；坎帕尼亚，意大利南部沿海地区；莫奈姆瓦夏，希腊伯罗奔尼撒半岛东部沿海城市。

③ 佩特雷，希腊伯罗奔尼撒半岛西北沿海城市；科林斯，位于连接大陆与希腊伯罗奔尼撒半岛的科林斯地峡地区。

④ 萨洛尼卡，希腊北部城市。

⑤ 瓦良格人，即 8—10 世纪出现在东欧平原地区的诺曼人，活跃在东欧的贸易商路上，并到达拜占庭帝国贸易，故此处指东欧地区。

⑥ 关于中世纪早期法兰克王国与东方诸地交往的道路，详见 Michael McCormick, "New Light on the Dark Ages：How the Slave Trade Fulled the Carolingian Economy", in *Past & Present*，No.177，2002，pp.31—32。

上述前五条交通道路，显示中世纪早期由法兰克王国直接可至的地区未超出北非、阿拉伯与拜占庭帝国等地。虽然，从第六条道路可经北欧至黑海、里海——此道形成源于9世纪北欧斯堪的纳维亚人对第聂伯河流域斯拉夫之地的统治、开发，但是拉唐犹太商人远未涉足北欧地区，并不可能经从此道。9世纪查理曼（Charlemagne，742—814年）征服萨克森（Saxony）、巴伐利亚（Bavaria）地区之后，大量法兰克犹太人迁徙至马格德堡（Magdeburg）、梅泽（Merseburg）、雷根斯堡（Ratisbon）等地，并深入到奥得（Oder）河畔的斯拉夫之地、波西米亚（Bohemian）、摩拉维亚（Moravian）等地获取斯拉夫奴隶，也有犹太人直接从罗纳河行至日耳曼、波西米亚、摩拉维亚等地经营奴隶贸易，①但是这些奴隶多被运往凡尔登（Verdun）、那尔滂（Narbonese）、那不勒斯（Naples）、马赛、威尼斯、维罗纳（Verona）、热那亚以及比萨等地。②由此可知，即使此时经常前往斯拉夫之地经营奴隶贸易的法兰克犹太商人，也没有沿斯拉夫之地、黑海以及里海等地继续朝向东方，却是选择通过凡尔登、维罗纳以及那尔滂、那不勒斯等地中海沿岸港口城市等地将斯拉夫奴隶销往各地。

古代使节、朝圣者出行多凭借商人引导，并搭载商人船只或与商人同行，甚至不乏商人充当使节的事例，法兰克使节、朝圣者的行程应为法兰克商人长途贸易所及之处。从634至827年间阿拉伯人先后占领安条克、埃及、塞浦路斯岛、西班牙、科西嘉岛、撒丁岛以及西西里等地，地中海嫣然变为"穆斯林之湖"，西欧曾经繁华的马赛港也日益枯竭衰败，伊本·赫拉敦（Ibn Khaldoun，1331—1406年）甚至指出："在地中海海面上基督徒已无法再行驶任何一条帆板。"③故此时法兰克商人应该更没有能力组织到达印

---

① 萨克森位于今德国东部地区。巴伐利亚位于今德国东南部地区。马格德堡位于今德国中北部地区。梅泽今德国东部城市。里根斯堡今德国巴伐利亚州直辖市。奥得河，中欧河流，发源捷克，流经波兰西部，并构成今德国与波兰的边界。波西米亚，古中欧地名，主要位于古捷克地区。摩拉维亚位于捷克东部地区。查理曼之征服与犹太人在以上诸地的迁徙、贸易，详见 L. Rabinowitz, *Jewish Merchant Adventures: a Study of the Radanites*, pp.23—24。

② 凡尔登，今法国东北部城市。那尔滂，法国南部沿海地区，历史上曾为罗马帝国行省。那不勒斯，意大利南部港口城市。维罗纳，意大利北部城市。关于法兰克犹太商人奴隶贸易，详见亨利·皮雷纳：《穆罕默德和查理曼》，王晋新译，上海：三联出版社，2011年，第259页；波斯坦、科尔曼、彼得·马塞厄斯主编：《剑桥欧洲经济史》（第2卷），王春法译，北京，经济科学出版社，2004年，第90页；J. H. Johnston, "The Mohammedan Slave Trade", in *the Journal of Negro History*, Vol.13, No.4, 1928, p.484；L. Rabinowitz, *Jewish Merchant Adventures: a Study of the Radanites*, p.28。

③ 亨利·皮雷纳：《穆罕默德和查理曼》，王晋新译，第153—179页。

度、中亚,乃至中国的贸易。

迄今所知,中世纪早期犹太商人前往东方贸易亦未超出上述地区,如查理曼曾命一位在巴勒斯坦经营贸易的犹太商人,将一只老鼠高价卖给美因兹主教瑞彻夫(Richulf),[①]797 年查理曼大帝派遣犹太人艾萨克(Isaac)作为使团翻译官,前往巴格达朝见哈里发哈伦·拉希德(Harun al-Rashid)[②]——艾萨克之所以被派遣,应因其经常往来于法兰克与巴格达之间经商、熟知行程,这也是此时所知法兰克犹太商人所至最远之地。因此,中世纪早期法兰克犹太商人应多在地中海周边经营贸易,最远亦不会超过北非、阿拉伯与拜占庭帝国等地,此与拉唐犹太商人所能到达的贸易地区,尤其所到东方诸地相差甚远。

唐代中国与法兰克王国并未有直接联系,汉文史籍对域外记载亦从未提及西欧地区。天宝十年(751 年),唐廷与阿拔斯王朝在怛罗斯爆发战争。唐人杜环在唐廷兵败之后被阿拉伯帝国军队俘虏,宝应初年(762 年)得以经海路回国。在此期间,杜环曾到达阿拉伯诸地,并著《经行纪》记载沿途见闻。迄今所知,《经行记》中记载了唐代国人所知最远的西方地区,其言:

> 拂菻国西枕西海,南枕南海,北接可萨突厥。西海中有市,客主同
> 和。……又闻西有女国,感水而生。又云摩邻国在秋萨罗国西南,渡大
> 碛,行二千里至其国。[③]

其中拂菻指拜占庭帝国,西海指地中海,南海即红海或印度洋,摩邻为 Maghreb 之转音,即马格里布地区——马格里布即指今北非摩洛哥、阿尔及利亚以及突尼斯等地,秋萨罗(又作秧萨罗)——夏德(Friedrich Hirth)以"秧萨罗"为耶路撒冷(Jerusalem)的转音,张星烺则认为"秋萨罗"乃西班牙国古名 Castilla【卡斯提尔王国(1035—1837 年)】的音译。[④]据地理位置判

① Solomon Katz, *The Jews in the Visigothic and Frankish Kingdoms of Spain and Gaul*, p.130.

② 哈伦·拉希德(764—809 年),阿拔斯王朝第五任哈里发。犹太商人艾萨克之事迹,详见 Werner Keller, Diaspora, *The Post-Biblical History of the Jews*, Harcourt, Brace & World, Inc, New York, 1966, pp.158—159。

③ (唐)杜环:《经行记笺注》,张一纯笺注,北京,中华书局,1963 年,第 12—19 页。

④ 非洲马格里布地区指北非摩洛哥、阿尔及利亚以及突尼斯等地,Castilla 即西班牙卡斯提尔王国(1035—1837 年)。关于夏德与张星烺的考证,详见(德)夏德:《大秦国全录》,朱杰勤译,郑州,大象出版社,2009 年,第 50 页;张星烺(编):《中西交通史料汇编》(第 1 卷),第 213 页。

断,大部分马格里布地区位于卡斯提尔东南部,与杜环所记摩邻西南并不符合,且秋萨罗较之 Castilla 而言与耶路撒冷发音更为相近,故秋萨罗为耶路撒冷更符合杜环的记载。由此可见,唐代国人所知西方最远之地并未超出阿拉伯世界,法兰克王国更是无从谈及。此与中国与西方的交往及贸易亦相契合,在唐代汉文史籍记载中,除拂菻、阿拉伯等多次遣使奉贡及"大食(阿拉伯)人""大食商人""波斯人""波斯商人"之外,则再未提及更远的西方地区。①

西欧基督教世界与中国较大规模的联系始于元代。如 1245 年教皇英诺森四世(Innocent IV)派遣意大利圣方济各教士柏朗嘉宾(Jean-du Plan-Carpin)前往蒙古王庭,②1253 年法王圣路易(St. Louis)派遣圣方济各教士鲁布鲁克(Rubruk)前往蒙古,约翰·孟德高维诺(Giovanni da Montecorvino)、安德鲁(Andrew)、鄂多立克(Friar Odoric)、马黎诺里(Giovanni da Marignolli)等天主教教士前往中国。③元代前往中国贸易的则有马可·波罗及其叔父二人等,法兰克商人裴哥罗梯(Pegolotti)亦曾据此时前往中国贸易的西欧商人之见闻于 1340 年著《通商指南》,并在书中提及威尼斯等地西欧商人经钦察汗国首都萨莱(Sara)、中亚诸地前往契丹贸易。④诸如此类元代中国与西欧交往的事迹,不胜枚举。汉文史籍关于西欧法兰克的记载

---

① 唐代从贞观十七年拂菻王波多力遣使献赤玻璃、绿金精等物之后,干封二年、大足元年、开元七年、景云二年、天宝元年等皆向唐廷遣使奉贡,详见《旧唐书》卷 198,北京,中华书局,1975 年,第 5313—5314 页;(北宋)王钦若、杨亿、孙奭等编:《册府元龟》,卷 970、卷 971,北京,中华书局,1985 年;阿拉伯朝贡的记载,详见(北宋)王钦若、杨亿、孙奭等编:《册府元龟》卷 970、971、972、975、976。

② 英诺森四世(1195—1254 年),1243—1254 年在位。柏朗嘉宾(1180—1252 年),第一位到达蒙古宫廷的欧洲人,著有《蒙古行纪》,详见柏朗嘉宾:《蒙古行纪》,耿升、何高济译,北京,中华书局,2002。

③ 法王圣路易(1214—1270 年),即法国卡佩王朝(987—1328 年)路易九世(Louis IX),曾领导第七次、第八次十字军东征,堪称欧洲君王典范,故被称为圣路易。鲁布鲁克(1215—1270 年),法国人,著有《东行纪》,详见鲁布鲁克:《鲁布鲁克东行纪》,耿升、何高济译,北京,中华书局,2002 年。约翰·孟德高维诺(1247—1328 年),元代在中国传教,建立了中国最早的天主教区汗八里(北京)主教区。安德鲁,元代入华传教士,曾担任泉州主教。鄂多立克(1265—1331 年),元代入华传教士,详见鄂多立克:《鄂多立克东游录》,何高济译,北京,中华书局,2002。马黎诺里(约 1290 年—?),意大利佛罗伦萨人、元代入华传教士,也是教皇派出的最后一位出使中国的使节。

④ 马可·波罗之入华,详见马可·波罗:《马可波罗行纪》,沙昂海注、冯承钧译,北京,中华书局,2004。裴哥罗梯(Pegolotti)于 1340 年著成《通商指南》,详见 Francis Balducci Pegolotti, "Notices of the Land Route to Cathay and of Asiatic Trade in the First Half of the Fourteenth Century", in Henry Yule, *Cathay and the Way Thither*, Vol. III, London: the Hakluyt Society, 1913, pp.137—173。钦察汗国(1240—1502 年),又称金帐汗国,为蒙古四大汗国之一。钦察汗国首都萨莱位于伏尔加河下游地区。

亦始于元代,如元人吴师道(1283—1344年)在《礼部集》中记载:"拂郎在西海之西,去京师数万里,凡七渡巨洋,历四年乃至。"揭傒斯在《文安公文集》中则记之:"至正二年(1342年)岁壬午……西域拂郎国遣使献马。"[1]汪大渊《岛夷志略》记之:"所有木香琥珀之类,均产自佛郎国,来商贩于西洋互易"。[2]其中"拂郎""佛郎"即Franks,Farang的音译,指法兰西。

就唐至元中西交往与贸易历史而论,西欧与中国贸易应始于蒙古征服之后,唐代两地并不具备直接贸易的历史条件。中世纪早期,法兰克犹太商人贸易范围应未超过北非、阿拉伯与拜占庭帝国等地,并不具备远行至印度、中亚,乃至中国经营长途贸易条件。拉比诺维茨曾主张,法兰克犹太商人凭借流散在欧亚各地犹太人聚居区之间的联系,定会到印度、中国等东方诸地经营贸易。[3]在拉唐犹太商人时代,法兰克犹太商人既能前往巴勒斯坦、巴格达等地贸易,自然不能排除个别法兰克犹太商人随波斯、阿拉伯等地犹太人前往东方贸易的可能性,但若因此主张拉唐犹太商人来自西欧,则与此时法兰克犹太人贸易状态以及东西交往历史事实明显不符。

2. 拉唐犹太商人出自塞瓦杜拉唐之地

早在1865年巴尔比耶·德·梅纳尔首次刊布伊本·胡尔达兹比赫文稿时,曾提出拉唐犹太商人可能来自阿拉伯帝国塞瓦杜(Al-Sawād)拉唐(Rādhān)之地,遗憾的是他并未就此问题进行考释。之后随着众多学者各类解释的出现,"塞瓦杜拉唐之地说"便日益湮没。[4]

摩西·吉尔曾据伊本·胡尔达兹比赫记之Rādhānites(Rādhānīya)与伊本·法基赫所记Rāhdānīs(Rāhdānīya)之差别,即Rāhdānīs与Rāhdānīya在Rā音之后插入h音,断定伊本·法基赫在因袭伊本·胡尔达兹比赫记载时,受到叙利亚文的书写影响,将Rādhānites记作Rāhdānīs。盖此种用法常见于叙利亚文书写中,尤其在专有名词之中,经常在r之后加h,如Rūmī被写成Rhūmī。所以只有以叙利亚文书写时,才会出现以

---

① 揭傒斯(1274—1344年),元代文学家、书法家、历史学家。揭傒斯《文安公文集》、周伯琦《近光集》、欧阳玄《圭斋文集》、吴师道《礼部集》等多有记载,详见张星烺(编):《中西交通史料汇编》(卷1),第358—369页。

② 汪大渊(1311—1150年),元代航海家、游历家,详见(元)汪大渊:《岛夷志略》,苏继庼校释,北京,中华书局,1981年,第364页。

③ L. Rabinowitz, *Jewish Merchant Adventures: a Study of the Radanites*, pp.84—92.

④ Moshe Gil, "The Rādhānite and the Land of Rādhān", pp.306—307, p.315.

Rāhdānīs 代替 Rādhānites 的情况，因此才有伊本·法基赫所记 Rāhdānīs 或 Rāhdānīya。①

据此书写差异判断，可知 Rādhānite 与 Rāhdānīs 的核心词应为 Rādhān。在阿拉伯文献中，Rādhān 一词作为地名多次出现，如阿拉伯史学家泰伯里（Al-Tabari）在其所著《历代先知与诸王史》（*Tarikh al-Rusul wa al-Muluk*）中曾记载："817 年，马哈迪·阿拉万·哈尤里（Mahdī b. ‘Alwān al-Harūrī）在布祖尔沙布尔（Buzurshābūr）叛乱，控制了奈赫鲁布格（Nahr Būq）与拉唐尼亚（Rādhānayn）地区。"②其中 Rādhānayn 即指 Rādhān，应为其复数或双数写法。

伊本·胡尔达兹比赫在《道里邦国志》中也对拉唐之地有专门记载，其言：

> 塞瓦杜，过去萨珊波斯王朝称之为"迪勒-伊朗舍赫尔"（Dir Iranshahr），是伊拉克的中央省，内辖 12 个区（Kurat），……这些区又分成 60 个县（Tassūj）。③其中在迪吉拉河（Dijrah）与塔麦拉河流域的东侧地面有以下诸区、县：（其中）沙泽·忽尔木兹区（Shādh Hurmuz）有 7 个县，即布祖尔杰萨布尔、奈赫鲁布格……Rādhān al-A‘lā、Rādhān al-Asfal 诸县。……在塞瓦杜省的估定收税额中，Al-Rādhānayn 县有 16 个集镇、362 个谷仓，年收入：小麦 4 800 库④、大麦 4 800 库鲁、银币 120 000 迪尔汗。⑤

阿拉伯语、波斯语中 Al-Sawād 意为"黑土"，用于指幼发拉底河与底格里斯

---

① 叙利亚文为中古亚拉姆语的一种。亚拉姆语（Aramaic）为古代亚拉姆人（Aramean）所适使用的语言，属于闪米特语族，旧约圣经后期即以亚拉姆语书写，与希伯来文、阿拉伯文相近。摩西·吉尔之考证，详见 Moshe Gil, "The Rādhānite and the Land of Rādhān", pp.306—307, p.315。

② 泰伯里关于 Rādhān 的记载，详见 Al-Tabari, *The History of al-Tabari*, Vol. XXXII, State University of New York Press, 1987, p.67。

③ Kurat, Tassūj 在波斯语、阿拉伯语中分别指区、县，区的地望大于县，详见（阿拉伯）伊本·胡尔达兹比赫：《道里邦国志》，宋岘译注，第 5 页，注释②、③。

④ 库鲁是美索不达米亚地区自古沿用的量度单位，最早见于古巴比伦王朝第六代王汉谟拉比的法典，当时每库鲁约合 121 公升，另一说每库鲁约合 252.6 公升，详见（阿拉伯）伊本·胡尔达兹比赫：《道里邦国志》，宋岘译注，第 9 页，注释②。宋岘援引《世界通史资料选集》、林志纯主编《上古部分》分册第 67、97 页（商务印书馆出版）。

⑤ 迪尔汗（Dirham）为阿拉伯、波斯银币单位。以上记载，详见（阿拉伯）伊本·胡尔达兹比赫：《道里邦国志》，宋岘译注，第 5—12 页。

河在今伊拉克南部形成的冲积平原,代表富庶可耕之地,其与白色、贫瘠的阿拉伯沙漠形成鲜明对比。萨珊波斯时期(224—651年),Al-Sawād演变为一个指代古代伊拉克('Irak)地区的政治区域,即Dir Iranshahr,意为"中央伊朗城";阿拉伯帝国时期,仍沿用此政治区域。①迪吉拉河即为底格里斯河,Rādhān al-A'lā即上 Rādhān、Rādhān al-Asfal即下 Rādhān。② Al-Rādhānayn即 Rādhān的复数形式,指上、下 Rādhān,其中前缀 Al在阿拉伯语中作冠词之用,表示确指。

比伊本·胡尔达兹比赫稍晚的阿拉伯作家艾卜·法尔吉·古达玛·本·贾法尔(Abu al-Fari Qudamah bn Jafar)(以下简称艾卜·法尔吉·古达玛)③在《税册及其编写》中也记载了拉唐之地,其言:

> 塞瓦杜原有60个县,后被划出12个县……现在塞瓦杜管辖有10个区和下属的48个县。……其中沙兹·古巴兹区(Shādh Qubādh)辖7县中布祖尔杰萨布尔、奈赫鲁布格……Rādhān al-A'lā(上 Rādhān)与Rādhān al-Suflā(下 Rādhān)诸县,……回历204年(891—820年)塞瓦杜各地税收收入,其中 Al-Rādhānayn 4 800库尔小麦、4 800库尔大麦、120 000迪尔汗银币。④

其中 Rādhān al-A'lā与 Rādhān al-Suflā分别指上、下 Rādhān。艾卜·法尔吉·古达玛称拉唐尼亚归沙兹·古巴兹区管辖,并将伊本·胡尔达兹比赫所记沙兹·古巴兹区所辖县置于沙泽·忽尔木兹区名下;伊本·胡尔达兹比赫则正好相反,称拉唐尼亚为沙泽·忽尔木兹区管辖,将古达玛·本·贾法尔所记沙泽·忽尔木兹区所辖县置于沙兹·古巴兹区名下,故引起此差异。⑤通

---

① C. E. Bosworth, E. Van Donzel, W. P. Heinrichs and the late G. Lecomte, *The Encyclopaedia of Islam*, Leiden: Brill, 1997, Vol.IX, p.87.

② (阿拉伯)伊本·胡尔达兹比赫:《道里邦国志》,宋岘译注,第5页以及注释④。

③ 艾卜·法尔吉·古达玛(?—939/948年),出生于巴格达一个基督教家庭,并在阿拔斯王朝宫廷任职。其所著《税册及其编写》记载了阿拉伯帝国各地税收以及山川地貌等,不失为《道里邦国志》的补充,详见(阿拉伯)伊本·胡尔达兹比赫:《道里邦国志》,宋岘译注,前言,第17—18页。

④ (阿拉伯)艾卜·法尔吉·古达玛:《税册及其编写》,收录于(阿拉伯)伊本·胡尔达兹比赫:《道里邦国志》,宋岘译注,第249—253页。

⑤ 关于伊本·胡尔达兹比赫与古达玛·本·贾法尔对于沙泽·忽尔木兹与沙兹·古巴兹区所辖县的记载,详见(阿拉伯)伊本·胡尔达兹比赫:《道里邦国志》,第5—6页;(阿拉伯)艾卜·法尔吉·古达玛:《税册及其编写》,收录于(阿拉伯)伊本·胡尔达兹比赫:《道里邦国志》,宋岘译注,第249页。

过塞瓦杜所辖区县变化可知,艾卜·法尔吉·古达玛的记载出现在伊本·胡尔达兹比赫之后,但是此时拉唐尼亚的行政管辖应未发生变化。

据伊本·胡尔达兹比赫与艾卜·法尔吉·古达玛记载可知,拉唐之地位于阿拉伯帝国塞瓦杜地区,为该地所辖两县,总称拉唐尼亚,其地位于底格里斯河东岸,隶属沙泽·忽尔木兹(或沙兹·古巴兹)区管辖。

萨珊波斯与阿拉伯帝国时期(632—1258 年),塞瓦杜作为"中央伊朗城"与帝国的统治中心地位显赫,位于该地的拉唐之地的重要性自然不言而喻。摩西·吉尔曾对拉唐尼亚具体地望有所考证,称该地北界为巴特(Batt)运河①、南部为居卡(Jūkhā,也有认为居卡位于其西部),现在巴格达城东部地区就是曾经被称之为拉唐尼亚的核心地带,该地主要包括穆斯林·马达因【Muslim Madā'in,亦称马侯泽(Māhōzē)】、哈勒(Hālē,拉唐尼亚县府所在地)、居卡以及纳赫万(Nahrwān)等地。②该地设有卡迪(Qadi)③与州长进行管理,如 897 年阿里·本·穆罕默德·本·艾比·沙瓦比('Ali

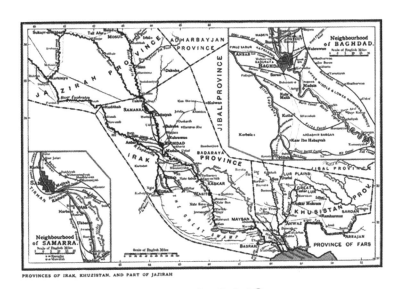

图 1-2-1　塞瓦杜地图④

---

① 巴特运河位于今尤苏非亚(Al Yusufiyah,其地位于今伊拉克巴比伦省,巴格达南部近郊)附近地区。

② 古代穆斯林·马达因城位于泰西封与塞琉基亚之间;泰西封(Ctesiphon)萨珊王朝首都,位于巴格达东南的底格里斯河畔;塞琉基亚(Seleukeia)位于底格里斯河西岸,与泰西封相对而望;纳赫万距巴格达约 12 英里处。

③ 卡迪为伊斯兰教法官,负责当地仲裁以及审判等事务。

④ 塞瓦杜通常指除了图中北部贾齐拉(Al-Jazira)省,即北部美索不达米亚平原之外以及西部沙漠地区的两河流域冲击所形成的伊拉克平原地区。

47

b. Muhammad b. Abī 'l-Shawārib）即被任命为卡迪，管理巴格达与拉唐尼亚等地；929 年阿拔斯王朝将领穆尼斯（Mu'nis）任命阿布·伊哈（Abū Hījā）等人为乌克巴拉（'Ukbarā）以及拉唐尼亚等地州长。[①]

巴比伦地区犹太人历史十分悠久。相传在以色列流散的十个支派中就有犹太人来到巴比伦；在"巴比伦之囚"中，包括祭司乃至王室成员在内的大量犹太人被掠往巴比伦；70 年罗马人征服耶路撒冷、摧毁第二圣殿，大量犹太人再次涌入巴比伦地区。[②]早在帕提亚帝国时期（公元前 247—224 年），巴比伦地区犹太人已大量生活在巴格达、内哈德（Nehardea）、尼斯比斯（Nisibis）、马侯泽、普穆贝迪塔（Pumbaditha）、苏拉（Sūrā）、马褚扎（Machuza）、泰西封以及阿达什芮斯（Ardashiris）等地，成为最大的一支流散犹太人群体。[③]历经萨珊波斯统治，巴比伦犹太人影响力日益提高，逐渐取代巴勒斯坦犹太人的地位。巴比伦犹太宗主（Exilarch）[④]成为被公认的流散犹太人首领，不仅管理巴比伦犹太人内部事务，而且对欧亚大陆各地犹太人群体

① 摩西·吉尔对 Rādhān 之地的考释，详见 Moshe Gil, "The Rādhānite and the Land of Rādhān", pp.314—323。

② 早在公元前 722 年亚述（公元前 1250—前 612 年）征服北部以色列王国（公元前 931—前 722 年）之时，相传以色列十个流散支派的一些犹太人便流散到巴比伦地区；公元前 586 年新巴比伦（公元前 626—前 538 年）尼布甲尼撒二世（Nebuchadnezzar II）征服犹大王国（公元前 931—前 586 年），并将包括祭司乃至王室成员的大量犹太人等掠往巴比伦，史称"巴比伦之囚"。公元前 538 年古波斯国王居鲁士（Cyrus，公元前 600 或 576—前 530 年）征服巴比伦，这些被俘虏的犹太人才被允许返回故土，但仍有犹太人选择留在巴比伦。70 年罗马人征服耶路撒冷、摧毁第二圣殿，大量犹太人再次涌入巴比伦地区。圣殿为古代以色列人最高的祭祀场所。所罗门王（公元前 970—前 931 年在位）时期曾在耶路撒冷建立第一座圣殿，史称"第一圣殿"。公元前 586 年，新巴比伦王国摧毁第一圣殿。公元前 538 年波斯帝国推翻新巴比伦王国，犹太人得以从巴比伦返回耶路撒冷，重建圣殿，于公元前 515 年建成，史称"第二圣殿"。70 年，罗马军团围攻耶路撒冷，第二圣殿被毁。

③ 内哈德，古代巴比伦城市，位于巴格达西北，曾作为"犹太宗主"驻所。尼斯比斯，即今天土耳其南部边境地区、美索不达米亚北部的努赛宾（Nusaybin），Nisibis 为阿拉伯语对该地的称谓。普穆贝迪塔位于巴格达附近，苏拉位于巴格达南部、幼发拉底河以西，普穆贝迪塔犹太人学校与苏拉犹太人学校是中世纪时期犹太研究中心，详见下文；马褚扎，巴比伦古城；阿达什芮斯，位于今伊朗德黑兰附近。关于帕西亚时期，以上诸地犹太人之情况，详见 H. H. Ben-Sasson, *A History of the Jewish People*, Harvard University, 1976, p.375。

④ Exilarch，源自希伯来语 ראש גלות，意为流散的宗主、首领，指"巴比伦之囚"之后与犹大王国被罗马征服之后流亡到巴比伦的犹太人群体的宗主。犹太宗主常被追溯为大卫王的后裔，2 世纪被首次提及，一直存在至 11 世纪。通常认为 11 世纪希家（Hezekiah）为最后一任巴比伦犹太宗主。1 世纪第二圣殿被摧毁之后，巴勒斯坦犹太人地位日益下降，巴比伦犹太宗主逐渐成为整个犹太世界尊奉的最高统治权威，详见 Solomon Katz, *The Jews in the Visigothic and Frankish Kingdoms of Spain and Gaul*, Cambridge, pp.76—77; H. H. Ben-Sasson, *A History of the Jewish People*, p.375; Jacob Neusner, "Some Aspects of the Economic and Political Life of Babylonian Jewry, Ca. 160—220 C. E.", in *Proceedings of the American Academy for Jewish Research*, Vol.31, 1963, pp.165—196。

都颇具影响。阿拉伯时期巴比伦犹太人因协助穆斯林攻城有功，被赋予更多自治权，犹太宗主影响力日益扩大，如巴比伦犹太宗主博茨塔那·本·哈尼纳(Bostanai B. Haninay)在阿拉伯王室中享有盛誉，其家族连续三个世纪都担任犹太宗主一职；①阿拔斯王朝时期，巴比伦犹太宗主凭借各种便利扩大影响力，阿拉伯帝国各地犹太人都在其"护佑"之下。12世纪，周游欧亚各地的西班牙图德拉(Tudela)犹太人拉比本杰明(R. Benjamin)行至巴格达之时，就为巴比伦犹太宗主的权威深感惊叹，其言：

> 巴格达犹太宗主享有极高的威望与权力，其影响力波及甚广、远之印度，众多犹太人群体都接受其权威。没有其许可，任何人都不得私自在犹太会堂进行人事任命以及决策。犹太宗主在巴格达拥有全权管理之权，接受各地馈赠。②

除巴格达之外，此时巴比伦犹太人形成了三大分布区域，主要包括西北部的费如兹·萨布尔(Fīrūz-Sābūr)、内哈德、普穆贝迪塔、苏拉地区以及底格里斯河东岸的马侯泽、泰西封、塞琉科亚等地，③而且这些地区的犹太人规模远盛巴格达犹太人，如本杰明记载："巴格达地区共有28所犹太会堂，但是大部分犹太会堂都位于巴格达城郊地区。"④

拉唐尼亚以巴特运河、居卡为界，地辖马侯泽、哈勒、居卡以及纳赫万等地，故其地早在帕提亚时期就有犹太人分布，且马候泽在萨珊波斯时期已成为重要的犹太人中心，⑤阿拉伯时期该地犹太人已成为底格里斯河东岸重要的犹太人群体。据阿拉伯史地学家雅古特(Yāqut)记载："从拉唐地区纳赫万通过巴特运河即可至巴格达。"⑥因此从拉唐尼亚到巴格达十分便利，

---

① 博茨塔那·本·哈尼纳为阿拉伯统治时期第一位犹太宗主，详见 Norman A. Stillman, *The Jews of Arab Lands*, p.30。

② 本杰明所记犹太宗主为拉比丹尼尔·本·哈斯德(R. Danile Hisdai, 1160—1174 年)。如上文注释所言，一般认为巴比伦最后一位犹太宗主为希家家，其于 1040 年去世。但是，之后又有犹太人偶尔也被称为犹太宗主，如本杰明所记之拉比丹尼尔·哈斯德以及其父哈斯德(Hisdai)等。本杰明访问巴格达之时为哈里发穆卡塔菲时期(Al-Muqtafi, 1096—1160 年)，其善待犹太人，竭力恢复犹太人的自治，甚至在其任内出现了新的犹太宗主哈斯德，详见 Simon Dubnov, *History of Jews*, New Jersey: South Brunswick, Vol.2, pp.800—801。本杰明此处之记载，详见 Rabbi Benjamin, *Travels of Rabbi Benjamin*, Rev. B. Gerrans, London, MDCCLXXXIV, 1840, pp.94—103。

③ Moshe Gil, "The Rādhānite and the Land of Rādhān", pp.322—323, Note.116.

④ Rabbi Benjamin, *Travels of Rabbi Benjamin*, Rev. B. Gerrans, p.103.

⑤ Moshe Gil, "The Rādhānite and the Land of Rādhān", p.321.

⑥ 雅古特(1179—1229 年)，出生于君士坦丁堡，中世纪时期著名史地学家，详见 Yāqut, *Mu'jam*, I, 410, 510, III, 12—13, V, 318, in Al-Tabari, *The History of al-Tabari*, p.67, note. 214。

两地犹太人联系应十分密切，拉唐尼亚犹太人应颇受巴格达犹太宗主的影响。戈伊泰因甚至认为，巴比伦犹太宗主即出自底格里斯河东岸的犹太人分支。①如其说不误，则不排除犹太宗主由拉唐尼亚犹太人担任的可能。但比较确信的是拉唐尼亚犹太人却在巴比伦犹太人宗教与学术等领域占据重要地位，影响广泛。

早在帕提亚时期，犹太人的耶希瓦（Yeshiva）就已在巴比伦地区出现——Yeshiva 即希伯来语 ישיבה，原意为"坐下"，指古代主要学习、研究传统犹太教经典、《塔木德》以及犹太律法的犹太人学校（或研究机构），如 219 年阿巴·阿里卡（Abba Arikha）在苏拉建立耶希瓦。②之后不久，塞缪尔（Samuel）在内哈德地区建立耶希瓦，但该耶希瓦在其死后便谢幕；③拉比犹大·巴·以西结（R. Judah bar Ezekiel）又在普穆贝迪塔建立耶希瓦。④苏拉与普穆贝迪塔耶希瓦从此成为巴比伦犹太人学术中心，其主事者多为学识渊博、德高望重的宗教学者。

6 世纪之后，苏拉与普穆贝迪塔耶希瓦的主事者被称为"加昂尼姆"（Geonim）——Geonim 即希伯来语 גאונים，单数形式为 גאון，即 Geon，加昂，为荣耀、天才之意，专指 6—11 世纪苏拉与普穆贝迪塔耶希瓦主事者，加昂尼姆被视为流散犹太人的精神领袖，对《托拉》以及犹太律法具有最权威的解释、讲授《塔木德》，并通过"答问"（*Responsa*）回答各地犹太人的问题，规范、影响犹太人的生活与习俗。各地犹太人经常致信加昂尼姆咨询犹太律法等问题，加昂尼姆解释之后并寄送之，故称"答问"，"答问"的传递流通维系了犹太人之间的交流，增进了加昂尼姆的影响。⑤中世纪时期，拉唐尼亚

---

① Goitein, *Proceed*, 5th *World Congr. of J. St.*, II, 1969, 109 ff. in Moshe Gil, "The Rādhānite and the Land of Rādhān", pp.322—323, note.116.

② 阿巴·阿里卡（175—247 年），巴比伦犹太人，《塔木德》学者。

③ 塞缪尔（165—257 年），巴比伦内哈德犹太人，《塔木德》学者。

④ 拉比犹大·巴·以西结（220—299 年），为阿巴·阿里卡最为杰出的门徒。阿巴·阿里卡死后，其曾追随塞缪尔，直到建立普穆贝迪耶希瓦。

⑤ 第一位加昂为苏拉耶希瓦主事者 589 年的马尔·拉巴·马尔（Mar Rab Mar），苏拉耶希瓦最后一位加昂为塞缪尔·本·胡夫尼（Samuel ben Hofni，?—1034 年），普穆贝迪最后一位加昂为希西家（Hezekiah，?—1040 年）。关于巴比伦加昂尼姆历史及其对中世纪时期犹太人的影响，详见 Robert Brody, *The Geonim of Babylonia and the Shaping of Medieval Jewish Culture*, New Haven: Yale University Press, 1998.《塔木德》是源于公元前 2 世纪至 5 世纪期间，对犹太教口传律法、条例以及传统的记载与汇编，主要包括《密西拿》(*Mishna*)与《革马拉》(*Gemara*)，即拉比对密西拿的评论)，是拉比犹太教重要的宗教文献，分为《巴比伦塔木德》与《耶路撒冷塔木德》或《巴勒斯坦塔木德》。《巴比伦塔木德》即由巴比伦地区犹太人对《密西拿》之解释所形成，比《巴勒斯坦塔木德》更具权威性。

犹太人就曾担任加昂尼姆，如 788—796 年间，居卡的马尔·瑞·梅纳什·本·马尔·瑞·约瑟夫（Mar Rāv Menashē b. Mar Rāv Joseph）曾被选任为普穆贝迪塔耶希瓦加昂；796—798 年间，基瓦德（Kilwādhā）的马尔·瑞·以赛亚·哈列维·本·马尔·瑞·阿巴（Mar Rāv Isaiah ha-Levi b. Mar Rāv Abbā）又继任为普穆贝迪塔耶希瓦加昂——摩西·吉尔认为基瓦德位于巴格达附近、底格里斯河以东地区，属于拉唐尼亚地界。[①]因此，从拉唐尼亚犹太人分布地区及其在巴比伦耶希瓦的地位判断，此地犹太人规模应较为庞大，且颇具影响力。

古代阿拉伯人常以"地名"代称"人名"，乃为惯例。如南宋泉州市舶提举赵汝适（1170—1231 年）在《诸蕃志》中就记载一位来泉州贸易的阿拉伯商人施那围，其言：

> 有蕃商曰施那围，大食（阿拉伯）也，侨寓泉南，有西土习气。作丛冢于城外东南隅，以掩胡贾之遗骸。[②]

"施那围"在宋人岳珂（1183—1243 年）所著《桯史》中被记作"尸罗围"，宋人林之奇（1112—1176 年）所著《拙斋文集》中被记作"施那帏"，泉州明正德二年重刻的《重立清净寺碑》被记作"撒那威"等，[③]"尸罗围""施那帏""撒那威"皆与"施那围"音近。古代汉语 r 与 n、f 与 v 在发音上混同，"施那围"之名与波斯湾头著名的贸易港口 Sīrāf（尸罗夫，又作西罗夫）同音。从 9 至 12世纪上半叶约三百年间，尸罗夫一直作为波斯湾最大的贸易港口，阿拉伯商人出海贸易常经从此港。"施那围""尸罗围""施那帏""撒那威"等阿拉伯商人之名明显出自 Sīrāf，其从尸罗夫港来泉贸易并以此自称，故见于赵汝适记载之中。

此种情形在泉州发现的两方阿拉伯人墓碑中亦得到了证实。1955 年

---

① Sherira, *Iggret*, ed. Lewin, 105, 190, in Moshe Gil, "The Rādhānite and the Land of Rādhān", p.323; Moshe Gil, "The Babylonian Encounter and the Exilarchic House in the Light of Cairo Documents and Parallel Arab Sources", in Noman Golb, *Judaeo-Arabic Studies*, Amaster-dam: Harwood Acadimic Publishers, 1997, p.154.

② （宋）赵汝适：《诸蕃志》，杨博文校释，北京，中华书局，1996 年，第 91 页。

③ 岳珂，南宋文学家，岳飞之孙；林之奇，北宋人士，曾任职福建市舶司。关于"施那围"之记载，详见（宋）岳珂：《桯史》卷 11《番禺海獠》，北京，中华书局，1981 年，第 127 页；林之奇：《拙斋文集》卷 15《泉州东坂葬蕃商记》（四库全书）；泉州明正德二年重刻的《重立清净寺碑》所记内容，详见吴文良、吴幼雄：《泉州宗教石刻》，北京，科学出版社，2005 年，第 17—18 页。

在泉州东门外仁风街一带出土一方阿拉伯人易卜拉欣的墓碑,墓志大意为:
"已转到后世,转到永恒世界。殉教者(安拉的)奴仆□□□易卜拉欣·西拉菲□□□"。①1958 年在泉州通淮门附近发现的一方阿拉伯人墓碑,墓志大意为"他(安拉)是永存的。已从今世到后世。已与至高无上的安拉的怜悯相接。死者哈只·赫瓦杰·侯赛因·耶勒基·西拉菲。"②易卜拉欣·西拉菲与哈只·赫瓦杰·侯赛因·耶勒基·西拉菲名字中皆出现"西拉菲","西拉菲"与"尸罗夫"音近,应为 Sirāf 音译,因此这两位阿拉伯人亦应从尸罗夫港来泉贸易并以此自称。

塞瓦杜拉唐尼亚紧邻阿拉伯帝国政治中心巴格达,为巴比伦犹太人主要分布地之一,其地犹太人历史悠久、规模甚广、影响颇大,且常年到欧亚诸地贸易,自然被熟悉帝国山川驿道与耳目众多的邮驿与情报官伊本·胡尔达兹比赫所知,并以地名代称人名的阿拉伯传统将此地犹太人记作为"拉唐犹太商人"。

(三) 拉唐犹太商人入华

伊本·胡尔达兹比赫记之拉唐犹太商人沿海路与陆路到欧亚各地经营贸易,故有必要对塞瓦杜拉唐尼亚犹太商人贸易条件进行考释,并以此探讨其入华贸易情况。

1. 拉唐犹太商人贸易之海路

据伊本·胡尔达兹比赫所记拉唐犹太商人海路贸易凡有两道:一道经法兰克(或弗兰加)、凡莱玛、古勒祖姆、达伽尔、吉达至信德、印度及中国,后返回至凡莱玛,并至君士坦丁堡、法兰克等地;另一道从法兰克(或弗兰加)、安条克、伽比亚、巴格达、乌布拉、阿曼至信德、印度及中国,由此可知拉唐犹太商人海上贸易地区主要包括地中海周边地区与经红海、波斯湾朝向东方地区。

此两道海路贸易前半程所经法兰克(或弗兰加)、凡莱玛、古勒祖姆、安条克、伽比亚以及君士坦丁堡等地皆位于地中海周边。634 至 827 年,阿拉伯人近两百年的征服已将地中海变为"穆斯林之湖",因此塞瓦杜拉唐尼亚犹太商人应可十分便捷地航行至地中海各地,并通过与当地商人或犹太人的贸易,将从斯拉夫贩卖来的阉人、婢女、娈童、毛皮,西班牙、

---

① 卜拉欣·西拉菲墓碑内容,详见吴文良、吴幼雄:《泉州宗教石刻》,第 344 页。

② 哈只·赫瓦杰·侯赛因·耶勒基·西拉菲墓碑内容,详见吴文良、吴幼雄:《泉州宗教石刻》,第 341 页。

安条克的织锦衣物及法兰克、叙利亚的宝剑等贸易至东方。若考虑到基督教与穆斯林的紧张关系及此时异域犹太人不便前往法兰克贸易,如摩西·吉尔所言拉唐犹太商人凭借弗兰加与阿拉伯的友好关系到此地贸易,应更为便利。

此两道海路贸易后半程,分别从红海达伽尔、吉达以及波斯湾乌布拉、阿曼等地经印度洋至信德、印度以及中国。波斯湾与红海的航线早已形成,如《后汉书》即记载:"于罗国(希拉城,位于幼发拉底河西岸),安息国(即帕提亚帝国)界极矣。自此南乘海,乃通大秦。"①于罗国即伊拉克古城希拉(Al-Hirah),其地位于今伊拉克南部,幼发拉底河附近;安息即帕提亚帝国;"大秦"即古代中国对罗马帝国称谓,②公元前30年罗马吞并托勒密埃及(公元前305—前30年),此处"大秦"应指埃及境内。故从于罗沿幼发拉底河出海经波斯湾、红海即到达埃及。③639年阿拉伯将领阿穆尔·本·阿斯(Amy ibn-al-As)兵入埃及,将埃及纳入伊斯兰教世界,红海与波斯湾地区的联系更为便利。④因此,拉唐犹太商人由红海、波斯湾出发的两道贸易路线,实则为经印度洋至东方之一道贸易路线。

从波斯湾、红海至印度航线早已形成,如1世纪左右一名匿名的希腊人从红海经波斯湾到达印度,并提及大海止于秦(Thin),即中国。⑤西汉时期(公元前202—8年),汉使亦经海行可至印度等地。⑥2世纪随着罗马帝国在红海、波斯湾等地的经略,其国商人已可经印度洋入华,东汉永宁元年(120年)掸国(今缅甸)王雍由调复遣使者诣阙朝贺,献乐及幻人,能变化吐

---

①　《后汉书》卷88,《西域传》,北京,中华书局,1965年,第2918页。

②　《后汉书·西域传》记载:"大秦国……以在海西,亦云海西国。地方数千里,有四百余城。小国役属者数十。以石为城郭。列置邮亭,皆垩塈之。有松柏诸木百草。"详见《后汉书》卷88《西域传》,第2919页。

③　东汉(25—220年)汉和帝永元九年(97年),都护班超(32—102年)遣甘英使大秦(罗马),甘英行至安息,临大海(波斯湾)欲度,而安息西界船人谓英曰:"海水广大,往来者逢善风三月乃得度,若遇迟风,亦有二岁者,故入海人皆赍三岁粮。海中善使人思土恋慕,数有死亡者。"英闻之乃止。甘英虽然使出大秦未果,却在安息通晓了通大秦之海路,故此道应是甘英所获,后被范晔记,详见《后汉书》卷88《西域传》,第2918页。

④　阿穆尔·本·阿斯,阿拉伯早期著名将领,其曾占领埃及,建立首都福斯塔特。

⑤　Wilfred H. Schoff, *Periplus of the Erythraean Sea*, Munshiram Manoharlal Publishers Pvt. Limited, 1995.

⑥　西汉时,中国已经形成了通印度之海路。如《汉书·地理志》记载:"自日南障塞徐闻、合浦船行可五月,有都元国。又船行可四月,有邑卢没国。又船行可二十余日,有谌离国。步行可十余日,有夫甘都卢国。自夫甘都卢国船行可二月余,有黄支国。……自黄支国船行可八月,到皮宗。……黄支之南,有已程不国。汉之译使自此还矣。"详见《汉书》卷28下《地理志》,北京,中华书局,1962年,第1671页。

火……自言我海西人，海西即大秦（罗马）；①汉桓帝（132—167 年）延熹九年（166 年）大秦王安敦则遣使至日南徼外，献象牙、犀角、玳瑁等。②9 世纪中叶入华贸易的阿拉伯商人苏莱曼（Sulayman）所著《中国印度见闻录》与伊本·胡尔达兹比赫的《道里邦国志》对由波斯湾、红海出发至印度、中国的航线记载尤详。

苏莱曼在《中国印度见闻录》中记载：

> 从巴士拉、阿曼到尸罗夫、马斯喀特③，从此抢路前往印度，先开往故临（Koulam Malaya）④，后驶往海尔肯德海（孟加拉海），再到达朗迦鲁斯岛（Langabalous）⑤，前往箇罗国（马来半岛之地）；然后向潮满岛（马来半岛东海岸之地）前进，到达奔陀浪山、占婆，再从此航行到占不牢山，之后穿过"中国之门"，向涨海前进；⑥通过中国之门进入一个江口，此处即中国城市 Khānfū。⑦

苏莱曼所记航线亦被马苏第与唐代贾耽（730—805 年）所记，其中贾耽在"广州通海夷道"记之从广州至占不牢山、门毒国（东西竺昆仑洋）……又至

---

① 《后汉书》卷 86，《西南夷传》，第 2851 页。

② 《后汉书》卷 88，《西域传》，第 2920 页。

③ 马斯喀特，波斯湾城市，即今阿曼首都马斯喀特。

④ Koulam 即《诸蕃志》与《岭外代答》记之"故临"、《宋史》作"柯兰"、《元史》作"俱兰"、《岛夷志略》作"小咀喃"，其地位于印度西海岸地区，详见（宋）赵汝适：《诸蕃志》，杨博文校释，第 66—67 页；周去非：《岭外代答校注》，北京，中华书局，1985 年，第 23 页；《宋史》卷 409《天竺传》，北京，中华书局，1977 年，第 14105 页；（元）汪大渊：《岛夷志略校释》，苏继庼校释，第 321 页。

Malaya 非指东南亚马来亚，而指印度西部马拉巴（Malabar）沿海地区，即《大唐西域记》记之"秣剌耶"贾耽记之"没来国"《岭外代答》记之"麻离拔"《诸蕃志》记之"麻罗拔"，详见（阿拉伯）苏莱曼：《中国印度见闻录》（卷 1），穆根来、汶江、黄倬汉等译，北京，中华书局，1983 年，第 43 页，注释十四。故临位于该地，故称之为 Koulam Malaya。

⑤ 此地即婆鲁斯洲，今日之 Baros，以输出樟脑著名，位于尼科巴群岛地区，伊本·胡尔达兹比赫记之"艾兰凯巴鲁斯"（Alankabālūs）；为 Langabalous 前半部分 Langa，即《梁书》卷五四中之"狼牙修"、《继高僧传·拘那罗陀传》之"棱加修"、《隋书·赤土传》之"狼牙须"、义净记之"朗迦戍"、《岛夷志略》之"牙犀角"等，贾耽记之"婆露国"，详见（法）费琅：《昆仑及南海古代航行考·苏门答腊古国考》，冯承钧译，北京，中华书局，2002 年，第 21 页；（阿拉伯）苏莱曼、阿布·赛义德：《中国印度见闻录》，穆根来、汶江、黄倬汉等译，第 36 页，注释①；（阿拉伯）伊本·胡尔达兹比赫：《道里邦国志》，宋岘译注，第 64 页。

⑥ 奔陀浪山，位于越南南部地区，占城以南；占城，越南中部地区古国。占不牢山，古南海地名；中国之门即指由南海进入中国通道。涨海，即南海。

⑦ 关于 Khānfū 地望，详见下文。苏莱曼所记之海道，详见（阿拉伯）苏莱曼：《中国印度见闻录》（卷 1），穆根来、汶江、黄倬汉等译，1983 年。

海硖(马六甲海峡)、佛逝国①……婆露国(朗迦鲁斯岛)、婆国伽蓝洲(苏门答腊西北境及尼科巴群岛)、师子国(锡兰)、没来(印度西海岸之地)……又至波罗门(印度)西境……又至提罗卢和国、乌剌国,乃大食国之弗利剌河(幼发拉底河),小舟沂流二日至末罗国(巴士拉),②显示此道同时被阿拉伯人与国人所熟知,应为沟通阿拉伯与中国海上交通之要道。常年生活在波斯湾头的拉唐尼亚犹太人自然对此道非常了解,故可经此道出海贸易并进入中国。

伊本·胡尔达兹比赫在《道里邦国志》中记载:

> 从巴士拉至乌尔木兹,再至米赫朗、穆拉(没来),从布林转弯经塞兰迪布(锡兰)至艾兰凯巴鲁斯、凯莱赫岛(箇罗)、巴陆斯岛(婆罗洲)、加巴岛(爪哇)、香料园国(马鲁古群岛)、玛仪特(菲律宾麻逸),左行至梯优麦赫岛、埃玛尔、栓府(占婆)至中国第一个港口鲁金,再从鲁金至汉府、汉久、刚突。③

苏莱曼与伊本·胡尔达兹比赫皆记载从巴士拉出发经阿曼、尸罗夫、乌尔木兹、马斯喀特等波斯湾诸地,至信德、故临、马拉巴等印度西海岸,再经锡兰过孟加拉海、婆鲁斯洲至箇罗。但从箇罗前往中国的航线,苏莱曼记之经马六甲北上至占婆、占不牢山过南海抵广州,伊本·胡尔达兹比赫所记航线则继续东行至爪哇、香料群岛、民都洛岛,再北上左行至占婆,由此至中国。唐代汉文史籍中并没有关于从香料群岛、麻逸入华海路之记载,但却有记载渤泥(又"浡泥",今加里曼丹岛)、麻逸人遣使奉贡唐廷之事,如唐高宗(628—683年)总章二年(669年)浡泥遣使来华。④宋太平兴国二年(977年),浡泥王向打则遣使施弩、副使蒲亚利、判官哥心等来朝,并云"在上都之

---

① 佛逝国(?—1397年),苏门答腊古国,又称三佛齐、旧港。
② 马苏第与贾耽所记此海路,详见(阿拉伯)马苏第:《黄金草原》,耿升译,第179—187页;《新唐书》卷43下《地理志》,第1153—1154页。
③ 乌尔木兹,即今伊朗南部波斯湾头的霍尔木兹地区。信德河,贾耽作"弥兰大河,一日新头河",即印度河;穆拉与"没来"音近,即贾耽所记之"没来",指印度西海岸马拉巴地区,详见《新唐书》卷43下《地理志》,第1153页。艾兰凯巴鲁斯即苏莱曼所记"朗迦鲁斯岛",贾耽记之"婆露国"。凯莱赫岛即个罗,详见(阿拉伯)伊本·胡尔达兹比赫:《道里邦国志》,宋岘译注,第68页,注释4。加巴岛即爪哇地区;香料园国即指今马鲁古群岛地区,该地以盛产香料闻名;玛仪特,即今菲律宾麻逸地区。关于伊本·胡尔达兹比赫所记进入中国港口的情况,详见下文。伊本·胡尔达兹比赫所记海路,详见(阿拉伯)伊本·胡尔达兹比赫:《道里邦国志》,宋岘译注,第64—72页。
④ 《明史》卷323,《列传外国》,北京,中华书局,1974年,第8378页。

西南,居海中,去阇婆四五十日,去三佛齐四十日,去摩逸(麻逸)三十日,去占城与摩逸同。"①太平兴国七年(982 年),摩逸人并载宝货至广州贸易。②因此从香料群岛、麻逸入华的海路在唐代就已通达。较之苏莱曼所记航线,虽然此道鲜为人知,但其被伊本·胡尔达兹比赫所记就表明阿拉伯商人曾经此道入华,因此塞瓦杜拉唐尼亚犹太商人应会知晓并可能经此道入华贸易。

因此,此时从塞瓦杜拉唐尼亚至法兰克(或弗兰加)、凡莱玛、古勒祖姆、安条克、伽比亚以及君士坦丁堡等地中海周边地区以及经海路至信德、印度、中国等地的道路十分通畅,拉唐尼亚犹太人具备前往以上诸多贸易条件。伊本·胡尔达兹比赫应是将拉唐犹太商人从西方法兰克王国至中国的贸易海路一并述之、拼接而成,正如其所言所有道路都是彼此联通,方才出现"从东方行至西方,又从西方行至东方"之语,并非所有拉唐犹太商人皆途经其所记之每处贸易地区。

具体而言,塞瓦杜拉唐尼亚犹太商人经海路朝向东方贸易,有可能从拉唐尼亚出发至巴格达,再从底格里斯河航行到达乌布拉,经波斯湾至阿曼,然后经印度洋至信德、印度——如其选择先途经埃及凡莱玛、古勒祖姆等地,则继而经红海至达伽尔与吉达,然后至波斯湾口,再从此至信德、印度,最后分别经苏莱曼与伊本·胡尔达兹比赫所记两条海路入华,并将中国的麝香、沉香、樟脑、肉桂及其他东方国家的贸易物资贩卖至西方各地。

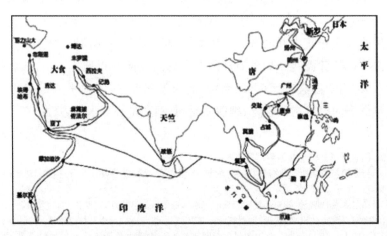

图 1-2-2　唐代海路交通

① (宋)乐史:《太平寰宇记》,王文楚点校,北京,中华书局,2007 年,第 3436 页;《宋史》卷 489《列传外国》,北京,中华书局,1977 年,第 14094 页。

② 《宋史》卷 489,《列传外国》,第 14093 页。

伊本·胡尔达兹比赫所记拉唐犹太商人从中国及其他东方地区携带物资较为简略,但其在《道里邦国志》中曾详备了从东方所输入的物资,如其记:"可从中国输入丝绸、宝剑、花缎、麝香、沉香、马鞍、貂皮、陶瓷、肉桂、高良姜,从印度可输入沉香、檀香、樟脑、肉豆蔻、丁香、小豆蔻、椰子、棉质衣服、大象、胡椒、苏木、竹子等。"①因此,塞瓦杜拉唐尼亚犹太商人自然可以将这些东方物资贸易至西方诸地。

2. 拉唐犹太商人贸易之陆路南道

此道即指伊本·胡尔达兹比赫所记拉唐尼亚犹太商人从西班牙、法兰克(或弗兰加)至北非苏斯·阿克萨、丹吉尔、凯鲁万、埃及首都,然后至拉姆拉、大马士革、库法、巴格达、巴士拉,后经阿瓦士、法尔斯、克尔曼到达信德、印度,最终至中国的道路。

拉唐尼亚犹太商人此道所经西班牙、法兰克(或弗兰加)、北非苏斯·阿克萨、丹吉尔、凯鲁万、埃及首都等地皆为位于地中海沿海地区,前述由塞瓦杜拉唐尼亚到这些地区极为便利,其中此时的埃及首都为福斯塔特城——641年阿拉伯著名将领阿穆尔·本·阿斯占领埃及之后,建立阿拉伯人在埃及首个都城福斯塔特;969年法蒂玛王朝(909—1171年)在福斯塔特城北部营建新城开罗,开罗成为埃及首都。

拉唐犹太商人此道所经拉姆拉、大马士革、库法、巴格达、巴士拉、阿瓦士、法尔斯、克尔曼以及信德等地皆位于阿拉伯帝国境内。711年倭马亚王朝(661—750年)哈里发瓦里德(al-Waild)命阿拉伯将领穆罕默德·比因·卡西姆(Muhammad bin Qasim Sakifi,695—715年)率军侵入印度信德地区,信德被纳入阿拉伯人统治之下。②信德被阿拉伯人征服之后,从巴格达形成了通往信德的驿道——此驿道即途经阿瓦士、法尔斯以及克尔曼等地,伊本·胡尔达兹比赫对此驿道记载尤详。③因此,塞瓦杜拉唐尼亚犹太商人

---

① (阿拉伯)伊本·胡尔达兹比赫:《道里邦国志》,宋岘译注,第73—74页。

② 哈里发瓦里德(668—715年),倭马亚王朝第六任哈里发。穆罕默德·比因·卡西姆(695—715年),倭马亚王朝著名将领,曾担任波斯总督,其对信德的征服,详见(美)菲利浦·希提:《阿拉伯通史》,马坚译,北京,新世界出版社,2008年,第193页。

③ 伊本·胡尔达兹比赫记载"从巴格达至信德道",即从和平城(巴格达)至杰贝勒瓦西兑、阿瓦士;从阿瓦士至艾宰姆(Azam)、阿布丁('Abdin)、拉迈·忽尔木兹、祖秃(Zutt)、迪赫里赞(Dihlizan)等地,再至法尔斯的艾莱疆(Arrajan)、达信(Dasin)、班德克(Bandk)、汗·哈马德(Khahn ammad)、代尔胡耶德(Al-Darkhuyad)、努班代疆(Al-Nubandajan)、开尔疆(Karjan)、海拉拉(Al-Khararah)、久窝音(Juwayn)、设拉子(Shiraz);从设拉子再至拉迪扬(Al-Radiyan)、扈莱玛(Khurramah)、白朗疆(Al-Baranjan)、坎德(Kand)、希拉(Al-Hirah)、麦以塞卡南(Al-Maysakanan)、刷海克(Al-Sahak)、塞鲁什克(Sarushk)、舍赫鲁巴比克(Shahr Babik)、艾班(Aban)、麦尔疆(转下页)

可经此驿道从巴格达直至信德。信德西接波斯,属西天竺之地,并与北天竺、南天竺、中天竺及东天竺皆有道路可以通达,①塞瓦杜拉唐尼亚犹太商人从信德到印度诸地应当十分便利。

但是,从印度至中国道路,伊本·胡尔达兹比赫记载尤简,待探讨之处尚多。唐代从印度至中国的陆路交通在僧人道宣(596—667 年)所著《释迦方志》中记载尤详,其记:"自汉至唐往印度者,其道众多,未可言尽。如后所记,且依大唐往年使者,则有三道。"②

道宣所记"东道"从河州西北度大河,上漫天岭至鄯州③、鄯城镇,又西南至故承风戍、青海(青海湖)、吐谷浑④、白兰羌⑤,又西南至苏毗国、敢国,又南少东至吐蕃国、小羊同国、咀仓法国(吐蕃南界),……野行四十余日至北印度泥波罗国⑥。⑦此道即从青海、吐谷浑、白兰羌等地经吐蕃、尼泊尔等地到达印度。由吐蕃入北印度之道,唐代之前未有听闻。此道的形成应与吐蕃松赞干布(617—650 年)在尼泊尔的经略有关。泥波罗王鸯输伐摩(630—640 年)时,松赞干布迎其女赤尊(梵文 Bhrkuti)为妻,后因泥波罗国内乱迫使其国向吐蕃称臣纳贡;644 年,松赞干布通过兼并羊同地区,打通

（接上页）(Al-Marjan),再至克尔曼的比曼德(Bimand)、西莱疆、垓拉塔(Qaratah)、海纳布(Khan-nab)、扈白义拉(Al-Ghubayra)、汗·久赞(Khan Juzan)、汗·呼和(Khan Khukh)、塞尔维斯坦(Sar-wistan)、代义鲁金(Dayruzin)、拜姆(Bamm)、奈尔玛希尔(Narmashir)、凡赫莱吉(Al-Fahraj);再至穆克兰省塔白朗(Al-Tabaran)、巴苏尔疆(Basurjan)、叶海亚·本·欧姆鲁(Yahya bn 'Amru)、海达尔(Hadhar)、麦代尔(Madar)、穆萨拉(Musarah)、代莱克·巴姆耶赫(Darak Bamuyah)、台金(Tajin)、布卢斯(Al-Bulus)、杰贝勒·玛利合(Jabal al-Malih)、奈赫勒(Nakhl)、盖勒曼(Qalman)、塞拉义·海赖夫(Saray Khalaf)、凡奈兹布尔(Fannazbur)、甘达毕勒(Qandabil)、塞拉义·达兰(Saray Daran)、杰义撒(Al-Jaythah)、古素达尔(Qusdar)、埃斯鲁尚(Asrushan)、苏莱曼·本·塞密阿(Su-layman bn Samia)。苏莱曼·本·塞密阿是从呼罗珊往信德、印度去的关口,详见(阿拉伯)伊本·胡尔达兹比赫:《道里邦国志》,宋岘译注,第45—59 页。

① 《旧唐书·西域传》记载:"天竺国分为五天竺:其一曰中天竺、二曰东天竺、三曰南天竺、四曰西天竺、五曰北天竺。南天竺际大海;北天竺拒雪山,南面一谷,通为国门;东天竺东际大海,与扶南、林邑邻接;西天竺与罽宾、波斯相接;中天竺据四天竺之会。"详见《旧唐书》卷198《西域传》,第5306 页;(唐)慧立、彦悰:《大慈恩寺三藏法师传》,北京,中华书局,2000 年,第94 页。

② 道宣,俗姓钱,丹徒人(今江苏省丹徒县),详见(唐)道宣:《释迦方志》,北京,中华书局,1983 年,第14 页。

③ 唐治乐都城,今青海乐都县。

④ 吐谷浑"其先居于徒河之清山,属晋乱,始度陇,止于甘松之南,洮水之西,南极白兰,地数千里。……建国于群羌之地,至龙朔三年为吐蕃所灭,凡三百五十年。"详见《旧唐书》卷198《西戎传》,第5297、5301 页。

⑤ 白兰羌即古代之羌族,"党项,汉西羌别种也。……又有白兰羌,吐蕃谓之丁零,左属党项,右与多弥接。胜兵万人,勇战斗,善作兵,俗与党项同。"详见《新唐书》卷221 上《西域传》,第6215 页。

⑥ 今之尼泊尔。

⑦ (唐)道宣:《释迦方志》,第14—15 页。

了由吐蕃至泥波罗的道路。贞观十五年（641年），松赞干布与唐宗室文成公主（625—680年）联姻，昭示了吐蕃与中原已有道路可以通达。[①]因此，早在7世纪中叶从中原、吐蕃至印度已有陆路可以通达。

道宣所记"中道"从鄯州至玉门关、瓜州、沙州、纳缚波故国（鄯善）、瞿萨旦那国（于阗）、疏勒，登葱岭东岗，经朅盘陀国、达摩铁悉国、屈浪拏国、淫薄健国、曹健国至活国、安咀罗缚国；再从此西南上大雪山婆罗犀罗岭东头至迦毕式国、弗栗恃萨傥那国、漕矩吒国，最后至西印度伐剌拏国。[②]此即隋代裴矩在《西域图记》中所记南道："从鄯善、于阗、朱俱波、喝槃陀，度葱岭，又经护密、吐火罗、挹怛、帆延、漕国，至北婆罗门，达于西海。"[③]此道即从鄯善、于阗经今阿富汗等地入印。

道宣所记"北道"则从京师（长安）至瓜州、伊州、蒲昌县、西州（高昌故地），又至阿耆尼国（焉耆）、屈支国（龟兹），又西北度石碛至凌山（葱岭北原）、大清池（热海）、素叶水城、千泉、咀逻私城；又至笯赤建国、赭时国（石国），又西北入大碛至飒秣建国（康）；从此西南行至羯霜那国（史国），东南山行至铁门关，出铁门关至覩货逻（吐火罗）、梵衍那国[④]，东入雪山、踰黑岭至迦毕试国，又东行越雪山度黑岭至北印度界。[⑤]此道从高昌至昭武九姓之

---

① 详见杨铭：《吐蕃与南亚中亚各国关系史述略》，《西北民族研究》，1990年第1期，第80—81页；（唐）义净：《大唐西域求法高僧传校注》，王邦维校注，北京，中华书局，1988年，第27页，注释（三九）。

② 其中达摩铁悉国、屈浪拏国、淫薄健国、曹健国、活国、安咀罗缚国等地，皆为吐火罗国，主要位于今阿富汗北部一带，详见（唐）玄奘、辩机：《大唐西域记》，季羡林校注，北京，中华书局，2000年，第916—974页。"迦毕试国"据《大唐西域记》记载："迦毕试国。周四千余里。北背雪山。三陲黑岭。国大都城周十余里。"其地在今阿富汗喀布尔西北处，详见（唐）玄奘、辩机：《大唐西域记》，季羡林校注，第135—137页；"漕矩吒国"据《大唐西域记》记载："漕矩吒国周七千余里。国大都城号鹤悉那，周三十余里，或都鹤萨罗城，城周三十余里，并坚峻险固也。"即隋代漕国，详见（唐）玄奘、辩机：《大唐西域记》，季羡林校注，第955页；伐剌拏国，位于今巴基斯坦班努（Bannu）地区，详见（唐）玄奘、辩机：《大唐西域记》，季羡林校注，第948—949页。道宣关于"中道"的记载，详见（唐）道宣：《释迦方志》，第15—20页。

③ 挹怛即嚈哒之别译，唐代散居于吐火罗各地；梵衍那国即帆延，即今阿富汗巴米延地区，据《大唐西域记》记载："出覩货逻国境，至梵衍那国。"详见（唐）玄奘、辩机：《大唐西域记》，季羡林校注，第13页；此处之"西海"当指今印度洋阿拉伯海。《后汉书·西域传》"天竺国"条记载："从月氏高附国以西，南至西海，东起盘起国，皆身毒之地。""身毒"即印度，而印度南皆之西海当为印度洋地区，即今之阿拉伯海，详见《后汉书》卷88《西域传》，第2921页。裴矩关于"南道"记载，详见《隋书》卷67《裴矩传》，北京，中华书局，1973年，第1578—1580页。

④ 《大唐西域记》记载："出覩货逻国境，至梵衍那国。"梵衍那国即帆延，今阿富汗之巴米延，详见（唐）玄奘、辩机：《大唐西域记》，季羡林校注，第13页。

⑤ （唐）道宣：《释迦方志》，第20—27页。

地一段与裴矩所记中道"从高昌、焉耆、龟兹、疏勒,度葱岭,又经钹汗、苏对沙那国、康国、曹国、何国、大小安国、穆国"之段一致,①但并未如其所记"从穆国至波斯达于西海"。②此道即从高昌、焉耆等地度葱岭,经河中地区、今阿富汗等地入印。除道宣所记入印三道以外,仍有一条经吐蕃前往印度之道,即唐代玄照法师首途印度之道。唐代高僧义净(635—713 年)在《大唐西域求法高僧传》中记载:

> 沙门玄照法师者,……背金府出流沙,践铁门而登雪岭,陟葱阜(葱岭)而翘心……途经速利,过覩货逻,远跨胡壃,到土蕃(即吐蕃)国……渐向阇阑陀国。③

据唐代新罗僧人慧超(704—783 年)在《往五天竺国传》中记载:"从西天北行三箇余月,至北天国也,名阇阑达罗国。……又一月程过大雪山,东有一小国,名苏跋那具怛罗④,属土蕃国所管。"⑤因此,玄照应是从吐蕃向西经苏跋那具怛罗、越大雪山(喜马拉雅山)抵达北印度阇阑陀国,唐代道希、道生法师亦选此道入印。⑥但是,玄照言及此道"长途险隘,为贼见拘。既而商旅计穷,控告无所,遂乃援神写契,仗圣明衷,梦而感徵,觉见群贼皆睡,私引出围,遂便免难。"⑦因此在归程之时便选择吐蕃、泥波罗道,即道宣

---

① 石国、康国、史国等皆为生活在河中地区的粟特人。裴矩所记中道从高昌、焉耆、龟兹、疏勒,度葱岭,又经钹汗、苏对萨那国、康国、曹国、何国、大小安国、穆国至波斯,达于西海,详见《隋书》卷 67《裴矩传》,第 1578—1580 页。

② 此处"西海"应指波斯湾地区。

③ 金府即今兰州——汉代置金城郡,隋代仍置金城郡,治金城县(即今兰州市),唐天宝年间又改称金城郡,武德八年置都督府,故称"金府";"铁门",据《大唐西域记》记载:"从飒秣建国西南行三百余里,至羯霜那国(唐言史国)。东南山行三百余里入铁门。出铁门,至覩货逻国(唐言吐火罗国)。"可知"铁门"为史国与吐火罗交界之处,详见(唐)玄奘、辩机:《大唐西域记》,季羡林校注,第 10 页;"雪岭"即之今阿富汗兴都库什山脉地区;"速利"即《大唐西域记》中所记之"窣利"。《大唐西域记》记载:"自素叶水城至羯霜那国,地名窣利。"详见(唐)玄奘、辩机:《大唐西域记》,季羡林校注,第 8 页;"胡壃"应指印度西北地区中亚诸小国;据《大唐西域记》所记"阇烂达罗国,位于北印度境",详见(唐)玄奘、辩机:《大唐西域记》,季羡林校注,第 54 页。义净曾以达印度研习佛法,此段记载详见(唐)义净:《大唐西域求法高僧传校注》,王邦维校注,第 9—10 页。

④ 据《新唐书·西域传》记载:"东女亦曰苏伐剌拏瞿咀罗,羌别种也,西海亦有女自王,故称东别之。东与吐蕃、党项、茂州接,西属三波诃,北距于阗,东南属雅州罗女蛮、白狼夷。""苏伐剌拏瞿咀罗"似即"苏跋那具怛罗",即东女国,详见《新唐书》卷 221 上《西域传》,第 6218—6219 页。

⑤ (唐)慧超:《往五天竺国传》,张毅笺释,北京,中华书局,2000 年,第 51 页。

⑥ (唐)义净:《大唐西域求法高僧传校注》,王邦维校注,第 36—49 页。

⑦ (唐)义净:《大唐西域求法高僧传校注》,王邦维校注,第 10 页。

所记"东道"入华。道希法师更是在"中途危厄,恐戒检难护,遂便暂捨。"①
道生法师亦选择吐蕃、泥波罗道归来。②或因经"吐蕃、苏跋那具怛罗,越大
雪山入北印度阇阑陀国"之道艰难险阻,来往客商饱受疾苦,"吐蕃、泥波罗
道"开通之后,更是行者稀少,故道宣并未记载。

　　道宣所记由印入华"三道"来往僧侣、使节众多。如贞观十七年(643
年)至显庆二年(657年)王玄策三次入印,永徽年间(650—655年)新罗人玄
太法师入印,高僧玄照、道生从印归程等皆取"东道";玄奘从印归程则取"中
道";玄奘、质多跋摩、隆、信胄等高僧入印皆经"北道"。③因此,当塞瓦杜拉
唐尼亚犹太商人来到印度之时,对此"三道"应不陌生,并由此入华,而不会
选择艰难险阻的经"吐蕃、苏跋那具怛罗,越大雪山入北印度阇阑陀国"
之道。

　　伊本·胡尔达兹比赫在拉唐犹太商人海路贸易中曾记载,拉唐犹太商
人从中国带回"麝香"。众所周知,吐蕃麝香最为名贵,阿拉伯史家雅库比即
记载:"最好的麝香是吐蕃麝香,其次是粟特,再其次是 Khānfū。"④10 世纪
阿拉伯史家伊本·穆哈利尔曾记载:"吐蕃城中有伊斯兰教徒、犹太人、基督
教徒以及袄教徒等,"⑤可知此时犹太人早已深入至吐蕃贸易,并长期驻守
于此。953 年阿拉伯人巴佐尔·本·萨赫里亚尔曾提及:"阿曼犹太商人艾
萨克从阿曼出海前往中国贸易途中,曾来到喜马拉雅山名为 Lhó(Lubin)的
地区,在王庭上展示了一颗璀璨的珍珠,国王与王后为之心动,并花大价购
买。艾萨克之后通过向该地王公贵族供应珍珠变得富甲一方。"⑥古代吐蕃
常称不丹为"ལྷོ"(Luo,洛)、"ལྷོ་མོན"(Luo Men,洛门),为"南方"之意,不丹
人也以此自称其地。⑦因此 Lhó,Lubin 应指不丹地区。不丹与尼泊尔紧

---

　　① (唐)义净:《大唐西域求法高僧传校注》,王邦维校注,第 36 页。

　　② (唐)义净:《大唐西域求法高僧传校注》,王邦维校注,第 49 页。

　　③ 关于王玄策出使印度,详见《旧唐书》卷 198《西戎传》,第 5307—5308 页;释道世:《法苑珠
林》卷二十四,周叔迦、苏晋仁校注,北京,中华书局,2003 年,第 10 页。高僧玄照、道生从印之归
程,详见(唐)义净:《大唐西域求法高僧传校注》,王邦维校注,第 10 页、第 43 页。玄奘入印及归程,
详见(唐)慧立、彦悰:《大慈恩寺三藏法师传》,北京,中华书局,2000 年,第 11—40 页、第 113—125
页。质多跋摩、隆、信胄等高僧入印,详见(唐)义净:《大唐西域求法高僧传校注》,王邦维校注,第
61 页、第 66 页、第 86 页。

　　④ 此处记载,详见(法)费琅辑注:《阿拉伯波斯突厥人东方文献辑注》,耿升、穆根来译,第
67 页。

　　⑤ (法)费琅辑注:《阿拉伯波斯突厥人东方文献辑注》,耿升、穆根来译,第 233 页。

　　⑥ 伊本·沙里亚尔原书已佚失,此处摘录出自 Jacob R. Marcus, *The Jews in the Medieval
World*, A Source Book:315—1791, Atheneum, New York, 1981, p.358。

　　⑦ 杨刚基:《不丹考释》,《西藏研究》,1991 年第 4 期,第 153—154 页。

邻，位于吐蕃西南，历史上常作为吐蕃属国，艾萨克应是从阿曼航行至信德、印度，再由尼泊尔入不丹经营贸易。由此可知，阿拉伯地区犹太人对到达吐蕃、不丹等地贸易应较为熟悉，并曾前往其地。因此，塞瓦杜拉唐犹太商人为经营麝香贸易，有可能选择前往吐蕃并由道宣所记"东道"入华。尽管如此，也不能排除其选择经道宣所记"中道"与"北道"入华的可能性，只是伊本·胡尔达兹比赫未能详备而已。

据伊本·胡尔兹比赫所记拉唐犹太商人贸易南道所经诸地判断，此道贸易应分为两段——其一为塞瓦杜拉唐尼亚犹太商人从拉唐尼亚出发向西行，经巴格达、库法、大马士革、拉姆拉至福斯塔特、凯鲁万、丹吉尔、苏斯·阿克萨等地，然后经地中海至西班牙、法兰克（或弗兰加）等地贸易，其二为从拉唐尼亚出发先至巴格达、巴士拉，然后东行经阿瓦士、法尔斯、克尔曼、信德等地到达印度、中国。伊本·胡尔达兹比赫应是将拉唐犹太商人南道贸易从西班牙、法兰克（或弗兰加）至中国所经诸地由西向东一并述之。

3. 拉唐犹太商人贸易之陆路北道

此道即指拉唐犹太商人从罗马北部，经斯拉夫之地至可萨首府海姆利杰、里海，最后经巴里黑、河中地区、九姓乌古斯驻地入华。

拉比诺维茨认为伊本·胡尔达兹比赫所记北道启程地罗马应为意大利罗马城，并指出拉唐犹太商人是从罗马城北上经萨克森、巴伐利亚等地至斯拉夫地区，再由此经可萨、里海、巴里黑、河中地区以及九姓乌古斯驻地等地入华。[①]但是，伊本·胡尔达兹比赫在《道里邦国志》中关于罗马的记载中皆以罗马指拜占庭帝国，而非意大利罗马城，如其在"罗马的诸位执政官"篇章中记载：

（执政官）不多不少共 12 位，其中 6 位住在君士坦丁堡（Qustan-tiniyyah）……罗马国最巨大的城市是他们的堡垒，即君士坦丁堡……国王是罗马人中最伟大和最高贵的人……当国王攻打阿拉伯之时，军队从君士坦丁堡出发……罗马诸王在此建立了温泉建筑……[②]

即使在拉唐犹太商人海路贸易中，伊本·胡尔达兹比赫亦记载："拉唐犹太商人经西海到达君士坦丁堡，将货物卖给罗马人。"

---

① L. Rabinowitz, *Jewish Merchant Adventures: a Study of the Radanites*, pp.139—144.
② （阿拉伯）伊本·胡尔达兹比赫：《道里邦国志》，宋岘译注，第 115—117 页。

与之相比,伊本·胡尔达兹比赫在《道里邦国志》中则将意大利记之为"鲁密亚"(Rūmīya)(即"罗马的"或"罗马城"之意),将意大利"罗马"记之为"罗马城",其记载:

> 鲁密亚有三个方面,即东方、南方、西方皆临海洋,仅有北方通大陆。……在罗马城中,有一座教堂是以圣彼得与圣保罗之名建造的……罗马城中有 1 200 座教堂……罗马城的整个市场的地面皆以白色大理石铺砌而成……罗马城有 40 000 所浴池……①

Rūmīya 即"罗马的"或"罗马城"之意,伊本·胡尔达兹比赫所记"鲁密亚"东方、南方与西方皆临海洋,北方通大陆,即为意大利亚平宁半岛的地理面貌,应是其将意大利与罗马城相混淆,并称意大利罗马为"罗马城",而非"罗马"。对比前述"罗马的诸位执政官"篇章,可知在伊本·胡尔达兹比赫心目中,罗马城仅指意大利罗马,罗马则指罗马帝国,即拜占庭帝国。

即使将伊本·胡尔达兹比赫此处所记罗马理解为意大利罗马城,也与此时法兰克王国贸易状态不相符合。如前所述,法兰克犹太商人此时应并未沿斯拉夫之地继续朝向东方贸易,更不可能再到达可萨、巴里黑、河中地区以及九姓乌古斯等地。法兰克犹太商人尚且如此,塞瓦杜拉唐犹太商人更何谈从罗马城北上深入到法兰克王国腹地再从斯拉夫之地到达东方。因此,据伊本·胡尔达兹比赫书写习惯以及此时法兰克犹太人贸易活动判断,拉唐犹太商人贸易"北道"所经"罗马"应为拜占庭帝国,并非意大利罗马城。

早在萨珊波斯时期,拜占庭帝国就与波斯互设贸易榷场。拜占庭人无力打破波斯对丝绸贸易的垄断,遂求助其开设榷场。298 年,两国达成协议以底格里斯河上游尼斯比斯为两国丝绸贸易榷场;408 年,两国又在美索不达米亚的卡里尼库姆(Callinicum)以及波斯-亚美尼亚的阿尔塔沙特(Artaxata)开设榷场;6 世纪上半叶又在波斯-亚美尼亚地区的第温(Dvin)开设榷场。②阿拉伯时期,从波斯通往拜占庭首都君士坦丁堡的道路更为便利,

---

① (阿拉伯)伊本·胡尔达兹比赫:《道里邦国志》,宋岘译注,第 121—122 页。
② 卡里尼库姆,即今叙利亚北部城市拉卡(Al-Raqqah)。阿尔塔沙特,即今亚美尼亚西部城市阿尔塔沙特。第温,亚美尼亚古城,位于阿尔塔沙特以北。拜占庭与萨珊波斯互市,详见张绪山:《中国与拜占庭帝国关系研究》,北京,中华书局,2012 年,第 31—32 页;(英)G. F. 赫德逊:《欧洲与中国》,王遵仲、李申、张毅译,何兆武校,北京,中华书局,1995 年,第 91 页。

如从波斯境内的埃克巴塔纳(Ecbatana)、哈马丹(Hamadan),经尼斯比斯、萨摩萨塔(Samosata),或从剌吉思经阿尔塔沙特、杜比沃斯(Dubios)、沙他拉(Satala)皆可到达安纳托利亚,甚至深入到拜占庭以北地区。①因此,塞瓦杜拉唐犹太商人从拉唐尼亚经行至拜占庭帝国及其北部地区当为便利。

从"拜占庭北部经斯拉夫之地至里海"之道早在 6 世纪就已形成。6 世纪中叶,西突厥应其境内粟特人之请,曾两次遣使波斯请求在波斯经营丝绸贸易,但是波斯人为垄断丝绸贸易并未善待突厥使团。为打破波斯人的垄断,西突厥遂决定将生丝直接销售给拜占庭人。西突厥可汗室点密派遣以粟特人马尼亚克(Maniakh)为首的使团翻越高加索山前往君士坦丁堡,双方遂建立联盟;拜占庭随后又于公元 569、576 年分别派遣以蔡马库斯(Zemarchus)、瓦伦丁(Valentine)为首的使团前往西突厥。②据拜占庭史学家弥南德(Menander)记载,蔡马库斯在从西突厥返回君士坦丁堡之时,即经怛逻斯、锡尔河,后沿咸海经恩巴河、乌拉尔河以及伏尔加河,再经里海东北岸、高加索中部到达黑海岸边,又乘船到斐西斯(Phasis)河口,再至特拉比宗(Trapezond),最后于 571 年秋抵达君士坦丁堡;576 年,拜占庭使节瓦伦丁第二次率使团出使西突厥,则从黑海南岸希诺普(Sinope),乘船先到达克里米亚半岛西南岸赫尔松(Kherson),再沿亚速海东岸地区,经里海北岸到达西突厥。③蔡马库斯与瓦伦丁前往西突厥的道路,大致从君士坦丁堡出发,先至黑海地区,再经高加索至里海,最终到达西突厥汗庭。

6 世纪中叶此道开通之后,即成为拜占庭与东方诸地联系的交通孔道。裴矩在《西域图记》中对此道亦有所记载,且记之经由此道可入华,即"北道",其言:

---

① 埃克巴塔纳位于今伊朗西部,与哈马丹紧邻。萨摩萨塔,位于今土耳其南部、幼发拉底河西岸。杜比沃斯,地望不详,应位于阿尔塔沙特以北。沙他拉,位于今土耳其,幼发拉底河以北。阿拉伯时期波斯通拜占庭之道,详见(英)G. F. 赫德逊:《欧洲与中国》,王遵仲、李申、张毅译,何兆武校,第 91—92 页。

② 室点密(?—576 年),西突厥可汗,为西突厥汗国奠定了基础;587 年东西突厥分裂,西突厥成立直到 657 年被唐廷所灭。西突厥兴起之后,占领河中地区,粟特人受西突厥统治。高加索,位于伊朗以北,介于黑海与里海之间的高加索山脉地区。西突厥与拜占庭的联盟,详见裕尔撰、(法)考迪埃修订:《东域纪程录丛——古代中国闻见录》,第 176—180 页。

③ 斐西斯河即今里奥尼河(Rioni),希腊人称该河为斐西斯河;此河发源于高加索地区,流经今格鲁吉亚,最后注入黑海;特拉比宗,位于今黑海南岸土耳其城市;希诺普,黑海南部港口,位于今土耳其;赫尔松,黑海北部港口城市,位于今乌克兰。关于弥南德所记突厥与拜占庭帝国的交往,详见(英)裕尔撰、(法)考迪埃修订:《东域纪程录丛——古代中国闻见录》,第 167—180 页;张绪山:《中国与拜占庭帝国关系研究》,第 252—253 页。

北道从伊吾,经蒲类海、铁勒部,突厥可汗庭,度北流河水,至拂菻
国,达于西海。①

裴矩所记从伊吾出发,经天山北麓至蒲类海(今巴里坤湖)、铁勒部②——
7世纪初,天山北部铁勒部摆脱西突厥控制,建立汗国,③并先后迫使焉耆、
高昌、伊吾臣服;但是619年西突厥统叶护可汗④继位,并铁勒、下波斯、罽
宾,控弦数十万,故裴矩所记的"铁勒部"此时已被并入西突厥,再经其地而
达突厥可汗庭——西突厥统叶护可汗之时,曾移庭于石国北之千泉地区⑤;
永徽年间(650—655年),西突厥阿史那贺鲁反叛唐廷之后,建牙于双河与
千泉,⑥因此千泉为西突厥可汗庭之一。道宣所记"北道"即"从瓜州出发到
千泉",玄奘西行印度之时亦曾至素叶城、千泉、怛逻斯城等,显示唐代前往
西突厥地区经常选择途经千泉。此道行人较多、较为通畅,故裴矩所记突厥

① "汉永平十六年,奉车都尉窦固出击匈奴,以超为假司马,将兵别击伊吾,战于蒲类海,多斩
首虏而还。""伊吾",匈奴中地名,在今伊州纳职县界,详见《后汉书》卷47《班梁列传》,第1572页。
"在敦煌之北,大碛之外。……南去玉门关八百里,东去阳关二千七百三十里。……隋始于汉伊吾
屯城之东筑城,为伊吾郡。隋末,为戎所据。贞观四年,款附,置西伊州始于此。天山,在州北一百
二十里,一名白山,胡人呼折罗漫山。"详见《旧唐书》卷40《地理志》,第1643页。《后汉书·西域传》
记载:"车师前后部及东且弥、卑陆、蒲类、移支,是为车师六国。""蒲类国,居天山西疏榆谷。""南去
车师后部马行九十余日。"详见《后汉书》卷88《西域传》,第2929页。《旧唐书·西域传》记载:"蒲
昌,县东南有蒲类海,胡人呼为婆悉海。"即今巴里坤湖,详见《旧唐书》卷40《地理志》,第1645页。
此处所指当为从突厥可汗庭经北方草原之路到达拜占庭帝国沿途所经的自南向北流向的诸多
河流,并非确指某一条河流。此处"西海"所指为地中海。《史记·大宛列传》记载条支在安息西数
千里,临西海。详见《史记》卷123《大宛列传》,第3163页。《后汉书·西域传》记载:"条支国……临
西海,海水曲环其南及东北,三面路绝,唯西北隅通陆道。"详见《后汉书》卷88《西域传》,第2918页。
《魏略·西戎传》记载:"大秦国一号梨轩,在安息、条支西大海之西。"此处"大秦"为罗马帝国,此处
条支西的大海当为地中海,详见(西晋)陈寿:《三国志》卷30《魏书》引《魏略·西戎传》,北京,中华
书局,1959年,第858页。《旧唐书·西戎传》记载:"拂菻国,一名大秦,在西海之上,东南与波斯
接。"更言此西海当为地中海,而非他指,详见《旧唐书》卷198《西戎传》,第5313页。以上记载,详见
《隋书》卷67《裴矩传》卷67,第1578—1580页。
② "铁勒部,匈奴之苗裔也,种类最多。自西海(即黑海)之东,依据山谷,往往不绝。……(遍
布)洛河北、伊吾以西、焉耆之北、金山西南、康国北、得嶷海东西、拂菻东、北海南各地。以寇抄为
生,无大君长,分属东、西突厥。"详见《隋书》卷84《北狄》,第1879—1880页。
③ "大业元年(605年),突厥处罗可汗击铁勒诸部,厚税敛其物,又猜忌薛延陀等,恐为变,遂
集其渠帅数百人尽诛之,由是一时反扳,拒处罗,遂立俟利发、俟斤契苾歌楞为易勿真莫何可汗,居
贪污山;复立薛延陀内俟斤字也咥为小可汗。"详见《隋书》卷84《北狄》,第1880页。
④ 统叶护可汗(?—628年),618—628年在位,其统治时期为西突厥最盛之时。
⑤ 千泉,古地名,位于今吉尔吉斯斯坦北部山脉地区。
⑥ 阿史那贺鲁(?—659年),西突厥大将,室点密可汗五世孙,后自立为西突厥沙钵罗可
汗。双河地望大致位于今新疆博泉、温泉县境内。以上引文,详见《旧唐书》卷194下《突厥传》,
第5186页。

可汗庭应为千泉地区。从突厥可汗庭千泉至拜占庭道路,裴矩记载仅记"度北流河水",极为简略。究其原因可能是裴矩在从入华贸易的西突厥商人口中得知通往拜占庭帝国路线之时,因路途遥远而对此道后半段行程未能详备,但是弥南德所记"从拜占庭通西突厥"之道可以补其不足。因此,如伊本·胡尔达兹比赫所记,此时塞瓦杜拉唐犹太人在到达拜占庭帝国北部之后,可经此道先从拜占庭帝国北部到达里海地区。

具体而言,塞瓦杜拉唐犹太人从拜占庭北部出发,先到达黑海地区,且极有可能途经特拉比宗城,因为该城在中世纪时期为黑海地区贸易要地、各地物资皆云集于此,马苏第即记载:

> 特拉布松城就位于该海(黑海)之中,那里每年都要举行数次交易会,大量的穆斯林教徒、拜占庭人、亚美尼亚人和其他民族的商人经常去参加……①

此处所记其他民族的商人应包括犹太商人在内,前往东方贸易的拉唐犹太商人自然不会错过特拉比宗,然后再经此地前往高加索地区。早在6世纪,斯拉夫人就不断向东欧平原各地迁徙,遍布在黑海与里海之间的高加索地区。这些斯拉夫人亦经常经营贸易,如伊本·胡尔达兹比赫在《道里邦国志》中记载:"罗斯商人(斯拉夫人)将毛皮、刀剑等物品从斯拉夫边远地区带到罗马海(黑海)……再行至可萨突厥城海姆利杰……再行至里海,斯拉夫奴隶为这些商人充当奴隶。"②因此,塞瓦杜拉唐犹太商人到此与斯拉夫商人贸易。

如伊本·胡尔达兹比赫所记,拉唐犹太商人再前往可萨首府海姆利杰——可萨通常被认为属铁勒部一支,西迁后生活在黑海、高加索以及里海北部一带;8世纪末可萨已成为该地大国,其地贸易繁盛、客商云集,直至11世纪初被拜占庭人与罗斯人彻底灭亡为止。③由此可知,此时可萨位于从"拜占庭北部经斯拉夫之地至里海"途中,因此塞瓦杜拉唐犹太商人从黑海特拉比宗等地前往可萨首府海姆利杰等地以及里海当为便利。

经过里海之后,伊本·胡尔达兹比赫记之拉唐犹太商人行至巴里黑——巴里黑为古大夏国都城,今阿富汗北部巴尔赫(Balkh)地区,地处裴

---

① (阿拉伯)马苏第:《黄金草原》,耿昇译,第212页。
② (阿拉伯)伊本·胡尔达兹比赫:《道里邦国志》,宋岘译注,第165页。
③ 罗斯人,为北欧日耳曼人一支,相传其为经商而来到东欧,并建立基辅罗斯(882—1240年)。关于可萨史迹以及拉唐犹太商人经行此地贸易之原因,详见下文。

矩所记南道，然后再从此北上至河中地区——河中地区即指中亚锡尔河和阿姆河流域以及泽拉夫尚河流域，即裴矩中道所记康国、曹国、何国以及安国等地。如裴矩所言"三道诸国，亦各自有路，南北交通"，①即南道、中道与北道彼此之间有道路可以通达，因此塞瓦杜拉唐犹太商人从北道里海南行至南道巴里黑，再北行至北道河中地区，应较为便利。②

最后，拉唐犹太商人经河中地区东行至九姓乌古斯驻地（Yurt Toghuz-ghuz）——Yurt 在突厥文中作"住地、家乡、家园"之义，此处即意为 To-ghuzghuz 驻地；Toghuzghuz 即 toquz oɣuz 转写，突厥文 oɣuz 汉译作"乌古斯"；toquz 即"九"之意，因此 toquz oɣuz 多被汉籍记为"九姓乌护"与"九姓回鹘"。③回鹘建立之后，先后历经"十姓回鹘"与"九姓乌护"的统治，后因唐廷镇压逐渐转至漠北。8 世纪，"九姓乌护"再次迁至东部天山地区（包括西天山北麓伊塞克湖以东及北部伊犁河上游地区）。④

10 世纪阿拉伯文献《世界境域志》即记载：

> 九姓古思国（Toghuzghuz）其东为中国，南面是吐蕃的某些部分和葛逻禄，西面是黠戛斯的某些部分，北面也是黠戛斯。在突厥斯坦诸国中，此国最大，而九姓古思人起初也是人数最多的一部。在古代全突厥斯坦的国王皆出自九姓古思部。⑤

因此 9 世纪中叶伊本·胡尔达兹比赫所记载的 Toghuzghuz，应指东部天山地区的回鹘。9 世纪中叶，阿拉伯作家艾卜·法尔吉·古达玛曾记载："土胡兹胡尔（Toghuzghuz）城有一湖泊，环湖有些绵延相衔的村舍和建筑。此城有 12 座铁门，由突厥人把守着。……土胡兹胡尔城所临的那个湖泊，有群山在其后环围着它。"⑥土胡兹胡尔城被严加守卫，故其极有可能为回鹘的都城，亦即伊本·胡尔达兹比赫所记的九姓乌古斯驻地。该城所毗邻的湖泊极有可能为九姓乌古斯辖地的伊塞克湖——伊塞克即突厥语"伊塞

---

① 《隋书》卷 67，《裴矩传》卷 67，第 1578—1580 页。
② 关于拉唐犹太商人经行巴里黑与河中地区的原因及其此时之状况，详见下文《拉唐犹太商人与呼罗珊犹太人入华》。
③ 李树辉：《乌古斯与回鹘研究》，北京，民族出版社，2010 年，第 93 页，第 110 页。
④ 华涛：《穆斯林文献中的托古兹古思》，《西域研究》，1991 年第 2 期，第 61—78 页。
⑤ （阿拉伯）佚名：《世界境域志》，王治来译注，上海，上海古籍出版社，2010 年，第 68 页。
⑥ （阿拉伯）艾卜·法尔吉·古达玛：《税册及其编写》，收录于（阿拉伯）伊本·胡尔达兹比赫：《道里邦国志》，宋岘译注，第 278—279 页。

克库尔"、又言"亦息渴儿""库尔""渴儿",为湖之意,汉籍所记"热海""大清池"应为"伊塞克库尔"意译。①唐代道宣所记"北道"交通以及玄奘、质多跋摩、隆、信胄西行印度亦经"热海",因此塞瓦杜拉唐尼亚犹太商人应是从河中地区到达位于天山东部的九姓乌古斯驻地土胡兹胡尔城之后,沿天山北麓经伊塞克湖一带入华。

因此就塞瓦杜拉唐地区地望、其地犹太人状况以及此时欧亚交通贸易历史而论,塞瓦杜拉唐犹太商人符合伊本·胡尔达兹比赫所记拉唐犹太商人特点,可以确定的是塞瓦杜拉唐犹太商人即为拉唐犹太商人。伊本·胡尔达兹比赫将塞瓦杜拉唐犹太商人从拉唐出发前往东西方各地的贸易从西方至东方综合述之方才出现这样的历史图景。

9世纪中叶阿拔斯王朝邮驿与情报官、史地学家伊本·胡尔达兹比赫在《道里邦国志》中所记载的拉唐犹太商人来自阿拉伯帝国塞瓦杜拉唐地区。拉唐地区犹太人历史悠久、颇具规模与影响,且从该地前往欧亚大陆诸地贸易极为便利,故拉唐地区的犹太商人被伊本·胡尔达兹比赫记之为拉唐犹太商人。中世纪时期,阿拉伯帝国将波斯、埃及、西班牙、信德以及中亚诸地皆纳入至伊斯兰世界之中,因此正如伊本·胡尔达兹比赫所记塞瓦杜拉唐犹太商人方可在西班牙、苏斯·阿克萨、丹吉尔、凯鲁万、凡莱玛、古勒祖姆、达伽尔、吉达、伽比亚、福斯塔特、拉姆拉、安条克、大马士革、库法、巴格达、巴士拉、阿瓦士、法尔斯、克尔曼、乌步拉、阿曼、信德、巴里黑、河中地区等阿拉伯诸地畅通无阻地贸易,并经海路与陆路分别到达法兰克(或弗朗加)、拜占庭帝国、可萨、印度以及中国。

三　Khānfū 与 Khānfū 犹太商人②

中世纪时期,诸多阿拉伯史地学家在对中国港口贸易城市的记载中,多次提及一处名为 Khānfū 的地方,并详略不一地记述了其地的状况与数则事迹。关于 Khānfū 地望,凡有两种说法:其一,认为 Khānfū 为今浙江省海盐县境内之澉浦——此说以裕尔、考迪埃与潘光旦等为代表;其二,认为

---

① 张星烺(编):《中西交通史料汇编》(卷2),第1508页;苏北海:《唐代中亚热海道考》,《社会科学》,1987年第3期,第77页。

② 本节关于 Khānfū 地望考证的部分,独立发表于《暨南史学》,详见李大伟:《阿拉伯史地学家所记 Khānfū 地望考》,《暨南史学》,2020年第20辑,第40—52页。

Khānfū 为广州——此说以伯希和、桑原骘藏与张星烺等为代表。①此两种结论的得出，多源自于单纯地从对音或对中国古代港口历史等方面的考辨。②但是，Khānfū 与潋浦或广州皆音近，且潋浦与广州在历史上皆为著名的港口城市，故此两种说法争论不休、难有定论，且彼此皆未能提供出充分的证据，予以自证或反驳对方。将中世纪时期阿拉伯史地学家关于 Khānfū 的数则记载，与汉籍史料进行互证，可对 Khānfū 地望进行充分考证，确定 Khānfū 地望则是研究 Khānfū 犹太商人的重要前提。

（一）阿布·赛义德·哈桑所记班雪

9 世纪中叶，阿拉伯商人苏莱曼以自己的贸易见闻，记述了当时从阿拉伯至中国诸地的海路贸易情形与各地风俗。苏莱曼的著作，被后世称之为《苏莱曼游记》或《中国印度见闻录》（卷一），为最早记载印度洋，尤其是中国的阿拉伯著作之一。③916 年，来自波斯湾著名港口尸罗夫（Sirāf）的阿拉伯人阿布·赛义德·哈桑（Abu Zaid Hassan），④曾对苏莱曼的记述进行"审阅"，并加以补充，称："我奉命审阅此书，为的是要对书中关于中国和印度海上交通诸事、沿海诸王和这些地方的状况，进行考证。同时，对此书没有述及而又为我所知的事情，加以补充。……此书谈到的一切，都是真实可信的。"⑤阿布·赛义德·哈桑能够"奉命"勘定苏莱曼的著作，显示其应为此时代著名的阿拉伯史地学家，在历史地理方面积累颇多、学识深广——阿拔斯王朝应为推动海上贸易，而命令其勘定苏莱曼著作，以了解此时海路贸易

①　裕尔与考迪埃的主张，详见(英)裕尔著、(法)考迪埃修订：《东域纪程录丛》，第 70 页；潘光旦的主张，详见潘光旦：《中国境内犹太人的若干历史问题——开封的中国犹太人》，第 18—21 页；主张潋浦说者还有克拉普洛特（Klaproth）、雷诺（Reinaud）与李希霍芬（Riehthofen）等人，张星烺对该说有所罗列，详见张星烺(编)：《中西交通史料汇编》（卷 2），第 759 页。主张广州说者还有勒诺兑（Renaudot）、德经、夏德、石桥、坪井与藤田等人，详见(法)伯希和：《交广印度两道考》，冯承钧译，北京，中华书局，2003 年，第 234 页，第 285 页；张星烺(编)：《中西交通史料汇编》（卷 2），第 759—763 页；桑原骘藏：《唐宋元时代中西通商史》，冯攸译，商务印书馆，民国十九年，第 13—14 页；《蒲寿庚考》，陈裕菁译，北京，中华书局，2009 年，第 10—11 页。

②　关于先前诸学人对潋浦说与广州说的考证，将在下文一一列举、辨析。

③　(阿拉伯)苏莱曼：《中国印度见闻录》（卷一），穆根来、汶江、黄倬汉等译，北京，中华书局，1983 年。

④　尸罗夫位于今伊朗南部波斯湾畔，汉译又被称为"施那围""尸罗围""施那帏"与"撒那威"等；9 至 12 世纪上半叶，一直作为波斯湾地区最大的贸易港口。汉籍对此地的记载，可详见(宋)赵汝适：《诸蕃志》，杨博文校释，第 91 页；(宋)岳珂：《桯史》卷 11，《番禺海獠》，北京，中华书局，1981 年，第 127 页。

⑤　(阿拉伯)阿布·赛义德·哈桑：《中国印度见闻录》（卷二），(日)藤本胜次译注、黄倬汉译，北京，中华书局，1983 年，第 95 页。

状态。阿布·赛义德·哈桑在勘定苏莱曼著述时,补充了当时海路贸易状态与各地的新情况;这些记述独立成卷,被后世称之为《中国印度见闻录》(卷二)。①

阿布·赛义德·哈桑在《中国印度见闻录》(卷二)中,曾记载了关于"班雪"的事迹,称:

> 中国的情形,全都变样了。从尸罗夫港到中国的航运也中断了,这些都是起因于下述事件。在中国出了一位名叫班雪(Banshoa)的人,他非皇族出身,从民间崛起。此人初时狡诈多谋、仗义疏财,后来便抢夺兵器、打家劫舍,歹徒们追随如流……他的势力终于壮大。在众多中国城市中,他开始向Khānfū进发。这里阿拉伯人荟萃,位于一条大河之畔。回历264年,班雪攻城破池、屠杀抵抗居民。据熟悉中国情形的人说,仅寄居城中经商的伊斯兰教徒、犹太教徒、基督教徒、拜火教徒,总计有十二万人被杀害。死亡人数如此确切,是因为中国人按他们人数课税。班雪将此地桑树全部砍光,阿拉伯人失去了丝绸货源。

> 洗劫Khānfū之后,班雪接二连三地捣毁其他城市……不久竟打到京畿,直逼名叫胡姆丹(Khumdān)的京城。皇帝逃到邻近西藏边境的穆祖(Mudhu)……致信突厥托古兹古思(Taghazghaz)王请求援兵。其王遣子率军,将班雪镇压下去。中国皇帝回到了胡姆丹,京城被破坏殆尽,皇帝意志消沉,国库枯竭……豪强权贵便争夺霸权……强者一旦制服弱者,便捣毁一切……来中国通商的阿拉伯商人也遭到侵害,航行中国的海路阻塞不通了,灾难也殃及尸罗夫与阿曼等地的船长与领航人。②

关于阿布·赛义德·哈桑所记Khumdān的词源,有Ch'angan(长安)、Kongtien(宫殿)、Khan Tang(汗堂)与"京都"等诸说,但无疑指此时的唐朝

---

① (阿拉伯)阿布·赛义德·哈桑:《中国印度见闻录》(卷二),(日)藤本胜次译注、黄倬汉译,北京,中华书局,1983年。据法国汉学家雷诺(Reinaud)考订阿布·赛义德应是在916年受人之托审定苏莱曼的著作,并作续篇,详见(阿拉伯)阿布·赛义德·哈桑:《中国印度见闻录》(卷二),(日)藤本胜次译注、黄倬汉译,第31页。

② (阿拉伯)阿布·赛义德·哈桑:《中国印度见闻录》(卷二),(日)藤本胜次译注、黄倬汉译,第96—97页。阿布·赛义德·哈桑此段的记载,也可参见李豪伟(Howard S. Levy):《关于黄巢起义的阿拉伯文史料译注》,胡耀飞译,《西北民族论丛》,第14辑,北京,社会科学文献出版社,2016年,第284—287页。

都城长安,且此种称谓在阿拉伯文献中较为常见。①Mudhu 位于西藏边境,与成都音近,极有可能指成都。Taghazghaz,即汉籍所记"九姓乌护"与"九姓回鹘"——Taghaz 为九之意,Ghaz 即乌古斯人,其源头为乌孙国,姑师、车师、乌孙、八滑、柔然、高车等皆属乌古斯部落。②

阿布·赛义德·哈桑所记班雪于伊斯兰历 264 年间——伊斯兰历 264 年即 877 年 9 月 13 日至 878 年 9 月 2 日,大肆征伐,并一度威胁京城,最终被突厥托古兹古思镇压的事迹,与唐乾符五年(878 年)至中和五年(885 年)的黄巢起义较为契合。

具体而言,班雪与黄巢皆起于乡野,非皇亲国戚,《新唐书·黄巢传》记载:"黄巢,曹州冤句人,世鬻盐,富于赀;善击剑骑射,稍通书记,辩机,喜养亡命。"③班雪起事时间与黄巢类似:黄巢在乾符二年(875 年)王仙芝长垣起事后追随之,"(黄巢)与群从八人,募众数千人,以应仙芝。"④乾符五年(878 年),王仙芝死后,"推巢为王,号冲天大将军……建元王霸(878—880 年)。"⑤

班雪起事之后,接二连三地捣毁其他城市,威逼京城,迫使皇帝出逃成都,并最终被突厥托古兹古思所镇压之事,与黄巢起义过程亦为一致,如《旧唐书·僖宗纪》记载:

> (黄巢)遂转战江西,陷江西饶信、杭、衢、宣、歙、池等十五州,……(十二月)辛巳,贼据潼关……是日晡晚,贼入京城。……(中和元年七月)乙卯,车驾至西蜀。丁巳,御成都府廨。⑥

从京城长安逃亡成都之后,唐僖宗求助突厥沙陀部李国昌。李国昌派其子李克用出兵协助唐廷镇压黄巢起义。光启元年(885 年)春正月己卯,

---

① 关于 Khumdān 词源,详见(阿拉伯)阿布·赛义德·哈桑:《中国印度见闻录》(卷二),(日)藤本胜次译注、黄倬汉译,第 141 页;张星烺(编):《中西交通史料汇编》(卷 2),第 768 页。关于 Khumdān 的记载,可详见(阿拉伯)马苏第:《黄金草原》,耿升译,北京,人民出版社,2013 年,第 167 页。裕尔与考迪埃等皆认为 Khumdān 即指长安,详见(英)裕尔、(法)考迪埃修订:《东域纪程录丛》,第 24 页。

② 关于穆斯林文献所记"托古兹古思"的考证,详见华涛:《穆斯林文献中的托古兹古思》,《西域研究》,1991 年,第 2 期。

③ 《新唐书》卷 225 下,《黄巢传》,第 6451 页。

④ 长垣县,位于今河南省东北部。以上记载,详见《新唐书》卷 52,《食货志》卷,第 1362 页;《旧唐书》卷 19,《僖宗纪》,第 694 页。

⑤ 《新唐书》卷 225 下,《黄巢传》,第 6453 页。

⑥ 《旧唐书》卷 19,《僖宗纪》,第 706、708、709、711 页。

唐僖宗还京,黄巢起义覆灭。①突厥沙陀部,为西突厥一部,游牧于蒲类海
(今新疆东北部巴里坤湖)一带。阿布·赛义德·哈桑记之突厥托古兹古
思,应是将突厥沙陀部视为九姓乌护人,故而记之——回鹘建立之后,先后
历经"十姓回鹘"与"九姓乌护"的统治,后因唐廷镇压逐渐转至漠北;8 世
纪,"九姓乌护"再次迁至东部天山地区(包括西天山北麓伊塞克湖以东及北
部伊犁河上游地区)。黄巢起义之后,唐廷根基遭受巨大破坏,中央对藩镇
的控制日益下降,因此出现了大量藩镇割据现象。②阿布·赛义德·哈桑所
记言"豪强权贵便争夺霸权。强者一旦制服弱者,便捣毁一切……"应是指
此时唐廷藩镇割据的状况。

通过对阿布·赛义德·哈桑所记班雪事迹与汉籍所载黄巢起义进行比
对,足以证明其所记之 Banshoa,又作 Bānshu,Banchu,应为黄巢的阿拉伯
文转音或讹音,班雪即黄巢。10 世纪,比阿布·赛义德·哈桑稍晚的另外
一位阿拉伯史地学家马苏第曾周游欧亚诸地,相继到达过印度、锡兰、中亚
与东非诸地,甚至言称自己曾至中国。③943 年,马苏第在《黄金草原》中亦
曾记载黄巢的事迹。与阿布·赛义德·哈桑不同的是,马苏第将黄巢讹称
为 Yānshû,称黄巢屠杀的伊斯兰等商人总计 20 万人,并称此次战争之后中
国各个地区的总督在其省中变得独立了,并一直延续至 943 年。④黄巢起义
乃 9 世纪末之事,阿布·赛义德·哈桑与马苏第应皆是从来往中国贸易的
波斯、阿拉伯商人口中得知此事,或因口耳相传导致关于黄巢屠杀异域商人
人数的差异。马苏第所言割据状态一直延续至 943 年,则是指唐廷灭亡之
后五代十国的分裂时期。

(二) Khānfū 与澉浦

元世祖忽必烈(1215—1294 年)至元十四年(1277 年),立市舶司于泉
州,又立市舶司三于庆元(今宁波)、上海、澉浦;终世祖之世,市舶司增立至
七所,包括泉州、上海、澉浦、温州、广州、杭州与庆元。市舶司之设置,使得
澉浦贸易港的地位得以确立。元代入华的马可·波罗(1254—1324 年)在
《马可波罗行纪》中记载澉浦:

---

① 《旧唐书》卷 19,《僖宗纪》,第 710—720 页。
② 关于唐代藩镇的状况,详见张国刚:《唐代藩镇研究》,长沙,湖南教育出版社,1987 年。
③ (阿拉伯)马苏第:《黄金草原》,耿升译,前言,第 5 页。
④ 马苏第的记载,详见(阿拉伯)马苏第:《黄金草原》,耿升译,第 165—168 页;也可参见李豪
伟(Howard S. Levy):《关于黄巢起义的阿拉伯文史料译注》,第 287—290 页。

澉浦(Ganfu)其地有船舶甚众,运载种种商货往来印度及其他外国,因是此城愈增价值。①

马可·波罗笔下所记 Ganfu,既为贸易港口,来往其地贸易的异域商人众多,且与 Khānfū 音近,非常符合阿拉伯史地学家所记 Khānfū 的情况。因此,以裕尔与考迪埃等为代表,认为 Khānfū 为 Ganfu,即澉浦。②此为主张 Khānfū 为澉浦之说者的依据之一。

潘光旦则认为,澉浦早在唐代已成为重要港口,有外国商人与货物进口,并称黄巢起义时曾前后两次到达浙西,一次是进入广州之前,一次为退出广州之后,第一次即乾符五年(878 年)陷杭州,此与阿布·赛义德所记 877 年时间相近,故 Khānfū 应指澉浦。③此为主张 Khānfū 为澉浦之说者的依据之二。

黄巢起义爆发于唐乾符(874—879 年)初年,时山东大水、民不聊生,王仙芝、黄巢等聚众而起,天下遂乱、公私困竭。乾符二年,王仙芝聚于长垣县,其众三千进陷濮州,黄巢与群从八人,募众数千人,以应仙芝。④长垣起事之后,王仙芝与黄巢向南方发展。乾符五年二月,王仙芝攻江西,招讨使宋威(?—878 年)出兵屡败之,并在洪州袭杀王仙芝,王仙芝余党悉附黄巢。⑤黄巢被推举为王,建元王霸,并继续率军南下。此时,黄巢在南方的战局,《新唐书·黄巢传》中记载尤详:

> 巢兵在江西者,为镇海节度使高骈所破;寇新郑、郏、襄城、阳翟者,为崔安潜逐走;在浙西者,为节度使裴璩斩二长,死者甚众。巢大沮畏,乃诣太平军乞降,诏授巢右卫将军。巢度藩镇不一,未足制已,即叛去,转寇浙东,执观察使崔璆。于是高骈遣将张潾、梁缵攻贼,破之。贼收众踰江西,破虔、吉、饶、信等州,直趋建州。……巢入闽,……是时闽地诸州皆没……巢陷桂管,进寇广州。⑥

---

① 马可·波罗:《马可波罗行纪》,(法)沙海昂注、冯承钧译,第 572 页。

② (英)裕尔、(法)考迪埃修订:《东域纪程录丛》,第 70 页。

③ 潘光旦:《中国境内犹太人的若干历史问题——开封的中国犹太人》,第 18—21 页。

④ 濮州,古代州名,位于今山东、河南以及河北省境。以上记载,详见《新唐书》卷 52,《食货志》,第 1362 页;《旧唐书》卷 19,《僖宗纪》,第 694 页。

⑤ 洪州,位于今江西省境内,大致相当于今江西省修水、锦江、潦水等流域和赣江、抚河下游地区。以上记载,详见《旧唐书》卷 19,《僖宗纪》,第 701 页;《旧唐书》卷 220 下,《黄巢传》,第 2592 页。

⑥ 《新唐书》卷 225 下,《黄巢传》,第 6454—6458 页。

据此可知,黄巢兵在江西被镇海节度使高骈(821—887年)所败,在今河南的新郑、郏、襄城、阳翟者被崔安潜(?—898年)所驱逐,①在浙西者则大败于节度使裴璩。在遭受重创之后,黄巢诈降,被授右卫将军,但又认定藩镇政令不一,遂即叛逃,转寇浙东,俘获浙东观察使崔璆,但被张潾、梁缵所败。之后,其残余势力汇聚江西,从福建北部之建州入闽,从而进入广州。此与《旧唐书·僖宗纪》与《新唐书·高骈传》所记相同,如《旧唐书·僖宗纪》记载:"初,骈在浙西,遣大将张潾、梁缵等,大破黄巢于浙东,贼进寇福建,逾岭表。"②《新唐书·高骈传》亦记载:"王仙芝之败,残党过江,帝以骈治郓,威化大行,且仙芝党皆郓人,故授骈镇海节度使。骈遣将张潾、梁缵分兵穷讨……败走岭表。"③

《新唐书·僖宗纪》记载:"乾符五年八月,黄巢陷杭州。"④唐乾元元年(758年),废江南东道,将其所辖之地划归为浙江西道、浙江东道与福建道。其中浙江西道领升、润、宣、歙、饶、江、苏、常、杭(杭州)、湖十州,治升州,寻徙苏州,未几则治杭州;浙江东道领越、睦、衢、乌、台、明、处、温等八州,治越州。⑤上述所记裴璩在浙西大败黄巢,说明黄巢未能攻陷浙西;《旧唐书·僖宗纪》所记(高)骈在浙西派遣大将张潾与梁缵前往浙东讨伐黄巢,亦显示浙西仍掌握在唐廷之手。此时,浙江西道的治所位于杭州,黄巢不可能在大败的情况之下,仍攻陷杭州,并大肆屠城。其可能是曾兵临杭州,但是未能攻破城池即遭大败,便假装乞降,遂后转战浙东。因此,《新唐书·僖宗纪》所记"乾符五年八月,黄巢陷杭州"一事似并不确信。

黄巢在从广州北上之时,曾入杭州、攻临安,《新唐书·黄巢传》记载:

> 会贼中大疫,众死什四,(巢)遂引北还……(其十月)据荆南……赚掠江西,再入饶、信、杭州,众至二十万。攻临安,戍将董昌兵寡,不敢战,伏数十骑莽中,贼至,伏弩射杀贼将,下皆走。……乃还,残宣、歙等十五州……广明元年,巢数却,乃保饶州……侵扬州……悉众度淮……巢自将攻汝州……陷东都……陷京师。⑥

---

① 新郑位于今郑州;郏应指郏县,位于今河南中部偏西平顶山一带;襄城,位于今河南许昌;阳翟,位于今河南禹州。

② 《旧唐书》卷19,《僖宗纪》,第703页。

③ 《新唐书》卷224下,《高骈传》,第6394页。

④ 《新唐书》卷9,《僖宗纪》,第268页。

⑤ 《新唐书》卷68,《方镇》,第1903页。

⑥ 《新唐书》卷225下,《黄巢传》,第6455—6457页。

广明元年,即880年;"其十月"应指广明元年前一年,879年,即乾符六年。据此可知,黄巢从广州入杭州之时,因戍将董昌之伏击,并未攻克临安,而是败走,转向杭州以西之宣州与歙州,保饶州、北上侵扬州,最终渡过淮河,占领东都洛阳与京城长安。①因此,黄巢此次应亦未能占领杭州。

澉浦位于今浙江省嘉兴市海盐县,位于杭州东北,濒临沿海,乾元元年后属浙江西道苏州辖地。②即使黄巢在乾符五年攻陷了杭州,但因其旋即败退至杭州东南的浙东之地,浙东大败之后又从江西入闽,故其不可能到达并攻陷位于杭州东北的澉浦地区。若是如此,则与《新唐书·黄巢传》与《旧唐书·僖宗纪》所记"黄巢转寇浙东""大破黄巢于浙东"相去甚远。乾符六年,黄巢从广州入杭州之时,亦并未能占领杭州,且从临安败退之后转向杭州以西之地,并北上侵扬州、渡淮河,最终占领京城,因此若言黄巢占领澉浦,则与黄巢行军方向相悖。故据黄巢起义的进程判读,阿布·赛义德所记黄巢攻陷的Khānfū不可能为澉浦,裕尔与考迪埃以Khānfū为马可·波罗所记Ganfu(澉浦),潘光旦以"乾符五年(878年)陷杭州"等为依据判断Khānfū为澉浦等说法,显然不能成立。

中世纪时期阿拉伯史地学家阿布肥达(Abulfeda,1273—1331年)在《地理志》中曾记载:

> 游历家归自中国者,略告吾人以下诸城邑:其一为Khānfū,又读如Khânqû,当今又称Khansâ。城北有淡水湖,名曰西湖(Sikhu),周围有半日程。③

阿布肥达所记Khansâ,与"行在"音近——行在,专指天子巡行所到之地,也称"行在所"。南宋时期,杭州被称为"行在"——南宋建都临安,世以恢复旧京(开封)雪耻为大业,故将杭州称为"行在",并不称京师,《宋史·地理志》即记杭州曰"行在所"。④元代早期,"行在"之名仍被沿用,马可·波罗即称杭州为"行在"(Quinsay)。⑤行在之名,直到后来被杭州重新取代,如《元

---

① 宣州,位于今苏、皖交界之处,毗邻浙江;歙州,位于今安徽省南部、新安江上游地区;饶州,位于今江西东北部地区。

② 《旧唐书》卷40,《江南道》,第1586页。

③ (阿拉伯)阿布肥达:《地理书》,详见张星烺(编):《中西交通史料汇编》(卷2),第799—800页。

④ 《宋史》卷85,《地理志》,北京,中华书局,1977年,第2105页。

⑤ 马可·波罗:《马可波罗行纪》,(法)沙海昂注、冯承钧译,第570页。

史·世祖本纪》记之"宋宜曰亡宋,行在宜曰杭州。"①因此,Khansâ 应指杭州,此与该城有 Sikhu,即西湖,亦相对应。阿布肥达应是从元代早期的游历家口中得知"行在"之名,将其记之为 Khansâ,并称 Khānfū 为 Khansâ,即杭州。裕尔以阿布肥达所记 Khānfū 为杭州的记载为依据,进一步引申认为阿拉伯人应以澉浦(Khānfū)代指杭州,似没有理由将 Khānfū 的重要地位归到澉浦本身。②

但是,阿布肥达在记载 Khansâ 之后,又称:

> 泉州(Shanju, Shinju)当今又曰刺桐(Zaitun)。……Khānfū 与泉州,皆为中国港口……有游历家数人云,当今之世,Khānfū 为中国最大港口。吾国游历家至其地者甚多。据云,在刺桐东南,距海有半日程。③

Shanju, Shinju,为泉州转音;宋元时期,泉州因广植刺桐树,也被称为刺桐城,即 Zaitun。阿布肥达此处所记 Khānfū 则位于泉州东南。若以此而论,Khānfū 与澉浦、杭州等相去甚远,不可能为澉浦。很显然阿布肥达关于 Khānfū 的记载,前后矛盾、混淆不堪,应是从入华游历家口中获取了不实的信息。裕尔以其"Khānfū 为 Khansâ(行在,即杭州)"的记述,推断"阿拉伯人以澉浦(Khānfū)代指杭州",并不确信;且据黄巢进军行程判断,其应并未曾占领过杭州,更何谈屠杀城内的异域商人。因此,阿布肥达所言 Khānfū 为 Khansâ(杭州),显然有误。既然 Khānfū 既不是澉浦,又非杭州,那么裕尔之推断,显然有误,甚至是将错就错。

(三) Khānfū 与广州

黄巢在广州的经历,据《新唐书·黄巢传》记载:

> (巢)进寇广州,诒节度使李迢书,求表为太平节度,又脅崔璆言于朝,宰相郑畋欲许之,庐攜、田令孜执不可。巢又丐安南都护、广州节度使。书闻,右仆射于琮议,南海市舶利不赀,贼得益富,而国用屈,乃拜巢率府率。巢见诏大诟,急攻广州,执李迢,自号"义军都统",露表告将入关。④

---

① 《元史》卷9,《世祖本纪》,北京,中华书局,1976年,第193页。
② 张星烺(编):《中西交通史料汇编》(卷2),第763页。
③ (阿拉伯)阿布肥达:《地理书》,详见张星烺(编):《中西交通史料汇编》(卷2),第800—802页。
④ 《新唐书》卷225下,《黄巢传》,第6454—6455页。

据此可知,黄巢在进寇广州之时,曾让节度使李迢上书,求朝廷册封太平节度使一职,想以"南海之地,永为巢穴、坐邀朝命",①却遭到唐廷拒绝,后又自表乞求安南都护、广州节度。因南海市舶利之利甚丰,为防止落入贼人之手,在右仆射于琮(?—881年)建议之下,授予黄巢"率府率"一职,以归降之。率府率,为太子侍卫长官,官署为率府,远不能与掌握地方军政大权的节度使相比。黄巢应是感到备受羞辱,便急攻广州,甚至"露表告将入关"。

关于广州陷落时间的记载各异:《旧唐书·卢携传》记载:"乾符五年,黄巢陷荆南,江西外郛及虔、吉、饶、信等州,自浙东陷福建,遂至岭南,陷广州,杀节度使李岩(迢)。"②《新五代史·南汉世家》记载:"唐乾符五年,黄巢攻破广州。"③新旧唐书僖宗纪与郑畋传则记为,乾符六年五月,黄巢陷广州。④乾符五年,黄巢至浙东;在区区数月间,应难以在张潾、梁缵等围追堵截的情况下,经岭南到达广州,并攻陷广州城,且《新唐书·僖宗纪》又记之:"(乾符五年)十二月甲戌,黄巢陷福州。"⑤这就显示乾符五年年末黄巢才抵福州,故应是在乾符六年攻陷广州。

阿布·赛义德所记黄巢在 Khānfū 的经历,与其在广州极为类似。其一,其称 Khānfū 位于大河之畔,广州即位于珠江之畔。其二,其称 Khānfū 阿拉伯人荟萃,并有经商的犹太教徒、基督教徒与拜火教徒等。唐代广州贸易繁盛,唐代时人多云:"广州有海舶之利,货贝狎至"。⑥为管理来华贸易蕃商,唐廷在广州设市舶使管理。黄巢应是因唐廷未能满足其归降诉求,选择以破坏广州贸易环境来报复,从而屠杀此地蕃商,并将桑树砍光,以断绝丝绸贸易。尽管,在汉籍中并没有见到有关黄巢屠杀蕃商的记载,但是此种掠夺广州的行为有先例可兹证明,如《旧唐书·代宗纪》记载:"(乾元二年)十二月甲申,宦官市舶使吕太一逐广南节度使张休,纵下大掠广州。"⑦因此,阿布·赛义德所记黄巢此种行为应不是空穴来风。其三,阿布·赛义德所记黄巢攻陷 Khānfū 的时间伊斯兰历 264 年(877 年 9 月 13 日—878 年 9 月

① 《旧唐书》卷 200 下,《黄巢传》,第 5392 页。
② 《旧唐书》卷 178,《卢携传》,第 4638 页。
③ 《新五代史》卷 65,《南汉世家》,北京,中华书局,1977 年,第 809 页。
④ 《旧唐书》卷 19,《僖宗纪》,第 703 页;《新唐书》卷 9,《代宗纪》,第 268 页;《旧唐书》卷 178,《郑畋传》,第 4633 页;《新唐书》卷 185,《郑畋传》,第 5402 页。
⑤ 《新唐书》卷 9,《僖宗纪》,第 268 页。
⑥ 《旧唐书》卷 163,《胡证传》,第 4260 页。
⑦ 《旧唐书》卷 11,《代宗纪》,第 274 页。

2 日),与黄巢攻陷广州的时间乾符六年(879 年)尽管有所差异,但是基本相近、出入不大。阿布·赛义德应是从入华贸易的波斯、阿拉伯蕃商口中得知此事。由于广州与阿拉伯两地相距遥远、古代口传不便以及伊斯兰教与古代中国纪年的差异,出现此种误差亦在情理之中,况且此时汉籍记载都出现讹误,阿布·赛义德作为异域人士对黄巢攻陷广州一事能记载到如此程度已是难能可贵。因此,据阿布·赛义德所记黄巢在 Khānfū 的所为与汉籍所载黄巢在广州的经历,进行文本互证,显示 Khānfū 应指广州。

9 世纪中叶,阿拉伯商人苏莱曼与阿拔斯王朝邮驿与情报官、史地学家伊本·胡尔达兹比赫(Ibn Khurdāhbeh,约 820/825—912 年)分别在《中国印度见闻录》(卷一)与《道里邦国志》中,记载了从波斯湾入华的海道,其中皆提到了 Khānfū 的具体位置。

苏莱曼将 Khānfū 记之为 Khanfou,称:

> Khanfou 是船舶的商埠,是阿拉伯与中国货物的集散地……中国官长委任一位穆斯林,授权他解决 Khanfou 各穆斯林之间的纠纷。海舶经占婆……穿过"中国之门",向涨海前进,……船只通过中国之门后,便进入一个江口,并在此处抛锚。此处即中国城市 Khanfou。[1]

据《唐律疏议》规定唐代诸化外人同类相犯者,各依本俗法,异类相犯者以法律论。[2]因此,入华蕃商之间的事务,由蕃坊内的蕃长依据本族律法进行处置。苏莱曼所言,中国官长委任的穆斯林处置 Khanfou 穆斯林之间的纠纷,即是描述此种情形。唐代广州异域商人众多,尤以穆斯林为众。这些穆斯林生活在现存最早的清真寺怀圣寺周围,便形成了穆斯林蕃坊。广州穆斯林蕃坊即与苏莱曼所述 Khanfou 穆斯林情形一致。苏莱曼所述占婆,即历史上越南东南沿海地区之占城;"中国之门"指由南海进入中国的通道;涨海,即指南海。苏莱曼称经占城,由南海进入中国,首先便到达中国城市 Khanfou;广州濒临南海,为唐代海路入华之首站,这就显示 Khanfou 与广州的地理位置相同。

伊本·胡尔达兹比赫对此时波斯湾贸易者入华所经的中国港口,记载尤详,称:

---

① (阿拉伯)苏莱曼:《中国印度见闻录》(卷一),穆根来、汶江、黄倬汉等译,第 7—9 页。

② (唐)长孙无忌等:《唐律疏议》,刘俊文点校,北京,中华书局,1983 年,第 133 页。

由占婆至中国第一个港口鲁金(Lūqin)，陆路、海路皆为100法尔萨赫。在鲁金，有中国石头、丝绸、陶瓷，那里出产稻米。从鲁金至Khānfū，海路为4日程，陆路为20日程。Khānfū是中国最大的港口，出产各种水果，并有蔬菜、小麦、大麦、稻米、甘蔗。从Khānfū至汉久(Khānjū)为8日程。汉久的物产与Khānfū同。从汉久至刚突(Qāntū)为20日程。刚突的物产与Khānfū、汉久相同。中国这几个港口，各临一条大河，海船能在大河中航行；河中有潮汐现象。①

其中Lūqin即为位于今越南北部之龙编——唐廷曾设安南都护府管交州(今越南北部等地)，龙编亦归其管辖范围之内，故伊本·胡尔达兹比赫将鲁金称之为中国港口。Khānjū，据对音而言，应指唐代之杭州；Qāntū则与江都音近，指唐代扬州江都郡。唐代安南、杭州、扬州已有蕃商贸易，如《旧唐书·玄宗纪》记载："开元二年(714年)，右威卫中郎将周庆立为安南市舶使，与波斯僧广造奇巧，将以进内。"《新唐书·田神功传》则记之"神功兵至扬州，杀胡商波斯数千人。"②因此，伊本·胡尔达兹比赫应是从波斯、阿拉伯蕃商口中得知安南、Khānfū、杭州与扬州等地，并记载之。据伊本·胡尔达兹比赫所记，Khānfū应是位于安南与杭州之间。唐代，在安南与杭州之间，有两个贸易港口，分别为广州与泉州——泉州所处闽越之间此时早已"岛夷斯杂"，唐廷因此在泉州置参军事四人，掌出使导赞。③上文阿布肥达所述泉州被阿拉伯、波斯人称为Shanju或Shinju，因此符合伊本·胡尔达兹比赫所记地理位置者，唯有广州一地。

以阿布·赛义德所记黄巢在Khānfū之经历与汉籍所载黄巢起义进行互证，并结合苏莱曼与伊本·胡尔达兹比赫对Khānfū地理位置的记载，显示阿拉伯史地学家所记Khānfū指广州之地，阿布肥达则明显将广州(Khānfū)与行在(Khansâ，即杭州)混淆。《旧唐书·地理志》曾记载："广州中都督府，隋南海郡……武德九年(626年)，以端、封、宋、泹、泷、建、齐、扶、义、勤十一州隶'广府'。……贞观二年(628年)，以循、潮二州隶'广府'。"④其中"广府"与Khānfū发音最为接近，故Khānfū应源自"广府"；伯

---

① (阿拉伯)伊本·胡尔达兹比赫：《道里邦国志》，宋岘译注，第71—73页。
② 《旧唐书》卷8，《玄宗纪》，第174页；(明)陈懋仁：《泉南杂志》，北京，中华书局，1985年，第13页；《新唐书》卷144，《田神功传》，第4702页。
③ (明)陈懋仁：《泉南杂志》，第13页。
④ 《旧唐书》卷41，《地理志》，第1711—1712页。

希和即持此说。①上文阿布肥达称："Khānfū 又读如 Khânqû"，其中 Khânqû 似应为广州对音，由 qû/zh/ch 音等互转而成。因此，唐代入华贸易的波斯、阿拉伯蕃商应是以"广府"称广州，从而被阿拉伯史地学家所记载之。

唐代海上贸易勃兴，入华贸易蕃商云集在广州、泉州、杭州与扬州诸地。来自阿拉伯诸地的商人将关于中国的信息带回，并被阿拉伯史地学家所记，有些甚至即是被这些商人亲自所记，关于 Khānfū 的记述便出现在此时。关于 Khānfū 地望，诸多学人争议颇多，且皆未能提供足以自证或反证的充足证据，甚至后世的阿拉伯史地学家亦混淆之。但是，通过将阿拉伯史地学家所记内容与汉籍所载内容进行互证，可以清晰地证明 Khānfū 为"广府"，即广州。因此，通过中西文献互证，为考证与解决此问题提供了新的线索与方法。除却此疑惑之后，则会发现此时阿拉伯史地学家对于 Khānfū 以及相关中国历史事迹的记载，清晰、准确、可靠，甚至记载了汉籍中没有出现的历史信息。古代商人开拓的贸易之路，不仅沟通了欧亚诸地的商货交换，而且成为人们认识域外的重要渠道。这些商人带回的信息，最终被史地学家记录、传承，贸易之路就此增加了人们对域外的认识，推动了欧亚各地风土人情、奇闻异事与历史信息的传播。

（四）Khānfū 犹太商人

唐代印度洋各地蕃商入广州贸易者甚众，广州有婆罗门（印度）、波斯、昆仑等舶，不知其数，并载香药、珍宝，积载如山，②马苏第亦记巴士拉、尸罗夫、阿曼、印度诸城、阇婆群岛及占婆等地船只皆往广州贸易。③大量蕃商为贸易之便，长期不归，名曰"住唐"，如师子国（锡兰）、大食国（阿拉伯）等往来居住、种类极多。④广州的婆罗门、阿拉伯蕃商，并建婆罗门寺、怀圣寺等，⑤如清人仇巨川（？—1800 年）在《羊城古钞》中即记载：

> 怀圣寺在广州府城西二里。唐时番人所创。内建番塔。轮囷凡十

---

① （法）伯希和：《交广印度两道考》，冯承钧译，第 234 页，第 285 页；张星烺（编）：《中西交通史料汇编》（卷 2），第 759—763 页。

② 昆仑即指今东南亚地区马来亚一带，详见（日）桑原骘藏：《唐宋元时代中西通商史》，冯攸译，第 76—77 页。此段记载，详见（日）真人元开：《唐大和上东征考》，汪向荣校注，北京，中华书局，2000 年，第 74 页。

③ 阇婆，即今爪哇，关于阇婆记载，详见（宋）赵汝适：《诸蕃志》，杨博文校释，第 54—55 页。马苏第所记广州贸易，详见（阿拉伯）马苏第：《黄金草原》，耿升译，第 165—167 页，第 179—187 页。

④⑤ （日）真人元开：《唐大和上东征考》，汪向荣校注，第 74 页。

有六丈五尺，广人呼为光塔。……每岁五、六月，番人率以五鼓登其绝顶，呼号以祈风信。不设佛像。惟书金书为号，以礼拜焉。①

大量蕃商长期"住唐"，便在广州形成了蕃商聚集地，即所谓"蕃坊"。唐代律法规定诸化外人，同类相犯者，各依本俗法；异类相犯者，以法律论。因此，唐代蕃坊内部事务，皆由蕃长处理，广州蕃坊置蕃长一人，管勾蕃坊公事，专切招邀蕃商，②如苏莱曼即记载："中国官长委任在广州一名穆斯林，授权其解决穆斯林之间的纠纷。"③

由于蕃坊的设立，广州蕃商利益大多有所保障，但有时因市舶使或当地官吏等不轨行为，蕃商便多受其害，甚至愤起反之，如《旧唐书·王方庆传》记载："（武）则天（624—705 年）临朝，王方庆拜广州都督。……每岁有昆仑乘船，以珍货与中国交市。旧都督路元叡冒求其货，昆仑怀刃杀之。方庆在任数载，秋毫不犯。"④乾元元年（758 年），广州波斯、阿拉伯蕃商同寇广州，劫仓库、焚庐舍，浮海而去。⑤因此，黄巢在攻打广州城过程之中，应是与当地蕃商产生冲突，遂大肆屠杀之，甚至砍伐了当地的桑树，以中断丝绸供应。

阿布·赛义德记之寄居城中经商的伊斯兰教徒、犹太教徒、基督教徒、拜火教徒，总计有十二万人被杀害，马苏第则记之有二十万。关于黄巢屠杀蕃商的具体数目难以确知，不排除阿布·赛义德与马苏第皆有夸大之词，但此时应有大量蕃商云集广州。其中犹太商人也遭黄巢屠杀，显示此时广州已有犹太商人寄居。但是除阿布·赛义德与马苏第之外，其他有关有广州蕃商之记载却未曾提及犹太商人，尤其是汉籍。此或因犹太人自 70 年大流散之后便散居在他族之中，长期以来在服饰、语言等方面受其影响，如波斯犹太人长期使用"犹太—波斯文"，且与唐廷（乃至唐以前）无官方交往，故难以被汉籍所记，因此汉人也就难以认识，甚至无从辨认入华贸易的犹太人，并将其与阿拉伯人、波斯人等他族混淆，故而未载。犹太人因大量流散在波斯、阿拉伯诸地，并被当地人所熟知，阿布·赛义德应是从来往广州贸易的波斯、阿拉伯商人口中得知黄巢屠杀的蕃商中也有犹太人，并记载之。

据德·胡耶推算，伊本·胡尔达兹比赫所著《道里邦国志》大约完成于

---

① （清）仇巨川：《羊城古钞》，广州，广东人民出版社，1993 年，第 256 页。
② （宋）朱彧：《萍洲可谈》，北京，中华书局，2007 年，第 134 页。
③ （阿拉伯）苏莱曼：《中国印度见闻录》，穆根来、汶江、黄倬汉译，第 7 页。
④ 《旧唐书》卷 89，《王方庆传》，第 2897 页。
⑤ 《旧唐书》卷 198，《西域传》，第 5313 页。

846 年左右，说明至少在 846 年之前塞瓦杜拉唐犹太商人就已入华贸易。唐代广州作为唯一贸易大港，其定会前来此地贸易，因此此时广州犹太商人中应有塞瓦杜拉唐犹太商人。

唐代犹太人虽已至广州贸易，但是关于其是否"永住"，尚争论不休。陈垣认为犹太人以贸易之故，不过侨寓一时，未必即为永往，犹太人之至中国为一事，犹太人之是否永住中国又为一事也；①罗文达、潘光旦亦持此说。②张绥、高望之则认为犹太人散居于世界各地，其大量进入广州，若不定居于此经营商业、维系日常宗教活动事，倒是难以置信，而且唐代广州已是蕃僚与华人错居，相婚嫁、多占田、营第舍，故犹太人应永住于此。③

通过对丹丹乌里克"犹太-波斯文"信件的考察，显示入华贸易的波斯化犹太商人应常驻丹丹乌里克，并在该地建立贸易商站，此地也有可能形成了犹太商人聚集区。犹太商人长期驻守在贸易目的地能够深入了解当地形势，委托其贸易可避免诸多不便以及损失，因此波斯化犹太商人选择此种方式经营贸易。黄巢在广州屠杀大量犹太商人，说明在广州贸易的犹太人并非在此贸易之后就旋即离开，应是选择长期驻守广州，甚至在此地形成犹太人贸易聚集区。与犹太商人同往广州贸易的波斯、阿拉伯、婆罗门蕃商，亦应是采取此种贸易方式，因此广州方才会产生蕃商聚集的蕃坊，甚至出现蕃僚与华人错居、相婚嫁、多占田、营第舍等局面。

黄巢在攻陷广州、屠杀蕃商之后，广州贸易环境日益严峻，如阿布·赛义德称："由于来中国的客商遭到迫害……因此航行中国的海路阻塞不通，灾难也有殃及尸罗夫与阿曼等地的船长，从尸罗夫到中国的航运也中断了……"④马苏第亦记载："黄巢兵陷广州之后，一位到巴格达贸易的撒马尔罕商人南下至巴士拉，并乘船至阿曼、吉打（Kalah）⑤，再从此乘中国船只前往广州。这是因为今天尸罗夫、阿曼的穆斯林船只只航行到吉打，从前的情况远非如此，当时中国的船只就驶往阿曼、尸罗夫、法尔斯、巴林海岸、乌布拉、巴士拉等地，这些地区的人也直接航行到中国。"⑥Kalah 应为印度南部 Chola，即朱罗王朝。马苏第之记载显示黄巢屠杀广州蕃商之后，由波斯、阿

---

① 陈垣：《陈垣史学论著选》，第 83 页。

② 潘光旦：《中国境内犹太人的若干历史问题——开封的中国犹太人》，第 39 页。

③ 张绥：《犹太教与中国开封犹太人》，上海，三联出版社，1990 年，第 22 页；高望之：《关于中国犹太人》，收录于沙博理编：《中国古代犹太人——中国学者研究文集点评》，第 132 页。

④ 详见（阿拉伯）苏莱曼：《中国印度见闻录》，穆根来、汶江、黄倬汉等译，第 85—88 页。

⑤ Kalah 应为印度 Chola 国，即朱罗。

⑥ （阿拉伯）马苏第：《黄金草原》，耿升译，第 168—171 页。

拉伯至广州之航道中断,其地贸易商人入华贸易曾一度受阻。广州贸易环境恶化导致入华蕃商减少、贸易中断之事在黄巢之前就曾出现,如《旧唐书·李勉传》即记载:

> 番禺(广州)贼帅冯崇道、桂州版将朱济时等阻洞为乱,前后累岁,陷没十余州。大历四年(769 年)勉至,遣将李观与容州刺史王翃并力招讨,悉斩之,五岭平。前后西域舶泛海至者岁才四五,勉性廉洁,舶来都不检阅,故末年至者四十余。①

阿布·赛义德与马苏第之记载,显示受黄巢屠杀蕃商的影响,波斯、阿拉伯通中国的贸易一度受阻,从印度、锡兰、东南亚诸地前往广州贸易亦不例外。故此时包括塞瓦杜拉唐在内的犹太商人有可能中断入华贸易,转而在印度、锡兰一带经营贸易。当然,不排除一些犹太人如撒马尔罕商人那般在到达印度之后选择搭乘中国船只(或其他船只)入华贸易,如阿曼犹太人商人艾萨克应便是如此。10 世纪,来自阿拉伯库希斯坦拉姆霍尔莫兹的波斯人巴佐尔·本·萨赫里亚尔,对印度洋航海贸易者事迹尤为感兴趣,毕生致力于收集、整理印度洋航海商人的事迹。巴佐尔·本·萨赫里亚尔于953 年著成《印度珍异记》一书,详细记载了数百名航海商人的见闻,其中就包括阿曼犹太人商人艾萨克入华贸易一事,其记:

> 阿曼的商业代理犹太人艾萨克,只身携带 200 第纳尔离开阿曼经印度前往中国贸易。912—913 年,他从中国满载麝香、丝绸、瓷器、珠宝等回到阿曼。艾萨克所获财富引起众人垂涎、嫉妒,因小人向哈里发穆克塔德尔·比拉(Muktadir Billah)进谗言。哈里发遂令宦官捉拿艾萨克,阿曼总督艾哈迈德·伊本·迈万(Ahmed ibn Merwan)以计谋使艾萨克安全离开阿曼。艾萨克在前往中国途中,经室利佛逝之时,当地长官向其要 2 万第纳尔过路费,艾萨克不从而惨遭杀害,其船只、物资皆被夺取。②

但是,可以确信的是历经黄巢在广州屠杀贸易蕃商的浩劫之后,犹太人入华

---

① 《旧唐书》卷 131,《李勉传》,第 3635 页。
② 穆克塔德尔·比拉(908—932 年),阿拔斯王朝哈里发,908—932 年在位。以上记载,详见 Jacob R. Marcus, *The Jew in the Medieval World*, *a Source Book*:315—1791, Atheneum, New York, 1981, pp.355—358。

贸易的定会受到一些影响,犹太商人直到宋元时期才又经海路入华贸易。

四　883 年阿比尼西亚埃尔达德信件

883 年阿比尼西亚但(Dan)支派犹太人埃尔达德(Eldad)曾致信西班牙犹太人。此信至今流传有耶里内克(A. Jellinek)文本、爱泼斯坦(Epstein)文本、1516 年与 1519 年与君士坦丁堡文本、1544 年威尼斯文本(其可能重印自 1516 年君士坦丁堡文本)以及圣彼得堡文本等,其中牛津大学图书馆以及圣彼得堡所藏文本应为威尼斯文本的抄本,此文本又相继被译为拉丁文与阿拉伯文。①

埃尔达德在此信中向西班牙犹太人群体讲述了当时阿比尼西亚犹太人的情况,及自己在贸易途中所经历的各种遭遇。此信在西班牙、北非以及巴比伦等地犹太人中引起了巨大反响,尤其为研究阿比尼西亚犹太人的历史提供了珍贵的文献史料。自该信件刊布以来,对其研究者甚多,但是对埃尔达德在信中提及关于其贸易遭遇,尤其是其是否入华等问题的研究充满争议、尚待商榷。

(一) 埃尔达德所记阿比尼西亚犹太人

阿比尼西亚即今埃塞俄比亚,其地历史上一直作为犹太人重要的流散区域之一,如元代入华的马可·波罗曾记载:

> 阿巴西(Abbasie)为中印度而属大陆,境内有六国国王,六王中基督教徒三人、回教徒三人,最大国王为基督教徒,余五王并隶属之;此国亦有犹太教徒,两颊各有记。②

Abbasie 即为 Abyssinia,指阿比尼西亚地区。此处所记"中印度"并非指今印度地区——马可·波罗在其游记中所记载的印度地区与今印度地区稍有差异,其曾言及:"大印度境始马八儿,迄克思马可兰(Kesmacoran),凡有大国十三,……诸国尽在大陆,此大印度经吾人叙述者,仅为沿海之城

---

① 详见 A. Neubauer, "Where Are the Ten Tribes? II, Eldad the Danite", in the Jewish Quarterly Review, Vol.1, No.2, pp.110—114; L. Rabinowitz, "Eldad Ha-Dani and China", in the Jewish Quarterly Review, Vol.36, No.3, 1946, p.231。

② 详见马可·波罗:《马可波罗行纪》,冯承钧译,上海,上海书店出版社,2001 年,第 467 页。

国……小印度境始爪哇,迄木夫梯里(Muftili)国,凡八国,并在陆地,……阿巴西州是一大洲,君等应知其为中印度而属大陆。"①马八儿,似应为注辇国,即印度南部朱罗(Chola,公元前3世纪—13世纪),②其与哲罗、潘迪亚(Pandya,公元前6世纪—16世纪)并称为泰米尔三国;克思马可兰,即今麦克兰(Mekran),指位于西南亚卑路支斯坦南部沿海半沙漠地区,③故大印度指从印度南部沿海至卑路支斯坦沿海地区;木夫梯里为位于印度东部沿海港口城市,故小印度指从爪哇至印度东部地区;④中印度则指非洲地区。马可·波罗显然将从东南亚爪哇至东非整个印度洋周边地区皆称为印度。

阿比尼西亚犹太人来源可谓众说纷纭,如有所罗门王后裔、但部落、上埃及地区犹太移民以及也门等诸多说法。⑤埃尔达德曾向凯鲁万拉比犹大·本·克拉什(R. Judah ben Korash)谈及阿比尼西亚犹太人来源,⑥并在883年写给西班牙犹太人的信中称:

> 我们是但的后代……耶罗波安(Jeroboam,北部以色列国王首任国王,?—公元前910年)号召以色列部族攻打罗波安(Rehoboam,犹大首任国王,公元前931—前913年),众部族纷称不愿与同胞厮杀……但部落便走出,经过埃及沿尼罗河到达阿比尼西亚……亚述王辛那赫里布(Sennacherib)死后,拿弗他利(Naphtali)、迦得(Gad)、亚设(Asher)等部落也来到此地。⑦我们居住在哈维拉(Havilah),每年都与图斯那(Tussina)、卡姆提(Kamti)、库巴(Kuba)、塔瑞欧格(Tariogi)、

---

① 马可·波罗:《马可波罗行纪》,冯承钧译,第422—467页。

② 注辇即Chola之音译。赵汝适记载"注辇国,西天南印度也",关于注辇之记载以及马八尔为注辇之考证,详见(宋)赵汝适:《诸蕃志》,杨博文校释,第74页。

③ 《元史·马八儿等国传》所记载"马八儿",详见《元史》卷270,《马八儿等国传》,第4669—4670页。卑路支斯坦指今伊朗东南部、巴基斯坦西南部以及阿富汗南部部分地区。

④ 木夫梯里位于今印度东南部城市圣乔治堡(Fort St. George)北部约170英里处,详见Marco Polo, *The Travels of Marco Polo: The Complete Yule-Cordier Edition*, New York: Dover Publishments, INC.1993, Vol.2, p.362. n.1。

⑤ 所罗门王后裔之说即指示巴女王与所罗门王之后裔,埃塞俄比亚黑犹太人也被称为法拉沙(Falash)人,意为"流亡者""陌生人",详见 Steven Kaplan, "Indigenous Categories and the Study of World Religions in Ethiopia: the Case of the Beta Israel", in *Journal of Religion in Africa*, Vol.22, Fasc.3, 1992, p.209。

⑥ Elkan Nathan Adler, *Jewish Travellers*, p.4。

⑦ 亚述国王辛那赫里布,公元前705—前681年在位。公元前722年,亚述灭亡北部以色列王国,北部以色列王国十个犹太人支派开始流散。此处所述应是辛那赫里布所俘虏的四个流散支派。据埃尔达德所言,这四支派的犹太人曾流散至埃塞俄比亚地区。

塔库拉(Takula)、卡尔姆(Karma)、卡娄姆(Kalom)等七个埃塞俄比亚王国交战。①

埃尔达德所言,即但部落于耶罗波安与罗波安时期,即公元前 10 世纪早期,前往埃塞俄比亚。

犹大·本·克拉什曾就此问题向加昂拉比杰麦克(R. Zemach)②询问。杰麦克作"答问"回复——此封"答问"与埃尔达德所写信件一同流传至今,③称:"亚述王即将统治以色列之时,但部落迁至阿比尼西亚。……我们的哲人告诉我们,辛那赫里布俘虏了以色列四个部落……,但部落并未在其中,这是因为他们在圣殿灭亡前 135 年之前迁徙到了阿比尼西亚。"④公元前 586 年,新巴比伦王国占领耶路撒冷、摧毁第一圣殿,圣殿灭亡前 135 年,即公元前 721 年。公元前 722 年亚述征服北部以色列王国,故但部落应是北部以色列王国即将被征服前夕前往埃塞俄比亚。一般认为以色列十个流散的支派是在亚述占领北部以色列王国期间流散,因此加昂杰麦克的解释似更恰当。尽管如此,加昂杰麦克仍向凯鲁万犹太人表示埃尔达德的讲述并非空穴来风,应是其对其族人历史不甚了解所致。加昂杰麦克的"答问"至少说明了埃尔达德写给西班牙犹太人的信件应并非杜撰。

(二) 埃尔达德是否入华

在此封信件中,埃尔达德向西班牙犹太人提到了自己在贸易途中的遭遇,言及:

> 我与一位亚设部落犹太人乘船,从埃塞俄比亚河对面出发。夜晚时船只不幸被风暴摧毁,我与同伴被海浪冲到岸边。食人族埃塞俄比亚黑人俘虏了我们。他们吃掉了我的同伴,我因生病被囚禁起来……不久一队人马来到此处,处死他们,将我带走,这些邪恶的人是琐罗亚斯德教徒。四年之后,他们将我带到אזו。一位来自以萨迦(Issachar)

---

① Elkan Nathan Adler, *Jewish Travellers*, pp.9—15; A. Neubauer, "Where Are the Ten Tribes? II, Eldad the Danite", in *the Jewish Quarterly Review*, Vol.1, No.2, pp.99—103.

② 拉比杰麦克曾在 872—889 年间担任普穆贝迪塔耶希瓦加昂。

③ A. Neubauer, "Where Are the Ten Tribes? II, Eldad the Danite", pp.110—114.

④ 以色列所罗门国王(公元前 970—前 931 在位)在耶路撒冷建立圣殿(史称"第一圣殿")祭奉上帝耶和华,公元前 586 年新巴比伦王国占领耶路撒冷、摧毁圣殿。加昂杰麦克所作"答问",详见 Elkan Nathan Adler, *Jewish Travellers*, p.19。

部落的犹太商人用 30 个金币将我赎买,并带到他的家乡——他的家乡
位于沿海山地,属于米底与波斯地区,他们讲希伯来语与波斯语……①

因埃尔达德所写信件年代久远,在目前所知诸文本中关于אצין的记载
有所差异,如爱泼斯坦文本中作אצין,1519 年君士坦丁堡文本与 1544 年威
尼斯文本中作צין,甚至圣彼得堡文本中直接省略去希伯来字母א,作
צין。②纽鲍尔(Neubauer)认为,אצין应为אלצין之误,在阿拉伯语中אל(al)通
常作为前缀,אלצין应为 al-Sin, Sin 即指中国,因此אלצין为中国之意;哈尔珀
(Halper)也认为从发音角度判断,צין应为אלצין,即中国之意。但是,纽鲍
尔与哈尔珀又认为,这种解释似乎很难与埃尔达德的叙述相称,而且缺乏任
何历史凭据,前者甚至认为埃尔达德被食人族俘虏之后又到达中国,宛如传
说一般。拉比诺维茨则认为埃尔达德所记之事应非杜撰,其可如同同时代
的拉唐犹太商人那般经海路入华,而且此时中国已经存在犹太人贸易群体,
因此埃尔达德被入华贸易的犹太商人所救再经海路返回,并非不可能。③

古代西方诸地常称中国为"秦""秦奈"(Sin, Sinae)以及"赛里斯"
(Seres),其中 Sin, Sinae 常为西方人从海路入华对中国的称号,Seres 为由
陆路入华对中国的称号。Sin, Sinae 之名最初应是马来人以"秦"(秦王朝)
之名称呼中国,后经阿拉伯人等传给希腊人与罗马人,如 1 世纪一位匿名的
罗马商人在《厄立特里亚海周航记》中便首次将中国称之为 Thin, Thinai
(即 Sin, Sinae 的转写),④希伯来语称中国为סין(Sin)。或因语言流变,即
s/th/ts 音的互转,中世纪时期希伯来语צין(tsin)有可能指称中国,如 12 世
纪西班牙图德拉(Tudela)犹太人本杰明即称中国为צין。⑤

纽鲍尔、哈尔珀的主张,应是认为埃尔达德以"犹太-阿拉伯文"书写
צין,即在צין前加前缀אל,即אלצין——其中אל,即 al,表示确指,此为阿拉伯
语书写习惯。阿拉伯语中前缀al(אל)后面如果接 s/t/sh/ts 等音时 l(ל)通
常不发音,但是在书写之时 l(ל)不会被随意省略,此并不符合阿拉伯语书

---

① Elkan Nathan Adler, *Jewish Travellers*, pp.9—15.

② A. Neubauer, "Where Are the Ten Tribes? II, Eldad the Danite", pp.110—114; L. Rabi-nowitz, "Eldad Ha-Dani and China", p.231.

③ L. Rabinowitz, "Eldad Ha-Dani and China", pp.231—238.

④ (法)戈岱司:《希腊拉丁作家远东古文献辑录》,耿升译,第 18 页;(英)裕尔撰、(法)考迪埃修订:《东域纪程录丛——古代中国闻见录》,第 1—16 页。

⑤ A. Asher, *The Itinerary of Benjamin of Tudela*, New York: Hakesheth Publishing Co., 1900, Vol.1, Hebrew Edition, p.94.

写习惯,而且埃尔达德在写给西班牙犹太人的信中提到阿比尼西亚犹太人只讲希伯来语,[1]其应不知阿拉伯语,更不晓"犹太-阿拉伯文",故אצין不可能为阿拉伯语或"犹太-阿拉伯语"אלצין之误。אצין 比 צין 多出一个希伯来字母א(aleph),其最为接近 Sin, Sinae 或 Thin, Thinai 的发音,也仅可拟音为 atsin,明显多出一个א(a)音,显然אצין非指中国。1519 年君士坦丁堡文本与 1544 年威尼斯文本中的אצין,最接近צין的发音为 atsits,显然亦非指中国。圣彼得堡文本中的צין虽然可指中国,但较之אצין,אצין则明显略去了希伯来字母א,疑为后两者的讹误。

埃尔坎·内森·阿德勒(Elkan Nathan Adler)认为אצין应指 Azania 地区。[2]Azania 又作 Azanian, Azaaniya,其地位于今索马里南部地区,即历史上的朱巴拉(Jubaland)国。[3]Azania 可拟音为希伯来语 אזניה 或 אזוניה。但是在אצין中【ן为希伯来字母נ(nun)在词尾的写法】之后又并无י(yod)音节,因此缺少 nia(ניה)音节,其最为接近 Azania 的发音仅为 atsin,故אצין应非指 Azania。

中世纪时期,在今非洲之角——非洲之角即非洲东北半岛地区,指今索马里、埃塞俄比亚、吉布提以及厄立特里亚等地,又称索马里半岛,有一著名港口 Essina。此港被认为位于今索马里南部地区,但未见确论。אצין拟音 etsin,s 音与 ts 音互转,故可拟音为 essin,与 Essina 音近,故据发音判断אצין极有可能指 Essina 港。

唐代段成式(803?—863 年)在《酉阳杂俎》中曾记载"拨拔力国",其文又被记载于《新唐书·大食传》,其中《酉阳杂俎》记载:

> 拨拔力国,在西南海中,不食五谷,食肉而已。常针牛畜脉,取血和乳生食;无衣服,唯腰下用羊皮掩之。其妇人洁白端正,国人自掠卖与外国商人,其价数倍。土地唯有象牙及阿末香。波斯商人欲入此国,团集数千,齐缲布,没老幼共刺血立誓,乃市其物。自古不属外国。战用象排、野牛角为稍,衣甲弓矢之器,步兵二十万。大食频讨袭之。[4]

---

① A. Neubauer, "Where Are the Ten Tribes? II, Eldad the Danite", p.101.

② Elkan Nathan Adler, *Jewish Travellers*, p.7; L. Rabinowitz, "Eldad Ha-Dani and China", p.232.

③ George Wynn Brereton Huntingford, *The Periplus of the Erythraean Sea*, Hakluyt Society, 1980, p.29.

④ 以上记载,详见(唐)段成式:《酉阳杂俎》,方南生点校,北京,中华书局,1981 年,第 46 页;《新唐书》卷 221 下,《大食传》,第 6262 页。

其中"西南海"指印度洋西南一带,可知拨拨力位于东非沿海地区。拨拨力拟音 Barbaria,与 Jubaland 其中"bala"音近,故拨拨力应指索马里南部朱巴拉国。

段成式记之拨拨力不食五谷,食肉而已,波斯人前往其国贸易充满凶险,常团集数千、刺血立誓,显示当地土著黑人尚未开化、野蛮不堪。阿比尼西亚与拨拨力紧邻,故其国人风俗亦大致如此,如此便佐证了埃尔达德所记阿比尼西亚黑人食其同伴及自己遭虐待之事。埃尔达德后被来此地贸易的信仰琐罗亚斯德教的波斯人所救;4 年之后这些波斯人应是选择经 Essina 港返回波斯,并在此地遇见以萨迦部落犹太商人。犹太商人赎买埃尔达德,并将其带回他的家乡"米底与波斯地区之间的山地"——此地应指今伊朗东南部濒临波斯湾的科尔曼(Kerman)山地地区。[①]埃尔达德随后应是前往凯鲁万等地,并致信西班牙犹太人讲述自己经历,故其应并未被波斯人俘虏至中国,更没有被入华贸易的犹太商人所救。

阿比尼西亚扼守红海交通要道、地理位置优越。早在萨珊波斯时期,阿比尼西亚人便经常出入印度、锡兰贸易,拜占庭为打破波斯人对丝绸贸易的垄断,曾与阿比尼西亚人结盟,设法劝诱其到锡兰购买丝绸。只因波斯人从中作梗,拜占庭此举未能得逞,而且波斯人极有可能与阿比尼西亚人达成贸易协定,即波斯人垄断丝绸贸易,阿比尼西亚人垄断香料贸易,亦或是锡兰人不愿为拜占庭的利益而破坏与波斯人由来已久的商业关系,[②]如拜占庭史家科斯马斯·印第科普莱斯特(Cosmas Indicopleustes)在 6 世纪中叶所著《基督教世界风土志》(The Christian Topography)中即提及,阿比尼西亚人与波斯人经常出入锡兰,拜占庭帝国无法超越他们直达自己的目标。[③]其地犹太人也经常到各地贸易,如西班牙图德拉的本杰明称:"(阿比尼西亚)犹太人不臣服于任何异教徒……经常从此行前往波斯、埃及等地。"[④]因此,9 世纪当地犹太人对印度洋贸易应较为熟悉,甚至曾前往印度、锡兰等地,埃尔达德亦是如此。虽然埃尔达德并未入华贸易,但此时阿比尼西亚犹太人应具备入华贸易条件,并不排除此种可能性,有待确凿证据证明。

---

① Elkan Nathan Adler, *Jewish Travellers*, p.7.

② 张绪山:《中国与拜占庭帝国关系研究》,第 33—34 页。

③ Cosmas Indicopleustes, *The Christian Topography of Cosmas*, trans. J. W. McMCrindle, New York, 1897, pp.365—366.

④ Rabbi Benjamin, *Travels of Rabbi Benjamin*, Rev. B. Gerrans, pp.145—148.

五　唐代通向中国的犹太人海路贸易

拉唐犹太商人在海路入华贸易途中所经诸地分布有大量犹太人。在"红海-中国"海路贸易中所经凡莱玛、古勒祖姆以及在南道贸易中所经凯鲁万、福斯塔特等北非诸地皆有大量犹太人。①如7世纪倭马亚王朝哈里发阿卜杜勒-马利克·本·马尔万（Abdal-Malik ibn Marwan）曾命令埃及总督阿卜杜勒·阿齐兹（Abdal Aziz）将一千余户犹太人迁至凯鲁万，9世纪此地已成为犹太人学术中心。②同样，在"波斯湾-中国"道海路贸易所经法兰克（或弗兰加）、安条克、伽比亚、巴格达、乌布拉、阿曼、信德、印度等地，历史上犹太人很早便流散在此道沿途各地，这些地区犹太人经常来往于印度洋各地贸易，甚至由此入华。拉唐犹太商人在海路贸易途中之所以选择途经这些地区应是与该地犹太人贸易有关，只是伊本·胡尔达兹比赫未能详备而已。

（一）历史上波斯、阿拉伯地区犹太人海路贸易活动

生活在波斯、阿拉伯地区的犹太人很早便经营长途贸易，如《密德拉什》（*Midrash*）中就提到，早在帕提亚时期巴比伦犹太人亥亚（R. Hiyya）、阿巴（Abba）就经常在巴勒斯坦、阿拉伯北部及巴比伦地区经营丝绸贸易。③萨珊波斯时期波斯犹太人常往印度洋贸易，如4世纪左右巴比伦犹太商人亚拿尼亚（Ananias）在波斯湾上游港口察拉格司·斯巴锡奴（Charax Spasinu）

---

①　中世纪时期，犹太人在埃及各地流散情况，详见 Norman Golb, "The Topography of the Jews of Medieval Egypt", in *Journal of Near Eastern Studies*, Vol.33, No.1, pp.116—149; Benjamin, *Travels of Rabbi Benjamin*, *Son of Jonah of Tudela*, Rev. Marcus Nathan Adler, London, 1907, pp.70—77。

②　阿卜杜勒-马利克·本·马尔万（684—705年），倭马亚王朝第五任哈里发。凯鲁万犹太人情况，详见 L. Rabinowitz, *Jewish Merchant Adventures: a Study of the Radanites*, p.38。

③　《密德拉什》（*Midrash*）为希伯来文 מדרש 音译，为是解释、阐释之意，即《圣经注释》，主要对犹太教律法进行解释。《密德拉什》按照《希伯来圣经》的序列编排讲解。文中所引原文为"长者亥亚（R.Hiyya the Elder）、拉比之子西米恩（R.Simeon）与西米恩·本·加梅利尔（R. Simeon b. Gamaliel）在提尔（Tyre，今黎巴嫩南部沿海城市）经营丝绸贸易（*Genesis Rabbah*, 77.2, ed. Theodor-Albeck, p.910 1.6）……长者亥亚和西米恩·本·哈拉法塔（R. Simeon b. Halafta）忘记了一些词汇的翻译，所以返回到阿拉伯集市【西奥多·阿尔贝克（Theodor-Albeck）认为在阿拉伯北部黑格拉（Hegra）】去重新学习。"（*Genesis Rabbah*, 79.7, Theodor-Albeck, p.946 1.3）。"塞缪尔·本·阿巴的父亲（Samuel b. Abba）阿巴（Abba）是一位丝绸商人。他给尼斯比斯拉比犹大·本·巴斯亚（R. Judah b. Bathyra）送去了一些丝绸。"（*Midrash Samuel*, 10.3, ed. S. Buber, p.35），此处引自 Jacob Neusner, "Some Aspects of the Economical and Political Life of Babylonian Jewry, Ca. 160—220 C. E. ", p.166。

经营贸易，在归途中曾偶遇波斯湾地区的一位王子阿迪亚波纳（Adiabene），并竭力劝说阿迪亚波纳改宗犹太教。①Charax Spasinu，源于古希腊语 Σπασίνου Χάραξ，其旧址即今科威特，相传此城为亚历山大所建，并命名为 Alexandria，即《魏略·西戎传》所记"泽散"城（Alexandria 转音）。②此时波斯商人为垄断丝绸，设法控制海上贸易，严厉打击拜占庭经红海向印度洋的渗透。尽管拜占庭曾欲劝诱埃塞俄比亚人到锡兰购买丝绸，以摆脱波斯贸易垄断，但是波斯商人总是能够占据印度（锡兰）船只开进的每一个港口，收购所有货物。③因此，波斯犹太商人亚拿尼亚不应是朝向红海地区方向贸易，而是取道东方，甚至往印度与锡兰等地。

　　阿拉伯时期，哈里发奥马尔·本·哈塔卜（Umar b. al-Khattab）在签署的《奥马尔敕令》（The Pact of Umar）中规定："凡生活在伊斯兰教中的异教徒若遵守各种规范，安拉就为其提供保护。"④具体而言，即生活在阿拉伯帝国的犹太人、基督教徒以及琐罗亚斯德教徒等作为吉米人（Dhimmi），必须接受穆斯林统治，异教徒成年男子每年须缴纳吉兹亚税（Jizya）以及地税（Kharaj）等，如此安拉方才保护其生命、财产安全以及宗教信仰权利。⑤阿拉伯帝国初期，穆斯林为政治需要一度严禁异教徒随意流动，沉重的税收曾迫使很多异教徒改宗伊斯兰教，但是阿拔斯王朝时期帝国境内异教徒更为自由，有机会经营长途贸易，只是比穆斯林缴纳更多税收而已。⑥故此时包括如塞瓦杜拉唐犹太商人在内的犹太人，尤其是巴比伦犹太人因经营贸易而富甲一方，如 9 世纪巴格达犹太商人内森·哈巴里（Nathan Hababli）因经商致富，地位显赫，对巴比伦犹太人内部事务都颇具影响力，并曾调停巴

---

　　①　阿迪亚波纳（Adiabene）为波斯湾地区的一位王子，详见 Jacob Neusner，"Some Aspects of the Economical and Political Life of Babylonian Jewry，Ca.160—220 C. E."，p.167。

　　②　《魏略·西戎传》记载："泽散王属大秦，其治在海中央。北至驴分，水行半岁。风疾时一月到。最与安息谷城相近。"据张星烺考证"泽散"即 Alexandria 转音，所指即为此地，详见张星烺（编）：《中西交通史料汇编》（卷 1），第 144 页。

　　③　张绪山：《中国与拜占庭帝国关系研究》，第 33—34 页。

　　④　奥马尔·本·哈塔卜（591—644 年），伊斯兰教历史上第二任哈里发。《奥马尔敕令》的内容，详见 Norman A. Stillman，The Jews of Arab Lands，pp.157—158。

　　⑤　Dhimmi，在阿拉伯语中意为"受保护者"之意，专指生活在阿拉伯地区的非穆斯林，但是与穆斯林一样信奉"天启之书"的文本经典，主要包括犹太人、基督徒，后来琐罗亚斯德教徒等也被纳入到吉米人范畴；吉兹亚税即指人头税，Kharaj 即指农业土地税，详见 Norman A. Stillman，The Jews of Arab Lands，pp.159—161；（美）菲利浦·希提：《阿拉伯通史》，马坚译，第 155—156 页。

　　⑥　Norman A. Stillman，The Jews of Arab Lands，p.25—33；Maristella Botticini and Zvi Eckstein，"From Farmers to Merchants，Conversions and Diaspora：Human Capital and Jewish History"，p.916.

比伦犹太宗主与普穆贝迪塔学校加昂的争执；①亦有犹太人在经商致富之后从事借贷业务，如 10 世纪阿拉伯犹太人讷提阿（Netira）、亚伦·本·阿姆兰（Aaron b. Amran）、约瑟夫·菲尼亚斯（Joseph b. Phineas）就为阿拉伯帝国哈里发常年提供借贷服务，并成为阿拉伯世界显赫的金融家，②阿拉伯史家穆卡达西甚至称叙利亚地区的兑换商与银行业者大半是犹太教徒。③

此时，经波斯湾地区前往印度洋贸易的阿拉伯犹太商人为数众多。10 世纪，来自阿拉伯库希斯坦拉姆霍尔莫兹的波斯人巴佐尔·本·萨赫里亚尔所记阿曼犹太人商人艾萨克从阿曼往中国贸易应是沿苏莱曼、伊本·胡尔达兹比赫所记的"波斯湾-中国"道海路前往，其后被小人谗言所害再次入华之时，选择途径东南亚室利佛逝，即苏门答腊古国三佛齐，应是取道苏莱曼所记海路前往。

在拉唐犹太商人"红海-中国"海路贸易途中，除了凡莱玛、古勒祖姆以及在南道贸易中所经凯鲁万、福斯塔特等地之外，亚历山大里亚、也门等地亦有大量犹太人，如 641 年阿穆尔·本·阿斯攻陷亚历山大里亚之后，据称当时有四千余名犹太人留守，七千余名犹太人逃离；④12 世纪西班牙图德拉的本杰明则言及亚历山大里亚犹太人有三千余名，也门犹太人甚至建立了自治城市，经常前往波斯、埃及等地（贸易）。⑤同样，在"波斯湾-中国道"道路上，除了拉唐犹太商人所经之安条克、伽比亚、巴格达等地之外，耶路撒冷、大马士革、西顿（Sidon）、提尔（Tyre）、阿勒颇（Aleppo）、摩苏尔（Mosul）、库法等地，皆有大量犹太人分布聚居，而且如图德拉的本杰明所记，中世纪时期这些地区的犹太人大量从事玻璃制造、工匠、染织等行业，尤其是提尔犹太人制造玻璃的工艺尤为精湛，这些物资多用于贸易之用，其中很多犹太人甚至拥有贸易海船。⑥在波斯湾地区，除了拉唐犹太商人所途经

---

① Walter Fischel, "The Origin of Banking in Mediaeval Islam：A Contribution to the Economic history of the Jews of Baghdad in the tenth Century", in *Journal of the Royal Asiatic Society of Great Britain and Ireland*, No.3, 1933, pp.594—595; Nathan ha-Bavli in A. Neubauer, ed., *Mediaeval Jewish Chronicles and Chronological Notes*, Vol.2, Oxford, 1895, pp.78—79.

② Walter Fischel, "The Origin of Banking in Mediaeval Islam：A Contribution to the Economic History of the Jews of Baghdad in the Tenth Century", pp.569—603.

③ （美）菲利蒲·希提：《阿拉伯通史》，马坚译，第 323 页。

④ L. Rabinowitz, *Jewish Merchant Adventures：a Study of the Radanites*, p.37.

⑤ Benjamin, *Travels of Rabbi Benjamin, Son of Jonah of Tudela*, Rev. Marcus Nathan Adler, p.67, pp.76—77.

⑥ 西顿、提尔，皆为今黎巴嫩南部沿海城市；阿勒颇，今叙利亚北部城市；摩苏尔，今伊拉克北部城市。中世纪时期，犹太人在波斯、阿拉伯地区的流散情况，详见 Benjamin, *Travels of Rabbi Benjamin, Son of Jonah, of Tudela*, Rev. Marcus Nathan Adler, pp.15—58。

的乌布拉、阿曼之外，苏拉、巴士拉、尸罗夫、基什（Kish）岛、卡提法（Katifa）岛等地，亦有大量犹太人——如中世纪时期尸罗夫一直作为波斯湾重要的贸易港口，波斯人、阿拉伯人、犹太人、印度人、非洲人以及来自各地的商人常云集于此，10世纪上半叶犹太人鲁兹巴赫（Ruzbah）曾担任尸罗夫港港主，负责该港贸易事宜。①

因此，塞瓦杜拉唐犹太商人除到达安条克、伽比亚、巴格达之外，亦有可能前往这些地区，并与当地犹太人一道涉足印度洋贸易，甚至入华，只是伊本·胡尔达兹比赫未能详备而已。

（二）印度、锡兰犹太人之流散与海路贸易

如苏莱曼、伊本·胡尔达兹比赫所记，拉唐犹太商人从波斯湾出发后，必须途经信德、马拉巴等印度西海岸诸地，再经此前往中国。历史上印度西海岸地区一直作为印度犹太人的主要分布区域，如伊本·穆哈利尔即记载在信德赛义姆尔（Saymur）地区就有犹太人聚集区；②在孟买南部20英里处的孔坎（Konkan）地区亦有犹太人聚集区，这些犹太人被称为"以色列之子"（Bene-Israel）——孔坎犹太族人自称他们从巴勒斯坦加利利（Galilee）地区迁徙到印度孔坎，也有族人认为他们是流散的十个支派后裔，公元前2世纪为躲避安条克（Antiochus）的迫害来到此地。③孔坎犹太人长期与外界隔绝，深受印度文化影响，使用印度当地的马拉谛语（Marathi），早已忘记了自己的语言及宗教仪式，仅保持着诵读《施玛篇》（Shema）的习惯，因此也被称为"施玛以色列人"（Shema Israel）。因其长期从事榨油活动，又被当地人称

---

① 基什岛为波斯湾中的一座岛屿，位于伊朗南部；卡提法，波斯湾地区岛屿。以上诸地犹太人分布情况，详见 Thomas M. Ricks, "Persian Gulf Seafaring and East Africa: Ninth-Twelfth Centuries", in *African Historical Studies*, Vol.3, No.2, 1970, p.348; Benjamin, *Travels of Rabbi Benjamin, Son of Jonah, of Tudela*, Rev. Marcus Nathan Adler, pp.45—64; L. Rabinowitz, *Jewish Merchant Adventures: a Study of the Radanites*, p.125。

② （法）费琅辑注：《阿拉伯波斯突厥人东方文献辑注》，耿升、穆根来译，第243页。

③ Bene-Israel，即希伯来语 בני־ישראל，意为以色列的儿子。加利利，指以色列北部地区，分为上、中、下加利利地区。十个流散的支派生活在北部以色列王国，即主要位于以色列北部地区，故孔坎犹太人称其来自加利利。此处的安条克指塞琉古帝国（公元前312—前63年）国王安条克四世（Antiochus IV，公元前215—前164年）。安条克四世曾大肆迫害迦南地区的犹太人。安息日（Sabbath），即希伯来语 שבת，为犹太教每周一天的休息日，在犹太立法每周的最后一天，即周六。相传是根据神的命令，为纪念神创世六日后休息的第七日。犹太人视安息日为圣日，并不得工作。犹太人视每周六为一周的最后一天，即安息日。以上所述此地犹太人详情，详见 Joan G. Roland, "The Jews of India: Communal Survival or the End of a Sojourn?" in *Jewish Social Studies*, Vol.42, No.1, 1980, p.77。

为"(尊奉)安息日的榨油人"(the Sabbath-observing oilmen)。直到 18 世纪末,孔坎犹太人方才迁徙至孟买,恢复与外部世界犹太人的联系与习俗。①

除赛义姆尔与孔坎犹太人之外,印度西海岸地区犹太人主要分布在梵答剌亦纳与僧急里(Cyngilin)等地。1322 年入华的意大利圣方济各教士鄂多立克,在途经印度马拉巴海岸之时就提及梵答剌亦纳犹太人,其言及:

> 我曾登陆无离拔(Minibar,即马拉巴),胡椒只在这里生产。胡椒生长的森林,广延足有十八天旅程。林中有两个城市,其一叫梵答剌亦纳,另一叫僧急里。梵答剌亦纳城中有些居民是犹太人,有些是基督徒。②

Cyngilin,即《元史》所记"僧急里",③其地位于今印度科钦(Cochin)西北的克兰伽努尔地区,地处故临与卡利库特(Calicut)之间。④

1324 年,阿拉伯旅行家伊本·白图泰(Iban Batuta,1304—1377 年)从印度喀里古特(Calicut,即卡利库特)启程前往中国,在途经昆芝凯雷(Kunja-Kari)之时发现位于此地一座山顶上居住有犹太人,这些犹太人向故临苏丹纳贡。⑤昆芝凯雷位于故临与卡利库特之间,与僧急里紧邻,极有可能便是僧急里周边的村庄。⑥或因昆芝凯雷犹太人与故临地区联系较为

---

① Walter J. Fischel, "Bombay in Jewish History in the Light of New Documents from the Indian Archives", in *Proceedings of the American Academy for Jewish Research*, Vol. 38/39, 1970—1971, pp. 123—125; Joan G. Roland, "The Jews of India: Communal Survival or the End of a Sojourn?", in *Jewish Social Studies*, Vol. 42, No. 1, 1980, p. 78.

② (意)鄂多立克:《鄂多立克东游录》,何高济译,北京,中华书局,2002 年,第 54—55 页。

③ 《元史·马八儿等国传》所记载之"僧急里",详见《元史》卷 270,《马八儿等国传》,第 4670 页。

④ 科钦,印度西南部沿海城市。

⑤ 伊本·白图泰(1304—1377 年),中世纪时期著名阿拉伯旅行家,曾著《伊本·白图泰游记》记载其游历事迹。以上内容,详见(阿拉伯)伊本·白图泰:《伊本·白图泰游记》,马金鹏译,银川:宁夏出版社,2000 年,第 487—488 页。

⑥ 1524 年,在摩尔人(Moors)袭击下,克兰伽努尔地区犹太人迁徙至科钦;1565 年,科钦的印度王公在其王宫附近安置这批犹太人,即今之科钦犹太城。近代以来,迁徙至科钦的犹太人形成了三个等级,即白犹太人、褐色犹太人以及黑犹太人:白犹太人指肤色为白色、浅褐色的犹太人,其地位最高;褐色犹太人为白犹太人、释放或改宗的白犹太人奴隶与当地妇女所生的后裔;黑犹太人,肤色为浅褐色、黑色,其人数最多。白犹太人应是 16 世纪后迁徙至科钦,其应是来自也门、亚丁、西班牙、中东等地的贸易商人,携带大量奴隶、仆人,并在与当地人通婚。后来又有来自西班牙、中东等地区的犹太人到来,也被称为白犹太人。黑犹太人即是从克兰伽努尔地区迁徙而来的土著犹太人,详见 Johanna Spector, "Shingli Tunes of the Cochin Jews", p. 24; David G. Mandelbaum, "The Jewish Way of Life in Cochin", in *Jewish Social Studies*, Vol. 1, No. 4, 1939, p. 424; Joan G. Roland, "The Jews of India: Communal Survival or the End of a Sojourn?", in *Jewish Social Studies*, Vol. 42, No. 1, 1980, p. 76。

密切,故伊本·白图泰便如此记之,图德拉的本杰明亦记载:"故临有数千名犹太人,他们肤色如同当地人一样漆黑,十分虔诚、遵守戒律,有摩西律法以及各先知书,还有一些《塔木德》以及哈拉哈(Halacha)。"[1]

印度另外一处重要的犹太人群体为僧急里犹太人群体。僧急里犹太人使用希伯来语与马来亚拉姆文(Malayalam),其族人自称他们在公元70年罗马占据耶路撒冷圣地、摧毁第二圣殿之后来到此地,在僧急里犹太会堂中也雕刻着圣殿被焚烧及犹太人准备航向印度的场景。[2]僧急里犹太人保存有2件以古代泰米尔文刻写的珍贵铜盘——该铜盘为哲罗曼·佩汝玛(Cheraman Perumal)婆什迦罗·伽维瓦曼(Bhaskara Ravivarman)赐予僧急里犹太人首领约瑟夫·拉班(Issuppu Irappan),铜盘铭文的内容为:

> 欢呼!兴盛!这件礼物是由尊敬的国王陛下、王中王、伟大的婆什迦罗·伽维瓦曼,登基第二年在穆里克杜(Muyirikodu)[3]锻造,他统治辽阔的疆域长达36年。我们已将安居万纳姆(Anjuvannam)村庄托付于约瑟夫·拉班(Issuppu Irappan),并连同72项专卖权、母象及其他动物的通行费、税收、(白天的?)照明、(长途行走的)衣物、轿子、瓦杜伽(Vaduga)鼓、大喇叭、关卡、拱门、拱门天蓬、花环等一并托付。经过权衡,我们也免除了他们的通行费与税收,并赠与他们铜盆。他们不仅不用向王室缴纳赋税,而且还享有各种福利。我们将安居万纳姆作为约瑟夫·拉班(Joseph Laban)及其儿女后代、侄子、外甥、女婿等永久世袭财产。
>
> ——见证人:五部落首领、王军副统帅、起草文件的副秘书[4]

其中Cheraman Perumal为印度西南部哲罗(Chera,公元前3世纪—13世纪)王朝皇室或国王的称谓,婆什迦罗·伽维瓦曼为哲罗国王;安居万纳姆

---

[1] 哈拉哈(Halacha),为希伯来语 הלכה 的音译,指犹太律法。本杰明记载,详见 Benjamin, *Travels of Rabbi Benjamin, Son of Jonah, of Tudela*, Rev. Marcus Nathan Adler, p.65。

[2] 马来亚拉姆文为印度西南部德拉维第安(Dravidian)地区所适应的方言。该地犹太人详情,详见 David G. Mandelbaum, "The Jewish Way of Life in Cochin", p.424。

[3] 穆里克杜为古代印度西海岸马来亚拉姆语区唯一一个天然港口,直到14世纪初科钦港开埠之后方才被废弃,详见 Walter J. Fischel, "The Exploration of the Jewish Antiquities of Cochin on the Malabar Coast", p.231; David G. Mandelbaum, "The Jewish Way of Life in Cochin", p.425。

[4] 文中 Issuppu Irappan 与 Joseph Laban 为同一人,Irappan 与 Laban 应为拟音差异所致。关于铜盘上的释文,详见 Walter J. Fischel, "The Exploration of the Jewish Antiquities of Cochin on the Malabar Coast", in *Journal of the American Oriental Society*, Vol.87, No.3, 1967, p.231。

应为僧急里的一处村庄。

关于这两件铜盘铸造的具体时间说法各异,从公元 4 世纪至 11 世纪不等,但是多数学者主张这两件铜盘应铸造于公元 750 年间,但又有学者认为公元 5 世纪萨珊波斯国王叶兹德格尔德三世(Yazdigar III,440—457 年)及其子卑路斯(Piruz)对波斯犹太人大肆迫害,约瑟夫·拉班遂带领这批犹太人到达印度马拉巴海岸地区。[1]除铜盘之外,此地还出土了一方刻于 1269 年的犹太人墓碑——此方墓碑以希伯来文书写,上面刻写着以色列之女萨拉(Sarah),并有一段《圣经·申命记》(32:4)的引文。[2]

图 1-5-1　僧急里犹太人古泰米尔铜盘铭文[3]

从印度西海岸东行则至锡兰岛。中世纪时期关于锡兰岛犹太人事迹见于各种记载之中,10 世纪阿拉伯人阿布·塞义德在著阿拉伯商人苏莱曼所

---

① 叶兹德格尔德三世(440—457 年)、卑路斯(458—485 年),萨珊波斯国王,此对父曾对波斯境内犹太人大肆迫害。关于这两件铜盘的详细情况,详见 Walter J. Fischel, "The Exploration of the Jewish Antiquities of Cochin on the Malabar Coast", p.231, note. 6; Werner Keller, *Diaspora, the Post-Biblical History of the Jews*, pp.106—108; H. H. Ben-Sasson, *A History of the Jewish People*, p.380.

② David G. Mandelbaum, "The Jewish Way of Life in Cochin", p.425; Joan G. Roland, "The Jews of India: Communal Survival or the End of a Sojourn?", in *Jewish Social Studies*, Vol.42, No.1, 1980, p.76.

③ Walter J. Fischel, "The Exploration of the Jewish Antiquities of Cochin on the Malabar Coast", p.247.

著《中国印度见闻录》续篇中就提到锡兰岛上居住着为数众多的犹太教徒，锡兰王准许他们遵从自己的祭司；①12世纪图德拉本杰明记载锡兰犹太人有3 000余名之多。②

由于古代贸易海舶多借风力前行，印度洋每年4月到9月盛行西南季风、10月到来年3月盛行东北季风，故从波斯湾、红海等地出发的海舶为候风之便，必须在印度西海岸诸地及锡兰停靠，因此梵答剌亦纳、僧急里、故临等地一直作为印度洋交通要津、贸易繁盛，如元代汪大渊在《岛夷志略》即记载："班达里（即梵答剌亦纳）贸易之货常用诸色缎、青白瓷、铁器以及五色烧珠等"。③因此，僧急里、梵答剌亦纳等印度西海岸以及锡兰等地犹太人应早已活跃在印度洋诸地贸易。

8—11世纪印度西海岸诸地以及锡兰犹太人与波斯、阿拉伯，乃至西班牙等地犹太人联系密切、彼此熟知。如阿拔斯王朝哈里发曼苏尔（Al-Mansur）或马蒙（Al-Ma'mun）时期（8—9世纪初）的埃及犹太人占星师马索拉（Mashallah）因熟知印度，被称为"印度哲人（Sage）"；④820年巴比伦犹太人天文学家阿本·希拉（Aben Sheara）从巴格达到达锡兰并带回锡兰天文学著作；11世纪早期印度犹太人则就诸多宗教与犹太律法等问题咨询普穆贝迪塔耶希瓦加昂亥（Geon Hai），加昂亥以"答问"答之。11世纪图德拉的亚伯拉罕·伊本·以斯拉（Abraham ibn Ezra）甚至认为8世纪犹太人约瑟夫（Joseph）将古代印度梵文著作《五卷书》译为阿拉伯文，将来自印度的阿拉伯数字带到欧洲。⑤据此判断，当9世纪中叶当塞瓦杜拉唐犹太商人在梵答

①　（阿拉伯）阿布·赛义德：《中国印度见闻录》（卷二），（日）藤本胜次译注、黄倬汉译，第124页。

②　Rabbi Benjamin, *Travels of Rabbi Benjamin*, Rev. B. Gerrans, p.140；Elkan Nathan Adler, *Jewish Travellers*, p.59；Benjamin, *Travels of Rabbi Benjamin, Son of Jonah, of Tudela*, Rev. Marcus Nathan Adler, p.93.

③　（元）汪大渊：《岛夷志略》，苏继顾校释，北京，中华书局，1981年，第254页。

④　Sage源自古希腊语，指拥有哲学智慧的哲人。在犹太教中哲人与先知常相提并论。先知主要告知人们关于未来，哲人则回溯过去，告知人们是如何遵循上帝的旨意；先知给人们带来希望，哲人则告知人们生活的意义；先知帮助人们发现目的，哲人则引导人们认识过去的价值与意义。两者在古代犹太社会发挥着重要作用，都不可或缺。

⑤　哈里发曼苏尔（714—775年），阿拔斯王朝第二任哈里发；哈里发马蒙（786—833年），阿拔斯王朝第七任哈里发。加昂亥（939—1038年），11世纪早期担任普穆贝迪塔耶希瓦加昂。亚伯拉罕·伊本·以斯拉（1089—1167年），西班牙图德拉犹太人，中世纪时期尤为著名的犹太诗人与哲学家。《五卷书》为古代印度著名韵文预言集，约成书于公元前3世纪，详见《五卷书》，季羡林译，北京，人民文学出版社，1981年。通常认为是波斯人伊本·穆卡法（Ibn al-Muqaffa'，？—759/760年）将《五卷书》译为阿拉伯文，亚伯拉罕·伊本·以斯拉之说待考。中世纪时期印度犹太人与阿拉伯等地犹太人之交往，详见Werner Keller, *Diaspora, the Post-Biblical History of the Jews*, pp.156—157；L. Rabinowitz, *Jewish Merchant Adventures: a Study of the Radanites*, p.59.

剌亦纳、僧急里以及锡兰等地候风之时，定与当地犹太人有所接触、有贸易往来，甚至一起入华贸易。

因此，在拉唐犹太商人沿海道入华沿途所经北非、也门、波斯湾诸地、印度梵答剌亦纳、故临、僧急里以及锡兰等地大量犹太人，不仅很早便在印度洋各地贸易，甚至与塞瓦杜拉唐犹太商人有贸易往来，且唐代众多波斯、阿拉伯、婆罗门以及锡兰等地商人前往广州，因此这些地区的犹太商人亦可能如塞瓦杜拉唐犹太商人那般入华贸易，唐代出现在广州等地的犹太商人应并非仅来自塞瓦杜拉唐一地。

六　唐代通向中国的犹太人陆路贸易

（一）可萨的兴盛与犹太人入华

如伊本·胡尔达兹比赫所记，拉唐犹太商人北道入华贸易途经可萨首府海姆利杰地区。中世纪时期，可萨一度改宗犹太教，是此时唯一信奉犹太教的国家。可萨，又称"哈扎尔"，为中世纪时期西域古国，见于古代汉籍、拜占庭与阿拉伯文献等记载中，以道格拉斯·邓洛普（Douglas M. Dunlop）、皮特·戈登（Peter B. Golden）与桂宝丽等为代表的中外学者对可萨历史有系统研究。[①]现存的希伯来文献记载显示可萨曾改宗犹太教，为迄今所知中世纪时期唯一信奉犹太教的国家，但是长期以来可萨改宗犹太教却备受质疑，此处旨在梳理可萨史实基础上，对可萨改宗犹太教历史过程进行探讨。

1. 突厥可萨与可萨汗国

可萨最早见于5世纪亚美尼亚史学家摩西·佐尔纳齐（Moses Xorenac'i）的记载，其称："197至217年（或4世纪），可萨曾入侵外高加索（Transcaucasia）地区，可萨人拥有双王。"[②]拜占庭史料关于可萨记载，始见于拜占庭史家赛奥凡尼斯（Theophanes，758/760—817/818年）《编年史》中。赛奥凡尼斯记载："622年拜占庭皇帝希拉克略（Heraclius，575—641年）进军外

---

① 详见 D. M. Dunlop, *The History of the Jewish Khazars*, Princeton University Press, 1954；Peter B. Golden, *Khazar Studies, An Historico-Philological Inquiry to the Origins of the Khazars*, Akadémiai Kiadó, Budapest, 1980；桂宝丽：《可萨突厥》，兰州，兰州大学出版社，2013年。

② 外高加索，指高加索以南包括今格鲁吉亚、亚美尼亚、阿塞拜疆等地。摩西·佐尔纳齐的记载，详见 D. M. Dunlop, *The History of the Jewish Khazars*, pp.8—9；Peter B. Golden, *Khazar Studies, An Historico-Philological Inquiry to the Origins of the Khazars*, p.49。

高加索地区时,曾寻求可萨援助……可萨人常被称为从东方来的突厥人,甚至突厥人。"①

中世纪时期阿拉伯史地学家多次提及可萨,如伊本·穆卡法(Ibn al-Muqaffa, ?—759/760年)、巴拉德胡瑞(al-Balādhuri, ?—892年)、雅库比(Ya'qubi, ?—897/898年)与伊本·法基赫(Ibn al-Faqih)等皆称可萨人以放牧为生、拥有双王,并经常将可萨称为可萨突厥人或突厥人等,②其中伊本·法基赫对可萨地望记载尤详,其称:

> 大地状似一只鸟,其头部乃中国,右翅乃印度,左翅乃黑海的可萨突厥,胸部乃麦加、汉志、叙利亚、伊拉克与埃及,尾部乃从扎特·胡马姆(Dzat al-Human,埃及边界之地)至马格里布地区。③

伊本·法基赫的记载显示可萨位于黑海周边地区,这在汉籍关于可萨的记载中得到了证实——法国汉学家德经最早提出西史所记 Khazars 即汉籍所记可萨,吉本(Gibbon)亦持此说。④

唐代杜环在《经行记》中首次记载了可萨,称:"拂菻国北接可萨突厥……苫国(叙利亚)北接突厥可萨,可萨北又有突厥。"⑤拂菻,即 Rum 的转音,指罗马,即拜占庭帝国:Rum 在中亚的粟特人与突厥人中被称为 Frōm、Purum,发生音转,汉人对罗马的称谓源于这些族群,将 Rum 称为 Fu-Lim,杜环的记载显示可萨位于拜占庭帝国与叙利亚地区北部。在《新唐书·西域传》中可萨又被记为"曷萨",称:"火寻……西南与波斯接,西北抵突厥曷萨。"⑥火寻即花剌子模地区,显示可萨位于波斯、阿拉伯帝国北部地区,花剌子模西北。唐代段成式在《酉阳杂俎·境异》中曾记载"阿萨"地区,称:

---

① 赛奥凡尼斯的记载,详见 Theophanes, *The Chronicle of Theophanes*, trans. Cyril Mango and Roger Scott, Oxford: Clarendon Press, 1997, p.447。

② 以上阿拉伯史地学家关于可萨的记载,详见 D. M. Dunlop, *The History of the Jewish Khazars*, pp.10—14。

③ 伊本·法基赫:《地理志》(*Mukhtasar Kitab al-Buldan*),引自(法)费琅辑注:《阿拉伯波斯突厥人东方文献辑注》,耿升、穆根来译,第 72 页。

④ D. M. Dunlop, *The History of the Jewish Khazars*, p.34.

⑤ (唐)杜佑:《通典》卷 193(边防九·西戎五·大秦),第 1039—1044 页;(唐)杜环:《经行记笺注》,张一纯笺注,第 17 页、第 63 页。

⑥ 《新唐书》卷 221 下,《西域传》,第 6247 页。

阿萨部多猎虫鹿，剖其肉、重叠之，以石压沥汁；税波斯、拂林（拂
菻）等国；米及草子，酿于肉汁之中，经数日即变成酒，饮之可醉。①

其中"阿萨部税波斯、拂林"之语显示其与波斯、拜占庭帝国接壤、联系密切，
阿萨应指可萨，为可萨转音。②

因此，伊本·法基赫所记可萨与汉籍所记载可萨地望契合。根据以上
文献记载可知，可萨位于拜占庭、叙利亚、波斯以及阿拉伯以北地区、花剌子
模西北，即大致相当于黑海、高加索与里海北部一带。

在上述文献记载中，可萨经常与突厥联系起来，被称为"可萨突厥""突
厥可萨"与"突厥可萨部"等，甚至被直接称为突厥人，而且可萨实行双王制。
拜占庭史家赛奥凡尼斯在《编年史》中曾记载："626 年可萨人在 Jabǧu Qaǧ-
an 与其外甥 Šad 带领下，于 627—628 年进入格鲁吉亚地区，可萨国王
Ζιεβηλ 的地位仅次于 Jabǧu Qaǧan。"③其中 Jabǧu Qaǧan 中的 Jabǧu 为
Yabγusïn，Yabγuγ 与 Yabγu 转写，即 Y、J 音互转、γ 即ǧ音，Yabγusïn，
Yabγuγ 与 Yabγu 在突厥《暾欲谷碑》《阙特勤碑》与《毗伽可汗碑》等碑铭中
为叶护之意；④Qaǧan 为 Qaγanïm，Qaγanïγ，Qaγanïma 转音，Qaγanïm，
Qaγanïγ 与 Qaγanïma 在突厥《暾欲谷碑》《阙特勤碑》与《毗伽可汗碑》等碑
铭中为可汗之意，⑤因此 Jabǧu Qaǧan 为叶护可汗。叶护为突厥官职，地位
仅次于可汗，常由可汗子弟及宗族担任。⑥突厥人日渐扩张，便在一些地区
派遣宗室子弟进行统治，授予叶护职衔，Jabǧu Qaǧan 应是突厥派往统治可
萨的宗室子弟。Šad 即突厥《暾欲谷碑》《阙特勤碑》与《毗伽可汗碑》等碑铭
所记之 Šad，Šadïγ，为突厥官职"设"⑦——突厥别部领兵者谓之"设"⑧，意
即"别部典兵之官"，亦常由可汗子弟及宗族成员担任，故 Šad 应是突厥派往

---

① 段成式：《酉阳杂俎》（前集卷四），方南生点校，第 45 页。
② 龚方震：《可萨汗国——东西方贸易的枢纽》，《中外关系史论丛》（第 4 辑），1992 年，第 102 页。
③ Theophanes, *Chronographia*, ed. C. de Boor, Lipsiae, 1883, in Peter B. Golden, *Khazar Studies, An Historico-Philological Inquiry to the Origins of the Khazars*, p.51.
④ 耿世民：《古代突厥文碑铭研究》，北京，中央民族大学出版社，2005 年，第 104、124、153、198、221 页。
⑤ 耿世民：《古代突厥文碑铭研究》，第 105—106 页，第 116、149、181、189、194、206、221 页。
⑥ 《隋书·西域传》记载突厥官有叶护，次设特勤，次俟利发，次吐屯发，下至小官，凡二十八等，皆世为之，详见《隋书》卷 84，《突厥传》，北京，中华书局，1973 年，第 1864 页。
⑦ 耿世民：《古代突厥文碑铭研究》，第 95、124、155 页。
⑧ 《旧唐书》卷 194 上，《突厥传》，第 5153 页。

可萨的领兵之人。可萨国王 Ζιεβηλ 应为可萨人自己的国王,其与 Jabǧu Qaǧ-an(叶护可汗)构成可萨双王制。此次军事活动由叶护可汗领导,显示可萨臣服于突厥人。

6 世纪末东、西突厥分立;7 世纪初西突厥东拒都斤、西越金山,龟兹、疏勒、伊吾及西域诸胡悉附之,辖地范围西雷翥海、南疏勒、北瀚海等广袤的西域地区。①因此,此时可萨应是被西突厥吞并,成为其属部之一,便被称为可萨突厥、突厥可萨与突厥可萨部,乃至突厥人。

关于可萨人来源问题有多种说法,包括匈奴阿卡提兹尔(Akatzir)部落、鲜卑、高加索匈奴人,②甚至斯基泰(Scythia)等,如 6 世纪叙利亚史学家迈克尔·赛瑞斯(Michael Syrus)与巴·赫巴里斯(Bar Hebraeus)曾记载:"约在拜占庭帝国莫里斯(Mauricius,582—602 年)皇帝时,三位来自斯基泰的兄弟在到达拜占庭帝国边境时,其中一位占领了阿兰人的领地,与定居此地的人采用了'可萨'这一名称——该名称源自他们的兄长 Kazarig。"③另外由于历史上西突厥曾统治可萨,可萨受突厥风俗影响较深,因此一些学者认为可萨人是西突厥人一支,此认识甚至被视为"多数观点"。④但是,很明显此认识将可萨来源问题与西突厥统治可萨相混淆,早在西突厥统治可萨之前,可萨人已到达该地,并常与拜占庭人一起对抗阿拉伯人,⑤因此可萨人应并非突厥人。比较而言,主张可萨源自铁勒的说法较为流行。张星烺据《隋书·铁勒传》所记:"铁勒之先,匈奴之苗裔也,种类最多……康国北,傍阿得水,则有诃咥、曷㠍、拔忽……"认为"曷㠍"与"曷萨"音近,"曷㠍"即可萨。冯承钧据《新唐书·回纥传》所记回纥九姓者其中之一姓为"葛萨",判断可萨为"葛萨",道格拉斯·邓洛普亦持此说;芮传明则认为可萨指"铁勒何嵯部"。张星烺等主张尽管有所差异,但皆认为可萨人应源自一支

---

① 《隋书》卷 84,《西突厥传》,第 1876 页;《新唐书》卷 215 下,《突厥传》,第 6055 页。

② 可萨源自匈奴阿卡提兹尔部落、鲜卑以及高加索匈奴人等说法,详见 Kevin A. Brook, *The Jews of Khazaria*, Lanham, MD: Rowman & Littlefield Publishers, 2004, p. 12; Peter B. Golden, *Khazar Studies: An Historico-Philological Inquiry into the Origins of the Khazars*, Vol. 1, p. 53;桂宝丽:《可萨突厥》,第 11 页。

③ 斯基泰人是古希腊对北方游牧地带的称呼,大概指欧洲东北部、黑海以北以及中亚等一直延伸到其所不知的地区。阿兰人指中亚印欧语系的一支游牧民族,曾迁徙至高加索等地,详见 D. M. Dunlop, *The History of the Jewish Khazars*, p. 5。

④ 龚方震:《可萨汗国——东西方贸易的枢纽》,《中外关系史论丛》(第 4 辑),1992 年,第 101—102 页;姬庆红、罗冠群:《哈扎尔的犹太化及其后果》,《世界民族》,2014 年第 1 期,第 82 页。

⑤ Omeljan Prisak, "The Khazar Kingdom's Conversion to Judaism", in *Harvard Ukrainian Studies*, No. 2, 1978, pp. 266—267.

西迁的铁勒部族,之后在黑海、高加索与里海北部一带立足、建国,在 7 世纪初被西突厥占领。①

657 年唐廷征讨西域,西突厥灭亡,可萨在摆脱西突厥统治后迅速在高加索一带崛起。早在 626—628 年间可萨便与拜占庭帝国联合攻打波斯人,占领了大部分外高加索地区;②7 世纪中叶占领克里米亚半岛西南部的多罗斯(Theodorus)地区;679 年后又相继征服了保尔汗国与伏尔加河流域一带;796 年之后,可萨与阿拔斯王朝以高加索山为界确立各自的势力范围,至此可萨已成为南俄草原名副其实的霸主,其地东至咸海、西至第聂伯河、北至伏尔加河流域、南至高加索南部等地。可萨汗国最终在 965 年被罗斯人灭亡;流亡在塔曼(Taman)半岛的可萨王室也在 1016 年被拜占庭与罗斯人联合消灭了。③

2. 希伯来文献所见可萨与犹太教

早在公元前 63 年罗马占领巴勒斯坦,犹太哈斯蒙尼王朝(公元前 140—前 37 年)与希律王(Herod,公元前 74—前 4 年)统治下的巴勒斯坦作为罗马人的附庸国。6 年罗马帝国废除希律王之子希律·亚基老(Herod Archelaus,公元前 23—18 年)的统治,设立犹大(Judea)行省,开始直接统治。70 年罗马人占领耶路撒冷、摧毁第二圣殿,犹太人彻底失去在巴勒斯坦地区的统治,进入大流散时代。④在漫长的中世纪时期,犹太人主要以自治或半自治的状态生活在基督教与伊斯兰教世界中,尤以伊斯兰教世界犹太人为最,这些犹太人未曾建立过任何犹太人政权或国家,但是流传下来的文献记载显示可萨成为中世纪时期唯一一个犹太教国家。

在这些文献中最为著名的是 10 世纪西班牙科尔多瓦犹太人哈萨德·伊本·沙普鲁(Hasdai ibn Shaprut,915—970 年)与可萨国王约瑟夫(Joseph)的通信。哈萨德·伊本·沙普鲁曾任科尔多瓦哈里发阿卜杜拉·拉赫曼三世(Abd-al-Rahman III,912—961 年)的宫廷御医兼外交官,对可萨

---

① 曷嶷、葛萨与何崝等主张,详见张星烺(编):《中西交通史料汇编》(卷 1),第 169—170 页;沙碗:《西突厥史料》,冯承钧译,北京,中华书局,2004 年,第 224 页;D. M. Dunlop, *The History of the Jewish Khazars*, pp.35—40;芮传明:《康国北及阿得水地区铁勒部落考——〈隋书〉铁勒诸部探讨之二》,《铁道师院学报》,1990 年,第 4 期,第 19—20 页。

② 沙畹:《西突厥史料》,冯承钧译,第 225—226 页;张绪山:《6—7 世纪拜占庭帝国与西突厥汗国的交往》,《世界历史》,2002 年第 1 期,第 89 页。

③ 塔曼半岛位于今俄罗斯西北地区,其北为亚速海、南为黑海。关于可萨摆脱西突厥之后的发展,详见桂宝丽:《可萨突厥》,第 30—63 页,第 100—120 页;D. M. Dunlop, *The History of the Jewish Khazars*, pp.58—264。

④ Ben-Sasson, *A History of the Jewish People*, p.246.

汗国信奉犹太教一事早有耳闻,但是难以相信会在遥远的东方存在一个犹太教国家,便多次致信可萨国王。现存的两封信件为哈萨德·伊本·沙普鲁在960年写给可萨王国约瑟夫的信件与约瑟夫的亲笔回信。这两封信件以希伯来文书写,现存牛津基督教堂学院图书馆。1577年著名收藏家艾萨克·亚伯拉罕·艾克瑞斯(Isaac b. Abraham Akrish),将这两封信件整理并公布于世,让尘封已久的历史得以重现。①

960年哈萨德·伊本·沙普鲁在给约瑟夫的信中,提到自己曾多次致信可萨国王,并迫切想了解可萨信奉犹太教的情况,称:"我经常向使节询问我们以色列同胞的情况,尤其是那些被俘虏的人,是否摆脱了折磨与压迫。一个呼罗珊商人使团,告诉我有一个犹太王国,名叫'可萨'(Al-Chazar),我感到难以相信。后来一个来自君士坦丁堡的使团(约在944—945年)告诉我确有此事,并称:'从君士坦丁堡海行十五日可至可萨,可萨国王是约瑟夫。贸易商船时常来往于两国之间,两国使者来往频繁,并互相馈赠礼物……'闻知此事后,我倍受鼓舞……拜占庭使团愿意为我传递信件,但当行至拜占庭时,得知通往可萨的道路陷入交战中,且海上(黑海)风暴四起,便未能成功……之后我设法通过耶路撒冷、尼斯比斯(Nisibis)与亚美尼亚的道路传递信件。②恰逢此时Gebalim国王使者主教索尔(Saul)与主教约瑟夫(Joseph)前来科尔多瓦。他们表示愿意为我寄信,并称Gebalim国王很乐意此事,并会派人经罗斯、保加利亚等地送达信件……"③Gebalim应指斯拉夫某地——拉比诺维茨认为Gebalim王国指波西米亚,Gebalim国王为波列斯拉夫一世(Boleslav I, 915—967年)。④最终,日耳曼犹太人拉比雅各(Rabbi Jacob)将哈萨德·伊本·沙普鲁的信件送至可萨王廷。

可萨国王约瑟夫在回信中向哈萨德·伊本·沙普鲁详细介绍了可萨改宗犹太教的过程,称:

---

① 科尔多瓦哈里发国家(929—1031年),指阿拉伯人在西班牙建立的以科尔多瓦为首都的穆斯林国家,阿卜杜拉·拉赫曼三世为科尔多瓦首位哈里发。哈萨德·伊本·沙普鲁与可萨国王的通信情况,详见S. Schechter, "An Unknown Khazar Document", in *the Jewish Quarterly Review*, Vol.3, No.2, 1912, p.182.

② 尼斯比斯即今天土耳其南部边境地区,美索不达米亚北部的努赛宾(Nusaybin),Nisibis为阿拉伯语对该地的称谓。

③ 哈萨德·伊本·沙普鲁写给可萨国王约瑟夫的信件内容,详见Jacob R. Marcus, *The Jew in the Medieval World*, *A Source Book*: 315—1791, pp.227—232.

④ 波列斯拉夫一世(915—972年),波西米亚公爵,在其任内波西米亚政权得以巩固,详见L. Rabinowitz, *Jewish Merchant Adventures*: *a Study of the Radanites*, p.140.

布兰(Bulan)国王时,拜占庭皇帝与阿拉伯哈里发派遣的使者试图说服他改宗各自的宗教。但是国王对耶和华十分敬仰,已经派人去召唤一位十分博学的以色列人。布兰国王邀请基督教、伊斯兰教与犹太教哲人辩论,三人皆称各自宗教的优越性,难以达成一致。布兰国王问基督教哲人:"犹太教与伊斯兰教哪个更好?"其答犹太教好于伊斯兰教;国王又问伊斯兰教哲人:"犹太教与基督教哪个更好?"其答犹太教更好。国王便说:"既然你们都认为犹太教更好,我就选择犹太教。相信在上帝的眷顾下,我会得到你们所允诺我的金钱、土地以及臣民。"从此之后布兰国王让犹太哲人到处宣扬犹太教,讲颂《托拉》(Torah),我们便全部改宗了犹太教……①

自 1577 年艾萨克·亚伯拉罕·艾克瑞斯将这两封信件公布之后,信件的内容长期以来被视为谈资,很多人认为中世纪在遥远的东方存在一个犹太教王国可萨宛如天方夜谭一般,让人难以相信。但是,1912 年剑桥大学所罗门·谢克特(Solomon Schechter)教授发现的一份埃及福斯塔特戈尼萨文书(Geniza Documents)证实了这两封信件并非伪书。

Geniza 即希伯来语为גניזה,意为"隐藏",后演变为指存储之地,圣经中指"典籍",《旧约·以斯拉记》(6:1)中记载:"大流士(Darius)王降旨,寻找'典籍'库内,就是在巴比伦的藏物之处。"②在犹太人心目中,以上帝名义书写的希伯来文(或出现上帝名称的文书)被视为圣书。这些文书资料即使失去使用价值,也不应被焚烧或丢弃,而是先要临时存放在犹太会堂的戈尼萨中,再等待下葬到墓地,因此戈尼萨就成为临时存放犹太人文书资料的府库,也被称为"秘库"。由于埃及福斯塔特本·以斯拉(Ben Ezra)犹太会堂中的戈尼萨没有门窗可供进入,仅在棚顶有一洞口放入文书,清理其中的文书十分不便,因此这些文书资料幸运地被保存下来。1864 年一位耶路撒冷犹太学者首次进入福斯塔特戈尼萨,1896 年所罗门·谢克特将其中的文书全部带走,戈尼萨被彻底清空。③1012 年所罗门·谢克特发现的这份戈尼萨文书,即是 10 世纪一位佚名的可萨犹太人以希伯来文写给哈萨德·伊

---

① 可萨国王约瑟夫回信的内容,详见 Jacob R. Marcus, *The Jew in the Medieval World*, A *Source Book*: *315—1791*, pp.227—232。

② *The Harper Collins Study Bible*, p.1306.

③ 戈尼萨文书被发现以及流散的过程,详见 Norman Bentwich, *Solomon Schechter*: *A Biography*, Philadelphia, 1948, pp.126—163。

本·沙普鲁的信件——该信件长 20 厘米、宽 15 厘米,分为两面,共 4 页,部分缺损。①

图 1-6-1　戈尼萨文书可萨犹太人信件②

这位可萨犹太人在信的第 61 行中写道"在我的主人约瑟夫国王时,周围国家对可萨充满敬畏",显示其生活在约瑟夫国王时期,可能为约瑟夫的近臣或秘书官,知晓哈萨德·伊本·沙普鲁致信约瑟夫一事,由此得知哈萨德·伊本·沙普鲁其人并致信于他。该信件从可萨向科尔多瓦传递过程中,不知何种原因流落至埃及福斯塔特犹太会堂,并流传至今。

这位可萨犹太人在信中提到了可萨改宗犹太教的过程,称:

> 在妻子塞拉(Serah)教导下,可萨王子同意行割礼……拜占庭国王与阿拉伯哈里发得知后深感震惊,遂派遣使者。……王子对这些使者

---

① 此份戈尼萨文书,详见 S. Schechter, "An Unknown Khazar Document", p.184。

② S. Schechter, "An Unknown Khazar Document", pp.205—211.

说:"请各选一位基督教、阿拉伯与犹太哲人当面辩论。"基督教哲人陈词时,犹太与阿拉伯哲人表示反对;阿拉伯哲人陈词时,犹太与基督教哲人表示反对。犹太哲人陈述创世之初、犹太人出埃及及他们建立国家等事实,基督教与阿拉伯哲人皆表示认可,但三人仍没有达成一致。王子便说:"在提兹鲁(Tizlu)山洞中有一本书,请你们取回之后解释于我。"因该书与摩西律法有关,只有犹太哲人清晰地解释给王子,以色列人与可萨人随即开始忏悔。巴格达、呼罗珊与希腊等地犹太人纷纷来到可萨。犹太人力量不断壮大,其中一位犹太哲人并被任命为判官。他们以可萨方言将这位判官称为 Khagan,可萨王子被称为 Sabriel,作为国王。①

其中 Sabriel 即赛奥凡尼斯所记 Ζιεβηλ 的转音,指可萨国王;犹太哲人担任判官,被称为 Khagan,其中 Kh 与 q 音互转,Khagan 为 Qaǧan 转写,应为可汗之意,显示西突厥时期可萨的双王制,即 Jabǧu Qaǧan 与 Ζιεβηλ,在可萨信仰犹太教之后被延续,演变为由犹太教宗教人士担任 Qaǧan 与可萨皇室担任 Ζιεβηλ 的双王制,说明可萨王权对犹太人的重视程度,但是此时 Qaǧan 应为虚君,仅作为可萨汗国的象征,Ζιεβηλ 应掌握实际事务管理权。

这位犹太人虽然没有提及信仰犹太教的可萨国王姓名,但是对宗教辩论叙述比约瑟夫更为详细。福斯塔特戈尼萨文书皆为历史上犹太人保存下来的文献资料,这份 10 世纪戈尼萨文书自然具有极高的可信度,并与约瑟夫的回信互为印证,因此中世纪可萨信仰犹太教一事应确实存在,约瑟夫与哈萨德·伊本·沙普鲁之间的通信也并非杜撰。

关于可萨信仰犹太教的时间,中世纪希伯来作家犹大·哈利维(Judah Halevi,1075—1141 年)在成书于 1130—1140 年间的《哈扎尔人》(Kuzari)中提到哈扎尔统治者在 400 年前改宗了犹太教——犹大·哈利维关于可萨信仰犹太教的记载,与约瑟夫国王、匿名犹太人写给哈萨德·伊本·沙普鲁回信中所述相似,应是对这两封信件内容有所参考。②拜占庭皇帝利奥三世(Leo III,717—741 年在位)统治第 20 年时,预言可萨将很快信仰犹太教。③此两则文献关于可萨信仰犹太人时间记载差异不大,道格拉

---

① S. Schechter, "An Unknown Khazar Document", pp.206—216.

② Judah Halevi, *The Kuzari*, *An Argument for the Faith of Israel*, New York, Schocken, 1987, p.35.

③ Arthur Koestler, *The Thirteenth Trible*, *the Khazar Empire and its Heritage*, New York, Random House, 1976, p.60.

斯·邓洛普、姬庆红等据此认为可萨改宗犹太教时间应为 740 年左右。①10
世纪阿拉伯史学马苏第在《黄金草原》中曾记载："可萨国王、宫廷及其他所
有像他那样的可萨族人都信仰犹太教,可萨人国王在哈伦·赖希德哈里发
(Harun al-Rashid,786—809 年)时代信仰犹太教。"②864 年本笃会修士朱
斯马(Druthmar)称可萨人已经信仰犹太教。③

　　对比这些记载,犹大·哈利维、拜占庭皇帝利奥三世与马苏第较为明确
地提到了可萨信仰犹太教时间,朱斯马仅是在 864 年提到可萨已信仰犹太
教,并未明确记载信仰时间,而且目前已经出土了 837(或 838)年为纪念改
宗犹太教所铸钱币,说明可萨至少在此之前已信仰犹太教。④因此 740 年左
右与 8 世纪末 9 世纪初(马苏第所记)这两个时间更为可靠。约瑟夫在给哈
萨德·伊本·沙普鲁的回信中提到:"布兰之后又有俄巴底亚(Obadiah)、
希西家(Hezekiah)、玛拿西(Manasseh)、汉努迦(Hanukkah)、艾萨克
(Issac)、泽布伦(Zebulun)、摩西(Moses)、尼西(Nissi)、亚伦(Aaron)、曼海
姆(Menahem)、本杰明(Benjamin)、亚伦二世(Aaron II)等犹太国王,然后
是我——我是亚伦国王的儿子,国王直系后裔。"⑤对此,奥梅利安·普里查
克(Omeljan Pritsak)认为布兰国王首次改宗犹太教,应仅是个人行为,俄巴
底亚(Obadiah)时期开始官方正式推行犹太化,马苏第所记哈伦·赖希德
哈里发时可萨信仰犹太教应指俄巴底亚时期,740 年左右布兰国王已开始
信仰犹太教。⑥奥梅利安·普里查克的认识颇为中肯。737 年可萨与阿拉
伯人作战失利,可萨可汗(Qayan,即 Qaḡan, Qaɣanïm)信仰伊斯兰教,⑦前
述可汗在西突厥灭亡后逐步成为虚君,这便显示 730—740 年间可萨尚没有
将犹太教作为官方宗教推行,布兰国王时信仰犹太教应仅是个人行为。但

---

①　D. M. Dunlop, *The History of the Jewish Khazars*, p.170;姬庆红、罗冠群:《哈扎尔的
犹太化及其后果》,第 83 页。

②　(阿拉伯)马苏第:《黄金草原》,耿升译,第 214 页。

③　Omeljan Prisak, "The Khazar Kingdom's Conversion to Judaism", p.271. 姬庆红等对可
萨改宗犹太教时间进行了详细的学术史梳理,详见姬庆红、罗冠群:《哈扎尔的犹太化及其后果》,第
83 页。

④　Kevin A. Brook, *The Jews of Khazaria*, pp.101—103.

⑤　约瑟夫给哈萨德·伊本·沙普鲁的回信,详见 Jacob R. Marcus, *The Jew in the Medieval
World*, *A Source Book*:315—1791, pp.227—232。

⑥　Omeljan Pritsak, "The Khazar Kingdom's Conversion to Judaism", p.278.

⑦　D. M. Dunlop, *The History of the Jewish Khazars*, pp.83—84. 桂宝丽、贾森等认为马苏
第所记 8 世纪末 9 世纪初应为可萨改宗犹太教时间;贾森从当时国际形势进行了分析,但是此时间
应为可萨官方正式推行犹太化时期,详见桂宝丽:《可萨突厥》,第 78 页;贾森:《可萨汗国的商贸地
位研究》,郑州大学硕士论文,第 25—26 页。

是,随着可萨信仰犹太教的深入,可汗也信仰犹太教,如 10 世纪阿拉伯史地学家伊斯塔赫里(al-Istakhri)即称 10 世纪可汗只能由犹太人担任。①

3. 可萨犹太人来源与信仰犹太教原因

这位佚名的可萨犹太人在写给哈萨德·伊本·沙普鲁的信中称:"可萨人最初没有《托拉》……与当地人联姻,并(偶尔)共同(征战)。他们遵守割礼,(其中一些人)遵守安息日。"②这些遵守割礼、安息日的当地人即为犹太人,显示犹太人在可萨人之前就定居在此地。

关于可萨犹太人来源可谓众说纷纭,其中很多记载将可萨犹太人溯源到"以色列流散的十个部落"。③12 世纪意大利犹太人耶拉蔑·本·所罗门(Jerahmeel ben Solomon)收集有关"以色列流散的十个部落"传说的资料,其中便记载"以法莲(Ephraim)与部分西缅(Simeon)部落【又有'部分玛西拿(Manasseh)'一说】居住在可萨地区,他们向 25 个王国征收贡品。"④7 世纪中叶,可萨不断扩张领地,迫使周边地区臣服,可萨犹太人向 25 个王国征收贡品,显示犹太人已在可萨取得主导地位,因此应发生 8 世纪 40 年代可萨信仰犹太教之后。这位佚名的可萨犹太人在写给哈萨德·伊本·沙普鲁的信中也提到:"可萨犹太人的祖先来自西缅部落。"⑤公元前 721 年亚述人攻占北部以色列王国(公元前 931 年—前 722 年),将以色列十个部落掠往亚述各地,此十个部落不再见于历史记载之中。由于"以色列流散的十个部落"迁徙历史晦涩不明,也并没有明确的证据显示其流散至可萨地区。可萨作为中世纪唯一信奉犹太教的国家,不排除犹太后人将"流散的十个部落"附会至可萨,为犹太民族历史增彩的可能性。

公元 70 年罗马军队将第二圣殿夷为平地,犹太人被迫在欧亚各地流散,此时犹太人已流散到黑海沿岸、克里米亚半岛等地,以渔猎、贸易为生,克里米亚半岛地区曾出土 6 世纪烛台等犹太人遗物。⑥因此,这位佚名的可

---

① D. M. Dunlop, *The History of the Jewish Khazars*, pp.97—98.

② S. Schechter, "An Unknown Khazar Document", p.204.

③ "以色列流散的十个部落"指古代以色列十二支派中流散的 10 支,包括流便(Reuben)、西缅(Simeon)、但(Dan)、拿弗他利(Naphtali)、迦得(Gad)、亚设(Asher)、以萨迦(Issachar)、西布伦(Zebulun)、以法莲(Ephraim)与玛拿西(Manasseh)支派,原属于北部以色列国。以色列国被亚述占领之后,将此十部落迁徙到各地。由于史料记载缺乏,此十部落流散的历史晦涩不明。

④ Andrew C. Gow, *The Red Jews*, Leiden Netherlands: E. J. Brill, 1995, pp.192—200.

⑤ S. Schechter, "An Unknown Khazar Document", p.216.

⑥ Haim Beinart, *Atlas of Medieval Jewish History*, Carta: the Israel Map and Publishing Company, 1992, pp.12—13; Kevin A. Brook, *The Jews of Khazaria*, p.88.

萨犹太人所提及的可萨犹太人最早应指这批犹太人。中世纪时期犹太人在欧亚各地流散,经常遭受迫害。罗马帝国时期皇帝哈德良(Hadrian,76—138年)大规模迫害犹太人;拜占庭帝国皇帝查士丁尼一世(Justinian I,527—565年)开始实施反犹法,迫使犹太人改宗基督教。继其之后,莫里斯(Morris,582—602年)、福卡斯(Phokas,602—610年)、希拉克略(Heraclius,575—641年)与利奥三世(Leo III,717—741年)等皆对犹太人不甚友好,甚至大肆迫害,要么迫使其改宗基督教,要么禁止犹太人阅读希伯来文圣经,其中很多犹太人被没收财产或处死,大量犹太人奔走他处。[1]流散在波斯地区的犹太人在5世纪中叶时受到萨珊波斯迫害。萨珊波斯国王叶兹德格尔德三世(Yazdigar III,440—457年)及其子卑路斯(Piruz,458—485年)曾对波斯境内犹太人大肆迫害,大量犹太人被迫流散至阿拉伯半岛、中亚与印度等地。[2]

6世纪中叶西突厥为打破波斯人对丝绸贸易的垄断,将生丝直接销售给拜占庭,西突厥可汗室点密(?—576年)派遣使团翻越高加索山前往君士坦丁堡,拜占庭又分别于569、576年两次派遣使团经高加索前往西突厥。[3]西突厥与拜占庭的结盟,导致了新的交通道路形成,即裴矩在《西域图记》所记丝绸之路北道,即从伊吾,经蒲类海、铁勒部,突厥可汗庭,度北流河水,至拂菻国(拜占庭帝国),达于西海(地中海)。[4]此时地处高加索地区的可萨成为此条道路必经之地,交通便利,吸引众多商人前来贸易。9世纪中叶阿拉伯史地学家伊本·胡尔达兹比赫在《道里邦国志》中即记载巴格达东部拉唐地区的犹太商人与罗斯商人经常到达可萨贸易;[5]哈萨德·伊本·沙普鲁在信中也称君士坦丁堡使团告诉他可萨与拜占庭之间的贸易往来非常频繁。[6]1973—1974年在北高加索西部库班河(Kouban)上游地区发掘的莫谢

①　Nicholas de Lange, "Hebraism and Hellenism: the Case of Byzantine Jewry", in *Poetics Today*, Vol.19, No.1, Hellenism and Hebraism Reconsider: the Poetics of Cultural Influence and Exchange I, 1998, p.132.

②　Johanna Spector, "Shingli Tunes of the Cochin Jews", p.23.

③　西突厥与拜占庭的联盟,详见(英)裕尔撰、(法)考迪埃修订:《东域纪程录丛——古代中国闻见录》,第176—180页。

④　《隋书》卷67,《裴矩传》,北京,中华书局,1973年,第1578—1580页。

⑤　详见(阿拉伯)伊本·胡尔达兹比赫:《道里邦国志》,宋岘译注,第164—165页。关于拉唐地名考证,与拉唐犹太商人贸易状况,详见李大伟:《论拉唐犹太人及其入唐贸易路线》,第133—149页。

⑥　Jacob R. Marcus, *The Jew in the Medieval World*, *A Source Book*: 315—1791, p.228.

瓦亚·巴尔卡及其东部墓葬群中出土了大量8—9世纪的中国丝绢、汉文文书以及唐人骑马图等绢画等,[①]显示可萨与中国之间也有大规模贸易往来。拜占庭、波斯北接可萨,为可萨紧邻,来自东方的突厥人及可萨人与犹太人并无太多历史纠葛,尤其在6世纪中叶之后可萨成为中西交通的孔道,具备优越的交通贸易环境,那些在拜占庭与波斯受到迫害的犹太人为了谋生极有可能选择流亡到可萨地区。随着犹太人在可萨地区数量日渐增多,势力也变得强大,甚至与可萨人并肩作战,这位佚名的可萨犹太人在信中即称:"当犹太人参战时,一位犹太人会以剑宣誓、示威,猛烈打击反抗可萨的敌人;可萨人根据传统,授予此人将军职位。"[②]

大量犹太人涌入可萨为其信仰犹太教提供了可能,但这并不必然导致其改宗。在改宗犹太教之前,可萨还有大量穆斯林与基督徒,且有一定影响力,737年可萨可汗甚至改宗伊斯兰教,同时可萨与拜占庭关系密切,双方经常联姻,698年拜占庭皇帝查士丁尼二世(Justinian II,685—711年)迎娶可萨可汗之妹西奥多拉(Theodora)为妻,733年康斯坦丁五世(Constantine V,741—775年)迎娶可萨公主茨茨克(Tzitzak)为妻,茨茨克受洗成为基督徒。[③]即使在信仰犹太教之后,可萨仍奉行宽容的宗教政策,这些穆斯林与基督徒也保持了一定影响力,如10世纪马苏第记载:"可萨有很多穆斯林、基督徒、犹太人与异教徒……穆斯林构成了皇室军队,被称为艾尔西叶(Arsiya),主要来自花拉子模;可萨有七位判官,其中有两位穆斯林判官、两位犹太人判官、两位基督教判官,一位斯拉夫人、罗斯人与异教徒判官。"[④]

关于可萨信仰犹太教的原因,奥梅利安·普里查克突出强调犹太商人的作用,认为可萨地处丝绸之路贸易要地,拉唐尼亚等犹太商人常来此地贸易,易被可萨人接受,此为可萨信仰犹太教的主要原因,并将可萨信仰犹太教与763年回鹘人信仰摩尼教、900年突厥人黑汗王朝信仰伊斯兰教相联系,称这些信仰的形成都是受商人影响。[⑤]犹太商人贸易活动对于推动可萨人信仰犹太教自然有积极作用。但是,从可萨改宗过程判断,可萨信仰犹太

① 库班河位于发源于北高加索地区,注入亚速海。此地的考古发现,详见姜伯勤:《敦煌吐鲁番文书和丝绸之路》,北京,文物出版社,1994年,第16—22页。

② S. Schechter, "An Unknown Khazar Document", p.205.

③ Omeljan Pritsak, "The Khazar Kingdom's Conversion to Judaism", p.267.

④ (阿拉伯)马苏第:《黄金草原》,耿升译,第215—216页。

⑤ Omeljan Pritsak, "The Khazar Kingdom's Conversion to Judaism", pp.280—281.

教是由国王首先发起，然后在各地公开推行，是由政权力量推动的主动改宗，而且在改宗过程中伴随着国王权力崛起与可汗式微，传统双王制走向瓦解，可萨最终也成为一个区域性大国，一度与拜占庭、阿拉伯帝国形成相互抗衡的局势。当然，不容否认的是受犹太商人影响，有大量可萨人信仰犹太教，但是通过可萨信仰犹太教过程，可以看出推动可萨接受并信仰犹太教的主导力量是国王这一派的政治势力。

　　8世纪40年代之后可萨国王推动可萨信仰犹太教，应与彼时政治形势密切相关。657年西突厥灭亡后，可萨摆脱西突厥统治，逐渐在高加索一带兴起，经常与拜占庭、阿拉伯帝国关系不睦，甚至兵戎相见，虽然传统与拜占庭有联姻关系，但双方在克里米亚半岛曾展开了长达百年之久的争夺——克里米亚扼黑海门户，为重要交通枢纽，拜占庭在7世纪中叶就已控制克里米亚南部港口赫尔松（Kherson），可萨在西突厥灭亡时接管了西突厥在克里米亚的领地，有意向南部进发，双方因此兵戎相见。642年，阿拉伯人首次与可萨交锋；642至737年双方战争不断，可萨曾一度臣服于阿拉伯人；762至786年双方战火再起。直到786年，可萨与阿拉伯人最终以高加索山为屏障，确立势力范围。[①]但是，比较而言拜占庭与阿拉伯帝国之间的宗教、政治矛盾更为尖锐，因此双方皆想拉拢、利用可萨。737年可萨与阿拉伯人作战失利，可萨可汗被迫信仰伊斯兰教。此事引起了拜占庭的警觉，担心可萨沦为阿拉伯人的附庸，一旦如此，阿拉伯人在黑海、高加索一带的渗透便会影响拜占庭的安全，于是频繁争取将可萨纳入基督教世界的怀抱。[②]但是，如果可萨选择信仰基督教或伊斯兰教，势必会与其中一方为敌；如果信仰犹太教，则可以在拜占庭与阿拉伯帝国之间周旋，以保持自己的实力。在约瑟夫与这位佚名的可萨犹太人关于可萨选择信仰犹太教的叙述中，可以明显看出可萨国王在辩论中有意刁难基督教与穆斯林哲人，让犹太教哲人能够赢得论争。可萨国王自然明白其中玄机，有意设计辩论这一幕，使自己能够名正言顺地信仰犹太教，如此不给拜占庭与阿拉伯帝国任何一方留下口实。因此，可萨信仰犹太教应主要出于此时政治形势的考量，在改宗过程中国王权力崛起、可汗式微，传统双王制走向瓦解，当然大量犹太人流散到可萨，一股可以依赖的犹太人政治势力也是非常重要

---

　　①　桂宝丽：《可萨突厥》，第30—63页、第100—120页；D. M. Dunlop, *the History of the Jewish Khazars*, pp.58—264.

　　②　Dimitri Obolensky, *The Byzantine Commenwealth*, New York: Preager Publisher, 1971, pp.172—173.

的因素。

关于可萨改宗,汤普逊便认为:"由于可萨位于伊斯兰教哈里发国家与基督教拜占庭之间,承受双方根据利害关系发出的巨大压力,便利用这种妥协的方式规避他们。"①同时,汤普逊还指出可萨改宗还出于吸引犹太商人到可萨贸易以促进可萨人商业的目的。②中世纪时期犹太人散居各地,尤其是阿拉伯、波斯等地犹太人擅长长途贸易,如前述巴格达东部拉唐尼亚地区犹太商人贸易足迹遍布地中海、北非、波斯、拜占庭、印度、可萨、中亚与中国等欧亚大陆诸地,在海上与路上丝绸之路建立了犹太商人贸易网,③因此改宗信仰犹太教会让可萨在经济上受益于犹太人商业网。但是从商业贸易角度而言,可萨商业的繁荣应主要得益于其占据丝绸之路北道要地,此为欧亚大陆商业贸易汇集之地,其地商人云集,不仅有犹太商人,还有阿拉伯、波斯、罗斯与粟特等中亚商人,而且相比其他商人而言,尤其是阿拉伯、波斯与中亚诸地商人,丝绸之路上的犹太商人从规模、影响方面皆稍逊一筹。因此,可萨统治者信仰犹太教的政治考量应远多于经济考量,但毋庸置疑的是改宗后会让可萨更加受惠于犹太人商业网。

同时,从信仰角度而言,也很难解释可萨改宗犹太教。④相比基督教、伊斯兰教,犹太教并没有非常强烈的传教思想与行为,很难想象其他族群会仅因为宗教原因而信仰犹太教。1 世纪罗马征服耶路撒冷,犹太人开始大流散。犹太人的流散被犹太人视为上帝对犹太人的惩罚,犹太民族是因为有罪而被全体放逐;同时受"弥赛亚"思想影响,犹太人认为上帝在末日将会派一位救世主"弥赛亚"将犹太人带回故土,重建他们的圣殿,并按照《托拉》原则建立一个新的犹太社会,届时犹太人将因为他们在流散中为拯救全人类而付出的苦难与贡献,而被上帝赋予荣光。因此,犹太人所期待的救赎是一种绝对理想意义上的救赎,犹太人的救赎具有普世意义。⑤这一思想在传统犹太人信仰构建,尤其是维系大流散时代犹太人民族与宗教认同方面具有

① 汤普逊:《中世纪社会经济史》,耿淡如译,北京,商务印书馆,1961 年,第 426 页。

② 同上,第 426 页。林英也强调可萨改宗的商业贸易因素,详见林英:《试论唐代西域的可萨汗国——兼论其与犹太人入华的联系》,《中山大学学报》,2000 年第 1 期,第 16—17 页。

③ 关于该犹太商人群体贸易网络的探究,详见李大伟:《论拉唐犹太人及其入唐贸易路线》,第 133—149 页;李大伟:《丝绸之路上的犹太人贸易网络》,《光明日报·世界史》,2022 年 12 月 5 日。

④ 姬庆红等从可萨内外政治形势、宗教、经济与犹太人流散等诸多方面对可萨改宗犹太教进行了全方位分析,但是本文认为可萨改宗主要原因是彼时可萨与拜占庭、阿拉伯帝国的政治关系,详见姬庆红、罗冠群:《哈扎尔的犹太化及其后果》,第 85—87 页。

⑤ 刘精忠:《宗教与犹太复国主义》,北京,中国社会科学出版社,2010 年,第 17—67 页。

十分重要的意义,直到近代犹太复国主义兴起。因此,很难想象中世纪时期犹太人会主动、设法建立一个犹太国家,可萨信仰犹太教应主要是可萨统治者出于彼时政治形势的考量。

8世纪40年代可萨信仰犹太教之后,尤其注重对犹太人的保护。当阿拉伯与拜占庭帝国对犹太人迫害时,可萨经常以打击境内穆斯林与基督徒的方式予以报复,①欧亚各地犹太人纷纷前往可萨。马苏第即记载:"可萨国王在哈伦·赖希德哈里发时受皈依信仰犹太教,许多犹太人从所有伊斯兰城市和拜占庭帝国迁往可萨人中定居,因为在当代(943年)拜占庭皇帝罗曼一世(Romanus I,870—948年)想迫使帝国中的以色列人皈依基督教……大量犹太人争相逃离罗马地区前往可萨人中避难。"②这位佚名的可萨犹太人在信中也称:"来自巴格达、呼罗珊与希腊(拜占庭)的犹太人纷纷来到可萨,他们的力量不断强大。"③中世纪杰出的拉比、犹太哲学家巴比伦犹太人萨德亚·本·约瑟夫(Sa'adyah b. Yosef,882/892—942年)亦曾提及巴比伦犹太人艾萨克·本·亚伯拉罕(Isaac b. Abraham)非常向往可萨,迁徙而至其地。④因此,彼时可萨已成为欧亚诸地犹太人名副其实的避难所与乐土,并在一定程度上传承了犹太文明,直到965年可萨被罗斯人灭亡。

4. 可萨犹太人入华

中世纪时期,可萨汗国掌控黑海、里海诸地,势力波及咸海、第聂伯河、伏尔加河以及南高加索,其地皆为交通贸易要道,吸引大量伊斯兰教、基督教以及犹太商人前来贸易,如上述伊本·胡尔达兹比赫称罗斯商人常携带毛皮、刀剑等到达海姆利杰,⑤哈萨德·伊本·沙普鲁在信中称君士坦丁堡使团告诉他可萨与拜占庭之间贸易往来频繁。⑥除上述杜环《经行记》、新旧唐书西戎传以及段成式《酉阳杂俎·境异》所记可萨之外,可萨与中国交往鲜见于史籍之中。9世纪阿拉伯史家伊斯塔赫里曾记载:"鱼胶是可

---

① N. Golb and O. Pritask, *Khazarian Hebrew Documents of the Tenth Century*, Cornell University Press, 1982, pp.79—115; Kevin A. Brook, *The Jews of Khazaria*, pp.246—247—103.

② (阿拉伯)马苏第:《黄金草原》,耿升译,第214页。

③ S. Schechter, "An Unknown Khazar Document", p.210.

④ 萨德亚(882/892—942年)中世纪时期著名犹太思想家、犹太-阿拉伯文的奠基者,详见 D. M. Dunlop, *The History of the Jewish Khazars*, p.221。

⑤ (阿拉伯)伊本·胡尔达兹比赫:《道里邦国志》,宋岘译注,第165页。

⑥ Jacob R. Marcus, *The Jew in the Medieval World*, *A Source Book*: *315—1791*, p.228.

萨唯一能够用于贸易的物资,可萨境内的奴隶、蜂蜜、蜡、海狸及其他皮革等都源自他处。"①《隋书·突厥传》与《北史·突厥传》曾记:"突厥都蓝可汗(?—599 年),……曾贡薊布、鱼胶。"②新旧唐书突厥传亦曾记:"突厥颉利可汗(579—634 年),……更请和好,亦献鱼胶数十斤,欲令二国同于此胶。"③都蓝可汗与颉利可汗所贡鱼胶应来自可萨。1973—1974 年,在北高加索西部库班河(Kouban)上游地区发掘的莫谢瓦亚·巴尔卡及其东部墓葬群中则出土了大量 8—9 世纪的中国丝绸、汉文文书以及唐人骑马图等绢画等。④由此可见,中世纪时期可萨与中国之间有大规模贸易往来。

6 世纪末西突厥兴起之后占领了河中地区,其地遍布粟特人。粟特唐时称昭武九姓,即指康、安、曹、石、米、何、火寻(花剌子模)、戊与史等国。昭武诸国素以经商闻名,诸夷交易辐凑其国,异方宝货多聚其地。其国人善商贾,利之所在、无处不至。⑤如前所述,粟特人为经营丝绸贸易不仅推动了西突厥与拜占庭的交往,⑥而且常往中原贸易、重视与中原王朝的关系。早在贞观(627—649 年)初年安国献方物,唐太宗(598—649 年)厚慰使曰:"西突厥已降,商旅可行矣。"诸胡大悦⑦——629 年唐廷灭东突厥,657 年灭西突厥,贞观年间从 627 至 649 年,安国应于 627 年后不久遣使唐廷,故唐太宗所言应为东突厥,此处所记"西突厥"疑为讹误,由此可知昭武诸国商人早在唐初便入华贸易,东突厥灭亡之后其入华贸易更为便利。⑧《旧唐书·西域传》又记:"康国善商贾,争分铢之利,男子年二十,即远旁国,来适中夏。"唐武德(618—626 年)、贞观(627—649 年)、永徽(650—655 年)、开元(713—741 年)、天宝(742—756 年)以及宝应(762—763 年)年间,昭武九姓皆遣使贡奉。⑨这些粟特商人奔走于中国、西突厥与拜占庭之间,将中国丝绸等贸易至拜占庭帝国,打破波斯人对丝绸贸易的垄断,形成了一条从中国通往拜占庭的贸易商道,即裴矩所记"北道"。粟特商人经"北道"贸易须途经黑海、

---

① D. M. Dunlop, *The History of the Jewish Khazars*, p.96.

② 《隋书》卷 84,《突厥传》,第 1871 页;《北史》卷 99,《突厥传》,北京,中华书局,1974 年,第3295 页。

③ 《旧唐书》卷 194 下,《突厥传》,第 5155 页;《新唐书》卷 215 下,《突厥传》,第 6030 页。

④ 库班河位于发源于北高加索地区,注入亚速海,详见姜伯勤:《敦煌吐鲁番文书和丝绸之路》,北京:文物出版社,1994 年,第 16—22 页。

⑤ 《新唐书》卷 221 下,《西域传》,第 6243—6244 页;《旧唐书》卷 198,《西域传》,第 5310 页。

⑥ 裕尔撰、(法)考迪埃修订:《东域纪程录丛——古代中国闻见录》,第 176—180 页。

⑦ 《新唐书》卷 221 下,《西域传》,第 6244 页。

⑧ 《旧唐书》卷 198,《西域传》,第 5310 页。

⑨ 《旧唐书》卷 198,《西域传》,第 5310 页;《新唐书》卷 221 下,《西域传》,第 6243—6248 页。

里海以及高加索等地,这些地区属可萨地界,故可萨成为"北道"入华贸易必经之地。

在昭武九姓诸国中,火寻紧邻可萨,其地粟特人常入华贸易,如《新唐书·西域传》记载火寻国商贾常乘牛车以行诸国,其王稍施芬并于天宝十载(751 年)遣使者入朝、献黑盐,宝应时(762—763 年)再次入朝。[①]

又据 10 世纪阿拉伯文献《世界境域志》记载:

> 火寻首府柯提(Razh)是突厥人、突厥斯坦、河中地区及可萨等地的商业中心,各国商人常来此地。该城财富富饶,出产垫罩、缝制的衣服、棉织品、毛毯、塔夫(凝固的羊奶)和鲁赫赛(一种干酪)等。[②]

据其可知,可萨商人应常至火寻首府柯提与当地粟特商人贸易。

在花剌子模地区曾出土一枚公元 751 年左右的花剌子模国王钱币,此枚钱币上镌刻"MR' MLK' pr' rxzrn"等字样。据前苏联学者托尔斯托夫(Tolstov)考证,此铭文意为"应予祝福的可萨人的国王",并称在 751 年前不久可萨与花剌子模曾形成了一个被称之为阿弗里(Afrigid)类似联盟的帝国。[③]据阿拉伯史家马苏第记载:"伊斯兰教徒组成了可萨的王家部队,他们被称为'艾尔西叶'。这些人源自花剌子模附近,他们很早便前来可萨王国定居,可萨国王对他们十分信任。今天他们之中约有 7 000 多人组成了可萨国王的骑弩手。"[④]由此显示历史上可萨多为倚重火寻,两国在军事、政治以及贸易等诸多方面交往甚密。如托尔斯托夫之说不误,那么天宝十载遣使唐廷的火寻国王稍施芬应为 751 年花剌子模钱币上所提到的"应予祝福的可萨人的国王",显示此时可萨与唐廷亦有交往。

中世纪时期,可萨犹太人云集,尤其在信仰犹太教之后,其地犹太人地位不断提高,约瑟夫在给哈萨德·伊本·沙普鲁的回信中就提到:"当可萨改宗犹太教之后,在耶和华的眷顾之下,无论是穆斯林、基督徒,还是其他异教徒,在我们面前都十分谦卑……"[⑤]因此,可萨犹太人贸易当异常便利。

---

① 《新唐书》卷 221 下,《西域传》,第 6247 页。
② (阿拉伯)佚名:《世界境域志》,王治来译注,第 122 页。
③ 龚方震《可萨汗国——东西方贸易的枢纽》,中国中外关系史学会编:《中外关系史论丛》(第 4 辑),天津,天津古籍出版社,第 115 页。
④ (阿拉伯)佚名:《世界境域志》,王治来译注,第 122 页。
⑤ Jacob R. Marcus, *The Jew in the Medieval World*, *A Source Book*: 315—1791, p.230.

1962年诺曼·高柏(Norman Golb)在剑桥大学收藏的戈尼萨文书中发现一则文书记载930年基辅犹太人雅各·本·哈拿卡(Yacob b. Hanukka)的兄弟借钱外出贸易、不幸遇害,债权人因担保人雅各·哈拿卡无力还债想迫其为奴,基辅犹太人写信向各地犹太人求助以帮其还清债务。①8世纪中叶,可萨已扩张至第聂伯河、伏尔加河流域一带,故基辅亦应为其附属国,10世纪中叶约瑟夫写给哈萨德·伊本·沙普鲁的信中就称:"我居住在阿得尔(Itil)河畔,不会允许罗斯人进入里海及穆斯林地区……"②雅各·哈拿卡及其兄弟可能是为在基辅经营贸易,由可萨迁徙至基辅。此则戈尼萨文书说明此时可萨犹太人确曾参与到北道贸易之中。

9世纪中叶伊本·胡尔达兹比赫所记塞瓦杜拉唐犹太商人北道贸易入华途经可萨首府海姆利杰。722/723年,可萨迫于阿拉伯人的攻势将首府巴兰贾尔(Banlanjar)迁至北部的萨曼达尔(Samandar);737年,又迁往阿得尔(Atil)。③Atil源自突厥语,意为"大河",即指伏尔加河,《隋书》《北史》等汉籍中作"阿得水"④,中世纪阿拉伯文献中常将此地称作Khamlij,即海姆利杰。10世纪中叶约瑟夫在给哈萨德·伊本·沙普鲁回信中就提及自己住在Atli河畔,沿河有三个首都城市,……犹太人、基督徒、穆斯林,居住在第二个城市中。"⑤其应分别指巴兰贾尔、萨曼达尔与海姆利杰。因此,拉唐犹太商人只有在737年之后方才可经此道贸易。又考虑到阿拉伯帝国与可萨直到796年之后方才实现和平交往,⑥塞瓦杜拉唐犹太商人到可萨贸易应始于8世纪末,即可萨信仰犹太教之后。

6世纪末从拜占庭至中国北道贸易开通之后,可萨便成为此道入华必经之地。较之塞瓦杜拉唐犹太商人而言,可萨犹太人应更早知晓此道。塞瓦杜拉唐犹太商人途经可萨定与可萨犹太人有关。占据天时地利与人和的可萨犹太人完全有可能如同塞瓦杜拉唐犹太商人那般经北道入华贸易,由此便以可萨为中心在北道形成一条沟通中国与西方的犹太人贸易之路。

迄今在中国北部新疆(和田、吐鲁番阿斯塔那,12枚)、青海(乌兰县、都

① Norman Golb and Omeljan Pritsak, *Khazarian Hebrew Documents of the Tenth Century*, Ithaca, New York: Cornell University Press, 1982, p.71.

② Jacob R. Marcus, *The Jew in the Medieval World, A Source Book*: 315—1791, p.231.

③ 桂宝丽:《可萨突厥》,第50页。

④ 《隋书》卷84,《北狄》,第1880页;《北史》卷99,《铁勒》,第3303页。

⑤ Jacob R. Marcus, *The Jew in the Medieval World, A Source Book*: 315—1791, p.232.

⑥ 详见桂宝丽:《可萨突厥》,第50页;D. M. Dunlop, *The History of the Jewish Khazars*, pp.41—87。

兰县,2 枚)、甘肃(武威、天水、陇西,4 枚)、宁夏(固原,11 枚)、陕西(西安、咸阳、商州、定边,12 枚)、山西(太原,1 枚)、内蒙古(毕克齐镇、武川县,2枚)、河北(赞皇、磁县,6 枚)、河南(洛阳,2 枚)、辽宁(朝阳,1 枚)等地皆发现大量拜占庭金币。[①]这些拜占庭金币从君士坦丁二世(Constantine II,337—340 年)、君士坦斯一世(Constans I,337—350 年)至君士坦丁五世(Constantine V,741—775 年)时期不等,多为隋唐时期流入中国。裴矩所记"北道"为此时中国与拜占庭交流的主要孔道,这些金币大多应从此道流入中国。除粟特商人之外,这些金币极有可能便是由活跃在北道贸易的塞瓦杜拉唐犹太商人与可萨商人入华贸易而传入。

唐宝应初年(762 年),诗人戎昱(744—800 年)过滑州(今河南滑县)、洛阳时,偶遇一位洛阳富家之妻被回纥兵所俘,被迫为妾,有感而发,并于广德元年(763 年)作《苦哉行》,描绘回纥军攻陷洛阳的情形。《苦哉行》中曾写道:

> 今秋官军至,岂意遭戈鋋;
> 匈奴为前锋,长鼻黄发拳。[②]

安史之乱时,唐廷曾借兵回纥镇压叛乱,戎昱《苦哉行》所记即为回纥军收复洛阳一事。此处所记匈奴指回纥,唐人多视回纥为汉代匈奴苗裔,《新唐书·回鹘传》记载:"回纥其先匈奴也。"[③]张星烺认为,长鼻黄发拳者显然不同于回纥、匈奴等人种,可能为居住在里海与黑海周边的斯拉夫人。[④]唐代西域诸胡皆曾招募"柘羯""赭羯",《新唐书·西域传》记载:"安国募健者为柘羯,柘羯犹中国言战士也。"[⑤]玄奘在《大唐西域记》中亦记载:"飒秣建(康国)兵马强盛,多诸赭羯。赭羯之人,其性勇烈,视死如归,战无前敌。"[⑥]沙畹谓之"柘羯""赭羯"应为波斯语 Tchakar 同名异译,在康居一带训作"卫士"。[⑦]因此,与回纥军一并入华的斯拉夫人应是被招募的"柘羯""赭羯"。

---

① 关于中国境内所发现的拜占庭金币及相关问题,详见张绪山:《中国与拜占庭帝国关系研究》,第 202—245 页。

② 戎昱《苦哉行》原文,详见张星烺(编):《中西交通史料汇编》(卷 3),第 1583—1587 页。

③ 《新唐书》卷 217 上,《回鹘传》,第 6111 页。

④ 张星烺(编):《中西交通史料汇编》(卷 3),第 1570 页。

⑤ 《新唐书》卷 221 下,《西域传》,第 6244 页。

⑥ (唐)玄奘、辩机:《大唐西域记》,第 9 页。

⑦ 沙畹:《西突厥史料》,冯承钧译,第 127 页。

657年可萨摆脱西突厥之后,经过一个多世纪的扩张已控制伏尔加河流域,斯拉夫人等皆臣属可萨,因此这些斯拉夫人应是经可萨而来,"柘羯""赭羯"首见于安国、康国,故其极有可能是被河中地区的粟特商人当作奴隶贩卖而来——中世纪时期斯拉夫人多充当各地商人的奴隶,伊本·胡尔达兹比赫就提及斯拉夫人常为罗斯商人充当奴隶,①并在安国、康国等地被招募为"柘羯""赭羯"。

林英认为,既然以撒马尔罕为中心的柘羯军包括可萨地区的斯拉夫人,那其中亦可能有可萨犹太人,并言及犹太人白肤、高鼻,头发卷曲,为黄色或棕黄色,符合长鼻黄发的特征。②林英之说尚待商榷,因古犹太人系闪族,多为黑发,与斯拉夫人的特征相差甚远,长臂黄发者与斯拉夫人较为接近,且就犹太人在可萨之地位而言,似不必沦为奴隶或"柘羯""赭羯"。较之而言,伊本·胡尔达兹比赫在拉唐犹太商人贸易物资中曾提到阉人——此时大部分阉人来自斯拉夫人,说明其熟知斯拉夫奴隶贸易,因此塞瓦杜拉唐犹太商人、甚至可萨犹太商人,有可能将可萨地区的斯拉夫奴隶贩卖至安国、康国以及回纥等西域诸国。因此,若言及可萨犹太人贩卖斯拉夫奴隶则可,若言及柘羯军中包括有可萨犹太人则不可。

10世纪中叶之后,可萨日渐衰落。可萨犹太人在写给哈萨德·伊本·沙普鲁的信件中亦提到:"本杰明国王之时,所有国家开始反抗可萨人,将他们逼到困境;约瑟夫国王时,邪恶的罗马人也开始与罗斯人联合离间、陷害可萨。"③最终罗斯人的兴起彻底改变了南俄草原的格局,迫使可萨退出伏尔加河流域,并于965年征服其地,可萨犹太人遂四散而去。因此,以可萨为中心的北道犹太人贸易之路应在此时、甚至更早便凋敝了,塞瓦杜拉唐犹太商人亦应在此时或更早便不再经由北道可萨之地入华。

(二) 拉唐犹太商人与呼罗珊犹太人入华

伊斯兰教兴起之后,阿拉伯人不断向东方扩张,相继兼并了中亚诸地,巴里黑、漕矩吒、吐火罗及河中地区等皆成为阿拉伯呼罗珊(Khurasan)辖地,因此拉唐犹太商人入华贸易即途经呼罗珊诸地。历史上呼罗珊地区流散有大量犹太人,且其地与中国交往甚密,故有必要探讨拉唐犹太商人与呼

---

① (阿拉伯)伊本·胡尔达兹比赫:《道里邦国志》,宋岘译注,第165页。

② 林英:《试论唐代西域的可萨汗国——兼论其与犹太人入华的联系》,《中山大学学报》,2000年第1期,第20页。

③ 此则戈尼萨文书原件及其译文,详见 S. Schechter, "An Unknown Khazar Document", pp.204—219。

罗珊犹太人的关系以及呼罗珊犹太人入华之可能。

1. 呼罗珊犹太人①

呼罗珊初指波斯东北部地区,意为"太阳升起之地"。704 年,阿拉伯呼罗珊长官古太白·伊本·穆斯林(Qutaybah ibn Muslim,670—715 年)以木鹿(Merv)为首府,继而征服吐火罗、布哈拉、撒马尔罕、花剌子模、药杀河(锡尔河)地区以及拔汗那等地;738—740 年,奈斯尔·伊本·赛雅尔(Nasr Ibn Sayal)彻底征服河中地区。②从 820 年至 13 世纪初,呼罗珊地区相继被穆斯林塔希尔王朝塔希尔王朝(Tahiriyya,820—872 年)、萨法尔王朝(Saffarids,867—1002 年)、萨曼王朝(Samaniyya,874—999 年)、伽色尼王朝(a1-Ghaznawiyun,962—1186 年)及古尔王朝(Ghuriyya,1148—1215 年)等统治。③据阿拉伯作家艾卜·法尔吉·古达玛所记,呼罗珊地区辖喀布尔、古希斯坦(Quhistan)、赫拉特(Hārat)、巴达黑斯(Badhaghis)、布尚吉(Bushanj)、吐火罗、布哈拉、撒马尔罕、粟特、拔汗那、花剌子模、钦斯(Kiss)、木鹿、河中地区以及弩舍疆(Nushajan)等中亚诸地,④从波斯东北部一直延伸至今阿富汗以及中亚河中地区,木鹿、巴里黑、吐火罗,赫拉特、布尚吉、巴达黑斯、钦斯以及河中地区等为其核心地带。

呼罗珊地区犹太人历史悠久,据阿拉伯史家泰伯里、雅古特、穆卡达西记载,在呼罗珊麦穆尼(Maimuneh)、喀布尔、坎大哈、木鹿、尼沙布尔(Nishapur)等地有大量犹太人聚集区。⑤麦穆尼又被称为 al-Yahudiya,

① 本节内容独立成文发表于《中国与域外》,详见李大伟:《史籍与考古所见阿拉伯帝国呼罗珊犹太人》,《中国与域外》,2017 年第 2 期,第 175—186 页。

② 木鹿,位于今土库曼斯坦西南部,古代为丝绸之路交通要道,详见(美)菲利浦·希提:《阿拉伯通史》,马坚译,第 189—193 页。

③ 820 年呼罗珊总督塔希尔·伊本·侯赛因(Tahir Ibn Husayn)在呼罗珊建立塔希尔王朝(Dawla Tahiriyya,820—872 年)。867 年叶尔孤白·伊本·莱伊斯·萨法尔建立萨法尔王朝(Saffarids,867—1002 年),于 872 年灭塔希尔王朝,占呼罗珊之地。874 年伊斯玛仪·本·艾哈迈德(Ismakin Ben Ahmed,892—907 年)以布哈拉为首府建立萨曼王朝(Sulala Samaniyya,874—999 年),占领克尔曼、泰鲍里斯坦、河中地区以及呼罗珊等地。962 年萨曼王朝呼罗珊总督阿勒普特勤(Alb Tikin,?—977 年)建立伽色尼王朝(a1-Ghaznawiyun,962—1186 年),于 999 年联合喀喇汗王朝灭萨曼王朝,1002 年灭萨法尔王朝。1148 年赛福鼎·苏里(Saifuddien Suri)建立古尔王朝(Sulala Ghuriyya,1148—1215 年),统治呼罗珊以及印度部分地区。以上详见(阿拉伯)佚名:《世界境域志》,王治来译注,第 89 页;(美)菲利浦·希提:《阿拉伯通史》,马坚译,第 420—424 页。

④ 喀布尔为今阿富汗首都。古希斯坦,中世纪波斯城市,位于呼罗珊南部。赫拉特、巴达黑斯、布尚吉,皆为今阿富汗西部城市,彼此紧邻。布哈拉,位于今乌兹别克斯坦南部,唐代安国。详见(阿拉伯)古达玛·本·贾法尔:《税册及其编写》,收录于(阿拉伯)伊本·胡尔达兹比赫:《道里邦国志》,宋岘译注,第 258—259 页。

⑤ 尼沙布尔位于今伊朗东北部城市,详见 C. E. Bosworth, "The Early Islamic History of Ghur", in *Central Asiatic Journal*, The Hague, 1961, Vol.6, pp.116—133。

图 1-6-2　阿拉伯时期呼罗珊辖地①

al-Yahudan al-Kubra—al-Yahudiya，al-Yahudan 即波斯、阿拉伯人对犹太人的称谓，al-Yahudan al-Kubra 即"犹太人区"之意；②希伯来语中称犹太人为יהודי，即 Yehudi，al-Yahudiya，al-Yahudan 皆为源于此。12 世纪图德拉的本杰明曾提及："波斯国王在攻打突厥途中曾遭遇尼沙布尔犹太人，警告其若与波斯交战，波斯犹太人就会遭到报复。这些犹太人遂变得友善，为波斯提供物资，但是暗中又向突厥人通风报信。波斯遭遇突厥人伏击，国王狼狈逃窜。"③本杰明此处所记应指塞尔柱帝国（1037—1194 年）苏丹艾哈迈德·桑贾尔（Ahmad Sinjar，1085—1157 年）与巴克特里亚突厥人的战事。1096 年艾哈迈德·桑贾尔担任呼罗珊总督，以尼沙布尔为中心占领大部分波斯地区，1153 年被巴克特里亚突厥人打败并生擒。④此战事发生在 12 世纪中叶与本杰明游历时间相近，本杰明所记波斯国王狼狈逃窜与艾哈迈

①　（美）菲利浦·希提：《阿拉伯通史》，马坚译，第 190 页。

②　G. Le Strange, *The Lands of the Eastern Caliphate*, Cambridge, 1905, p.424.

③　Rabbi Benjamin, *Travels of Rabbi Benjamin*, Rev. B. Gerrans, pp.134—135.

④　巴克特里亚，中亚古国名，汉籍记之为大夏，位于今阿富汗北部地区，详见 Denis Sinor, *The Cambridge of Early Inner Asia*, Cambridge：Cambridge University Press, 1990, p.368；Marcus Nathan Adler, *The Itinerary of Benjamin of Tudela*, Oxford University, 1907, p.61；A. Asher, *The Itinerary of Benjamin of Tudela*, Vol. 2, London and Berlin, Hakesheth Publishing Co., New York, 1927, Vol.2, p.175。

德·桑贾尔被突厥人生擒应是其听说所引起的误差。尼沙布尔犹太人与突厥人联盟对付波斯人,应是对艾哈迈德·桑贾尔的统治不满。

雅库比则言及,巴里黑是呼罗珊最大的城市,巴里黑其中一座城门就被称为 Bab al-Yahud,即"犹太之门"——其中 Bab 在阿拉伯语中指门,al-Yahud 为犹太人之意。[①]直到近代,喀布尔、巴里黑、赫拉特等地仍分别有400、200、2 500 余名犹太人,[②]河中地区犹太人则超过 5 万,分布在塔什干、布哈拉、撒马尔罕以及费尔干纳诸地,其中尤以布哈拉、撒马尔罕两地犹太人为最,图德拉的本杰明就提及撒马尔罕约有 5 万余名犹太人,其首领为拉比俄巴底亚(R. Obadiah)。[③]这些犹太人自称 Isro'il(以色列人)或Yahudi,使用带有撒马尔罕-布哈拉地区塔吉克方言的希伯来语,或有专门的聚集区,或散居于穆斯林之中,从事织工、裁缝、酿酒、染色等手工业及丝绸、棉布、珠宝等贸易活动。[④]

迄今为止,在位于(阿富汗)赫拉特与喀布尔之间的赫尔希斯坦(Gharshistan)地区出土了大量犹太人遗迹——1148 年古尔王赛福鼎·苏里(Saifuddien Suri)曾据此地建立古尔王朝,如 1946 年在该地出土了一方犹太人墓碑:该墓碑呈四方形状,墓碑铭文为"纪念虔诚的、令人尊敬的长者以利沙·本·摩西·约瑟夫(Elisha b. Moshe Joseph),在□□□□年提市黎月(Tishri)24 日……"其中以波斯文刻写"*sal, s'l*(年),*dr s'l, dar sal*(一年之中)"、希伯来文刻写"*Kislev, Kslyw*(月)"。Tishri,即希伯来语תשרי,提市黎月,意为"开始",在希伯来历中为 7 月,约相当于公历 9、10 月。关于该墓碑镌刻时间,各方认识不一,如杜珀特·萨默(Dupont Sommer)认为此碑应刻于 749 年、赫拉尔多·尼奥里(Gherardo Gnoli)认为应为 1149 年,沃尔特·费舍(Walter J. Fische)则考证为 1198 年。[⑤]

1956 年,在该地唐利·阿佐(Tang-li Azao)地区,又发现了一方以"犹太-波斯文"书写的石刻。该石刻有三段铭文,铭文内容分别为:

①　L. Rabinowitz, *Jewish Merchant Adventures: a Study of the Radanites*, p.146.

②　Erich Brauer, "The Jews of Afghanistan: An Anthropological Report", in *Jewish Social Studies*, Vol.4, No.2 (Apr., 1942), pp.121—122.

③　Rabbi Benjamin, *Travels of Rabbi Benjamin*, Rev. B.Gerrans, pp.124—125.

④　Richard Foltz, "Judaism and the Silk Route", in *The History Teacher*, Vol.32, No.1 (Nov., 1998), p.15; Eliz Sanasarian, "Babi-Bahais, Christians and Jews in Iran", in *Iranian Studies*, Vol.31, No.3/4, Review of the Encyclopaedia Iranica, (Summer-Autumn, 1998), p.623; Rachel L. Goldenweiser, "The Bukharian Jews through the Lenses of the 19th Century Russian Photographers", in *Iran & the Caucasus*, Vol.9, No.2, 2005, pp.257—259.

⑤　Walter J. Fischel, "The Rediscovery of the Medieval Jewish Community at Firuzkuh in Central Afghanistan", in *the Journal of the American Oriental Society*, Vol.85, No.2, p.150.

（1）752/753 年，来自 Kōban 的亚伯拉罕之子□□□在此刻碑，希望上帝保佑。

（2）752/753 年，来自 Kōban 的斯米尔（Smi'il）之子扎卡里（Zachary）在此刻碑，希望上帝保佑，阿门。

（3）拉米斯（Rāmiš）之子塞缪尔（Samuel）记于此，希望上帝保佑，阿门。①

铭文中所记 Kōban 地名不可考，这三位犹太人应是从 Kōban 出发前往某处，当行至赫尔希斯坦唐利·阿佐地区之时，在此刻石铭记。亨宁（W. B. Henning）据碑铭所刻日期 הראלם，考证其书写时间大约在 752—753 年之间，这也是迄今为止发现最早的以"犹太-波斯文"书写的文献。②

图 1-6-3　唐利·阿佐（Tang-li Azao）犹太-波斯文碑刻③

1957 年，由安德鲁·玛瑞克（Andre Maricq）带领的法国阿富汗考古协会在赫尔希斯坦进行考古发掘，并在赫尔希斯坦核心地区哈里·路德（Hari Rud）山谷与贾姆·路德（Jām Rud）山谷交汇之处发现了一座伊斯兰教宣礼塔，故称"贾姆宣礼塔"——"贾姆宣礼塔"位于古尔王朝首都菲鲁兹库

---

① W. B. Henning, "The Inscriptions of Tang-i Azao", in *Bulletin of the School of Oriental and African Studies*, University of London, Vol. 20, No. 1/3, *Studies in Honour of Sir Ralph Turner*, *Director of the School of Oriental and African Studies*, 1937—1957, 1957, pp.335—342.

② W. B. Henning, "The Inscriptions of Tang-i Azao", p.338.

③ W. B. Henning, "The Inscriptions of Tang-i Azao", p.336; Andrea Bruno, "Notes on the Discovery of Hebrew Inscriptions in the Vicinity of the Minaret of Jam", in *East and West*, Vol.14, No.3/4 , 1963, p.20.

(Firuzkuh)附近,作为该王朝象征,在宣礼塔上便镌刻着古尔王朝苏丹吉亚苏·阿德丁·穆罕默德·伊本·萨姆(Giasu Adedin Mohamed Ibn Sam,1163—1203年)以"阿拉伯-库法体"书写的文字。①1962年在修复扎姆宣礼塔过程中,意大利考古学家布鲁诺(A. Bruno)在宣礼塔南边约1 000米处,陆续连续发现了20余方犹太人墓碑。②据赫拉尔多·尼奥里考释,这些墓碑多以"犹太-波斯文"刻写,其中一方以亚拉姆语刻写,墓碑内容包括死者姓名如尼散(Nisān)、伊亚尔(Iyyār)、提市黎(Tishri),逝世年月如 *Rūzi*(某日)、*māh*(某月)、*sāl*(某年)、*tā'rikh*(日期)以及圣经中的颂词等,铭文从1至8行不等,某些铭文已经模糊不堪、难以辨认,在可确认镌刻时间的墓碑中最早为1115年,最晚为1215年。③

图 1-6-4 贾姆宣礼塔④

① 阿拉伯-库法体为古代阿拉伯书法中的一种字体,以库法城命名,详见 Walter J. Fischel,"The Rediscovery of the Medieval Jewish Community at Firuzkuh in Central Afghanistan", p.151;A. Bruno, "Notes on the Discovery of Hebrew Inscriptions in the Vicinity of the Minaret of Jam",p.206。

② A. Bruno, "Notes on the Discovery of Hebrew Inscriptions in the Vicinity of the Minaret of Jam", p.206.

③ 赫拉尔多·尼奥里的考证,详见 Gherardo Gnoli, "Further Information Concerning the Judaeo-Persian Documents of Afghanistan", in *the East and West*, Vol.14, No.3/4, pp.209—210;Walter J. Fischel, "The Rediscovery of the Medieval Jewish Community at Firuzkuh in Central Afghanistan", p.152。

④ Andrea Bruno, "Notes on the Discovery of Hebrew Inscriptions in the Vicinity of the Minaret of Jam", Fig. 1.

历史上的加兹尼(Ghazna)地区位于今阿富汗东南部,与赫尔希斯坦南北相连,与古尔地区东西相接,也有大量犹太人存在,如 12 世纪图德拉的本杰明即记载仅加兹尼城犹太人就达 8 万之多。[①]

关于呼罗珊地区的犹太人渊源复杂难辨。但是,在赫尔希斯坦诸地出土的大量犹太人遗迹显示此地犹太人基本使用"犹太-波斯语",直到近代喀布尔、巴里黑、赫拉特等地犹太人仍在使用带有波斯方言的希伯来语,[②]河中地区犹太人使用带有塔吉克方言的希伯来语。塔吉克语属印欧语系伊朗语族西支,为波斯语在中亚的遗绪,故河中地区犹太人先祖也应使用波斯语。古代波斯语分为古波斯语、中古波斯语及新波斯语。古波斯语出现在古波斯阿契美尼德帝国王朝(公元前 550—前 300 年)的碑铭、泥板之上,主要使用楔形文字。公元前 2 世纪,波斯人创造帕拉维(Pahlavi)字母,形成中古波斯语(又称巴列维语);中古波斯语为萨珊波斯官方语言,一直使用至7—8 世纪。7—8 世纪之后,中古波斯语逐渐采用阿拉伯字母书写体系,并在波斯南部法尔斯方言基础上,形成了新波斯语,故亦被称为法尔斯语。"犹太-波斯语"即指以希伯来字母书写的新波斯语,不仅具备新波斯语特点,且借用了大量希伯来语、阿拉伯语及亚拉姆语词汇,并保留很多中古波斯文。"犹太-波斯语"与新波斯语形成时间大致相同,最早的新波斯语文献即以"犹太-波斯语"书写,但是迄今所知"犹太-波斯语"文献都在 8 世纪之后。[③]赫尔希斯坦、喀布尔、巴里黑、赫拉特、河中地区等地犹太人广泛使用"犹太-波斯文",说明大部分呼罗珊犹太人最初应是从波斯迁徙而来,与波斯犹太人联系密切。在赫尔希斯坦诸地出土的犹太人遗迹中,能够准确考订其时间的最早为 752/753 年、最晚为 1215 年,显示犹太人至少在 8 世纪就已生活在呼罗珊地区。又据喀布尔、巴里黑、赫拉特、河中地区犹太人使用带有波斯方言的希伯来语判断,这些犹太人可能在中古波斯语时期(公元前 2 世纪—7/8 世纪)就已从波斯地区流散而来。

历史上呼罗珊诸地作为沟通中西交流要津,地理位置优越,波斯犹太人应是为贸易迁徙至此。如据布鲁诺描述,赫尔希斯坦贾姆地区为一处军事要塞,在贾姆南部发现如此之多的犹太人墓碑显示此地犹太人应为经营军

---

① Benjamin, *Travels of Rabbi Benjamin, Son of Jonah, of Tudela*, Rev. Marcus Nathan Adler, p.83.

② Erich Brauer, "The Jews of Afghanistan: An Anthropological Report", pp.121—122.

③ Dariush Gitisetan, "Judeo-Persian Language and Literature", in *MELA Notes*, No.28, 1983, pp.13—14, Source: MELA Notes, No.28.

需贸易迁徙至此,并形成犹太人贸易聚集区。①波斯人的迫害也应是犹太人迁徙至呼罗珊地区的原因之一,如 5 世纪中叶萨珊波斯国王叶兹德格尔德三世及其子卑路斯统治时期,对波斯境内犹太人大肆迫害,便有犹太人被迫流散至中亚。②7 世纪初至 8 世纪中叶,阿拉伯人在中亚的征服将呼罗珊犹太人置于其治下。

2. 拉唐犹太商人与呼罗珊犹太人入华

塞瓦杜拉唐犹太商人从拜占庭帝国到达可萨首府海姆利杰之后,若为减少长途贸易耗费以及便利,应继续沿裴矩所记"北道"入华,但是却选择经里海南下到达巴里黑、河中地区等呼罗珊之地。

塞瓦杜拉唐犹太商人由里海南下至巴里黑极有可能途经木鹿,因为木鹿作为呼罗珊首府通往各地十分便利,且专门有驿道通往巴里黑。伊本·胡尔达兹比赫即记载由木鹿东南行经法兹(Faz)、埃利奈因(Qarinayn)、坎斯哈布(Kanshab)、久尔疆(al-Juzajan)、舒布尔甘(al-Shuburqan)等地即可至巴里黑,此道为木鹿通往巴里黑(吐火罗)传统要道。③

在拉唐犹太商人时代,经呼罗珊地区入华常从木鹿出发,即经库什玛罕(Kushmahan)、迪瓦布(Diwab)、曼帅夫(Al-Mansaf)……穆国,越过巴里黑河(阿姆河流经巴里黑段)至布哈拉、撒马尔汗,再至扎敏(Zamin),从扎敏入华凡有两道:其一为经"石国、突厥道",即从扎敏出发,经石国、沙拉布(Sharab)……千泉、怛罗斯、俱兰城、阿史不来城、突骑施、碎叶至上努舍疆(拔塞干或八儿思罕),并由此入华——此道即从今乌兹比克斯坦撒马尔罕北上经今塔什干、今哈萨克斯坦塔拉兹、今吉尔吉斯斯坦北部之碎叶等地入华;其二为经拔汗那道,即从扎敏至乌斯鲁舍纳(Usrushanah,东曹国)、俱战提(Khujandah)、哈吉斯坦(Khajistan)、土尔木甘(Turmuqan)、拔汗那至窝什(Ush,贰师城)、乌兹坎德(Uzkand)……下努舍疆(弩室羯城),再至"土胡兹胡尔"(九姓乌古斯),并由此入华,此道即从撒马尔罕经今塔吉克斯坦、费尔干纳、今吉尔吉斯斯坦、九姓乌古斯等地入华。④

---

① Andrea Bruno, "Notes on the Discovery of Hebrew Inscriptions in the Vicinity of the Min-aret of Jam", p.208.

② Johanna Spector, "Shingli Tunes of the Cochin Jews", p.23.

③ 巴里黑即位于此时吐火罗国,详见(阿拉伯)伊本·胡尔达兹比赫:《道里邦国志》,宋岘译注,第 35—36 页。

④ 石国即今乌兹比克斯坦塔什干地区;怛罗斯即今哈萨克斯坦南部塔拉兹;俱兰城位于今乌兹比克斯坦境内;阿史不来城位于今吉尔吉斯斯坦;拔汗那位于今吉尔吉斯斯坦费尔干纳地区;碎叶位于今吉尔吉斯斯坦北部地区;突骑施,属于西突厥属部;东曹国,属昭武九姓,位于今塔吉克斯坦境内;贰师城,位于今吉尔吉斯斯坦。以上引文,详见(阿拉伯)伊本·胡尔达兹比赫:《道里邦国志》,宋岘译注,第 27—35 页。

但是,当塞瓦杜拉唐犹太商人到达木鹿之时,并没有选择经此地入华,而是沿木鹿通往巴里黑之道继续东南行至巴里黑。即使在到达巴里黑之后,拉唐犹太商人亦并未如隋代裴矩所记"南道",即"从鄯善、于阗、朱俱波、喝槃陀,度葱岭,又经护密、吐火罗、挹怛、忛延、漕国至北婆罗门,达于西海",①从吐火罗等地东行入华至于阗、鄯善,而是选择从此北上至河中地区。据呼罗珊地区入华的交通而言,塞瓦杜拉唐犹太商人应是从巴里黑东北行至布哈拉、撒马尔罕,再至扎敏,最终从扎敏沿"拔汗那道"经乌斯鲁舍纳、拔汗那、下努舍疆等地,过河中地区至"土胡兹胡尔",并由此入华。

因此基于此时中西交通判断,塞瓦杜拉唐犹太商人从可萨首府海姆利杰经里海转辗南行到达呼罗珊巴里黑、河中地区,最后经九姓乌古斯地区入华,并未遵循较为便利的入华道路。古代长途贸易耗费繁多,且易受各种不稳定因素影响,若计于安全便利以及经济利益考虑,塞瓦杜拉唐犹太商人最应选择裴矩所记"北道"入华贸易。即使南行至呼罗珊,亦应从木鹿至扎敏,然后经"石国、突厥道"或"拔汗那道"入华,但其却又继续东南行至巴里黑;在到达巴里黑之后,又未经裴矩所记"南道"入华,却是选择再北上至河中地区,最后才经"拔汗那道"从九姓乌古斯入华。塞瓦杜拉唐犹太商人常年在欧亚各地贸易,肯定对此时入华道路十分知晓,唯一能够解释其千方百计地辗转至巴里黑、河中地区的原因只能是与当地犹太群体有关。

同时,伊本·胡尔达兹比赫记载拉唐犹太商人在呼罗珊的行程仅为经巴里黑、河中地区,太过简略。呼罗珊地区的木鹿、尼沙布尔、加兹尼、麦穆尼、喀布尔、坎大哈、赫尔锡斯坦、赫拉特等地也有大量犹太人分布。因此,塞瓦杜拉唐犹太商人经木鹿到达巴里黑之时,有可能深入到尼沙布尔、加兹尼、麦穆尼、喀布尔、坎大哈、赫尔锡斯坦、赫拉特等地的犹太人群体当中,再由此前往塔什干、布哈拉、撒马尔罕以及费尔干纳等河中地区的犹太人群体中,最终经九姓乌古斯入华,只是伊本·胡尔达兹比赫未能详备而已。

7世纪末至8世纪中叶,在阿拉伯人统治下,呼罗珊地区迅速伊斯兰化,其地与波斯、阿拉伯诸地联系更加密切,从巴格达至呼罗珊地区有驿站通道可以通达——此道即从巴格达东行经代义巴兹玛(Dayr Bazma)、代斯凯拉(Al-Daskarah)、哈尼金(Khaniqin)、埃素尔希林(Qasrshirin)、埃素尔叶基德(Qasr Yazid)、祖拜义迪亚(Zubaydiyyh)、海什卡里什(Khashkarish)、盖

---

① 即"从鄯善、于阗、朱俱波、喝盘陀,度葱岭,又经护密、吐火罗、挹怛、忛延(梵衍那)、漕国至北婆罗门,达于西海。"详见《隋书》卷67,《裴矩传》,第1578—1580页。

尔米欣(Qarmisin)、希布达兹(Shibdaz)等地至呼罗珊。①10世纪科尔多瓦犹太人哈萨德·伊本·沙普鲁在写给可萨国王约瑟夫的信件中提到的呼罗珊商人使团,应是经此道至巴格达,再由巴格达西行经地中海至科尔多瓦。由于呼罗珊往巴格达驿站如此便利,因此呼罗珊与波斯、阿拉伯诸地犹太人亦应有联系,且彼此熟知。如在赫尔希斯坦贾姆南部地区出土的20余方犹太人墓碑中,其中有2方墓碑的铭文上刻有Shaliakh头衔。②Shaliakh即希伯来语שׁליח,意为"使者"或"信使",因此这两位墓主极有可能是巴比伦犹太宗主委派到此地的使者,负责处理当地犹太人事务,死后葬于此。此便显示呼罗珊与波斯、阿拉伯犹太人来往密切,并尊奉巴比伦犹太宗主权威。因此,塞瓦杜拉唐犹太商人应对呼罗珊诸地犹太人比较熟知,且有贸易往来,故在其经可萨首府海姆利杰贸易之后,便千方百计地辗转至呼罗珊巴里黑、河中地区,甚至木鹿、尼沙布尔、加兹尼、麦穆尼、喀布尔、坎大哈、赫尔锡斯坦以及赫拉特等地。

巴里黑,汉籍记之"薄罗城""波路国""钵卢勒国",其地初为古大夏、大月氏国都城,属吐火罗辖地,③《魏书·西域传》即记:"吐火罗国中有薄提城,周(币)六十里。"④6世纪初嚈哒人据有其地;6世纪中叶突厥人与萨珊波斯合击嚈哒人,其地遂为突厥所有;⑤657年唐廷平定西突厥,置安西都护府,吐火罗受唐廷节制。唐代吐火罗与中原交往密切,从武德(618—626年)至乾元元年(758年),吐火罗频遣使供奉,献大鸟、良马、异药等方物;显庆年间(656—661年)唐廷则以吐火罗阿缓城为月氏都督府,析小城为二十四州,授王阿史那都督;乾元(758—760年)初年,吐火罗更是与西域九国发兵为天子讨贼。⑥

吐火罗地处入华要道,如裴矩记之"南道"与道宣记之"中道",从鄯州、玉门关、于阗、疏勒,过葱岭至迦毕式国、漕矩吒、西印度伐剌拏等地,皆经吐火罗;道宣记之"北道",从京师至瓜州、焉耆、龟兹,过葱岭至大清池、千泉,

---

① 巴格达通呼罗珊驿站,详见(阿拉伯)伊本·胡尔达兹比赫:《道里邦国志》,宋岘译注,第21—22页。

② Andrea Bruno, "Notes on the Discovery of Hebrew Inscriptions in the Vicinity of the Minaret of Jam", p.208.

③ 《魏书》卷102,《西域传》,第2275、2277、2279、2280页;(唐)玄奘、辩机:《大唐西域记》,季羡林校注,第115页。

④ 《魏书》卷102,《西域传》,第2277页。

⑤ 《旧唐书》卷194,《突厥传》,第5184页。

⑥ 《新唐书》卷221下,《西域传》,第6252页。

再至石国、康国、史国,过铁门关经梵衍那国、迦毕试国至北印度界,亦经吐火罗;从木鹿至吐火罗之道,又将吐火罗与波斯、阿拉伯诸地相连。隋唐时期,其国人亦尝通商贾,并与中原联系密切。因此,位于其地的巴里黑犹太人极有可能凭借此地便利条件到各地贸易。塞瓦杜拉唐犹太商人从可萨辗转至巴里黑应与当地犹太人贸易有关,甚至不排除与巴里黑犹太商人共同入华贸易。

河中地区,以粟特人为主,即唐时"昭武九姓",犹太人所云集的撒马尔罕、布哈拉、塔什干、费尔干纳等地皆位于此。唐高宗永徽年间(650—655年)便在康国置都督府;657年西突厥灭亡之后,唐廷置北庭都护府、安西都护府掌控西域诸地,并于显庆年间(656—661年)以石国瞰羯城为大宛都督府、以米国为南谧州、以史国为佉沙州,①显示此时唐廷对河中地区影响颇深。6世纪末至7世纪中叶,阿拉伯人势力扩张至河中地区时,康国、东曹王、石国、火寻以及安国等皆遣使唐廷以乞援兵。②751年怛罗斯之战后,唐廷对西域诸国影响虽有所减弱,但是昭武诸国与中原联系并未就此中断,彼时昭武诸国遣使贡奉不断。③如前所述,唐代昭武诸国商人入华贸易者甚众,甚至出现"康国商贾男子年方二十,便即远旁国,来适中夏"之情形。

中世纪时期,河中地区犹太人亦常贸易,如12世纪图德拉的犹太人本杰明提及:"撒马尔罕犹太人不仅以智慧自豪,且时常炫耀他们的财富;他们陆行5日即可到达西藏,经常在那里经营利润不菲的麝香贸易。"④其所记虽为撒马尔罕犹太人往西藏贸易,但大量分布在河中地区的犹太人亦有可能凭借此地便利条件同昭武诸国商人一道入华贸易。《新唐书·回鹘传》记载:"始回纥至中国,常参以九姓胡,往往留京师至千人,居资殖产甚厚。"⑤九姓胡即河中地区昭武九姓诸国商人。据此可知,昭武诸国商人如同塞瓦杜拉唐犹太商人那般亦经常从河中地区经九姓乌古斯(九姓回鹘)入华贸易,因此塞瓦杜拉唐犹太商人途经河中地区之时,亦有可能与当地粟特商人以及犹太商人共同经九姓乌古斯入华贸易。

唐代木鹿、尼沙布尔、加兹尼、麦穆尼、喀布尔、坎大哈、赫尔锡斯坦、赫拉特等地与唐廷交往密切,如木鹿曾一度归附康国,并于大业年间(605—

---

① 《新唐书》卷221下,《西域传》,第6244—6248页。
② 《新唐书》卷221下,《西域传》,第6244—6247页。
③ 《新唐书》卷221下,《西域传》,第6243—6248页。
④ Rabbi Benjamin, *Travels of Rabbi Benjamin*, Rev. B.Gerrans, pp.124—125.
⑤ 《新唐书》卷217下,《回鹘传》,第6121页。

618 年)遣使贡奉，①《新唐书》则记载："谢飓(加兹尼)景云(710—712 年)初遣使朝贡……开元八年(720 年)，天子册封葛达罗支颉利发誓屈尔为王，至天宝中数朝献。"②图德拉的本杰明亦记载："加兹尼商业贸易尤为发达，各地商贾皆前来贸易。"③因此不排除这些地区的犹太人亦有可能与巴里黑、河中地区犹太人一样，随塞瓦杜拉唐犹太商人参与到入华贸易之中。

通过对拉唐犹太商人在"北道"入华所经可萨以及呼罗珊等地之分析，足以见得塞瓦杜拉唐犹太商人在入华途中有意选择途经犹太人聚集区，显示唐代流散在各地的犹太人已经在丝绸之路建立了贸易联系，甚至共同操持入华贸易，形成了一条犹太人入华贸易之路。塞瓦杜拉唐犹太商人应是继承了犹太人入华贸易传统，并且是其中一个典型代表。

1908 年，伯希和在敦煌藏经洞中发现一封以希伯来文书写的祈祷文书，波拉克(M. Pollak)考证其应为 8—9 世纪之遗物。④

裴矩在《西域图记》中记载：

> 其三道(南道、中道、北道)诸国，亦各自有路，南北交通。……故知伊吾、高昌、鄯善，并西域之门户也。总凑敦煌，是其咽喉之地。⑤

隋唐时期，敦煌作为各道入华贸易辐辏之地，伯希和所获祈祷文书应为敦煌犹太商人遗物，此时应有犹太商人云集敦煌。这些犹太商人应就是包括塞瓦杜拉唐犹太商人在内的波斯、阿拉伯等地犹太人以及可萨、呼罗珊，乃至中亚其他地区的犹太人。据唐代于阗丹丹乌利克犹太人贸易方式判断，这些犹太商人应是作为在华贸易代理商，长期驻守于此便在形成聚集区。此件希伯来文祈祷文书之发现，显示唐代犹太人已深入到敦煌贸易。

从在于阗所获的两件 8 世纪犹太商人所写商业信件、伊本·胡尔达兹比赫所记拉唐犹太商人、10 世纪阿拉伯人阿布·赛义德与马苏第所记伊斯兰历 264 年黄巢在广州屠杀犹太人以及伯希和在敦煌藏经洞中所发现一封

① 《隋书》卷 83，《西域传》，第 1855 页。

② 《新唐书》卷 221 下，《西域传》，第 6253—6254 页。

③ Benjamin, *Travels of Rabbi Benjamin, Son of Jonah, of Tudela*, Rev. Marcus Nathan Adler, p.83.

④ M. Pollak, *Mandarins, Jews and Missionaries, the Jewish Experience in the Chinese Empire*, p.260；(法)娜婷·佩伦：《中国的犹太人——开封和上海犹太人社团的神奇历史》，耿升译，第 328 页。

⑤ 《隋书》卷 67，《裴矩传》，第 1578—1580 页。

图 1-6-5　伯希和所获敦煌犹太人祈祷文①

8—9世纪的希伯来文祈祷书等的研究,显示8世纪,甚至更早时期,犹太人早已入华贸易,并在广州、于阗以及敦煌等地涌现出了犹太人贸易聚集区。

　　塞瓦杜拉唐犹太商人作为唐代入华犹太商人的缩影,继承并拓展了犹太人入华贸易的传统。如伊本·胡尔达兹比赫所记,塞瓦杜拉唐犹太商人在入华贸易中途经可萨首府海姆利杰,显示其最晚在8世纪末便入华;其沿海路入华应是在879年黄巢在广州肆杀犹太商人后便中止;沿陆路入华、尤其是北道入华,应是在10世纪中叶可萨深陷统治危机之前便中止。拉唐犹太商人在前往中国途中所经北非、波斯湾、印度、可萨、巴里黑以及河中地区等地,皆有大量犹太人分布聚集,且这些地区犹太人常往欧亚诸地贸易。拉唐尼亚犹太商人此种不计耗费、不顾交通之便,辗转途经重要犹太人聚集地的贸易行为,说明其与这些地区犹太人有贸易联系,这些地区犹太人亦有可能如其一样入华贸易,显示唐代流散在各地的犹太人已经在欧亚大陆地区建立了一个犹太人贸易之网。

---

　　① M. Pollak, *Mandarins*, *Jews and Missionaries*, *the Jewish Experience in the Chinese Empire*, p.263.

唐代经海路、陆路入华贸易的阿拉伯人与波斯人为数众多,汉籍亦常提及大食商人与波斯商人,粟特商人也长期活跃于陆路贸易中,沟通中国与拜占庭帝国等西方诸地贸易联系,这些贸易群体在此时中国与西方诸地贸易交往中的作用常被提及。或因此时中西交流中有关犹太商人的文献以及考古发现极为稀少,故犹太商人多被忽视。但是,通过对现存有关唐代犹太人入华贸易的考古与文献资料的研究,显示唐代应当有很多犹太人活跃在入华贸易中,沟通了中国、阿拉伯、印度、中亚以及西方诸地的交流,并在广州、于阗、敦煌等地形成了贸易聚集区。因此,唐代犹太人在中西贸易交流中的作用应不亚于阿拉伯人、波斯人以及粟特人等,其历史地位应当被重新审视。

第二章　唐代汉籍所记犹太人信息

一　唐代敦煌景教文献所见犹太人称谓[①]

迄今流传的唐代景教文献,包括明天启年间(1621—1627)西安出土的《大秦景教流行中国碑》(以下简称《景教碑》)、1908 年伯希和在敦煌藏经洞所获景教写经《景教三威蒙度赞》和《尊经》(编号:p.3847)、李盛铎旧藏《志玄安乐经》(羽 13)与《大秦景教宣元本经》(羽 431)、日本福冈谦藏氏藏《一神论》(富冈文书)、日本高楠氏藏《序听迷诗所经》(高楠文书)与 2006 年在河南洛阳出土的《大秦景教宣元至本经》经幢等,[②]主要涉及基督教宗教教义与景教在华传播情况,但同时也记载了一些犹太人历史信息,并且是迄今所知最早有关犹太人信息的汉文文献。

在以往对唐代敦煌景教文献研究中,未见对这些犹太人信息专门研究者。此处拟对敦煌景教文献关于犹太人称谓进行考证研究,揭示唐代景教文献所记犹太人信息,并将之与唐代其他类似称谓进行比对,探究唐代汉籍关于犹太人称谓汉译以及犹太人入华情况。

(一)《尊经》所见汉译犹太人名

《尊经》是 1908 年伯希和在敦煌藏经洞所获,现藏巴黎国家图书馆,依首题"尊经"作为经名,主要包括四部分内容:一是敬礼三位一体(圣父、圣子

[①]　本节部分内容独立成节,发表于《道风:基督教文化评论》,详见李大伟:《唐代景教文献所见犹太人信息》,《道风:基督教文化评论》,2021 年第 55 期(A&HCI)。

[②]　20 世纪 40 年代日本小岛靖氏藏《大秦景教大圣通真归法赞》与《大秦景教宣元至本经》通常被认为是伪经,非唐代景教文献,尤其是后者由于 2006 年河南洛阳出土《大秦景教宣元至本经》经幢,已被确认为伪作,因此不被计入唐代景教文献中,详见林悟殊、荣新江:《所谓李氏旧藏敦煌景教文献二种辨伪》,载《九州岛学刊》,1992 年,第 19—33 页;林悟殊:《唐代景教再研究》,北京:中国社会科学,2003 年,第 156—174 页。

与圣灵);二是敬礼诸位法王;三是敬礼景教经典;四是按语,简述景教译经情况。①《尊经》经文被认为是出自唐代,应与唐建中二年(781)撰写《景教碑》的景净生活年代相近,按语则是唐代之后所写。②《尊经》中记载了一些重要犹太人物的汉译名称,是迄今所知最早记载犹太人物名称的汉文文献。

《尊经》第1—9行记载:

1　尊经

2　敬礼:秒身皇父阿罗诃,应身皇子弥施诃,

3　证身卢诃宁俱沙,已上三身同归一体。

4　(敬礼)瑜罕难法王……摩矩辞法王、明泰法王

5　牟世法王、多惠法王……宝路法王、珉艳法王

7　……岑稳僧法王、廿四圣法王

8　……贺萨耶法王

9　报信法王③

众所周知,景教(聂斯脱里派基督教)发端于5世纪叙利亚地区,其宗教经典文献多以叙利亚文书写,《景教碑》便有叙利亚文内容,因此景教文献(包括《尊经》)大多应直接从叙利亚文译出。但是,这些叙利亚语宗教文献,尤其是涉及犹太人的内容,可被追溯至希伯来语文献,故希伯来语亦有助理解景教文献内容,尤其在音译的人名、地名与经文名称等方面。其中《尊经》中的阿罗诃(中古音/ʔalaha/)也出现在《大秦景教宣元本经》《景教碑》《景教三威蒙度赞》与洛阳《大秦景教宣元至本经》经幢中,④即《景教三威蒙度赞》叙利亚文本中的/l'lh'/,吴其昱考证《景教三威蒙度赞》译自叙利亚文本《天使颂》(tšbwht'dml'k);⑤希伯来语称上帝为אלוהים(Elohim),/Elohim/与/l'lh'/音近,叙利亚文/l'lh'/应为希伯来语上帝אלוהים转音,再被汉译为"阿罗诃"。唐代景教文献还将上帝称为天尊(《序听迷诗所经》),一神(《一神论》),元尊(《景教碑》),无元真主(《景教碑》、洛阳《大秦景教宣元至本经》

① 景教文献《尊经》影印本,林悟殊:《唐代景教再研究》,第347页。

② 林悟殊:《唐代景教再研究》,第123—145页;王兰平:《唐代敦煌汉文景教写经研究》,北京,民族出版社,2016,第285页。

③ 林悟殊:《唐代景教再研究》,第347页。

④ 王兰平:《唐代敦煌汉文景教写经研究》,第86页。

⑤ 吴其昱:《景教三威蒙度赞研究》,载《中央研究院历史语言研究所集刊》,(1986),第417页。

经幢)、匠帝(《大秦景教宣元本经》、洛阳《大秦景教宣元至本经》经幢与《大秦景教宣元本经》)，空皇、玄化匠帝、无觉空皇(洛阳《大秦景教宣元至本经》经幢、《大秦景教宣元本经》)，三才、慈父、法皇、圣、大师、圣主(《景教三威蒙度赞》)，秒身(《景教碑》《尊经》)与皇父(《尊经》)等。[①]

弥施诃(中古音/mǐeçǐeha/)，即《景教三威蒙度赞》叙利亚文本中的/mšyh/，即 Messiah 音译；[②]叙利亚文/mšyh/则应转音自希伯来语 משיח (Mashiah)，此处指耶稣——耶稣，又被译为移鼠(《序听迷诗所经》)、翳数(《一神论》)、世尊(《一神论》《景教三威蒙度赞》)，无上一尊与一尊(《志玄安乐经》)，分身、景尊(《景教碑》)，明子、普尊、大圣子、圣子、大普与大圣(《景教三威蒙度赞》)。[③]卢诃宁俱沙，即叙利亚语/rwh dqwdš /(Rukha de-kudsa)音译，[④]指圣(Rukha)灵(de-kudsa)——圣灵又作"啰稔"，即 Rukha 音译，即"灵"(《志玄安乐经》)，卢诃那(洛阳《大秦景教宣元至本经》经幢)，又意译作净风王(《景教三威蒙度赞》)，[⑤]净风(《景教碑》)，[⑥]凉风(《序听迷诗所经》)。[⑦]第 2—3 行意为圣父、圣子与圣灵三位一体。

第 4—9 行，《尊经》致敬了圣经中的重要人物。据对音判断，瑜罕难即耶稣十二门徒之一圣约翰(John)，摩矩辞即约翰·马可(John Mark)，明泰即耶稣十二门徒之一圣马太(Matthew)，牟世即摩西(Moses)，多惠即大卫(David)，宝路即使徒圣保罗(Paul)，珉艳即圣母玛利亚(Mary)，岑稳僧即耶稣十二使徒之一西门彼得(Simon Peter)，廿四圣法王即为《旧约》中的二十四位先知，贺萨耶即公元前 8 世纪先知何西阿(Hosea)，《旧约·何西阿书》作者。关于报信法王所指，吴其昱认为施洗者约翰(John the Baptisi)预言救世主之降临及天国之存在，认耶稣为救世主，为耶稣之先驱，故报信法王应指施洗者约翰；[⑧]此说较为合理，且《尊经》(第 17 行)又专门提到《报信法王经》。[⑨]

《尊经》第 10—17 行记载：

---

① 王兰平：《唐代敦煌汉文景教写经研究》，第 86—87 页。
② 吴其昱：《景教三威蒙度赞研究》，第 418 页。
③ 王兰平：《唐代敦煌汉文景教写经研究》，第 87—88 页。
④ 吴其昱：《景教三威蒙度赞研究》，第 415 页。
⑤ 翁绍军：《汉语景教文典诠释》，北京，三联书店，1996 年，第 202 页。
⑥ 同上，第 50 页。
⑦ 聂志军：《唐代景教文献词语研究》，长沙，湖南人民出版社，2010 年，第 283 页。
⑧ 吴其昱：《唐代景教之法王与尊经考》，载《敦煌吐鲁番研究》，2001 年，第 31 页。
⑨ 林悟殊：《唐代景教再研究》，第 347 页。

　　10　敬礼《宣元至本经》《志玄安乐经》

　　11　《多惠圣王经》

　　15　《仪则律经》

　　16　《牟世法王经》

　　17　《报信法王经》①

《宣元至本经》《志玄安乐经》即唐代敦煌景教文献,《尊经》中提到这些文献,显示《尊经》撰写于《宣元至本经》《志玄安乐经》之后。《多惠圣王经》,应指《旧约》中大卫所作《诗篇》(Psalms),故被称为"多惠(大卫)圣王经"。关于《仪则律经》所指有所争议:翁绍军认为应为景教仪式及规则集;吴其昱亦提到佐伯氏将《仪则律经》释为叙利亚文 Kash-Kul,后仅作汉文意译,指教会仪式书;②穆尔(A. C. Moule)与刘迎胜认为"仪则律"指以色列。③若仅从音译角度判断,即"仪则律"通过音译从叙利亚语译出,尽管《尊经》中没有相对应的叙利亚语原文,但是"仪则律"中古音拟音/jiətsəklĭuĕt/与希伯来语ישראל(以色列)/ˈɪzriəl, ˈɪzreɪəl/音近,因此不排除"仪则律"指以色列的可能。

(二)《序听迷诗所经》所记"翅觐"

　　1922—1923 年间,《序听迷诗所经》被日本高楠氏收藏,因此被称为高楠文书;1926 年,羽田亨首次刊布该文献。④《序听迷诗所经》首尾皆缺,依首题"序听迷诗所经一卷"定名。一般认为《序听迷诗所经》虽然非唐代敦煌景教写本,但应是据敦煌古本所作精抄赝品,并非伪作,故仍被视为唐代景教文献。⑤

　　《序听迷诗所经》关于"翅觐"的记载出现在第 148 与 150 行:

　　148　着遂诬或"翅觐"遂欲煞却为此大有众生即

　　　　······

---

①　林悟殊:《唐代景教再研究》,第 347 页。

②　翁绍军:《汉语景教文典诠释》,第 214 页;吴其昱:《唐代景教之法王与尊经考》,第 36 页。

③　A. C. Moule, *Christians in China before the Year 1550*, London, 1930, pp.52—53;刘迎胜:《蒙元帝国与 13—15 世纪的世界》,北京,三联书店,2013 年,第 340 页。

④　羽田亨:《景教经典序听迷诗所经に就いて》,载《内藤博士还历祝贺支那学论丛》,1926 年,第 117—148 页;《序听迷诗所经》影印本,详见林悟殊:《唐代景教再研究》,第 387—402 页。

⑤　林悟殊:《唐代景教再研究》,第 209—228 页。

150　扇"翘觊"信心清净人即自平章乃欲煞却弥①

吴昶兴认为"翘觊"为犹太人,叙利亚文为"ܕܝܗܘܕܝܐ",读音为"dihūdāyē";②
聂志军认同吴昶兴之说,王兰平亦着重提及此说,并据此对《序听迷诗所经》
第145—151行内容断句。③

聂志军对《序听迷诗所经》第145—151行断句如下:

145　……所有作恶人,不过(回)向善道

146　者,不信天尊教者,及不洁净贪利之人,今

147　世并不放却。嗜酒受肉及事漏(属)神,文人智(留)在

148　着(者),遂诬或(惑)翘觊,遂欲煞却【弥师诃】。为此大有众
生,即

149　信此教。为此不能煞【却】弥师诃。于后恶业(人),结用(朋)

150　扇翘觊,信心清净。【恶业】人即自平章,乃欲煞却弥

151　师诃。④

其中天尊指上帝,上帝教指基督教,漏即灞异体字,通"属"字;智即"留"异体
字。聂志军认为"过向"为"回向"之误,意为回心向善,属神即下一级神,
"着"为"者"之误,"或"为"惑"之误,诬惑即欺骗迷惑,"用"为"朋"之误,并补
【弥师诃】、【却】、【人】、【恶业】等。⑤据其句读与解释,147—151行内容可被
理解为:那些嗜酒受肉、信奉下一级神以及(留在的?)文人,遂欺骗迷惑犹太
人,并想杀害耶稣。有很多人信奉基督教,不能杀害耶稣。之后作恶的人结
为朋党,煽动犹太人……恶业人商议,⑥设法杀害耶稣。

王兰平关于此段内容句读如下:

①　《序听迷诗所经》影印本,详见林悟殊:《唐代景教再研究》,第400页。
②　吴昶兴:《论景教〈序听迷诗所经〉中之上帝、基督与救世思想》,载《基督教台湾浸会神学院
浸神学刊》,2010年,第31页。
③　聂志军:《唐代景教文献研究》,北京,中国社会科学,2016,第51页;王兰平:《唐代敦煌汉
文景教写经研究》,第170页。
④　聂志军:《唐代景教文献词语研究》,第336页。
⑤　聂志军:《唐代景教文献词语研究》,第336页。
⑥　"即自平章",平章理解为商量处理之意似更为恰当,见王兰平:《唐代敦煌汉文景教写经研
究》,第154—155页;翁绍军认为指担任罗马帝国驻犹太地方官,疑误,见翁绍军:《汉语景教文典诠
释》,第107页。

145　……所有作恶人,不过向善道

146　者,不信天尊教者,及不洁净贪利之人,今

147　世并不放却嗜酒受肉,及事漏神文人,留在

148　着遂诬,或趍觊(睹)遂欲煞却。为此大有众生,即

149　信此教,为此不能煞弥师诃。于后恶业,结用(朋)

150　扇趍觊(睹)信心清净人,即自平章,乃欲煞却弥

151　师诃。①

据此句读,此段内容可被理解为:所有那些作恶的人、不回心向善的人、不信基督教的人、不洁净贪利之人仍不放弃嗜酒受肉及侍奉下一级神的文人,(留在者)进行诬陷,或者犹太人设法杀害(耶稣)。有很多人信奉基督教,不能杀害耶稣。之后作恶的人结为朋党、煽动犹太人,……商议设法杀害耶稣。

关于耶稣之死,《马太福音》(27:1—26)记载:

　　早晨祭司长与民间长老商议要治死耶稣,就把他捆绑交给彼拉多……彼拉多问耶稣:"他们作见证,告你这么多事,你没有听见吗?"耶稣不答……总督有一个常例,即每逢这节期,应众人要求可以释放一个囚犯……彼拉多对他们说:"你们要我释放巴拉巴,还是耶稣?"总督知道他们是因为嫉妒才把耶稣解了来。祭司长与长老挑唆众人,要求释放巴拉巴,杀死耶稣……彼拉多说:"为什么,他作了什么恶事?"他们便极力喊着说把他钉十字架。彼拉多见说无济于事,反要生乱,就拿水在众人面前洗手,说:"流这义人的血罪不在我,你们承当吧。"于是释放巴拉巴,把耶稣交给人钉十字架。②

《序听迷诗所经》第152—165行所记内容与《马太福音》(27:1—26)关于耶稣之死的记载相对应,其记:

152　(弥师诃)年过卅

153　二,其"习恶人"等即向大王毗罗都思边言告,

———————————

①　王兰平:《唐代敦煌汉文景教写经研究》,第151页。

②　*The Harper Collins Study Bible*, pp.1909—1911.

154　毗罗都思前即道：弥师诃合当死罪。

156　……大王即欲处分，其人

157　当死罪，我实不闻不见，其人不合当死，此

158　事从"恶缘人"自处断。大王云：我不能煞（杀）此……

159　……大王毗罗都思

160　索水洗手，对恶缘等前：我实不能煞其人。

161　恶缘人等更重咨请：非不煞不得……

164　（弥师诃）遂即受死，恶业人乃将弥师诃

165　别处，向沭上枋，枋处名为讫句，即木上缚着。①

毗罗都思即本丢·彼拉多（Pontius Pilate，？—36 年），罗马帝国第五任犹太行省总督（26—36 年），曾审判耶稣，在犹太宗教领袖压力之下判处耶稣钉死在十字架上。"沭"为"沐"异体字，"沐"为"木"的音借字，故"沭"通"木"；"枋"为"纺"俗写，"纺"又是"绑"的古字，故"枋"通"绑"；②讫句即《马太福音》（27：33）中所记"各各他（Golgotha），意思就是髑髅地"，③木即指十字架。

对照《序听迷诗所经》与《马太福音》记载，可知《序听迷诗所经》第152—165 行所记向彼拉多控告耶稣的"习恶人""恶缘人"，即是《马太福音》（27：1—26）中的犹太人，包括祭司长、民间长老与普通民众等，因此《序听迷诗所经》第145—151 行所记作"恶人""恶业【人】"显然也指犹太人。以此而论，若"趐觀"为犹太人，第149—150 行所记"于后恶业【人】，结用（朋）扇趐觀，信心清净"（聂志军句读）或"于后恶业，结用（朋）扇趐觀（睹）信心清净人"（王兰平句读），皆难以被解释，因为无论如何也不可能出现"犹太人（恶业人）结朋犹太人（趐觀）"的表述。即使抛开断句引起的差异，也很难想象此段内容既将犹太人称为"恶业人"，又称为"趐觀"。

假设趐觀指犹太人，也难以解释《序听迷诗所经》第145—151 行所述内容。以聂志军句读而论，"嗜酒受肉及事漏（属）神，文人（留）在着（者），遂诬或（惑）趐觀，遂欲煞却【弥师诃】"，即那些嗜酒受肉、信奉下一级神以及（留在的？）文人，遂欺骗迷惑犹太人，并想杀害耶稣，但是《马太福音》却记耶稣是在犹太人欺骗迷惑下受难，并非犹太人自己受到欺骗迷惑。再者"于后恶业【人】，结用（朋）扇趐觀，信心清净"，即作恶的人结为朋党、煽动犹太人，这

①　《序听迷诗所经》影印本，详见林悟殊：《唐代景教再研究》，第 400—401 页。

②　赵家栋：《〈序听迷诗所经〉疑难字词考辨》，《敦煌研究》，2017 年，第 125 页。

③　*The Harper Collins Study Bible*，p.1911.

又与前述"骗迷惑犹太人"不同,而"信心清净"在此处又作何意? 似乎很难理解为"之后作恶的人结为朋党、煽动犹太人后变得信心清净"。同样,王兰平句读"于后恶业,结用(朋)扇翅覩(睹)信心清净人,即自平章,乃欲煞却弥师诃",若将"翅覩(睹)信心清净人"解释为信心清净的犹太人似为不确,很难想象基督徒会将让耶稣受难的犹太人称为信心清净的人。因此,若将翅覩理解为犹太人,不仅难以解释《序听迷诗所经》第 145—151 行所记内容,而且与《序听迷诗所经》下文所述耶稣受难的内容相矛盾。因此,仅从对音得出"翅覩"为犹太人称谓一说难以成立,相反《序听迷诗所经》所记"习恶人""恶缘人"才指的是犹太人。

翁绍军、赵家栋等指出"翅覩"应为"嫉妒"之意,为认识"翅覩"的涵义提供了另一种可能。翁绍军称"翅"音"翅","翅覩"似即"嫉妒";[1]赵家栋则从语音角度对"翅覩"为"嫉妒"进行了详尽的考证。其称"翅"为"翅"的俗写,从语音上来看"翅,俗。音翅","翅"又为"忮"的音借,"忮"则有"嫉妒、忌恨"之意;"覩"与"妒"通("覩"与"睹"通),"睹嫉"即为"妒嫉","忮妒"乃近义连文,因此"翅睹"(翅覩)即为"嫉妒"。[2]

将"翅覩"视为"嫉妒"在文意上亦解释得通,相应断句如下:

145 ……所有作恶人,不过向善道
146 者,不信天尊教者,及不洁净贪利之人,今
147 世并不放却嗜酒受肉,及事漏神文人,留在
148 着遂诬,或翅覩(睹),遂欲煞却。为此大有众生,即
149 信此教,为此不能煞弥师诃。于后恶业,结用(朋)
150 扇翅覩,信心清净人,即自平章,乃欲煞却弥
151 师诃。[3]

意即:所有那些作恶的人、不回心向善的人、不信基督教的人、不洁净贪利之人仍不放弃嗜酒受肉及侍奉下一级神的文人,(留在者?)进行诬陷,或者嫉妒,遂设想杀害(耶稣)。有很多人信奉基督教,不能杀害耶稣。之后作恶的人结为朋党,煽动、嫉妒信心清净之人,[4]遂商议设法杀害耶稣。其中"信心

---

① 翁绍军:《汉语景教文典诠释》,第 107 页。
② 赵家栋:《〈序听迷诗所经〉疑难字词考辨》,第 124—125 页。
③ 《序听迷诗所经》影印本,详见林悟殊:《唐代景教再研究》,第 400 页。
④ "结用(朋)扇翅覩"呈现三个动词,即"结为朋党""煽动""嫉妒"连用结构,较为少见,此或因彼时译经之人可能为叙利亚或波斯僧徒,对汉语掌握并非完全精道所致,多谢审稿专家意见。

清净之人"应指耶稣的追随者。因此,"趑睔"的意思更有可能是"嫉妒",绝非指犹太人。

(三)《一神论》所记"石忽人"与"石忽缘人"①

《一神论》于1917年被日本福冈谦藏氏所藏,被称为"富冈文书",文书内容由羽田亨首次刊布。②与《序听迷诗所经》一样,《一神论》虽然非唐代敦煌景教写本,但应是据敦煌古本所作的精抄赝品,并非伪作,故仍被视为唐代景教文献。③《一神论》首缺尾全,经文第60行列有题名"喻第二",第206行列有题名"一天论第一",第207行列有题名"世尊布施论第三",依尾题"一神论卷第三"定作经名,因此一般将《一神论》分为《喻第二》、《一天论第一》与《世尊布施论第三》。④

《一神论》关于石忽人与石忽缘人的记载,皆出现在《世尊布施论第三》中,凡9次。其中第345—347行记载:

345　石忽【人】不【受】他【处分】。拂林向石国伊大城里,声处破

346　碎却,亦是向量(响亮)。从石忽人被煞(杀),餘百姓并被

347　抄掠将去,从散普天下,所以有弥师诃弟子。⑤

其中拂菻即 Rum 转音,指罗马——Rum 在中亚粟特人与突厥人中被称Frōm,Purum 等,发生音转,汉人对罗马称谓源于这些族群,因此将 Rum 称为 Fu-Lin(拂林)。⑥此处所记意为罗马人征服石国伊大城,杀害石忽人,石忽人从此流散。众所周知,66—70年罗马帝国征服犹大国,占领耶路撒冷,犹太人从此流散在欧亚各地,《一神论》所记与罗马征服犹大国一事极为

---

①　唐代景教文献关于犹太人称谓"石忽"部分内容,发表于牛津大学犹太研究中心《犹太研究》,详见 Li Dawei and Meng Fanjun, "Chinese Terms of Address for the Jews from the Tang to the Qing Dynasties", in *the Journal of Jewish Studies*, Oxford Centre for Hebrew and Jewish Studies, 2020, Vol.1, pp.73—79(A&HCI)。

②　羽田亨:《景教经典一神论解说》,载《艺文》(1918),《羽田博士史学论文集》下卷(京都,1958),第235—239页。《一神论》影印本,详见林悟殊:《唐代景教再研究》,第351—386页。

③　关于《一神论》真伪的辨析,详见林悟殊:《唐代景教再研究》,第186—207页;王兰平:《唐代敦煌汉文景教写经研究》,第57—123页。

④　王兰平:《唐代敦煌汉文景教写经研究》,第173—174页。

⑤　聂志军认为第345行应为"石忽人不受他处分",录文与断句,详见聂志军:《唐代景教文献词语研究》,第349—350页;王兰平:《唐代敦煌汉文景教写经研究》,第211—212页。

⑥　P. Pelliot, "Sur l'origine du nom de Fu-lin", in *Journal Asiatique*, 1914, pp.497—500。

相似。因此,此处的石忽人应为犹太人;石国应指犹大国,为"石忽人之国"(犹太人之国)的缩译;伊大城则应指耶路撒冷大城,为希伯来语ירושלים(Jerusalem)的缩译,即简称 Jerusalem 为 Yi——此译法在中国古代较为常见,隋唐时期位于今阿富汗东部地区西域古国漕矩吒,经常被称为漕国;①《史记》所记"黎轩(Lixuan)",②伯希和认为其指埃及 Alexandria,③Lixuan 为 Alexandria 缩译。鲁道夫·罗文达(Rudolph Lowenthal)将"伊大城"理解为"带有城墙的伊大城"(the Walled City of Ita)④应是并未理解汉语"石国伊大城"之意,其应为"石忽人之国的大城伊(Ita)"。此处的石国应为犹大国,而非石头、城墙之意。

聂斯托利派基督教徒长期生活在叙利亚与波斯地区,经常使用叙利亚文与波斯文,景教碑即有叙利亚文铭文,唐代景教又被称为波斯经教、景教教堂更是被称为波斯寺,直到天宝四年(745)唐廷下诏:"波斯经教,出自大秦(罗马),传习而来,久行中国。爰初建寺,因以为名。将欲示人,必修其本。其两京波斯寺宜改为大秦寺。"⑤因此《一神论》有关"犹太人"的译文应是景教徒从叙利亚文或波斯文译出。希伯来语中称犹太人为יהודי(单数)、יהודים(复数)(Yahudi, Yahudim),新波斯语转音为 Djuhūt 或 Djahud,⑥"石忽"中古音可拟音为/dʑiajkhwət/, Djuhūt 或 Djahud 与 dʑiajkhwət 音近,因此石忽这一称谓可能就源自于波斯语 Djuhūt 或 Djahud。

林梅村认为"石忽"应来自于阗语 Sahūtta,这是因为于阗语属于中古波斯语东部方言,这些方言中常见 y/j/s 互换,所以于阗语的 Sahūtta＜Zahūta＜中古波斯语 Yahūt＜希伯来语 Yēhūdhi"犹太",并将 1929 年北京大学德裔教授钢和泰(A. V. Staël-Hol-stein)获得的一部以于阗文和藏文双语写的敦煌文书(925 年)中的 Sahūtta 断定为"犹太",同时因此称犹太人最早取道于阗入华。⑦此说为探究"石忽"语源提供了一种可能,但是考虑到

---

① 《隋书》卷 83,《西域传》,第 1857 页。

② 《史记》卷 123,《大宛列传》,第 3162 页。

③ P. Pelliot, "Likan, autre nom de Ta-ts' in", in *T'oung Pao* (1915), pp.690—691.

④ Rudolph Lowenthal, "The Nomenclature of Jews in China", in Hyman Kublin, *Studies of Chinese Jews*, *Selected from Journals East and West*, New York: Paragon Book Reprint Corp, 1971, p.75.

⑤ (宋)王溥:《唐会要》卷 49,北京,中华书局,1955 年,第 864 页。

⑥ Berthod Laufer, "A Chinese-Hebrew Manuscripts, a New Source for the History of the Chinese Jews", in *the American Journal of Semitic Languages and Literatures*, 40:3, 1980, pp.192—193.

⑦ 林梅村:《西域文明》,第 81—84 页。

景教与波斯、叙利亚密切联系,景教徒更有可能直接从波斯语汉译出犹太称谓,似不必再转经其他语言。

《一神论》关于石忽记载,还出现在第252与第255行中,其记:

> 251　如学生于自家死,亦得上悬高。有
>
> 252　石忽人,初从起手向死,预前三日,约束竟。
>
> 253　一切人于后,欲起从死,欲上天去……
>
> 255　……彼石忽人执,亦如(执亦如)
>
> 256　从自家身上作语,是尊儿口论:我是弥师
>
> 257　诃,何谁作如此语?①

其中悬高指十字架,石忽即指犹太人,弥师诃为 Messiah 汉译,指耶稣。

第286—303行,《一神论》记载耶稣死后复活事迹中,也提到了石忽人,其中第286—288行记载:

> 286　世尊许所以名化姚霅,执捉法从家
>
> 287　索,向新牒布里裹,亦于新墓田里,有新穿
>
> 288　处,山攀裂。彼处安置,大石盖,石上搭印。②

姚霅中古音为/jiawsip/,即《马太福音》中所记载耶稣门徒约瑟(Joseph),此段内容出自《马太福音》(27:57—60),即:"财主约瑟……是耶稣门徒。约瑟去见彼拉多,求耶稣的身体,彼拉多吩咐给他。他取了身体,用干净细麻布裹好,放在自己的新坟墓中,就是他凿在盘石里的,又把大石头滚到墓门口。"③

第289—291行,《一神论》记载:

> 289　石忽缘人使持更守掌,亦语弥师诃,有如此
>
> 290　言:三日内于死中欲起,莫迷学人来。是汝灵(莫迷,学人来

---

① 其中第255行,聂志军作"人执,亦如",王兰平作"执亦如",见聂志军:《唐代景教文献词语研究》,第346页;王兰平:《唐代敦煌汉文景教写经研究》,第206页。

② 录文与断句,详见聂志军:《唐代景教文献词语研究》,第347页;王兰平:《唐代敦煌汉文景教写经研究》,第208页。

③ *The Harper Collins Study Bible*, pp.1911—1912.

是,汝灵)

291　枢,勿从被偷将去。语讫,似从死中起居。①

此段内容出自《马太福音》(27：62—64)内容,即："次日……祭司长与法利赛人聚集来见彼拉多,说：'大人,我们记得那诱惑人的活着时,曾说三日后要复活。'因此吩咐人将坟墓把守妥当,直到第三日；恐怕他们的门徒把他偷走了,就告诉百姓说他从死里复活了。"②此处的"石忽缘人"即指祭司长与法利赛人等犹太人,"石忽缘"中古音拟音为/dʑiajkhwətjwian/,可能为犹太人复数形式的汉译,即יהודים(复数),Yahudim,与石忽一样,皆指犹太人。

石忽人,在第292、298与301行中还出现,《一神论》记载：

292　……石忽人三内弥师诃。喻如墓田,彼印从外

293　相。喻如从起手,从女生,亦不女身,从证见处。此

294　飞仙所使,世尊着白衣。喻如霜雪见,(雪,见)向持更

295　处,从天下来。此大石在旧门上,在开劫,于

296　石上坐。其持更者见状,似飞仙于墓田中来,

297　……遂弃墓田去……③

此段即《马太福音》(28：2—5)的内容,即："忽然大地震动,因为主的使者从天上来,把石头滚开,坐在上面。他的像貌如同闪电,衣服洁白如雪。看守人吓得浑身乱颤,与死人一样。"④

《一神论》第297—300行,记载：

297　……当时见者,

298　向石忽人具论,于石忽人大赐财物。所以借

299　问逗留,有何可见？因何不说？此持更人云：一依前

300　者所论,弥师诃从死起,亦如前者说……⑤

---

①　其中第290行,聂志军作"莫迷学人来。是汝灵",王兰平作"莫迷,学人来是,汝灵",详见聂志军：《唐代景教文献词语研究》,第348页；王兰平：《唐代敦煌汉文景教写经研究》,第208页。

②　*The Harper Collins Study Bible*, pp.1912—1913.

③　其中第294行,聂志军作"雪见",王兰平作"雪,见",见聂志军：《唐代景教文献词语研究》,第348页；王兰平：《唐代敦煌汉文景教写经研究》,第208—209页。

④　*The Harper Collins Study Bible*, p.1913.

⑤　录文与断句,详见聂志军：《唐代景教文献词语研究》,第348页；王兰平：《唐代敦煌汉文景教写经研究》,第209页。

此节内容可对照《马太福音》(28:11—15),即:"看守兵有几个进城,将经历的事报给祭司长。祭司长与长老聚集商议,拿出很多银钱给兵丁,说:'你们要这样说,夜间睡觉时,他的门徒把他偷去了。'兵丁收了银钱,照嘱咐去行事。这话在犹太人中传说,直到今日。"[1]此处的石忽人即指犹太人祭司长与长老。

《一神论》此节关于石忽最后一处记载出现在第 301 行,第 300—303 行记载:

300　……亦如前者说,女人等就

301　彼来处依法。石忽人于三日好看,向墓田将来

302　就彼分明。见弥师诃发迷(遣)去,故相报信,向学

303　人处……[2]

此节内容出自《马太福音》(28:5—7),即:"天使对妇女说不要害怕,我知道你们是寻找那钉在十字架的耶稣。他不在这里,照他所说的已经复活。你们来看安放主的地方,快去告诉他的门徒他从死里复活了。"[3]

《元史·文宗本纪》记载:"文宗天历二年(1329)三月,诏僧、道、也里可温、术忽、答失蛮为商者,仍旧制纳税。"[4]其中僧指佛教僧侣,道即指道士;也里可温,19 世纪英国汉学家裕尔称"也里可温"原为阿拉伯人称基督徒之音译(Rekhabiun);日本学者坪进九马三亦认为,蒙古语首音无 R,元音之间不能发 B,故不得以于 R 之首音前,加以元音,例如 Rintchenpal 变为 Erintchenpal 是也,而在元音间之 B 音,必读为 W 音,且元音中之 A 与 E 常相通,O 与 U 亦然,故也里可温为此规则之转音,即 Rekhabiu = Erekhawiun……Arekhawün;陈垣又云,阿拉伯语谓上帝为阿罗,唐景教碑称无元真主阿罗诃,故也里可温实即景教碑之阿罗诃。[5]以此而论,也里可温指上帝阿罗诃,与希伯来语אלוהים(Elohim)、叙利亚文/l'h'/意同、音近。答失蛮,即波斯语Dāshumand,意为"有知识者",中亚地区穆斯林以该词指伊斯兰教教士,蒙

---

① ③　*The Harper Collins Study Bible*,p.1913.

②　录文与断句,详见聂志军:《唐代景教文献词语研究》,第 347—348 页;王兰平:《唐代敦煌汉文景教写经研究》,第 208—209 页。

④　《元史》卷 33,《文宗本纪》,第 732 页。

⑤　关于也里可温的研究与学术史梳理,详见陈垣:《陈垣学术论文集》(第 1 集),第 4—5 页;殷小平:《元代典籍中"也里可温"涵义试释》,载《欧亚学刊》,2009 年第 9 辑,第 68—70 页。

古人亦如此称之。关于"术忽",19 世纪来华的俄国人鲍乃迪最早指出其指犹太人。①此说被广泛采纳,"术忽"也一直以来被认为是汉语对犹太人最早的称谓,劳费尔与龚方震等皆认为"术忽"应源自于波斯语 Djuhūt 或 Djahud。②

　　但是,林梅村认为《北史·铁勒传》所记"萨忽"应为最早对于犹太人的称谓,"萨忽"也源自于于阗语 Sahūtta。关于"萨忽",《北史·铁勒传》记载:

　　　　铁勒之先,匈奴之苗裔也。种类最多,自西海之东,依山据谷,往往不绝。独洛河北有⋯⋯等诸姓;伊吾以西、焉耆之北,有⋯⋯金山西南有⋯⋯得嶷海东西有苏路羯、三素咽、篦促、萨忽等诸姓,八千余;拂菻东有⋯⋯虽姓氏各别,总谓为铁勒。③

　　《隋书·铁勒传》将"萨忽"记作"隆忽"。④林梅村认为萨忽人活动于得嶷海(今马拉尔河)沿岸,应是疏散于里海沿岸的一支犹太部落,里海北岸突厥可萨汗国于 8 世纪中叶或更早笃信犹太教,大概与这批犹太移民有关。⑤通常认为可萨人应源自一支西迁的铁勒部族,在黑海、高加索与里海北部一带立足,7 世纪初被西突厥占领,被称为"可萨突厥"。⑥唐杜环《经行记》记载:"拂菻国北接可萨突厥⋯⋯苫国(叙利亚)北接突厥可萨。"⑦约在 8 世纪末至 9 世纪初期间,可萨改宗犹太教,成为中世纪唯一信奉犹太教的国家。⑧在可萨改宗犹太教前夕,黑海、高加索与里海北部一带大量犹太人云

---

　　①　Palladius, "Elucidationof Marco Polo's Travels in North China drawn from Chinese Sources", in *Journal of the N.-Ch. Branch*, RAS, No.10, (1876), p.38.

　　②　Berthod Laufer, "A Chinese-Hebrew Manuscripts, a New Source for the History of the Chinese Jews", pp.192—193;龚方震:《关于对中国古代犹太人研究的述评》,载李景文等编校:《古代开封犹太人——中文文献辑要与研究》,第 227 页。

　　③　《北史》卷 99,《铁勒传》,北京,中华书局,1975 年,第 3303 页。

　　④　《隋书》卷 84,《铁勒传》,第 1880 页。

　　⑤　林梅村:《西域文明》,第 83 页。

　　⑥　张星烺(编):《中西交通史料汇编》(卷 1),第 169—170 页;沙畹:《西突厥史料》,冯承钧译,第 224 页;D. M. Dunlop, *The History of the Jewish Khazars*, pp.35—40;芮传明:《康国北及阿得水地区铁勒部落考——〈隋书〉铁勒诸部探讨之二》,载《铁道师院学报》1990 年第 4 期,第 19—20 页。

　　⑦　(唐)杜佑:《通典》卷 193,第 1039—1044 页;(唐)杜环:《经行记笺注》,张一纯笺注,第 17、63 页。

　　⑧　阿拉伯史学家马苏第在《黄金草原》中记载:"可萨国王、宫廷及其他所有像他那样的可萨族人都信仰犹太教,可萨人国王在哈伦·赖希德哈里发(Harun al-Rashid,764—809 年)时代受皈依而信仰犹太教。"详见(阿拉伯)马苏第:《黄金草原》,耿昇译,第 214 页。

集在可萨,萨忽人活动的里海沿岸也应有犹太人存在。尽管如此,《北史·铁勒传》与《隋书·铁勒传》明确记载"萨忽"或"隆忽"为铁勒部族,很难将铁勒部族与犹太人视为同一族群。若以与犹太人密切关系而论,可萨自然比"萨忽"更为密切,故若以林梅村所言,可萨更有可能被称为犹太人,而非"萨忽"。因此,虽然"萨忽"与"石忽""术忽"等音近,但难以将其堪同为犹太人,更遑论为最早的犹太人称谓了。

因此,通过对《一神论》所记石忽人与石忽缘人的分析,显示唐代已经出现对犹太人的称谓,石忽人与石忽缘人也是迄今可以确定最早对犹太人的汉语称谓。同时,林梅村甚至认为元代"术忽"应直接源自于"石忽",[①]当然不能排除此种可能性。

(四) 从石忽到竹故、竹忽、注吾与术虎

唐代关于犹太人记载信息尤为稀少,此为考证汉籍所记人物是否为犹太人带来了极大困难,但因《一神论》所记"石忽"可以确定为是犹太人称谓,所以此为考察唐代汉籍中一些与"石忽"发音类似的称谓是否指犹太人提供了参考。

新疆吐鲁番阿斯塔那 150 号墓曾出土吐鲁番文书《唐康某等杂器物帐》与《唐白夜默等杂器物帐》中分别记载"竹故匿"与"竹忽澀",其中"竹故""竹忽"皆与"石忽"音近——"竹故"与"竹忽"的中古音可分别拟音为/ȶiuk'kuo/,/ȶiukhwət/,与"石忽"中古音/dʑiajkhwət/音近。吐鲁番阿斯塔那 150 号墓中只有一具女尸,无墓志以及随葬衣物疏等,所出文书有纪年者为唐贞观十九年(645 年),可以确定为唐代墓葬。[②]该墓一共出土 8 件杂器物帐,包括康某等、白夜默等、史欢智等、曹摩罗等、翟建折等、牛怀愿等、邵相欢等以及□尾尾等,这些杂器物帐应原属一件。[③]

其中《唐康某等杂器物帐》文书记载:

（前缺）

1. 康□□□ □□□□大百师一口

2. 张阿尾□□□ □□□□大百师一口

---

① 林梅村:《西域文明》,第 82 页。

② 国家文物局古文献研究室等编:《吐鲁番出土文物》(第 6 册),北京,文物出版社,1985 年,第 39 页。

③ 国家文物局古文献研究室等编:《吐鲁番出土文物》(第 6 册),第 47—56 页。

3. 史佑相床一□ □父师床一张

4. 曹隆信床一张 员总训床一张

5. 张欢海床一张 张隆护床一张（退）

6. 张阿尾床一张 左信欢床一张

7. 郭洛子床一张 阴武仕床一张（脚 张隆护）

8. 目浮知盆床一张 周海愿床一张

9. 竹故匿床一张 目辰相床一张（脚 周挞彡）

10. 康郍你延床一张 麹贵哲床一张

11. 郭延明床一张 康阿荷床一张（脚 孟海伯）

12. 魏相惠床一张 刘黑相床一张

13. 白憙洛床一张 翟怀愿床张达典床 李

14. 合子床 令孤惠信床一（一脚 郭洛护）①

《唐白夜默等杂器物帐》文书记载：

1. 白夜默盘一 龙欢盘□□□□□□

2. 魏猫仁盘一 骨桃仁□□□□□

3. 郭洛护盘一 杜隆□□□□□

4. 一郑愿海盘一 眭玄□槃一 赵醜胡盘一

5. 王庆伯盘一 竹都柱□□ 杜海柱木碗四

6. 盏子五 魏养德木碗十 严伯仁木碗十

7. 盏子七 支憙伯木碗十□□八郭养彡瓮子一

8. 翟默斗瓮子一 贾□□大盆一王胡彡大

9. 盆一 曹不之拟小瓶一 王□□□瓶一 贾阿先瓶一李居

10. 仁瓶 白愿伯小瓶一 并翟汉□□索一秋仁草索一

11. 牛怀愿草索一 魏妹彡草□□ 史尾彡铜盆二枚

12. 翟建折铜盆二 贾占□□盆一 竹忽㵻铜

13. 盆一 翟默斗铜盆一□□□□铜盆一赵令峻

14. 铜盆一严伯仁铜盆一 □利康银盏一枚

15. 目张□胡 一枚② 瓶

---

① 国家文物局古文献研究室等编：《吐鲁番出土文物》（第6册），第47—48页。

② 国家文物局古文献研究室等编：《吐鲁番出土文物》（第6册），第49—50页。

这两份文书主要记载了床、铜盆、木碗、瓮子、小瓶、草索、银盏、胡瓶与胡盘等生活用品,至于其与文书所记人物的关系并未详述,可能为其所有,亦或是其借用,也有可能是这些人定做的生活用品,其中提到了"竹故匿床一张"与"竹忽澯铜盆一"。据两份文书的书写格式判断,"竹故匿"与"竹忽澯"显然为人名,因其与"石忽"音近,因此被可能是指犹太人,林梅村即持此说。①

前述唐代犹太人已经通过陆上丝绸之路入华贸易,并相继出现在于阗与敦煌等地。阿斯塔那墓地是西晋至唐代高昌城居民的公共墓地,唐代高昌王国位于丝绸之路要道,来往客商众多,汇集各种族群,因此这里蕃汉杂居的现象较为普遍,阿斯塔纳墓地便埋葬着大量汉人与其他异域族群的居民。《唐康某等杂物帐》与《唐白夜默等杂器物帐》文书所记一些人名显然为异域人士,比较明显的如"目浮知盆""康郍你延""支熹伯""曹不之拟"与"目张□"等。"竹故匿"与"竹忽澯"之名在汉人中很少出现,显然亦应指异域人士。"竹忽""竹故"中古音与"石忽"音近,可能源自新波斯语对犹太人的称谓 Djuhūt 或 Djahud——中世纪时期大量犹太人生活在波斯,并使用犹太-波斯语,因此可能以波斯语称之,在汉译过程中发生音转便形成"石忽""竹忽"与"竹故"。另外,可以确定的是《沈刻元典章》记载:"元英宗延祐七年(1320 年)回回、也里可温、竹忽、答失蛮等纳税事宜",②其中的"竹忽"指犹太人,为元代"术忽"转写形式。因此,如果仅从对音判断,"竹忽"与"竹故"应指犹太人,同时结合唐代犹太人入华情况与高昌在丝绸之路的地理区位,此时犹太人完全有可能出现在高昌。

《新唐书·回鹘传》记载一位名为"注吾合素"的人,其中"注吾"也与"石忽"音近,林梅村认为"注吾"应指犹太人。③关于注吾合素的事迹,《新唐书·回鹘传》记载:

> 黠戛斯……其君曰阿热……千元中为回鹘所破……回鹘稍衰,阿热即自称可汗……破杀回鹘可汗……阿热以公主唐贵女,遣使者卫送公主还朝,为回鹘乌介可汗邀取之,并杀使者。会昌中,阿热以使者见杀,无以通于朝,复遣注吾合素上书言状。注吾,虏姓也;合,言猛;素者,左也,谓武猛善左射也。行三岁至京师,武宗大悦。④

---

① 林梅村:《西域文明》,第 89—90 页。
② 《沈刻元典章》,北京,中华书局,1980 年重印本,第 35 页。
③ 林梅村:《西域文明》,第 90 页。
④ 《新唐书》卷 217 下,《回鹘传》,第 6146—6450 页。

《旧唐书·武宗纪》又记：

> 会昌三年,太原刘沔奏:"昨率诸道之师至大同军,大败回鹘……乌介可汗被创而走,已迎得太和公主至云州。"……黠戛斯使注吾合素入朝……言可汗已破回鹘,迎得太和公主归国,差人送公主入朝,愁回鹘残众夺之于路。帝遂遣注吾合素前往太原迎公主。①

黠戛斯,又作隔昆或坚昆,地处回鹘西北。太和公主,即定安公主,为唐宪宗第十女。唐穆宗时回鹘请求和亲,穆宗许之,《新唐书·回鹘传下》:"穆宗立,回鹘又使合达干等来固求昏,许之……诏以太和公主下降;主,宪宗之女。"②穆宗封其妹为太和公主,出嫁回鹘可汗。《新唐书·回鹘传》所记,即开成五年(840)黠戛斯人攻破回鹘汗国,欲遣使送太和公主回国,途中在会昌元年(841)为回鹘乌介可汗劫留,黠戛斯遂派遣注吾合素入朝上书言状。

据《旧唐书·武宗纪》记,会昌三年(843)注吾合素入华时,太原刘沔大败回鹘,重新迎回太和公主,武宗遂派注吾合素前往太原迎之。注吾合素,其中"注吾,虏姓也",虏姓即胡姓;合素,即指武猛善左射者。"注吾"与"石忽""竹忽""竹故"等音近,且《元史·顺帝三》记载:"元惠宗至元六年(1340)宜禁答失蛮、回回、主吾人等叔伯为婚。"③其中"主吾"确指犹太人,为"术忽""竹忽"的转写,"注吾"又与"主吾"音同,因此若仅从对音判断,"注吾"可能为犹太人。

《唐康某等杂器物帐》《唐白夜默等杂器物帐》《新唐书·回鹘传》与《旧唐书·武宗纪》等没有提供太多关于"竹故""竹忽"与"注吾"的信息,这对探究这些词的意义带来了困难,但是单从对音判断,"竹故""竹忽"与"注吾"完全有可能指犹太人。因此在无法确切判断这些词涵义的情况下,指出其指犹太人也为解释这些词的涵义提供了一种可能。但是,其他与"石忽"音近的词,并不具备这种可能,或者存有争议,如《金史》所记"术虎"与《北史·铁勒传》所记"萨忽",尽管林梅村认为"术虎""萨忽"(前已讨论)应指犹太人。④

《金史》关于"术虎"记载多次出现,兹略举数例:"金世宗正隆五年,以宿直将军术虎蒲查为夏国生日使","癸酉,遣同知府事术虎高琪等册吴曦为蜀

---

① 《旧唐书》卷18上,《武宗纪》,第593—595页。
② 《新唐书》卷142下,《回鹘传下》,第6125页。
③ 《元史》卷40,《顺帝三》,第858页。
④ 林梅村:《西域文明》,第82—83、90页。

国王"，"庚戌……招抚副使<u>术虎移剌</u>答追及之……已未，赠<u>术虎春儿</u>银青荣禄大夫"，"<u>术虎筹寿</u>，贞祐间为器物局直长，迁副使"，"知府事<u>术虎忽失来</u>、总领提控王和各以兵归顺"等等。①其中术虎蒲查、术虎高琪、术虎移剌、术虎春儿、术虎筹寿、术虎忽失来等皆为冠以"术虎"称谓的人名。"术虎"与"石忽"，尤其是"术忽"音近，仅从对音判断，完全可能指犹太人。

但是，《金史·百官志一》记："凡白号之姓，完颜，温迪罕，夹谷，陁满，仆散，<u>术虎</u>，移剌荅，斡勒，……石古苦，缀罕，光吉剌皆封金源郡，"②显示"术虎"为女真人姓氏之一，隶属白号之姓——《金史·世纪》记载："生女直地有混同江、长白山，混同江亦号黑龙江，所谓'白山黑水'是也。"③或因此女真人选择用黑白二色代表部族两大集团，白号之姓由此而来。《金史·安帝子传》又记："胜昆、主保皆<u>术虎部</u>人"，④显示术虎为女真人白号之姓部落之一，因此可以肯定"术虎"非指犹太人。

唐代敦煌景教文献主要与基督教有关，但是同时也提到了一些犹太人信息，也是迄今所知最早提及犹太人信息的汉文文献，在汉语世界中传播了犹太人历史。通过对《尊经》关于犹太人名的汉译，尤其是《一神论》关于石忽与石忽缘人的探讨，勾勒了汉语关于"犹太"称谓的完整知识谱系，推动了对于汉语所记犹太人历史信息的认知。同时，通过将敦煌景教文献所记犹太人信息与唐代汉籍其他类似称谓，如竹故、竹忽、注吾、术虎与萨忽等进行对比，为认识唐代汉籍所记犹太人信息提供了条件。就此而论，唐代敦煌景教文献的价值不仅体现在基督教研究方面，而且对于探究古代犹太人入华历史亦颇为重要。

二 "犹太人"阿罗憾
——清末端方藏洛阳出土波斯国酋长阿罗憾丘铭补考

(一) 阿罗憾丘铭及对阿罗憾身份的认识

清末，在河南洛阳出土了一方波斯国酋长阿罗憾的墓志。1903 年，金

---

① 《金史》卷 6，《世宗纪》卷 6，北京，中华书局，1975 年，第 136 页；《金史》卷 12，《章宗四》，第 280—281 页；《金史》卷 16，《宣宗下》，第 351—368 页；《金史》卷 100，《术虎筹寿传》，第 2214 页；《金史》卷 118，《胡天作传》，第 2588 页。
② 《金史》卷 55，《百官志一》，第 1229 页。
③ 《金史》卷 1，《世纪》，第 2 页。
④ 《金史》卷 65，《安帝子传》，第 1538 页。

石学家端方(1861—1911年)在《陶斋藏石目》中首次提到这方墓志。该墓石高一尺五寸四分,宽一尺五寸一分,十八行,行十七字,字径五分,正书四周花纹阔二寸强。①该墓志被称为"丘铭",端方称:"不曰墓志,而曰丘铭,甚新,有所讳耶。抑小陵曰丘(丘),丘降于陵一等,书此以示宠荣耶。昔人称墓异名,如玄堂、阴堂、神空窆域之类甚棵,得此又增一例矣。"②1909年,端方首次将该墓志铭文录于《陶斋藏石记》,此录文应是直接录自原碑;1917年,罗振玉(1866—1940年)在《芒洛冢墓遗文》中也收录了这方墓志录文,称正书藏端忠敏公家(忠敏为端方谥号);③佐伯好郎、周绍良、林悟殊与林梅村曾对该墓志铭进行校勘。④兹以端方录文为基础,参考诸家意见,将阿罗憾丘铭内容转录如下:

1　大唐故波斯国大酋长、右毛卫将军、上柱国、
2　金城郡开国公波斯君丘之铭。⑤
3　君讳阿罗憾,望族,波斯国人也。显庆年中
4　高宗天皇大帝以功绩可称,名闻□言□,⑥出使
5　凸来至此,即授将军北门扌□领侍卫驱驰;⑦又

---

① 阿罗憾墓志原碑已失踪,迄今流传该墓志拓本被收藏在日本京都人文科学研究所、北京图书馆、北京大学图书馆与台北"中央研究院"历史语言研究所。端方录文,详见端方,《陶斋藏石记》,宣统元年,1909,石印本,卷二一,第9页。周绍良藏一拓本,详见周绍良、赵超:《唐代墓志汇编》,上海,上海古籍出版社,1992年,第1116页。

② 端方:《陶斋藏石记》,第11页。

③ 罗振玉:《芒洛冢墓遗文》,民国六年,1917,自刊本,卷二,第387—388页。

④ P. Y. Saeki, *The Nestorian Monument in China*, London, 1916, p.271;周绍良、赵超:《唐代墓志汇编》,第1116页;林悟殊:《唐代景教再研究》,北京,中国社会科学出版社,2003年,第268—270页;林梅村:《洛阳出土唐代犹太侨民阿罗憾墓志跋》,详见林梅村:《西域文明》,北京,东方出版社,1995年,第95—96页。

⑤ 第1行毛为屯异体字;第2行丘为丘异体字。

⑥ 第4行,端方、罗振玉、周绍良与林悟殊作"功绩可称";佐伯好郎与林梅村作"功绩有称",疑误。端方录文为"言□",即言字旁的字,应为原碑情况;罗振玉、周绍良与林悟殊录文为缺省,林梅村称北京大学所藏拓本该字后半部依稀可释,当为域字,故"□言"两字作西域。详见端方:《陶斋藏石记》,第9页;罗振玉:《芒洛冢墓遗文》,第387页;周绍良、赵超:《唐代墓志汇编》,第1116页;林悟殊:《唐代景教再研究》,第268页;P. Y. Saeki, *The Nestorian Monument in China*, p.271;林梅村:《洛阳出土唐代犹太侨民阿罗憾墓志跋》,《西域文明》,第96页。

⑦ 第5行凸为召异体字;端方、罗振玉与周邵良作"扌□";林悟殊录文缺省;林梅村认为"扌□"似作右。佐伯好郎与林梅村录文"将军北门扌□领使,侍卫驱驰",多出一个使字,误。周绍良断句为"即授将军,北门扌□领侍卫驱驰",林梅村断句为"即授将军北门【右?】领使,侍卫驱驰"。详见端方:《陶斋藏石记》,第9页;罗振玉:《芒洛冢墓遗文》,第387页;周绍良、赵超:《唐代墓志汇编》,第1116页;林悟殊:《唐代景教再研究》,第268页;P. Y. Saeki, *The Nestorian Monument in China*,p.271;林梅村:《洛阳出土唐代犹太侨民阿罗憾墓志跋》,《西域文明》,第96页。

6　茗充任拂林国诸蕃拊慰大使，①并扵拂林西堺

7　立碑，戨戨尚在。宣传□□□圣教，实称蕃心；②

8　诸国肃清，于今无事。岂不由将军善导者，为

9　功之大矣！又为□□□则天大圣皇后凸诸③

10　蕃王，建造天枢，及诸军立功，非其一也。此则

11　永题麟阁，其扵识终，方画云台，没而湏録。④以

12　景云元年四月一日，暴憎过隟。春秋九十有

13　五，终扵东都之私第也。风悲垄首，日憯云端；

14　声衺鸟集，泪久松干。恨泉扃之寂寂，嗟去路⑤

15　之长欢。鸣呼衺哉！以其年□月□日，有子俱

16　罗等，号天冈极，叩地无从，惊雷遶坟衔泪石。⑥

17　四序增慕，无辍扵春秋；二礼克修，不忘扵生

18　死。卜居宅**北**，葬扵建春门外，造匕安之，礼也。⑦

据此丘铭记载，阿罗憾为波斯大酋长，在唐高宗显庆年间（656—661 年）被召至唐廷，曾作为唐廷派往拂林国诸蕃招慰大使，于拂林西界立碑，立下大

---

① 第 6 行茗为差异体字，拊为招异体字。

② 林梅村作"宣传圣教"，其他录文皆有三个缺字，详见林梅村：《洛阳出土唐代犹太侨民阿罗憾墓志跋》，《西域文明》，第 95 页。

③ 第 8 行末，端方、罗振玉与林梅村作"为"；周绍良与林悟殊作"焉"，并断句为"岂不由将军善导者焉（为），功之大矣！"林梅村断句为"岂不由将军善导者，为功之大矣！"周绍良、林悟殊疑误，林梅村断句更符合原碑。第 9 行岳为后异体字。详见端方：《陶斋藏石记》，第 9 页；罗振玉：《芒洛冢墓遗文》，第 388 页；周绍良、赵超：《唐代墓志汇编》，第 1116 页；林悟殊：《唐代景教再研究》，第 268 页；林梅村：《洛阳出土唐代犹太侨民阿罗憾墓志跋》，《西域文明》，第 95 页。

④ 第 11 行，端方、林悟殊与林梅村作"其扵识终"；罗振玉、周绍良缺省其字，误。没为没异体字，湏为须异体字。详见端方：《陶斋藏石记》，第 9 页；罗振玉：《芒洛冢墓遗文》，第 388 页；周绍良、赵超：《唐代墓志汇编》，第 1116 页；林悟殊：《唐代景教再研究》，第 268 页；林梅村：《洛阳出土唐代犹太侨民阿罗憾墓志跋》，《西域文明》，第 95 页。

⑤ 第 12 行暴为暴异体字，隟为隙异体字，第 13 行憯为惨异体字；第 14 行衺为哀异体字，寂为寂异体字，嗟为嗟异体字。第 14 行，林梅村据北大藏拓本，作"泪落松干（干）"，与其他录文皆不同，详见林梅村：《洛阳出土唐代犹太侨民阿罗憾墓志跋》，《西域文明》，第 97 页。

⑥ 第 16 行冈为罔的异体字，遶为绕的异体字。林梅村称端方录文为"惊雷遶坟，衔泪□石"，因此缺字为"刊"，即"衔泪刊石"，意为刻碑立石，但笔者在端方录文中并未见缺字，为"惊雷遶坟衔泪石"，其他录文亦是如此。以上详见端方：《陶斋藏石记》，第 9 页；林梅村：《洛阳出土唐代犹太侨民阿罗憾墓志跋》，《西域文明》，第 96 页。

⑦ 第 18 行**北**字，周绍良作兆，佐伯好郎与林梅村作屯，详见周绍良、赵超：《唐代墓志汇编》，第 1116 页；P. Y. Saeki, *The Nestorian Monument in China*, p.271；林梅村：《洛阳出土唐代犹太侨民阿罗憾墓志跋》，《西域文明》，第 95 页。

功;武则天时期,曾召诸蕃王为武则天兴建天枢,并立军功,景云元年(710 年)在洛阳去世,享年 95 岁,安葬在洛阳建春门外,①其有一子,名为俱罗。

1913 年,羽田亨最早对阿罗憾身份进行研究,指出阿罗憾为 Abraham 音译,其子俱罗为 Korah 音译,这两个名字为犹太人常见名称,因此阿罗憾可能为波斯犹太人;但同时又称古代景教徒也常用此名,景教(聂斯托利派基督教)在波斯、罗马广为传播,阿罗憾来自波斯,出使拂林(罗马),宣传圣教,显示阿罗憾及其子俱罗可能为景教徒,此圣教可能指景教。②

之后,阿罗憾为景教徒之说广为流行,尽管 1926 年桑原骘藏强调阿罗憾与俱罗更有可能是波斯犹太人。③1916 年,佐伯好郎确信阿罗憾为景教徒,指出阿罗憾与西安《大秦景教流行中国碑》(以下称《景教碑》)所记景教徒阿罗本同为波斯人,两者发音近似,故阿罗憾与阿罗本为同一人。④受羽田亨与佐伯好郎影响,伯希和也曾提出类似观点,但并未对此问题深究。⑤1958 年,罗香林对阿罗憾与景教的关系进行了详尽考证,认为阿罗憾为《景教碑》中所记武则天时期的景教僧首罗含;此说先后被朱谦之、方豪等认同。⑥虽然林梅村一度认为阿罗憾可能为犹太人,称阿罗憾是永徽五年(654 年)波斯王子卑路斯(636—679 年)派往唐廷求援的使者,因高宗不肯出兵,无法向卑路斯交差,便客居长安,入仕唐廷,曾被派往东罗马(拜占庭)——阿罗憾墓志所记"拂林"即指罗马,为武则天兴建天枢,墓志所记"方画云台"说明阿罗憾被列入乾陵功臣石像,其中刻写"波斯大首领南昧……"的石像可能为阿罗憾;阿罗憾墓志为中国境内最早的犹太人遗物,阿罗憾也是最早入华的犹太人。⑦但是,不久又改变了这一认识,认为阿罗憾为僧首罗含,其经历与作为上述犹太人的阿罗憾相同。⑧

---

① 建春门为唐代洛阳城东门之一。

② 羽田亨:《波斯国酋长阿罗憾丘铭》,《东洋学报》,11(1913):395—405。

③ 桑原骘藏著,何建民译:《隋唐时代西域人华化考》,昆明,中华书局,1939 年,第 23—24 页。林梅村称桑原骘藏强调阿罗憾与俱罗更有可能是景教徒,显然并未理解桑原骘藏的意思,详见林梅村:《洛阳出土唐代犹太侨民阿罗憾墓志跋》,《西域文明》,第 95 页。

④ P. Y. Saeki, *The Nestorian Monument in China*, pp.257—259.

⑤ P. Pelliot, *L'inscription Nestorienne de Si-ngan-fou*, edited with supplements by Antonino Forte, Kyoto, Paris, 1996, p.255, Note 149.

⑥ 罗香林:《景教徒阿罗憾等为武则天皇后造颂德天枢考》,《清华学报》,1958 年第 3 期,第 13—22 页;朱谦之:《中国景教》,北京,人民出版社,1993 年,第 156 页;方豪:《中国天主教史人物传》,北京,中华书局,1988 年,第 13—15 页。

⑦ 林梅村:《洛阳出土唐代犹太侨民阿罗憾墓志跋》,《西域文明》,第 97—107 页。

⑧ 林梅村:《洛阳出土唐代波斯侨民阿罗憾墓志跋》,详见王元化编:《学术集林》,上海,远东出版社,1995 年,卷四,第 284—298 页。

　　针对以上主张,一些学者提出了不同意见。1943 年,榎一雄指出将阿罗憾名称复原为 Abraham 并非唯一可能,波斯人名 Argam 或 Raham 也可作为阿罗憾的对音,阿罗憾墓志中的拂林不一定指罗马(拜占庭),可能为忽檩(Khulm,位于今阿富汗北部),阿罗憾立碑应与龙朔元年(661 年)唐廷在吐火罗立碑为同一事件,即彼时出使西域的王名远建议在中亚所立石碑,就是阿罗憾在拂菻西界所立石碑,因此阿罗憾与景教徒、犹太人无任何关系。①伊藤义教、保罗·达芬纳(Paolo Daffina)等也不赞同把阿罗憾与景教碑中阿罗本的名称复原为 Abraham,认为阿罗憾墓志没有任何内容与景教有关。②岑仲勉针对阿罗憾丘铭中的“拂林招慰”,指出彼时波斯大部已被阿拉伯人占领,所谓拂林西界,断不能逾波斯西界,应只是西域的代名词而已。③富安敦(Antonino Forte)提出阿罗憾可拟音为 Wahrām,其宣扬的圣教并非基督教,应是中国皇帝宣教,拂林则是忽檩,非指罗马,认为阿罗憾是一位波斯贵族,并非宗教人士,与流亡中国的波斯王子卑路斯之子泥涅师地位相当。④马小鹤认同富安敦的观点,认为阿罗憾为波斯王族,可能为波斯国王库萨和二世(Khusrau II,591—628 年在位)之孙,力主与唐结盟推动波斯复国大业,拂林实际指吐火罗,阿罗憾立碑即为龙朔元年唐廷在吐火罗立碑,阿罗憾的事迹让其成为波斯琐罗亚斯德教钵罗婆文献《本达希申》(Bundahishn)和《赞德·瓦赫兰·亚斯恩》(Zand-i Wahman Yasn)中救世英雄瓦赫兰(Wahrām)的化身。⑤值得注意的是林梅村新近的研究认为阿罗憾墓志所记“拂菻”(拂林)应指唐代裴罗将军城——裴罗将军城今名 Burana(布拉纳),源自粟特语城名 βwr'n',粟特语 βwr'n' 即为“拂菻”,近年在裴罗将军城发现的一块唐碑(该碑仅存碑额,现藏布拉纳博物馆)应为阿

----

　　① 榎一雄:《唐代の拂林国に关する一问题(波斯国酋长阿罗憾丘铭の拂林国)》,《北亚细亚学报》,2 (1943):203—244。

　　② 伊藤义教:《ゾロアスター研究》,东京,岩波书店,1979 年,第 301 页;Paolo Daffina, “La Persia sassanide secondo le fonti cinesi”, *Rivista degli studi orientali* 57, 1983, p.135。

　　③ 岑仲勉:《西突厥史料补阙及考证》,北京,中华书局,1958 年,第 231 页。

　　④ 富安敦著,黄兰兰 Huang Lanlan 译:《所谓波斯“亚伯拉罕”——一例错误的比定》,详见林悟殊:《唐代景教再研究》,第 231—267 页;此文英文版,详见 Antonino Forte, “On the so-called Abraham from Persia. A case of mistaken identity”, in P. Pelliot, *L'inscription Nestorienne de Si-ngan-fou*, edited with supplements by Antonino Forte, Kyoto, Paris, 1996, pp. 375—428; Antonino Forte, “On the Identity of Aluohan (616—710), a Persian Aristocrat at the Chinese Court”, *La Persia e l'Asia centrale da Alessandro al X secolo*, Roma: Academia Nazionale dei Lincei, 1996, pp.187—197。

　　⑤ 马小鹤:《唐代波斯国大酋长阿罗憾墓志考》,详见马小鹤:《摩尼教与古代西域史研究》,北京,中国人民大学出版社,2008 年,第 538—578 页。

罗憾在"拂菻(拂林)西界"所立之碑,而非《新唐书·裴行俭传》所记仪凤二年(677年)裴行俭在碎叶城所立功碑,但是其基于阿罗憾与Abraham的近音关系以及景教在裴罗将军城附近、河中地区、吐火罗斯坦、七河流域,乃至中原地区的流布,仍认为阿罗憾应为景教徒,并可能为七河流域景教区大主教。[①]

(二)关于阿罗憾为景教徒或犹太人的认识

主张阿罗憾为景教徒一个重要原因是阿罗憾的发音(阿罗憾中古音拟音为ʔalafiəm)与Abraham发音近似,后者为景教徒的常见人名。阿罗憾之子俱罗中古音为kiola,与Korah音近:Korah,即希伯来语קֹרַח,Qórah(可拉),为常见的圣经人名,《旧约·创世纪》(35:5)记载:"可拉是以扫和阿何利巴玛的儿子。"因此,仅从阿罗憾与俱罗的名称判断,阿罗憾可能为景教徒。佐伯好郎、罗香林、朱谦之、方豪等强调景教徒身份,分别将阿罗憾认定为景教碑中的阿罗本与罗含。

尽管佐伯好郎认为阿罗本为Abraham音译,阿罗本即阿罗憾,但是学界仍存在不同看法。裕尔(H. Yule)称阿罗本应为Rabban音译,意为使徒;福斯特(J. Foster)又称阿罗本应为叙利亚名Yahb-Alaha,阿罗即A-la-a,叙利亚文意为神,本即Yahb。[②]阿罗本中古音为ʔalapuən,并不完全对应Abraham的发音abraˈfiam,反而与叙利亚名Yahb-Alaha更为接近,而且其中puən与阿罗憾中古音ʔalafiəm的fiəm并不对应,因此从对音难以证明阿罗本为阿罗憾。另外,景教碑记载:"大秦(罗马)国有上德(主教)曰阿罗本……贞观九祀(635)至于长安。"[③]即,635年罗马主教阿罗本到达长安,阿罗憾则是显庆年间受唐高宗之邀而来,两人来源地与入华时间断不相同,因此很难将两人视为一人,佐伯好郎之说显然有误。

罗香林、朱谦之、方豪、林梅村等主张阿罗憾为罗含,主要因为罗含的中古音为lafiəm,与ʔalafiəm(阿罗憾)相比,仅略去ʔa音,两者音近,被认为皆为Abraham音译。同时,景教碑记载:"僧首罗含……并金方贵绪,物外高僧",[④]阿罗憾为波斯望族,两者地位相合;阿罗憾"宣传□□□圣教"被认为是宣扬景教教义,以共振玄纲,与罗含的僧首地位相合;阿罗憾有子嗣俱罗,

①　林梅村:《碎叶川裴罗将军城出土唐碑考》,《中原文物》2016年第5期,第92页,第97—102页。

②　J. Foster, *The Church of the Tang Dynasty*, London, 1939, p.43.

③④　朱谦之:《中国景教》,第224页。

景教碑叙利亚文显示在中国的主教与僧侣亦皆可娶妻生子,因此罗含也可有子嗣。①关于罗含在华事迹,景教碑记载:"圣历年,释子用状,腾口于东周;先天末,下士大笑,讪谤于西镐。有若僧首罗含、大德及烈,并金方贵绪,物外高僧,共振玄纲,俱维绝纽",②也被认为是在阿罗憾等景教首领努力下,景教在面对佛教、道教抵制时,得以维系、复兴——释子即为佛教徒,下士指道士。林梅村甚至指出阿罗憾丘铭所记"暴憎过隟",显示阿罗憾在面对佛、道之徒围攻下,受到突然打击,怀恨而亡。③

但最为矛盾的是,阿罗憾丘铭记载阿罗憾于景云元年,即 710 年逝世,其不可能在先天年间(712—713 年)振兴景教,两人生平显然不一致,而且景教碑又记:"天宝三载……诏僧罗含、僧普论等一七人,与大德佶和于兴庆宫修功德",④显示罗含在 744 年仍旧健在。因此,阿罗憾与罗含显然不是同一时代的人,罗香林等主张难以成立;至于阿罗憾丘铭所记"暴憎过隟",其中"过隟"指时间短暂、光阴易逝,应是表达哀怨、憎恨时光易逝之意。

主张阿罗憾为景教徒另一个主要原因是阿罗憾丘铭记载其来自波斯,出使拂林。拂林通常指罗马帝国(拜占庭),景教发端于(罗马帝国),兴盛于波斯,阿罗憾来自波斯又被任命为招慰大使,出使拂林,"宣传□□□圣教",因此得以被认为是景教徒。前述,林梅村在先前的研究即认为阿罗憾为卑路斯所遣使者,于 654 年左右入华,曾参与唐廷在西域的经略,因功绩名闻西域,显庆年间被高宗出使招来,授将军北门右领使(即"将军北门扌□领侍卫驱驰")。⑤林梅村又称,显庆三年(658 年)唐廷在中亚设羁縻州,为卑路斯复兴波斯带来了希望,大唐版图到达波斯东境,与阿拉伯人形成对峙,彼时阿拉伯人与东罗马频繁摩擦,因此高宗派遣阿罗憾出使东罗马,旨在联合东罗马共同抵御阿拉伯人;关于阿罗憾出使东罗马情况,林梅村认为乾封二年(667 年)东罗马遣使献方物,罗马人此次访问是对阿罗憾出使的回访,阿罗憾出访应在龙朔元年至乾封二年间,即 661—667 年间,彼时东罗马帝国受阿拉伯人侵扰,将宫廷迁往意大利,阿罗憾应到达意大利,并在此立碑,此

---

① 罗香林、朱谦之与方豪对罗含与阿罗憾身份的比对,详见罗香林:《景教徒阿罗憾等为武则天皇后造颂德天枢考》,第 13—22 页;朱谦之:《中国景教》,第 156 页;方豪:《中国天主教史人物传》,第 13—15 页。

②④ 朱谦之:《中国景教》,第 224 页。

③ 林梅村:《洛阳出土唐代波斯侨民阿罗憾墓志跋》,《学术集林》,第 289 页。

⑤ 林梅村:《洛阳出土唐代波斯侨民阿罗憾墓志跋》,《学术集林》,第 284—298 页。

次出使为中古时期中国对欧洲的唯——一次外交活动。[1]

　　汉籍所记拂林，又作拂菻，为 Frōm，Fromi 转音，指 Rōm，即罗马，通常指东罗马（拜占庭），已被普遍接受。[2]阿罗憾出使拂林国，很自然就被认为是出使拜占庭，这也成为阿罗憾被认为是景教徒的主要原因之一。需要注意的是，尽管汉籍中的拂林通常指东罗马，但并非完全如此。由于罗马帝国影响广泛，一些西亚、中亚诸国也被称之为"拂林"。

　　唐代慧超《往五天竺国传》记载：

> 　　又从波斯国，北行十日入山至大寔国，彼王不住本国。见向小拂临国住也，……又小拂临国。傍海西北，即是大拂临国，此王兵马强壮，……大寔数回讨击不得，突厥侵亦不得，土地足宝物，……衣着与波斯大寔相似，言音各别不同。[3]

慧超所记"拂临"，即拂菻转写，其中大拂临指拜占庭帝国，小拂临则指叙利亚。635 年阿拉伯人占领叙利亚重要城市大马士革，661 年阿拉伯倭玛亚王朝定都于此，慧超前往印度求法之时，叙利亚被阿拉伯人占领八十多年，成为该王朝中心地区，但正如慧超所记叙利亚被称为小罗马，同君士坦丁堡的罗马相区别。叙利亚自 1 世纪初被罗马帝国占领，直到 7 世纪初才被阿拉伯人占领，因此阿拉伯帝国统治下的叙利亚仍旧被称为罗马。[4]

　　唐代中亚有的君王也惯以"罗马凯撒"自称。《旧唐书·西戎传》记载："罽宾国在葱岭南，显庆三年（658 年）以其地为修鲜都督府；开元七年（719年）遣使献天文及秘方奇药……后乌散特勤洒年老，请以子拂林罽婆嗣位，听之。"[5]其中拂林罽婆即为 Frōm Kēsar 音译，指拂林凯撒，即罗马的凯撒。[6]《新唐书·西域传》记载："天宝六载（747 年）诏副都护高仙芝伐

---

①　林梅村：《洛阳出土唐代波斯侨民阿罗憾墓志跋》，《学术集林》，第 289—296 页。

②　关于拂林语源的探讨，详见 P. Pelliot, "Sur l'oringine du nom fou-lin", *Journal Asiatique*, ser. 11. Vol.3 (1914), pp.497—500；白鸟库吉著、王古鲁译：《拂菻问题的新解释》，《塞外史地论文译丛》，第 1 辑，长沙：商务印书馆，1938—1939 年，第 259—269 页；张绪山：《中国与拜占庭帝国关系研究》，第 103—116 页。

③　（唐）慧超：《往五天竺国传》，张毅笺释，第 108，116 页。

④　林英：《唐代拂菻丛说》，北京：中华书局，2006 年，第 20—21 页。

⑤　《旧唐书》卷 198，《西戎传》，第 5309—5310 页。

⑥　马小鹤：《唐代波斯国大酋长阿罗憾墓志考》，第 567 页。

之……仙芝至,斩为吐蕃者,高仙芝约王降,遂平其国;于是拂林、大食诸胡七十二国,皆震恐,咸归附。"①其中拂林即为拂林罽娑缩写,显然位于中亚,非指罗马。②马小鹤还指出一些出土钱币与铭文,显示悒怛、贵霜帝国也曾使用过 Fromo Kēsaro(拂林凯撒)与凯撒称号:一些悒怛钱币上有钱铭..omo,可拟构为 Fromo,即拂林,为 Fromo Kēsaro 缩写;一方出土的贵霜国王迦腻色伽二世或三世(Kanishka II 或 III)铭文,称其为 mahārāja rājatirāja devaputra kaisara,即伟大的国王、王中之王、天子、凯撒。③因此,可以清晰地看出随着时间的推移,罗马已经从国家名称演变称为一个地理名词,在西亚与中亚不同民族的视野中,罗马即拂菻一词的内涵在不断演变,在新的形势下演变出新的含义,应结合具体的语境与历史背景,不能简单地将拂菻与拜占庭挂钩,④所以阿罗憾丘铭所记拂林是否必然为东罗马帝国便成疑问。在此背景下,若将阿罗憾丘铭所记拂林理解为罗马帝国,很难想象其出使罗马帝国并立碑之事在中外史籍中并无任何记载,尤其是新旧唐书波斯拂林列传等失载。

因此,阿罗憾丘铭所记拂林当另有所指。阿罗憾时期,龙朔元年唐廷曾在吐火罗立碑,《唐会要》记载:

> 龙朔元年六月十七日,吐火罗道置州县,使王名远进《西域图记》,并请于于阗以西、波斯以东十六国,分置都督府及州八十、县一百一十、军府一百二十六,仍以吐火罗立碑以记圣德,诏从之。⑤

南宋金石学家赵明诚《金石录》中曾著录此碑,名为《唐纪功碑》,称:"正书无书撰书人姓名,显庆四年(659 年)三月;高宗撰序并行书,飞白题额显庆四年八月。"⑥

前引榎一雄认为,阿罗憾立碑应与龙朔元年唐廷在吐火罗立碑为同一事件,阿罗憾丘铭中的拂林为忽檩,即月氏都督府所属昏磨城。马小鹤认为拂林应指吐火罗,称从吐火罗、罽宾、嚈哒与贵霜关系分析,吐火罗曾使用过拂林这一称号——吐火罗为大夏故地,贵霜曾在吐火罗地建国,与罗马关系

---

① 《新唐书》卷 221 下,《西域传》,第 6251—6252 页。
②③ 马小鹤:《唐代波斯国大酋长阿罗憾墓志考》,第 569 页。
④ 林英:《唐代拂菻丛说》,第 21—22 页。
⑤ 王溥:《唐会要》(钦定四库全书影印本),卷七三,第 22—23 页。
⑥ 赵明诚:《金石录》(钦定四库全书影印本),卷四,第 4—5 页。

密切,贵霜王丘就却曾仿罗马钱币铸币;5世纪中叶,贵霜王朝亡于嚈哒人;563年,萨珊波斯与突厥瓜分嚈哒,突厥统治的吐火罗地区仍有许多嚈哒人,保留大量嚈哒人风俗,因此吐火罗可能继承贵霜与嚈哒拂林罽婆(罗马凯撒)的尊号;同时,吐火罗与罽宾关系密切,罽宾可能在势力强大后从吐火罗那里将拂林罽婆的尊号接过来,故被《新唐书·西域传》记作拂林,因此显庆年间吐火罗应是先于罽宾拥有此尊号,所以阿罗憾在拂林西界立碑,与唐廷在吐火罗立碑为同一件事。①

马小鹤之说为认识阿罗憾丘铭所记拂林地望提供了新的线索,同时也被《唐会要》印证。若如林梅村所言,阿罗憾出使东罗马并在意大利刻石立碑,很难想象中外史籍会对此等国之大事没有任何记载,尤其是新旧唐书波斯拂林列传并失载,而仅见于阿罗憾丘铭中。此种认识过于大胆,难以确信,也与唐代中国与西方交往的情况不相符合。榎一雄、富安敦将拂林认定为忽懔,只是在对音上比较恰当,并无其他史实佐证。岑仲勉主张拂林只是西域的代名词,显得太过宽泛,因为《唐会要》明确记载唐廷在吐火罗立碑。因此,比较而言马小鹤之说更为契合,阿罗憾有可能与王名远一道在龙朔元年参与唐廷在吐火罗立碑,并"宣传□□□圣教"——圣教应为皇帝在天下的政治行为。②当然,前述林梅村新近的研究认为阿罗憾丘铭所记拂林应指唐代中亚的裴罗将军城,此为阿罗憾立碑的拂林地望又提供了另外一种可能。姑且不论阿罗憾丘铭所记拂林到底指吐火罗,亦或裴罗将军城,但可以确定的是此处的拂林与拜占庭或罗马帝国无涉,并且基于唐代与西域诸地的交往以及拂林称号的流播,其更应指中亚某地。

因此,阿罗憾丘铭所记其被唐廷派遣前往"拂林"并在其西界立碑等信息,并不足以证明其为景教徒,而阿罗憾与Abraham音近更难以作为明确的证据。前述尽管林梅村强调景教在裴罗将军城附近、河中地区、吐火罗斯坦、七河流域,乃至中原地区广泛流布,并有大量景教考古发现,但也不能直接证明阿罗憾就是景教徒。所以,至少从目前的历史信息判断,我们并没有发现证明阿罗憾为景教徒的有力论据与材料,关于其景教徒身份至多是一种可能性的猜测,而不能明确证明之。同样,仅凭阿罗憾的发音与Abraham音近,也不能认为其必然为犹太人。

---

① 马小鹤:《唐代波斯国大酋长阿罗憾墓志考》,第570—572页。
② 富安敦:《所谓波斯"亚伯拉罕"——一例错误的比定》,第245—246页。

(三) 阿罗憾与琐罗亚斯德教救世英雄瓦赫兰

前述,富安敦认为阿罗憾可拟音为 Wahrām。Wahrām 在波斯语中又作 Bahram,Vahrām,与阿罗憾中古音 ʔɑlɑɦəm 音近,确有可能为后者转音。波斯末代君主耶兹迪格德三世(Yazdegerd III,624—651)有三个儿子,即卑路斯、瓦赫兰七世(Bahram VII)与伊兹德达德(Izdundad)。耶兹迪格德三世死后,瓦赫兰七世也应与卑路斯流亡到吐火罗地区,并完全有可能到达中国。但是,唯一不能对应的是阿罗憾丘铭记载阿罗憾生活在 616—710 年间,耶兹迪格德三世生活在 624—651 年间,瓦赫兰七世不可能出生在 616 年,两人生平并不一致。

伊朗学家塞雷蒂(C. G. Cereti)认同富安敦将阿罗憾拟音为 Wahrām 的说法,指出钵罗婆文启示录性质的文献《本达希申》(Bundahishn)和《赞德·瓦赫兰·亚斯恩》(Zand-i Vohuman Yasht)中记载了关于救世英雄瓦赫兰(Wahrām)的历史。① 受塞雷蒂启发,马小鹤认为阿罗憾就是《本达希申》与《赞德·瓦赫兰·耶斯恩》中救世英雄瓦赫兰的化身,可能为波斯国王库萨和二世(Khosrau II,?—628)之孙。②

Bundahishn 意为"原始的创造",是关于琐罗亚斯德教宇宙观与宇宙论的著作,被认为是据波斯《阿维斯塔》(Avesta)编写,成书于 9 世纪,主要记述琐罗亚斯德教创世神话,即最高神阿胡拉·马自达(Ahura Mazda)与恶本原安格拉·曼纽(Angra Mainyu)的斗争,并记载了很多萨珊波斯的历史。③《本达希申》流传有印度传本与伊朗传本。印度传本残缺不全,被称为小《本达希申》或印度《本达希申》;伊朗传本相对完整,被称为大《本达希申》或伊朗《本达希申》。

大《本达希申》第 33 章《关于每千年降临伊朗帝国的灾祸》,记载了萨珊波斯历史与救世英雄凯·瓦赫兰(Kay Wahram)。大《本达希申》将萨珊波斯融入琐罗亚斯德教历史中,称世界历史有六千年,第四千年是琐罗亚斯德时代,在第 12—21 节记载:

---

① C. G. Cereti, "Again on Wahrām īwarzāwand", La Persia e l'Asia centrale da Alessandro al X secolo, Atti del Convegno internazionale, Roma, 9—12 novembre 1994, pp.629—639.

② 马小鹤:《唐代波斯国大酋长阿罗憾墓志考》,第 542—563 页。

③ Greater Bundahishn, trans., Behramgore Tehmuras Anklesaris, ed., Joseph H. Peterson, Kasson, MN, 2002.

第四个千年开始,琐罗亚斯德从阿胡拉·马自达处带来启示……在这一千年,阿尔达希尔(Artakhstar)出现……推动了马自达崇拜的启示,确立了宗教传统。沙普尔(Shapur)统治时期,阿拉伯人出现……卑路斯(Peroz)统治时期持续 6 年无雨……卡瓦德(Kavat)统治……然后是耶兹迪格德统治……不能抵抗阿拉伯人,逃到呼罗珊,被杀害……阿拉伯人颁布了自己的宗教……削弱了马自达崇拜的启示。自创世以来,从未有如此灾难降临到伊朗。①

此段所记即在第四个千年,琐罗亚斯德受阿胡拉·马自达启示传播正教,萨珊波斯开始统治。从萨珊波斯创建者阿尔达希尔(224—240 年在位)确立琐罗亚斯德教,历经沙普尔(240—272 年在位)、卑路斯一世(Peroz I,457—484 年)、卡瓦德(488—531 年)与末代君主耶兹迪格德的统治,直到阿拉伯人征服波斯。

第 33 章第 23—29 节记载了瓦赫兰的事迹:

23:有人在经书上说:"他们邪恶统治将会结束。

……

25:一个坏人将从东部出现……持续数年邪恶统治。其间,法尔斯人将在卡泽伦(Kazerun)海岸②的道路上消亡。

26:之后大量突厥军队入侵伊朗帝国……对伊朗人造成伤害,直到上帝怜悯。

27:当罗马人(Arumans)前来行使一年主权时,将会有一位荣耀的、来自王族的人从迦布罗斯坦(Kavulastan)来。他们称他为凯·瓦赫兰(Kay Vaharam),所有人追随他一起回来。他甚至统治印度斯坦、罗马、突厥,乃至所有边界地区,将铲除所有不虔诚信仰,复兴琐罗亚斯德教……

28:同时帕舒坦(Peshotan)与 150 位圣人……将消灭秘密偶像圣殿……宣告和恢复启示。"

29:然后乌希达尔(Ushedar)的第五个千年将开始。乌希达尔是

---

① *Greater Bundahishn*, pp.162—163.

② 卡泽伦位于今伊朗西南部法尔斯省沿海地区,紧邻波斯湾。

　　琐罗亚斯德之子、真正的使者……将带来启示……整个世界将会更加自由与和平。①

　　此段记载将瓦赫兰的事迹与琐罗亚斯德教融合,称经历突厥人、罗马人对波斯的破坏与统治后,迦布罗斯坦的凯·瓦赫兰带领追随者恢复统治与琐罗亚斯德教信仰,同时帕舒坦也会恢复启示——帕舒坦为琐罗亚斯德教末世论的一位宗教人物,并在第五个千年,即琐罗亚斯德之子乌希达尔时期,琐罗亚斯德教将会复兴。其中瓦赫兰被称为 Kay Vaharam, Kay 意为国王,在波斯传说中有一个凯扬王朝(Kayanian Dynasty),凯扬国王在琐罗亚斯德教经典《阿维斯塔》中被视为英雄,凯·瓦赫兰即意为瓦赫兰国王,说明其具有凯扬王朝的血统,即王族出身。

　　《赞德·瓦赫兰·亚斯恩》是一部关于琐罗亚斯德教末日说的论著,以阿胡拉·马自达与琐罗亚斯德对话形式展开,成书于 12 世纪。关于萨珊波斯的历史,第 2 章 19—22 节记载:

　　黄铜时代是阿尔达希尔统治……铅的时代是瓦赫兰·古尔(Vaharam-i Gur,420—438 年在位)统治……钢的时代是卡瓦德之子胡司洛(Khosraw,531—579 年在位)统治……混铁时代是邪恶统治。②

关于瓦赫兰,第 3 章第 12—23 节记载:

　　琐罗亚斯德问阿胡拉·马自达:“创造者! 他们数量如此多,应该以什么方式摧毁他们?”

　　阿胡拉·马自达说:“当一个恶魔出现时——这个恶魔有赫什姆(Eshm)后裔那样的分头,③首先在东方出现一个黑色征兆。琐罗亚斯德之子乌希达尔将诞生在弗拉兹丹(Frazdan)湖畔【又说位于卡扬塞(Kyansih)湖④与迦布罗斯坦】……他在 30 岁时将会与我会面……

---

　　① *Greater Bundahishn*,pp.163—164.

　　② *Zand-i Vohuman Yasht*,trans.,E. W. West,Publishingonline,1200 192 St.,Ste. 300,Seattle,WA,2001,p.10.

　　③ 赫什姆,为琐罗亚斯德教中愤怒恶魔的名字,绰号“血腥的狼牙棒”。

　　④ 大《本达希申》(第 12 章第 6 节)记载:“弗拉兹丹湖位于锡斯坦。”详见 *Greater Bundahishn*,p.101。锡斯坦,位于伊朗东部和阿富汗南部地区;卡扬塞湖,被认为是指锡斯坦地区的哈蒙湖(Hamun),详见 Ehsan Yarshater,ed.,*The Cambridge History of Iran*,Cambridge University Press,2003,Vol.3,p.356。

凯（Kaye）将会诞生【凯的父亲出自凯扬族群……在一百岁的时候有了凯；凯在宗教文献中被称为瓦赫兰－瓦扎万德（Vaharam-i Varzavand）；也有人称其为沙普尔（Shapur）】；凯出生当晚，天有异象……凯的父亲将会去世，他们会把他带到国王的女仆身边，这个女人将成为统治者。

凯 30 岁时，带有大量横幅的军队，中国与印度高举横幅的军队……快速奔袭到韦赫（Veh-rut）（又说是村庄），直到巴尔赫（Balx）河……①会有大量装备精良的军队，这些军队树立旗帜，向凯的统治效忠【有人说来自塞斯坦（Sigistan）、法尔斯与呼罗珊；有人说来自帕迪什赫瓦尔加尔（Patash-khvar-gar）；有人说来自赫拉特（Herat）、科伊斯坦（Kohistan）；有人说来自泰伯里斯坦（Tawristan）】。②

他们来到伊朗村庄，将杀死大量赫什姆后裔的谢达斯普（Sheta-spans），有两条狼腿、战线很宽的恐怖军队与系着皮腰带的妖魔……为了支持伊朗，将有无数呼罗珊士兵竖起横幅……当此周期结束后，这些敌人将被灭亡……将会恢复我所创造的伊朗地区。"③

《赞德·瓦赫兰·亚斯恩》此段关于瓦赫兰的记载，更具浓厚的宗教神秘色彩，提到了瓦赫兰的父亲及其被国王少女抚养的情况，最为重要的是如《本达希申》所记，瓦赫兰带领追随者恢复了伊朗的秩序。

马小鹤认为大《本达希申》与《赞德·瓦赫兰·亚斯恩》所记瓦赫兰与阿罗憾的事迹相符。其一，阿罗憾出生于 616 年，其父应出生在 6 世纪下半叶。563 年前后，萨珊波斯与突厥汗国瓜分嚈哒，不久突厥将嚈哒旧境据为己有，成为波斯的东方劲敌。大《本达希申》明确提到瓦赫兰降生之前突厥人对波斯的破坏——《赞德·瓦赫兰·亚斯恩》所记有赫什姆后裔那样分头的恶魔即指突厥人。因此，瓦赫兰降生之前的时代与阿罗憾父亲的时代相

---

① 塞雷蒂认为韦赫指中亚阿姆河，巴尔赫河为阿姆河一条支流，详见 C. G. Cereti, "Zoroastrian Pahlavi Literature as a Source for Central Asian Geography", in *the Archaeology of the Steppes: Methods and Strategies*, ed. B. Genito, IUO, Seminario di Studi Asiatici, Series Minor 44, Napoli, 1994, pp.454—456。

② 塞斯坦，即锡斯坦，位于伊朗东部与阿富汗南部；帕迪什赫瓦尔加尔，常被与伊朗末日论联系起来，位于今伊朗中南部克尔曼（Kirman）省，详见 *Wrestling with demons of the Pahlavi Widēwdād*, trans. Mahnaz Moazami, Brill, 2014, pp.39—41。赫拉特，位于今阿富汗西北部；科伊斯坦，位于今巴基斯坦西北部；泰伯里斯坦，位于伊朗北部、里海以南。

③ *Zand-i Vohuman Yasht*, pp.24—26。

符。其二、瓦赫兰出身于凯扬血统,为王族后裔,与阿罗憾身份相符。瓦赫兰被国王女仆抚养,这个女人后来成为统治者,那么可能为普兰(Boran)或阿扎米杜赫特(Azarmidokht)——普兰与阿扎米杜赫特为库萨和二世之女,分别在 629—630 与 630—631 年统治波斯,因此阿罗憾可能为库萨和二世之孙。其三、关于瓦赫兰记载所涉及区域,主要指伊朗东部和中亚,与阿罗憾活动区域相合。其四、瓦赫兰主要依靠中国与印度(信德)军队:龙朔元年,王名远与阿罗憾是在唐廷派往吐火罗道军队支持下设置羁縻都督府,同样得到了中国军队的支持。其五,中国军队开往的韦赫指阿姆河,巴尔赫河为阿姆河一条支流。这一带即吐火罗故地,为王名远与阿罗憾主要活动区域。君权授予瓦赫兰时,塞斯坦军队支持瓦赫兰,卑路斯的波斯都督府即在塞斯坦;瓦赫兰来自迦布罗斯坦,即喀布尔河流域罽宾-犍陀罗国,此地长期抵抗大食入侵,为流亡波斯人主要的活动区域。大《本达希申》称瓦赫兰要夺取印度斯坦(信德)、罗马(Arum)与突厥——此处的罗马应为吐火罗,这一区域与唐代设置羁縻州府的地域相合。最后,塞斯坦、吐火罗等地曾为萨珊波斯领土,与波斯在语言、宗教与文化方面有着深厚的渊源,阿罗憾、卑路斯等波斯王族才以这些地区作为复兴波斯的希望,宗教文献预言中的救世英雄以阿罗憾为原型,因为他在这些地区有超过常人的号召力。瓦赫兰面对的敌人包括两条腿的狼与系着皮腰带的妖魔,分别为大食人与突厥人;阿罗憾的主要敌人也是大食人,同时为了在吐火罗建立立足之处,自然要面对突厥人。因此,阿罗憾事迹在伊朗钵罗婆文献中演变为救世英雄瓦赫兰的传说:在大《本达希申》中虽然瓦赫兰出现在萨珊波斯败亡之后,但实际描述的是龙朔年间的中亚形势;《赞德·瓦赫兰·亚斯恩》关于瓦赫兰的传说,应是被萨珊王族作为政治宣传,为伊朗合法君主复辟制造舆论。①

　　大《本达希申》与《赞德·瓦赫兰·亚斯恩》关于瓦赫兰的记载,夹杂着诸多宗教因素,尤其后者更具强烈的宗教神秘色彩,这为还原瓦赫兰生平事迹带来不便。但是通过这两个文献的记载,可大致勾勒出瓦赫兰的生平,即在瓦赫兰出生前,波斯处于动荡中,尤其受到了突厥入侵与破坏;瓦赫兰出生后扮演着救世主角色,在他的带领下战胜了突厥人与阿拉伯人,恢复了波斯统治与琐罗亚斯德教。如马小鹤所言,瓦赫兰的身份、活动区域、主要敌人以及承担复兴波斯与琐罗亚斯德教等等,皆与阿罗憾事迹相符,阿罗憾满足成为瓦赫兰原型人物几乎所有条件。但是最大的不同在于瓦赫兰率领支

---

① 马小鹤:《唐代波斯国大酋长阿罗憾墓志考》,第 556—563 页。

持者消灭了敌人,恢复了波斯的秩序,复兴了琐罗亚斯德教,成为波斯的救世英雄;阿罗憾在吐火罗的经略并不成功,复兴波斯大业未成,最终流亡中国,很难被称为救世英雄。

历史上萨珊波斯与突厥多为不睦,波斯东进中亚与突厥在中亚的经略经常产生冲突,而且双方围绕丝绸之路贸易产生了诸多矛盾。萨珊波斯与突厥的战争主要包括 571 年西突厥室点密从高加索进攻波斯;588—589 年突厥处罗侯攻打波斯;597—598 年波斯国王库萨和二世讨伐嚈哒、贵霜,被突厥援兵击败,后又复攻;606—607 年突厥与嚈哒人联合进攻波斯;616—617 年波斯进攻吐火罗;627—628 年拜占庭与西突厥可萨部从高加索进攻波斯。[①]这些战争中涉及突厥入侵波斯的战争有 571 年、588—589 年、606—607 年、627—628 年,其中 571 年与 627—628 年突厥从高加索入侵,588—589 年、606—607 年从中亚地区入侵。大《本达希申》与《赞德·瓦赫兰·亚斯恩》记载来自东方坏人与东方黑色征兆,暗示波斯的危险来自东方,应指突厥从中亚方向对波斯入侵,那么只有 588—589 年、606—607 年这两次入侵与之相符。其中 606—607 年突厥入侵波斯,是被亚美尼亚王子史密巴特·巴格拉尼(Smbat Bagratuni)将军率领下击退;[②]这次入侵没未像588—589 年间对波斯带来巨大破坏,彼时亦未见拜占庭与阿拉伯人同时入侵波斯,诸多史实与瓦赫兰事迹无涉。

10 世纪末至 11 世纪初,波斯阿布卡西姆·菲尔多西(Abolqasem Ferdowsi, 940—1020)著《帝王之书》(Shahnameh),记载了从远古到 7 世纪萨珊波斯灭亡的历史,对 588—589 年突厥入侵波斯与彼时波斯面临的形势记载尤详,其记:

> 霍尔木兹(Hormozd,579—590 年在位)统治第 10 年(589 年),突厥处罗侯率大军从赫拉特出发……处罗侯写信给霍尔木兹,称:"让你们的军队给我让道……我将穿过你的王国,到达所有山川、河流与平原。"……同时,拜占庭从另一侧入侵波斯,重新占领了凯撒-纳文(Qeisar-Navan)……可萨军队也侵占了从亚美尼亚到阿尔德比尔(Ardebil)的土地[③]……大量阿拉伯军队一直入侵到幼发拉底河地区,

①　突厥、拜占庭与波斯之间的战争,详见沙畹:《西突厥史料》,冯承钧译,第 225—226 页。

②　Parvaneh Pourshariati, *Decline and Fall of the Sasanian Empire, the Sasanian—Parthian Confederacy and the Arab Conquest of Iran*, I. B. Tauris & Co Ltd, 2008, pp.301—303.

③　西泽-纳文应位于今伊朗北部吉兰(Gilan)省纳文(Navan)地区;阿尔德比尔位于今伊朗北部地区、里海沿岸。

所到之处寸草不生……霍尔木兹向众官员诉说:"没人记得波斯何时曾面对过这么多不同的敌人。"①

在四面楚歌之下,一位名叫瓦赫兰·楚宾(Bahrām Čōbīn)的人挽救了波斯局势——Čōbīn,意为高大,因其身材高大而得此名。关于瓦赫兰·楚宾事迹,《帝王之书》记载:

> 一位占星家预言瓦赫兰将成为波斯救世英雄,霍尔木兹任命他为统帅,与突厥人交战。他凭借杰出军事才干,一直攻打到阿姆河流域,战胜突厥人,射杀了处罗侯……②霍尔木兹担心他势力独大,设法消灭,瓦赫兰遂反。590 年霍尔木兹死于宫廷政变,其子库萨和二世继位,被瓦赫兰击败,流亡拜占庭。590 年夏瓦赫兰称帝。591 年库萨和二世以让拜占庭统治波斯北部地区为条件,③与拜占庭联合大败瓦赫兰,重新统治波斯……瓦赫兰逃亡突厥,被库萨和二世派人暗杀。④

9 世纪阿拉伯史家泰伯里对瓦赫兰·楚宾事迹亦有记载,与《帝王之书》所记大致相同。⑤瓦赫兰·楚宾,来自波斯迈赫兰(Mehrān)家族——该家族为萨珊波斯七大贵族之一,为安息王朝后裔。在抗击突厥之前,瓦赫兰·楚宾在波斯西北部与里海一带抗击拜占庭人,曾夺取达拉(Dara)地区,守卫巴尔达(Barda)与阿尔德比尔等地,战功卓著。⑥瓦赫兰·楚宾以杰出的军事才干,抵御拜占庭、击退突厥入侵,拯救波斯于危亡之中,在短暂统治期间(590—591 年)恢复了波斯的秩序,为饱受战乱入侵的波斯带来了希望。

---

① Abolqasem Ferdowsi, *Shahnameh*, *the Persian Book of Kings*, New York: Penguin Books, 2016, pp.829—831.

② 《帝王之书》的记载,详见 Abolqasem Ferdowsi, *Shahnameh*, *the Persian Book of Kings*, pp.835—850。《隋书》(卷 84)记载:"处罗侯又西征,中流矢而卒。"西征即指突厥西征波斯,射杀处罗侯者即瓦赫兰,详见《隋书》卷 84,《北狄》,第 1871 页。

③ 包括阿米达(Amida)、卡雷(Carrhae)、达拉(Dara)与马提洛波利斯 (Martyropolis)等地,位于今土耳其南部地区。

④ Abolqasem Ferdowsi, *Shahnameh*, *the Persian Book of Kings*, pp.832—907.

⑤ al-Tabari, *The History of al-Tabari*, Vol.V, State University of New York Press, 1999, pp.301—317.

⑥ 巴尔达位于今阿塞拜疆中南部,紧邻里海与伊朗北部,详见 Abolqasem Ferdowsi, *Shahnameh*, *the Persian Book of Kings*, p.833.

同时,需要尤其强调的是为了反抗萨珊波斯统治,瓦赫兰·楚宾以琐罗亚斯德教末日观念为自己辩护。《帝王之书》记载:"瓦赫兰·楚宾宣称萨珊人认为琐罗亚斯德的时代就是安息时期,阿尔达希尔出现在先知500年之后,篡夺了安息国王阿尔达班(Ardavan,213—224年在位)王位,历经500年统治,在千年之末与匈人(Huns)、罗马人之间的战争导致动乱;此时会出现一位救世主,将伊朗从匈人与罗马人中拯救出来,重新恢复安息王朝的统治,开启下一个新千年,这位救世主便是瓦赫兰·楚宾。"①

可以看到瓦赫兰·楚宾以琐罗亚斯德教末日观念为自己辩护的主张,完全与大《本达希申》与《赞德·瓦赫兰·亚斯恩》所记瓦赫兰一致:其中琐罗亚斯德时代即琐罗亚斯德教所言第四个千年,救世主瓦赫兰在这一千年出现,通过打败匈人与罗马人——匈人具体应指突厥人,恢复伊朗局势,开启下一个千年,即乌希达尔的第五个千年。

因此,可以看出大《本达希申》与《赞德·瓦赫兰·亚斯恩》几乎照搬了瓦赫兰·楚宾的事迹,同时又增添了一些神秘宗教色彩,将瓦赫兰·楚宾追溯至传说中的凯扬家族,称其降生时天有异象,被国王女仆养大等等,这在宗教文献记载中较为常见,很难以此判定瓦赫兰的身份,尤其是并未见史籍记载库萨和二世有一位名为瓦赫兰的孙子等。其次,将瓦赫兰·楚宾记作瓦赫兰-瓦扎万德(Vaharam-i Varzavand),Varzavand意为强大,与Chobin(高大)对应。琐罗亚斯德教文献应是为突出瓦赫兰作为救世主的强大形象,而非仅是外形上的高大,所以用Varzavand一词。大《本达希申》与《赞德·瓦赫兰·亚斯恩》未提到瓦赫兰·楚宾认为萨珊波斯篡夺了安息的统治,这应是因为从宗教角度而言,萨珊波斯尊奉琐罗亚斯德教,是琐罗亚斯德教重要历史时期,瓦赫兰·楚宾则是借用琐罗亚斯德教从政治角度考虑推翻萨珊波斯的合法性。大《本达希申》将瓦赫兰事迹置于波斯灭亡之后有着明显的时代错乱,很容易让人认为瓦赫兰是波斯灭亡之后的人物。琐罗亚斯德教在波斯灭亡之后被伊斯兰教取代,琐罗亚斯德教文献将瓦赫兰的事迹置于波斯灭亡之后,显然是想借此说明琐罗亚斯德教将来的复兴,带有明显的宗教情结,却罔顾了基本的历史事实。

但是,对比大《本达希申》与《赞德·瓦赫兰·亚斯恩》关于瓦赫兰征战

---

① 关于瓦赫兰以琐罗亚斯德教末日思想为自己辩护,详见 Abolqasem Ferdowsi, *Shahnameh*, *the Persian Book of Kings*, pp.885—889; K. Czegledy, "Bahram Cobin and the Persian Apocalyptic Literature", in *Acta Orientalia Academiae Scientiarum Hungaricae* 8, 1958, pp.21—43。

过程的记载却与《帝王之书》稍有不同。《帝王之书》记载瓦赫兰·楚宾出身贵族，在其出现之前波斯遭遇突厥、拜占庭与阿拉伯人入侵——大《本达希申》(27 节)记载罗马人前来行使一年主权，应指拜占庭入侵并统治领凯撒-纳文等地，非指吐火罗；前述《赞德·瓦赫兰·亚斯恩》记载(12—23 节)："在战胜突厥后，瓦赫兰以伊朗东部与中亚诸地为根据地，获得'中国与印度等地支持'（中国与印度高举横幅的军队……这些军队树立旗帜，向凯的统治效忠)。"其中印度应指印度北部地区，从迦布罗斯坦出发，恢复波斯秩序，实现复兴琐罗亚斯德教，一度统治"印度斯坦、罗马、突厥"——瓦赫兰·楚宾打败突厥后，便占领突厥属地，即印度北部、阿富汗等中亚地区，罗马则有夸大之嫌，应指其抵御了拜占庭入侵；不同的是《帝王之书》所记瓦赫兰·楚宾并没有获得来自中国的支援。对比而言，龙朔元年，王名远与阿罗憾在唐廷派往吐火罗道军队支持下设置羁縻都督府，阿罗憾显然得到了中国军队的支持，此与《赞德·瓦赫兰·亚斯恩》所记瓦赫兰获得中国军队支持相一致。因此，我们不得不考虑琐罗亚斯德宗教文献中的救世英雄瓦赫兰事迹来源的另外一种可能，即在主要瓦赫兰·楚宾这一原型人物基础之上，同时也吸收了阿罗憾等与其身份、活动区域、主要敌人以及承担复兴波斯重任等相似人物的若干史实，瓦赫兰事迹来源可能不仅是瓦赫兰·楚宾一个。塞雷蒂便认为瓦赫兰传奇具有多种来源，除了阿罗憾之外，可能还包括波斯国王瓦赫兰·古尔（Wahrām Gōr)。[1]瓦赫兰·古尔（420—438 年在位）统治期间较为和平，仅与西部拜占庭帝国与东部的寄多王朝有两次短暂的战争，427 年取得了对寄多王朝的胜利，将波斯东部边界延伸至阿姆河地区，并因此在当地赢得了广泛的声誉。[2]很显然与瓦赫兰·古尔相比，瓦赫兰·楚宾凭借杰出的军事才干拯救波斯于危亡之中，并以琐罗亚斯德教末日观念为自己辩护等事迹更符合瓦赫兰原型人物的形象，但是或因瓦赫兰·古尔与拜占庭、中亚地区的战争与经略又与瓦赫兰部分事迹相合，因此被塞雷蒂认为构成了瓦赫兰形象来源人物之一，阿罗憾亦因如此。因此，琐罗亚斯德教宗教文献中的瓦赫兰应是在瓦赫兰·楚宾原型人物基础上，融合吸收了与瓦赫兰·楚宾事迹或功绩相似的重要历史人物而形成，甚至在叙述中出现了一些不一致或矛盾的地方，很显然阿罗憾、瓦赫兰·古尔等事迹有可能成为这种来源的要素。

---

① C. G. Cereti, "Again on Wahrām iwarzāwand", pp.629—639.

② Giusto Traina, *428 AD: An Ordinary Year at the End of the Roman Empire*, Princeton University Press, 2011, p.125.

（四）作为大酋长的阿罗憾

经过上述分析，阿罗憾应既非景教徒或犹太人，又非琐罗亚斯德教钵罗婆文献所记瓦赫兰的原型人物，那么阿罗憾的身份究竟是什么？

651年萨珊波斯被阿拉伯人灭亡，《新唐书·西域传》记载："伊嗣俟不君，为大酋所逐，奔吐火罗；半道，大食击杀之；子卑路斯入吐火罗以免，遣使告难，高宗以远不可师，谢遣。"①伊嗣俟，即波斯末代君主耶兹迪格德三世。永徽五年（654年）五月，大食引兵击波斯及米国皆破之……子卑路斯入吐火罗，遣使告难；上以路远，不能救之。②但在龙朔元年后，唐廷开始转而支持卑路斯抗衡阿拉伯人，《旧唐书·西戎传》记载："龙朔元年，卑路斯又奏言频被大食侵扰，请兵救援，诏遣王陇州南由县令王名远充使西域，分州置县，因列其地疾陵城为波斯都督府，授卑路斯为都督。"③龙朔元年六月十七日，唐廷在吐火罗道置州县……以吐火罗立碑，以记圣德；④龙朔二年（662年）春，又立波斯都督卑路斯为波斯王。⑤

卑路斯流亡到吐火罗后，除遣使求援之外，先后两次到达唐廷，即咸亨四年（673年）与高宗上元元年（675年）。⑥673年卑路斯入朝应是由于吐火罗形势不利，寻求到唐廷避难；675年入朝之后，再未返回吐火罗，高宗对其甚加恩赐，拜右武卫将军官衔。⑦《资治通鉴》记载："高宗调露元年（679年）六月初，吏部侍郎裴行俭曰：'今波斯王卒，其子泥涅师为质在京师，宜遣使者送归国……'上从之，命行俭册立波斯王。"⑧泥涅师即卑路斯之子，裴行俭以护送泥涅师之名，降服突厥阿史那都支，遣泥涅师自还其国。⑨泥涅师在吐火罗流亡20年，部落益离散；景龙（707—710年）初，复来朝，授左威卫将军，病死。⑩

从卑路斯、泥涅师与唐廷的交往，可以看出651年后以卑路斯为首的波斯王室、显贵流亡到吐火罗地区，设想通过唐廷对付阿拉伯人，复兴波斯帝

①⑦⑩ 《新唐书》卷221下，《西域传》，第6259页。
② 王钦若等：《册府元龟》卷995，钦定四库全书影印版，第18页。
③ 《旧唐书》卷198，《西戎传》，第5312—5313页。
④ 王溥：《唐会要》，第22—23页。
⑤ 《资治通鉴》卷200，北京，中华书局，1956年，第6326页。
⑥ 《册府元龟》记载："咸亨四年（673），波斯王卑路斯来朝。"详见王钦若等：《册府元龟》卷995，第10页；《资治通鉴》记载："高宗上元元年（675）辛卯，波斯王卑路斯来朝。"详见《资治通鉴》卷220，《唐纪十八》，第6374页。
⑧ 《资治通鉴》卷220，《唐纪十八》，第6390页。
⑨ 《资治通鉴》卷220，《唐纪十八》，第6391页。

国,唐廷在龙朔元年后对流亡波斯王室予以支持,显然是流亡波斯王室与唐廷结盟的表现。

651年卑路斯流亡吐火罗后,先后数次遣使唐廷寻求救援,皆未得到响应。阿罗憾在显庆年间入华,即656—661年间,661年唐廷改变了以往对卑路斯不予救援的政策,开始在吐火罗分州置县。656—657年间,阿拉伯人爆发了阿里与穆阿威叶争夺哈里发的战争,阿拉伯帝国陷入内战;直到661年穆阿威叶建立倭马亚王朝,阿拉伯人无暇顾及中亚形势,因此唐廷借机向西开疆拓土。显庆二年(657年),唐伊丽道行军总管苏定芳讨平西突厥首领阿史那贺鲁叛乱,显庆三年(658年)高宗派以卢承庆、董寂生为首的使团赴西突厥十姓部落册封西突厥降将,①并在原西突厥统治下的中亚地区设置羁縻都督州府;显庆四年(659年)诏以石、米、史、大安、小安、曹、拔汗那、恒怛、疏勒、朱驹半等国置州、县、府百二十七,②并在吐火罗寻求建立宗主权,《新唐书·西域传》记载:"显庆中,以阿缓城为月氏都督府,析小城为二十四州,授王阿史那都督。"③因此,随着唐廷在中亚势力的稳固,便有条件为流亡波斯王室提供救援,阿罗憾应是在中亚等地经略有功,"以功绩可称,名闻□言□",唐廷召徕阿罗憾可更好地了解流亡波斯王室与中亚诸地的形势。

但是,661年唐廷在中亚诸地的经略,并没有改变流亡波斯王室的境遇。龙朔初虽以疾陵城为波斯都督府,拜卑路斯为都督,但为大食所灭,泥涅师客居吐火罗时部落日益离散。④最终,卑路斯与泥涅师终老中国。因此,阿罗憾也应是随流亡波斯王室一道客居中国,并在武则天时期,号召诸蕃王为武则天建造天枢及诸军立功——天枢即"大周万国颂德天枢",《资治通鉴》记载:"延载元年(694年)武三思帅四夷酋长请铸铜铁为天枢,立于端门之外,铭纪功德,黜唐颂周。"⑤天册万岁元年(695年)夏四月,天枢成,高一百五尺……下为铁山……上为腾云承露盘……四龙人立捧火珠,高一丈……刻百官及四夷酋长名,太后自书其榜曰"大周万国颂德天枢"。⑥天枢上刻写的四夷酋长应包括阿罗憾。

---

① 关于卢承庆、董寂生为首的使团以及显庆三年唐廷在中亚吐火罗设置羁縻州府,详见《新唐书》卷215下,《突厥传》,第6062—6063页;王溥:《唐会要》卷73,第20—23页。
② 《资治通鉴》卷200,《唐纪十六》,第6317页。
③ 《新唐书》卷221下,《西域传》,第6252页。
④ 《新唐书》卷221下,《西域传》,第6259页。
⑤ 《资治通鉴》卷250,《唐纪二十一》,第6496页。
⑥ 《资治通鉴》卷250,《唐纪二十一》,第6502—6503页。

阿罗憾入华后，被唐廷授"将军北门扌□领侍卫驰驱"，右屯卫将军、上
柱国与金城郡开国公等职，是因其出使吐火罗、修建天枢及其他功绩所授。
右屯卫将军为从三品，《新唐书·百官四》记载："左右（屯）卫，上将军各一
人，从二品；大将军各一员，正三品；将军各二员，从三品。"①上柱国为正二
品，用于表彰作战有功的人，为唐代勋官最高等级；②开国郡公为封爵名，隋
唐定开国郡公为九等爵第四等，隋为从一品，唐改正二品，金城指今兰州。③
卑路斯被授右武卫将军，泥涅师被授左威卫将军。右屯卫将军、右武卫将军
与左威卫将军执掌与地位相当，皆为从三品，而且屯卫将军、武卫将军与威
卫将军名称经常互换——右屯卫将军，协助大将军总府事，领诸鹰扬府，唐
高宗龙朔二年（662）改名右威卫将军；左威卫将军辅佐左威卫大将军掌宫禁
宿卫，督其属，龙朔二年改左屯卫将军置。④由此可以看出，阿罗憾与卑路
斯、泥涅师地位相当，而且阿罗憾还受封勋官最高等级荣誉上柱国与正二品
爵位开国郡公。因此，前述马小鹤等认为阿罗憾是一位波斯王族，甚至为波
斯国王库萨和之孙。

阿罗憾与波斯流亡王室的密切联系以及其后在唐廷所任官职，很容易
将其与波斯王室联系起来，被视为波斯王族。但是，这些分析忽视了阿罗憾
另外一个重要的身份，即波斯国"大酋长"。酋长，顾名思义指部落首领，新
旧唐书所记"大酋长""酋长"甚多，兹略举数例。《旧唐书·南蛮西南蛮传》
记载："（唐朝应州，即今贵州东南一带）首领谢元深，既世为酋长，其部落皆
尊畏之。"⑤《旧唐书·北狄传》记载："武德四年（621），与靺鞨酋长突地稽俱
遣使内附。"⑥《新唐书·高宗纪》记载："高丽酋长钳牟岑叛。"⑦《新唐书·
郭知运传》记载："契丹酋长可突于拒战都山下。"⑧前述《新唐书·西域传》
亦记载："伊嗣俟不君，为大酋所逐，奔吐火罗。"⑨对比而言，则将卑路斯等
称之为王，《旧唐书·波斯传》记载："仪凤三年（678），令吏部侍郎裴行俭将
兵册送卑路斯为波斯王。"⑩因此，可以看出若阿罗憾确为波斯王族，丘铭自

---

① 《新唐书》卷 49 上，《职官四》，第 1279 页。
②③ 《旧唐书》卷 42，《职官一》，第 1791 页。
④ 《旧唐书》卷 44，《职官三》，第 1899—1900 页；《新唐书》卷 49 上，《职官四》，第 1279 页。
⑤ 《旧唐书》卷 197，《南蛮西南蛮传》，第 5274 页。
⑥ 《旧唐书》卷 199 下，《北狄传》，第 5350 页。
⑦ 《新唐书》卷 3，《高宗纪》，第 68 页。
⑧ 《新唐书》卷 133，《郭知运传》，第 4542 页。
⑨ 《新唐书》卷 221 下，《西域传》，第 6259 页。
⑩ 《旧唐书》卷 198，《波斯传》，第 5313 页。

当记载之,如此显赫的身份远不止于遗漏不记,故其应非波斯王族,准确的身份即是丘铭所记波斯国大酋长,即大首领、地位显赫之望族,只因功勋卓著,被唐廷授予可比肩于卑路斯等波斯王族的官职。

另外,阿罗憾被唐廷委任为诸蕃招慰大使,参与"拂林"立碑,其"宣传□□□圣教,实称蕃心;诸国肃清,于今无事",显示其威望极高,以"功绩可称",故受唐廷招徕,被委派为中亚招慰大使,处理中亚诸国事宜。萨珊波斯强盛时期在中亚诸地颇具影响力,甚至一度统治其中一些地区,尤以呼罗珊为代表;亡于阿拉伯人之后,波斯王室流亡至吐火罗等地,设想凭借中亚势力复兴波斯,必定要仰仗、依靠当地势力,尤其是在国破家亡的状况下。阿罗憾的事迹表明其应在流亡波斯王室与唐廷联盟中发挥着重要作用,结合其在中亚地区显著影响力判断,他应是在中亚地区颇具声望的波斯国大酋长,亦或中亚某地的大酋长,因其与波斯关系密切或波斯曾据其地而被称为波斯国大酋长,因此被称为"大唐故波斯国大酋长……望族",但是并没有证据显示其为波斯王族成员、景教徒或犹太人,抑或琐罗亚斯德教救世英雄瓦赫兰的原型人物。

因此,我们可以简单勾勒阿罗憾的生平,即其作为波斯国大酋长,在中亚诸地常年经略,颇具威望,试图与唐结盟复兴波斯帝国,承担着联系波斯王室与唐廷的重要职责,最终与卑路斯、泥涅师等波斯王室成员客居中国,并在武则天时期号召诸蕃王建造天枢并立军功,景云元年在洛阳逝世。

关于阿罗憾具体为何人? 林梅村曾据阿罗憾丘铭所记:"此则永题驎阁,其抎识终,方画云台,没而滇录",认为驎阁即麒麟阁,表示卓越功勋和最高荣耀,云台为东汉功臣画像表绩之所,乾陵前的功臣石群像便是唐代的"云台",这些功臣像大都为唐代周边少数民族酋长与将领的形象,其中有一方石像背面题记残文为"波斯大首领南昧……","南昧"应为阿罗憾——"南"或即"右屯"之误,"昧"可能是"卫"的残文,该题记应复原为"波斯大首领、右屯卫【将军阿罗憾】"。[1]在乾陵入口处,有一方背后题记刻"右骁卫大将军兼波斯都督波斯王卑路斯"的石像,此石像为卑路斯王子,因此阿罗憾石像也有可能被竖立在乾陵。但是,陈国灿将南昧认定为人名。[2]若是如此,南昧的中古音 nəmmaj 与阿罗憾中古音 ʔalaɦəm 相差甚大,难以勘同为阿罗憾;富安敦也认可陈国灿之说。[3]因此,南昧是否为阿罗憾尚难以确论。

---

① 林梅村:《洛阳出土唐代犹太侨民阿罗憾墓志跋》,《西域文明》,第106—107页。

② 富安敦:《所谓波斯"亚伯拉罕"——一例错误的比定》,第264页,注释3。

③ 陈国灿:《唐乾陵石人像及其衔名的研究》,《文物集刊》,北京,文物出版社,1980年,第198—199页。

限于史料匮乏,目前尚难以从其他文献史料中找到与阿罗憾相契合的历史人物。

阿罗憾丘铭关于阿罗憾事迹的记载,尤其是阿罗憾名称、拂林及其在唐廷任职等信息,很容易让人将其与景教徒或犹太人、琐罗亚斯德教钵罗婆文献瓦赫兰的原型人物,乃至波斯王族等联系起来,但是这些认识并不能与阿罗憾事迹及彼时历史达成一致,显而易见当前学界对阿罗憾及其事迹存在过度解释之嫌。在没有新的明确的历史证据与材料情况下,据其丘铭内容及彼时唐廷与波斯交往历史而言,将其认定为在中亚地区颇具声望的波斯国大酋长,亦或中亚某地大酋长,因其与波斯关系密切或波斯曾据其地而被称为波斯国大酋长,应是一种相对准确的认识,亦或基于史实的推测。当然,阿罗憾身份的谜团有赖于更多历史证据与材料的发现。在波斯灭亡之后,流亡的波斯王室在中亚的活动鲜见于史籍记载。尽管一些阿拉伯史料在记载阿拉伯人在中亚扩张时曾提到一些波斯人的抵抗,但太过于笼统,鲜见对某一位波斯人士详细的记载,尤其是涉及入华的波斯人,[①]这为在波斯与阿拉伯等史料中发现阿罗憾带来了极大困难。尽管阿罗憾并非犹太人,但是阿罗憾丘铭无疑为了解流亡波斯的历史与彼时中国与波斯、中亚、阿拉伯人关系提供了珍贵历史信息。

三　漕矩吒与稣那天神考[②]

(一) 汉籍所见漕国与漕矩吒

漕国首见于《隋书·西域传》,其记:

> 漕国在葱岭之北,汉时罽宾国也。其王姓昭武,字顺达,康国王之宗族……大业中,遣使贡方物。[③]

漕国在《新唐书·西域传》与《大唐西域记》中被记作漕矩吒、漕矩、谢

---

① 泰伯里曾记载流亡的波斯人对阿拉伯人的反抗,但未提及阿罗憾,详见 al-Tabari, The History of al-Tabari, Vol.XXV, pp.1—194。

② 本节独立发表于《唐史论丛》,部分内容与体例有所调整,详见李大伟:《漕矩吒与稣那天神考》,《唐史论丛》,2021 年,第 32 辑,第 330—339 页。

③ 《隋书》卷 83,《西域传》,第 1857 页。

颰、诃达罗支等,其中《新唐书·西域传》记载:

> 谢颰居吐火罗西南,本曰漕矩吒,或曰漕矩,显庆(656—661年)时谓诃达罗支,武后(624—705年)改今号。……其王居,地七千里,亦治阿娑尼城……罽宾取其子弟持兵以御大食;景云(710—712年)初遣使朝贡,后遂臣罽宾。①

玄奘(602—664年)在《大唐西域记》中记载:

> 漕矩吒,国大都城鹤悉那,……或都鹤萨罗城,城周三十余里。②

以上记载,显示漕矩吒、漕矩为唐代对漕国最早的称谓,诃达罗支出现在656—661年间,谢颰出现在武则天在位时期,即690—705年间;其国都城为阿娑尼、鹤悉那或鹤萨罗——阿娑尼、鹤悉那或鹤萨罗,即今阿富汗加兹尼(Ghazna)之转音,位于今阿富汗东部地区,为加兹尼省省会。《魏书·西域传》与《北史·西域传》中将阿娑尼等记为伽色尼,其记:

> 伽色尼国,都伽色尼城,……土出赤盐,多五果。③

其中伽色尼国即漕国或漕矩吒,唐代段成式《酉阳杂俎》与《元史·地理志》《清史稿》又分别将阿娑尼、鹤悉那、鹤萨罗、伽色尼记作伽阇那与哥疾宁。④

962年萨曼王朝呼罗珊总督突厥人阿勒普特勒(Alb Tikin,?—977年)占领加兹尼城,建立伽色尼王朝;马哈茂德(Mahmoud,971—1030年)时期,伽色尼王朝迅速扩张至花剌子模、波斯及北印度等地,盛名远披,故在此之前汉籍所记"伽色尼国"应仅指加兹尼地区。但是,早在伽色尼王朝建立之前,加兹尼就已被国人熟知,关于其记载从北魏一直延续到清代,漕国或漕矩吒等称谓则仅出现在隋唐时期。

---

① 《新唐书》卷221下,《西域传》,第6253—6254页。
② (唐)玄奘、辩机:《大唐西域记》卷12,季羡林等校注,第954页。
③ 《魏书》卷102,《西域传》,第2272页;《北史》卷97,《西域传》,第3224页。
④ 《酉阳杂俎》记载:"阿魏,出伽阇那国,即北天竺也。伽阇那呼为形虞,亦出波斯国,波斯国呼为阿虞截。"详见(唐)段成式:《酉阳杂俎》前集卷一八,方南生点校,第178页。哥疾宁之称谓,详见《元史》卷63,《地理志》,第1567页;《清史稿》卷529,北京:中华书局,1998年,第14724页。

《隋书·西域传》记载漕国为汉时罽宾国。关于罽宾之记载,首见于《汉书·西域传》,其记:"罽宾国,王治循鲜城,……昔匈奴破大月氏,大月氏西君大夏,而塞王南君罽宾。……自武帝始通罽宾。"①循鲜,即塔克西拉(Taxlia),玄奘作"呾叉始罗",②位于今克什米尔斯利那加(Srinagar)附近。大月氏人在匈奴人驱赶下,占领了塞种人的大夏;一些塞种人南下越过兴都库什山,占领喀布尔河流域的犍陀罗与塔克西拉地区,并建都循鲜。生活在此地的希腊人将喀布尔河称之为 Kophen,罽宾即 Kophen 音译,汉代罽宾的核心区域应以犍陀罗与塔克西拉为中心。③古代犍陀罗主要包括今阿富汗东部和巴基斯坦西北部,其地处兴都库什山脉,故如《隋书·西域传》所记汉代漕国或加兹尼应属于罽宾。

塞种人占领的罽宾在大月氏王丘就却(30—80 年)时,被并入贵霜。《后汉书·西域传》记载:"大月氏贵霜翖侯丘就却,灭四翖侯,自立为王,号为贵霜……灭濮达、罽宾,悉有其国。"④4 世纪中叶,贵霜被嚈哒人所灭。《北史·西域传》记载:"罽宾国,都善见城,每使朝献。"⑤显示罽宾在贵霜灭亡之后以善见为都城得以重建,善见应为循鲜的转音。

罽宾此段历史,在《旧唐书·西戎传》中也可得以管窥,其记:

> 罽宾国,常役使于大月氏,隋炀帝时,引至西域……唯罽宾不至……贞观十一年,遣使献名马……显庆三年(658 年)访其国俗,云"王始祖馨孽、至今曷撷支,父子传位,已二十代。"其年,改其城为修鲜都督府……干元元年(758 年)又遣使供奉。⑥

其中"父子传位,已二十代"之语,即显示罽宾得以重建并长时间延续之历史;修鲜都督府表明罽宾都城仍为修鲜——修鲜即循鲜转音,与善见为同。

《新唐书·西域传》记载漕矩吒在景云年间(710—712 年)之后臣服罽宾,显示汉代之后的罽宾一度并不包括漕矩吒,此与汉代罽宾并不相同,且

① 《汉书》卷 96,《西域传》,北京,中华书局,1962 年,第 3884—3885 页。
② 余太山:《罽宾考》,《西域研究》,1992 年,第 1 期,第 47 页。玄奘对呾叉始罗之记载,详见(唐)玄奘、辩机:《大唐西域记》卷 3,季羡林等校注,第 43 页。
③ 余太山:《罽宾考》,《西域研究》,1992 年,第 1 期,第 46 页。
④ 《后汉书》卷 88,《西域传》,第 2921 页。
⑤ 《北史》卷 97,《西域传》,第 3229 页。
⑥ 《旧唐书》卷 198,《西戎传》,第 5309 页。

两地彼此独立的状态,与汉代罽宾与漕国之关系亦并不一致。慧超《往五天竺国传》言:"从罽宾国西行七日至谢飓国……衣着人风、土地所出,与罽宾王相似,言音各别。"①723 年慧超前往印度诸国巡礼,727 年返回长安;其所记"从罽宾国西行七日至谢飓国",即应为罽宾与漕矩吒仍保持彼此独立之状态,如此便证实《新唐书·西域传》关于漕矩吒之记载。

(二)漕国与漕矩吒释义

《新唐书·西域传》记载:

> (谢飓、漕矩吒)多郁金、瞿草,漾泉灌田。②

玄奘在《大唐西域记》记载:

> 漕矩吒,宜郁金香,出兴瞿草,草生罗摩印度川。鹤萨罗城中踊泉流派,国人利之,以溉田也。③

《新唐书·西域传》与《大唐西域记》皆记载漕矩吒盛产郁金、郁金香。汉籍关于"郁"之记载首见于《周礼·春官宗伯》,其记:"郁人掌裸器。凡祭祀、宾客之裸事,和郁鬯以实彝而陈之。郑玄注云:'郁,草名,十叶为贯,百二十贯为筑,以煮之镬中,停于祭前;郁为草,若兰。'"④郁鬯,即香酒,用鬯酒调和郁金汁而成,古代用于祭祀或待宾。郁金之特性与生长地,见于北宋大观年间(1107—1110 年)唐慎微《证类本草》,其记:"郁金:味辛、苦、寒,无毒;唐本注云:此药苗似姜黄,花白质红,末秋出茎心,无实,根黄赤……生蜀地及西戎。《图经》亦曰:'苏恭云(郁金)生蜀地及西戎,……今广南、江西州郡亦有之,然不及蜀中者佳。四月初生,苗似姜黄……'"⑤由此可知,中国古代很早便有一种被称为"郁草"的植物,汉籍所记产自中国蜀地、广南以及江西等州郡的"郁金"为姜黄属植物。

---

① 慧超:《往五天竺国传笺释》卷二八,张毅笺释,北京,中华书局,1994 年,第 93 页。
② 《新唐书》卷 221 下,《西域传》,第 6253—6254 页。
③ (唐)玄奘、辩机:《大唐西域记》,季羡林等校注,第 954 页。
④ (汉)郑玄注、(唐)贾公彦疏:《周礼注疏》卷 19,《十三经注疏》,北京,中华书局,2008 年,第 770 页。
⑤ (宋)唐慎微:《证类本草》,尚志钧等点校,北京,华夏出版社,1993 年,第 261 页。

《宋书·范晔传》与《唐会要》对郁金也有记载。《宋书·范晔传》记之"甘松、苏合、安息、郁金……并被珍于外国,无取于中土。"①此郁金显然为异域郁金。关于中国异域郁金之来源,《唐会要》记载:"伽毗国献郁金香,叶似麦门冬,九月花开,状如芙蓉,其色紫碧,香闻数十步。华而不实,欲种取其根。"②伽毗国,位于印度北部,此地所产郁金则九月花开,状如芙蓉,其色紫碧。《太平御览》《梁书·海南诸国传》《魏书·西域传》《周书·异域传》《隋书·西域传》《旧唐书·西域传》《新唐书·西域传》《大唐西域记》等记载,郁金亦出自波斯、罽宾、天竺、乌仗那(印度西北部地区)等地。③这些产自古代波斯、印度、阿富汗等地的郁金,应与伽毗国的郁金香为同一种类。

《证类本草》则记载:"郁金香:味苦,温,无毒。……按《魏略》云:生(大)秦国,二月、三月有花,状如红蓝;四月、五月采花,即香也。陈藏器云:味苦,平,无毒。……生大秦国,花如红蓝花,即是香也。"④大秦即中国古代对罗马之称谓,此处所记郁金香来自罗马,二三月开花,花如红蓝花,与《唐会要》所记郁金香开花时间与来源地皆不相同,显示两者并不是同类物产。余欣等认为陈藏器应是将郁金香与红蓝(Safflower)混淆了,郁金香九十月开花,此处则二三月开花,大概是因为郁金香被称为番红花,因此有时又被简称为"红花",而这恰恰是红蓝的别名。⑤

来自波斯、印度与阿富汗等地的郁金与中国传统姜黄属"郁金"特性并不相同。中国传统姜黄属郁金花白质红,末秋出茎心、无实、根黄赤……四月初生,苗似姜黄;异域郁金则九月花开,状如芙蓉,其色紫碧——《新唐书·西域传》与《大唐西域记》所记漕矩吒的"郁金""郁金香"显然为来自波斯、印度与阿富汗等地的异域郁金。对此劳费尔认为郁金在称中国本土植物之时应指姜黄属植物,在称异域植物之时应指番红花属植物;由于某些相似之处,古代国人便将郁金之名移用至克什米尔、波斯一带的番红花属植

---

① 《宋书》卷 69,《范晔传》,北京,中华书局,1974 年,第 1829 页。

② 王溥:《唐会要》卷 100,《杂录》,上海:上海古籍出版社,2006 年,第 1796 页。

③ 乌仗那,古印度国名,大致位于今印度西北地区。关于以上诸地郁金之记载,详见(宋)李昉等:《太平御览》卷 981"香部一",北京,中华书局,1960 年,第 4345 页;《梁书》卷 54,《海南诸国传》,北京,中华书局,1973 年,第 798 页;《魏书》卷 102,《西域传》,第 2270 页;《周书》卷 50,《异域传》,北京,中华书局,1971 年,第 920 页;《隋书》卷 83,《西域传》,第 1857 页;《北史》卷 97,《西域传》,第 3222 页;《旧唐书》卷 198,《西域传》,第 5307 页;《新唐书》卷 221 上,《西域传》,第 6240 页;(唐)玄奘、辩机:《大唐西域记》,季羡林等校注,第 135 页、第 270 页。

④ (宋)唐慎微:《证类本草》,尚志钧等点校,第 393 页。

⑤ 余欣、翟旻昊:《中古中国的郁金香与郁金》,《复旦学报》,2014 年,第 3 期,第 48 页。

物,并以此称之。①因此,波斯、印度与阿富汗等地的郁金应指一种当地的番红花属植物。

李时珍(1518—1593 年)在《本草纲目》中提及佛教《金光明经》中将"茶矩摩香"称作"郁金花香"。②《金光明经》中的"茶矩摩香"显然为印度一带的异域郁金。季羡林指出在梵文中郁金香被称为 Jāguda;③茶矩摩与 Jāguda 发音极为音近,前者应为后者的汉译转音,指郁金香——此亦证明季羡林之说。因此,前述汉籍所记波斯、印度与阿富汗等地的异域郁金实际上是一种被称为"茶矩摩香"的番红花属植物。

劳费尔认为此种"郁金树"最初产自波斯,从波斯传播至克什米尔等地。④中世纪阿拉伯史家阿布·曼苏尔(Abu al-Mansur)称此类郁金在阿拉伯语中被称作 Zafarān。⑤5 世纪亚美尼亚文史家摩西·佐尔纳齐(Moses Xorenacʻi)曾将加兹尼地区称作 Zuplastan, Zāwulistān。⑥ Zuplastan, Zāwulistān 应是摩西·佐尔纳齐据波斯语对当地之称谓——Zāwulistān 与 Zāwulistān 分别由 Zupla 与 stan, Zāwuli 与 stān 构成,stān 为国家、地区之意。其中波斯语 Zupla, Zāwuli 与阿拉伯语 Zafarān 发音极为接近,Zupla, Zāwuli 即应为波斯语对郁金香之称谓。摩西·佐尔纳齐之记载,显示加兹尼地区 5 世纪之时就已有郁金香,其地并被称为"郁金香之地"(Zuplastan, Zāwulistān)。若劳费尔其言不误,阿拉伯语 Zafarān 与梵文 Jāguda,应皆源自波斯语对"郁金香"的称谓 Zupla, Zāwuli,其中 Jāguda 应是 Za/Jā 音互转形成梵文对"郁金香"的称谓。

慧超《往五天竺国传》曾记"谢颭国彼自呼云社护罗萨他那"。⑦汉文"社护罗萨他那"拟音 Jawulasthāna,其中 Jawula 显然来自梵文 Jāguda,Sthāna 为 Stan 拟音,意为国家、地区,社护罗萨他那与 Zuplastan, Zāwulistān 同义,即"郁金香之地"。在隋唐时期对加兹尼地区的称谓中,漕矩吒与 Jāguda、茶矩摩,尤其是茶矩摩的发音最为近似——《金光明经》为唐代法师义净所译,茶矩摩与漕矩吒皆为据唐音对 Jāguda 的转音而成。较之社护罗

---

① (美)劳费尔:《中国伊朗编》,林筠因译,北京,商务印书馆,1964 年,第 149 页。
② (明)李时珍:《本草纲目》,北京,人民卫生出版社,1977 年,第 896 页。
③ 季羡林在"漕矩吒国"条中提到,梵文 Jāguda,其意殆指郁金香,详见(唐)玄奘、辩机:《大唐西域记》卷 12,季羡林等校注,第 955 页,注释(一)。
④ 《梁书》卷 54,《海南诸国传》卷 54,第 798 页。
⑤ (美)劳费尔:《中国伊朗编》,林筠因译,第 146 页。
⑥ (唐)玄奘、辩机:《大唐西域记》,季羡林等校注,第 954 页。
⑦ (唐)慧超:《往五天竺国传》,张毅笺释,第 93 页。

萨他那而言,漕矩吒应是更为符合汉文习惯的译法,因此被称为漕矩吒国。漕矩、漕国则为漕矩吒之缩译,谢颺则应是在略去 Jāguda 的 da 音下转音而成。

由此可知,郁金香至少在 5 世纪之时便由波斯传播到加兹尼地区,其地已被称为"郁金香之地"(Zuplastan, Zāwulistān)。《魏书·西域传》则仅记"伽色尼国土出赤盐,多五果",显示国人并不知晓此地的郁金香与"郁金香之地"之称谓,以伽色尼城市之名代称此地。隋唐时期,漕国、漕矩吒、漕矩、谢颺、社护罗萨他那等称谓之出现,显示国人对此地认识之加深,不再以城市之名代称此地,知晓此地的称谓为"郁金香之地"。隋唐之后,这些名称则从汉籍中消失,《元史·地理志》与《清史稿》又称该地为哥疾宁。从《魏书·西域传》至《清史稿》,汉籍对于此地称谓记载的变化,即形象地反映出国人对此地认识的消长,展现了历史的张力。

关于漕矩吒之意义,林梅村给出了不同的解释。他认为在印度西北俗语中 g/gh/h 经常互换,故 Jāguda 可拟音为 Yahūda,即(中)古波斯语对"犹太"的称谓,Jāguda 应是附会梵文起的名字,慧超所记"社护罗萨他那"亦可拟音为 Sahūdasthāna,即"犹太之地",嚈哒人所据之地 Jawuda 亦为"犹太",故加兹尼(漕矩吒)应为"犹太"之意。[1]中古波斯语、阿拉伯语通常称犹太人为 Al-Yahūt, Al-Yahūda,源自希伯来语 יהודי, יהודים;如阿拉伯呼罗珊麦穆尼(Maimuneh)因犹太人众多,被称为 al-Yahudiya, al-Yahudan al-Kubra——al-Yahudiya, al-Yahudan 即波斯、阿拉伯人对犹太人的称谓,al-Yahudan al-Kubra 即"犹太人区"之意;[2]若依林梅村所言 Jāguda 可拟音为 Yahūda,与之对应的波斯语与阿拉伯语 Zupla, Zāwuli, Zafarān 以及 Zuplastan, Zāwulistān 则分别为"犹太""犹太人之地"之意,此与波斯、阿拉伯人对犹太人的称谓相去甚远,且其更不会梵文 Jāguda 称呼犹太人。即便如林梅村所言,Jāguda 可能为附会梵文所起的名字,但"郁金香"似与犹太人、犹太教没有任何关联之处。因此,林梅村据梵文 Jāguda 将加兹尼地区考证为"犹太人之地"之说有失偏颇。

(三) 穄那天神释义

关于漕矩吒国宗教状况,见于《隋书·西域传》与《大唐西域记》中,其中

①　林梅村:《犹太人入华考》,林梅村:《西域文明》,第 86 页。
②　G. Le Strange, *The Lands of the Eastern Caliphate*, Cambridge, 1905, p.424.

《隋书·西域传》记载：

> 漕国其俗淫祠，葱岭山有顺天神者，仪制极华，金银镀为屋，以银为地，祠者日有千余人。①

玄奘在《大唐西域记》中曾对漕矩吒国宗教记载尤详：

> 漕矩吒国虽祀百神，崇敬三宝，伽蓝数百所……天祠数十，异道杂居，计多外道，其徒极盛，宗事䅳那天（神），其天神昔自迦毕试国阿路猱山徙居此国南界䅳那呬罗山中，作威作福、为暴为恶。信求者遂愿，轻蔑者招殃……唯修施奉，宗事外道、克心苦行，天神授其咒术，外道遵行多效，治疗疾病，颇蒙痊愈。②

关于顺天神与䅳那天神，季羡林认为应为印度婆罗门教天神之一，意译"福乐"，此神天性猛烈，信奉者予福、不信者予祸。③林梅村则认为，玄奘对婆罗门教较为熟悉，并在《大唐西域记》中多次提及，所谓"外道䅳那天"非指婆罗门教，应为犹太教摩西，有如景教徒称耶稣基督为"世尊"，借用佛教术语，以利传播其说，故玄奘所谓"外道"指犹太教。④

玄奘在《大唐西域记》"迦毕试国条"曾记"䅳那天神初欲往迦毕试国阿路猱山徙居，因山神震恐，遂往漕矩吒䅳那呬罗山。"⑤"䅳那呬罗山"梵文名为 Suna-sira，sira 义（意）云"山"，⑥因此"䅳那天神"应源自梵文 Suna，以"䅳那山"得名，《隋书·西域传》所记顺天神即为梵文 Suna 汉文拟音。由此可见，梵文 Suna 并非为汉文本土词汇，亦非宗教词汇，并不如林梅村所言景教徒以汉文佛教术语"世尊"称呼耶稣那般，借用佛教术语，以利传播其说。若如林梅村主张，玄奘应借用早已为人熟知的汉文宗教词汇称谓"摩西"，定当不会以外来词汇称呼之。况且玄奘称"䅳那天神"为异道，《隋书·

---

① 《隋书》卷83，《西域传》，第1857页。
② （唐）玄奘、辩机：《大唐西域记》，季羡林等校注，第954—957页。
③ 详见季羡林"崇奉䅳那天神"条注释（一），《大唐西域记》卷12，第954—958页。
④ 林梅村：《犹太人入华考》，林梅村：《西域文明》，第87页。此文原载于《文物》，1991年，第6期，第74—80页，此处参考《西域文明》中的辑录本。
⑤ 迦毕试，位于今阿富汗境内，详见（唐）玄奘、辩机：《大唐西域记》卷1，季羡林等校注，第146页。
⑥ 详见季羡林在"雪蔽多伐剌祠城及阿路猱山"条注释（四），《大唐西域记》卷1，第148页。

西域传》更是言及"其俗淫祠",皆流露出对"穪那天神"的不敬之情,可想而知其绝不会以汉文佛教术语称呼"穪那天神",此其一。

其二,穪那天神作威作福、为暴为恶,信之者遂愿,不信者招殃。上帝在西奈山上传授给先知摩西的《摩西十诫》中虽也言及:"你的上帝绝不容忍对立的神明。我要惩罚那些拒绝我的孩子,直到三、四代,但是爱我并遵守我命令的人,我要以慈爱宽待他们,甚至到千万代子孙。"【《旧约·申命记》(5:9)】①但是,作为犹太人先知的摩西历经千辛万苦地带领被奴役的希伯来人逃离埃及,并不如穪那天神那般"作威作福、为暴为恶",且摩西仅是作为犹太教中的先知,并非为犹太人所信奉的上帝,此与天神身份并不符合。所谓"信之者则遂愿,不信者则招殃"之语则仅为古代各门宗教宣扬其所奉神灵具备特殊灵异的常见之词而已。

其三,穪那天神会授予那些宗事外道、克心苦行的僧徒以呪术治疗疾病,且疗效甚佳。以呪术、呪语治病,在婆罗门教中极为常见。婆罗门教《吠陀》经典《阿达婆吠陀》大部分内容即由婆罗门巫师使用的呪语构成。这些呪语中包含有很多治病驱邪的呪语,如元嘉年间(424—453年)入华的高僧沙门求那跋陀罗(394—468年)本婆罗门种,幼学五明诸论、天文书算、医方呪术,靡不该博。②

对比而言,释迦牟尼在创立佛教之初,便禁绝僧人使用呪语,更禁止以呪语治病,如《长阿含经》记载:

> 如余沙门、婆罗门食他信施,行遮道法,邪命自活,或为人呪病,或诵恶呪,或诵善呪,或为医方、针灸、药石,疗治众病,沙门瞿昙无知此事。③

后因众多婆罗门教徒改宗佛教,释迦牟尼遂允许佛教徒使用呪语,甚至以呪语治病,《四分律》即记载"在舍卫国祇树给孤独园,时有六群比丘尼,诵种种杂呪术,……若诵治腹内虫病呪,若诵治宿食不消呪,若诵治毒呪以护身故无犯。"④既然,深知佛法的玄奘称"穪那天神"为"异道""顺天神"也被

---

①　*The Harper Collins Study Bible*，p.299.

②　(梁)释慧皎:《高僧传》卷3,西安,陕西人民出版,2010年,第179页。

③　《中华大藏经》编辑局:《中华大藏经》汉部第31册《长阿含经》卷14,北京,中华书局,1990年,第172页。

④　《中华大藏经》编辑局:《中华大藏经》汉部第40册《四分律》卷27,第598—599页。

称为"淫祠",故其定当非指佛教,而只能是善以呪术、呪语治病的婆罗门天神之一,更不可能是林梅村所主张的摩西了。

四　汉籍所记唐代犹太人考辨

在前人研究中,一些学人曾就汉籍所记某些历史人物进行考证研究,认为这些人可能为隋唐时期入华的犹太人,故此处针对这些所谓唐代犹太人的身份进行考辨。

(一) 朱江在对扬州犹太人的研究中发现犹太人多隐迹于伊斯兰教徒之中,其中扬州回回以哈、马(麻)、腊、达、萨(沙)五大姓氏为主,其中哈姓一支尚保留《家谱》。该《家谱》记载:"哈氏来自西域回族,入居中国始于隋开皇年间,始祖讳申,西域鲁密国人。"朱江认为如族谱所说当是581—600年间(隋开皇年间)来到中国,早于伊斯兰教建立时间将近30年,故其先祖并非西域回族,原先的宗教信仰也非伊斯兰教。与哈申一样,《明史·西域列传》也记载:"默德那(即麦地那),回回祖国也……隋开皇中,其国撒哈八撒阿的·干葛斯始传教入中国。"[①]故朱江认为哈申与干葛斯一样并非伊斯兰教徒,应为犹太教徒,而哈氏东迁中国,不能说是完全和鲁密(即东罗马帝国)国籍的犹太人无关。[②]

扬州之有犹太人据开封犹太人明正德七年碑记载:"大明正德七年壬申秋甲子重建寺,俺、李、高、维扬金溥请道经一部,立二门一座。"[③]维扬即指扬州,显示扬州犹太人与开封犹太人有所联系。一般认为,开封犹太人在北宋期间入华,因此扬州犹太人也有可能在此时已到达扬州。朱江认为宋元时期扬州成为重要港口、交通便利,从海路来往的蕃商络绎不绝,通过大运河可直达开封,进入中国内陆各地,故犹太人会选择在扬州上岸,甚至在隋唐早期就有犹太人随商船而来,前述扬州哈姓回回族谱与《明史·西域列传》的记载便成为其主张隋唐早期的证据。[④]

---

① 《明史》卷332,《西域列传》,第8626页。

②④ 朱江:《犹太人在扬州的踪迹》,沙博理编著:《中国古代犹太人——中国学者研究文集点评》,第154—169页。

③ 碑文详见陈垣:《陈垣史学论著选》,上海人民出版社,1981年,第68—70页。

扬州哈姓回回族谱与《明史·西域列传》所记隋开皇中伊斯兰教传入中国,显与伊斯兰教历史史实不符,因为 610 年穆罕默德(571—632 年)才开始受启示传教,伊斯兰教元年是穆罕默德迁徙麦地那之年,即 622 年,因此隋开皇年间(581—600 年)伊斯兰教本身尚无成立,何来传教一说。但是,关于伊斯兰教在隋开皇年间传入中国的记载在汉籍中多次出现。元至正八年(1348 年)河北定州《重建礼拜寺》记载:"隋开皇中,国人撒哈伯撒阿的·斡葛思始传其教入中国。"①元至正十年(1350 年)泉州《重建清真寺碑记》记载:"至隋开皇七年,有撒哈八撒阿的斡葛思者,自大食航海至广东建礼拜寺于广州,赐号怀圣。"②《大明一统志》亦记载:"隋开皇中,国人撒哈伯撒阿的斡葛思,始传其教入中国。"③其中撒哈八、撒哈伯,即 Sahib,在阿拉伯语中意为伙伴、追随者之意,凡曾亲眼见过和亲身接受过穆罕默德教诲的穆斯林,均称 Sahib,即圣门弟子;撒阿的·干葛斯(斡葛思)即作为穆罕默德的圣门弟子入华传教。

因此,《明史·西域列传》关于伊斯兰教入华记载的讹误显然是承袭了上述记载,但可以肯定的是元代至正年间河北定州《重建礼拜寺》与泉州《重建清真寺碑记》所记圣门弟子撒阿的·干葛斯入华传播的显非伊斯兰教无疑。《明史·回回历法》记载:"积年,起西域阿喇必(阿拉伯)年,隋开皇己未,下至洪武甲子,七八六十年。"④伊斯兰教元年即 622 年,洪武十七年为洪武甲子年,即 1384 年,从 622 年至 1384 年两者相差 762 年,而非 786 年,因此有可能是未能正确地换算伊斯兰教入华时间,所以导致了伊斯兰教在隋开皇年间入华的说法,并一直延续至《明史·西域列传》记载中,扬州哈姓回回族谱也应承袭了此讹误。尽管如此,扬州哈姓回回族谱与《明史·西域列传》的记载应指伊斯兰无疑,与犹太人并无涉。

(二)《新唐书·孝友传》记载:"程俱罗者,灵州灵武人,居亲丧,穿圹作冢,皆身执其劳,乡人助者,即哭而却之。庐坟次,哭泣无节,知道七年,俱罗三年不止。"⑤林梅村、张星烺与桑原骘藏等认为程俱罗应为犹太人,主要因为俱罗与 Korah 音近,Korah 则为常见的圣经人名,其次灵武(宁夏)为唐代中西交通重要枢纽,自然汇集了很多来自中亚和西亚的胡商,程俱罗完全

---

① 余振贵、雷晓静:《中国回族金石录》,银川,宁夏人民出版社,2001 年,第 15 页。
② 余振贵、雷晓静:《中国回族金石录》,第 68 页。
③ (明)李贤:《大明一统志》,西安:三秦出版社,1990 年,第 1387 页。
④ 《明史》卷 37,《回回历法》,第 746 页。
⑤ 《新唐书》卷 120,《孝友传》,第 5589 页。

有可能是一位唐代来华的犹太牧师。①Korah,即希伯来语קֹרַח,Qórah(可拉),《旧约·创世纪》(36:14)记载:"可拉是以扫和阿何利巴玛的儿子。"②俱罗中古音为 kiola,与 Korah 音近。若仅从对音判断,俱罗可能为犹太人,但这并不必然说明俱罗即为犹太人。前述清末端方藏洛阳出土波斯国酋长阿罗憾丘铭所记波斯贵族阿罗憾之子亦被称为"俱罗",其身份显然为波斯人,而非犹太人。由于《新唐书·孝友传》的记载仅显示程俱罗有孝廉之举,并没有提供其他任何信息,故仅从对音很难以确定程俱罗为犹太人。

(三)《册府元龟》(卷 971)记载:"开元二十一年(733 年)十二月,大食国王遣首领摩思览达干等来朝。"③《册府元龟》(卷 975)又记:"开元二十一年十二月癸丑,大食王遣使首领摩思览达干等七人来朝,并授果毅,各赐绢二十匹,放还蕃。"④曹寅认为,摩思览达干一名前两个字"摩思"与犹太姓名 Moses 发音相近,而伊斯兰教徒称 Moses 为 Musa,应译为"穆萨"而非"摩思",而且 7 世纪哈里发欧麦尔颁布法令规定非伊斯兰教徒不允许使用阿拉伯姓名;除此之外,大食国朝贡使者也会用"遣使""遣将"等,而这里用"首领",足见其为某个自治团体的领导者,而生活在阿拉伯帝国的犹太人在 7 世纪时就获得了犹太社团自治管理权,因此摩思览达干应为一位名叫 Moses Lamdahkand 的犹太人。他来中国之目的不仅是为了大食国王的朝贡,更是以贡献之名到中国进行贸易,因此得到了朝廷赏赐,并放还蕃。⑤

需要注意的是 7 世纪哈里发欧麦尔颁布法令规定非伊斯兰教徒不允许使用阿拉伯姓名,其实主要是指不得以坤雅思(Kunyas)的方式命名——Kunyas,即阿拉伯语كنية,指阿拉伯人以第一个孩子的名字自称的命名现象,以阿布(Abu,意为父亲)或乌姆(Umm,意为母亲)表达,如阿布·哈桑(Abu Hassan),即指哈桑的父亲;此种用法带有尊称之意,常用于著名的阿拉伯人物;⑥但是,这一规定在实际生活中几乎被完全忽略,⑦如大量戈尼

---

① 详见林梅村:《洛阳出土唐代犹太侨民阿罗憾墓志跋》,林梅村:《西域文明》,第 97 页;张星烺(编):《中西交通史料汇编》(卷 2),第 1079 页;桑原骘藏之解释,详见桑原骘藏:《隋唐时代西域人华化考》,何建民译,第 23—24 页。

② *The Harper Collins Study Bible*,p.54.

③ 《册府元龟》(卷 971),北京,中华书局,1960 年,第 11409 页。

④ 《册府元龟》(卷 971),第 11455 页。

⑤ 曹寅:《丝绸之路与中国古代犹太人研究》,第 45—46 页。

⑥ *Qalansuwa*,*Imama*,*Kunyas* 的意义,详见 Norman A. Stillman,*The Jews of Arab Lands: a History and Source Book*,the Jewish Publication of America,1979,p.157,n.2—4.

⑦ Norman A. Stillman,*The Jews of Arab Lands: a History and Source Book*,p.271,n.5.

萨文书中就记载了以坤雅思方式命名的犹太人,如 12 世纪突尼斯犹太商人阿布·法拉吉·尼希姆(Abu l-Faraj Nissim)、阿布·兹克瑞·伊本·沙弥(Abu Zikri Ibn al-Shami)、阿布·兹克瑞·科恩(Abu Zikri Kohen)及其子苏莱曼·阿布·兹克黎·科恩(Sulayman b. Abu Zikri Kohen)等。①

在伊斯兰世界中,犹太教徒、基督教徒与萨比教徒(Sabian)等被穆斯林视为"有经典的人"(Ahl al-kitāb),②即如穆斯林信仰《古兰经》那般信仰"天启"经书的一神教信徒。穆罕默德时期,这些"有经典的人"通过缴纳吉兹亚税(Jizya,即人头税)的方式获取安全保护,因此在阿拉伯语中也被称为吉米人(Dhimmi)——Dhimmi 源自阿拉伯语ذمي,即"受到保护的人"。③伊斯兰教世界吉米人的自治,最初源自穆罕默德在阿拉伯半岛的实践,即吉米人通过顺从穆罕默德的权力以及履行诸如缴纳吉兹亚税等一定义务而获取自治。穆罕默德逝世之后,阿拉伯人在征服过程中也强调对吉米人自治的认可,哈里发阿布·伯克尔(Abu Bakr,573—634 年)即告诫穆斯林士兵不要滥杀受保护的吉米人与其他宗教人士,让他们以自己的律法与习俗管理各自事务,保证他们的宗教信仰与土地,依据与他们的协议收取贡物(即吉兹亚税)。④中世纪时期,吉米人的自治得以被延续。在阿拉伯人占领地区中,只要吉米人缴纳吉兹亚税并完成其他相关义务,穆斯林统治者便会承认吉米人的自治权利。⑤摩思览达干被称为首领,如曹寅所言可能为某个吉米人自治团体的首领;其次摩思的中古音为 muɑsiə,确与 Moses 音近,若从对音判断,摩思览达干确有可能为 Moses Lamdahkand,指犹太人。因此,基于以上诸信息,摩思览达干确有可能为犹太人,以朝贡之名入华贸易,因此得到了朝廷赏赐。但是,鉴于《册府元龟》所记信息极为有限,这对判断摩思览达干的身份带来了极大困难,因此其为犹太人的推断也只是提供了一种可能性。

---

①　G. D. Goitein and Mordechai Akiva Friedman, *India Traders from the Middle Ages*: *Documents from the Cairo Geniza*, Brill Leiden. Boston, 2008, p.241, pp.310—370, p.473.

②　萨比教,为中东地区一种一神教,即圣约翰派的基督教徒,又被称为"拜星教",详见(美)希提:《阿拉伯通史》(上卷),马坚译,北京,新世界出版社,2008 年,第 213 页。

③　纳忠:《阿拉伯通史》(上卷),北京,商务印书馆,2015 年,第 303 页;宋立宏:《释"顺民":犹太人在伊斯兰世界中的法律和社会地位》,《学海》,2010 年,第 2 期,第 128 页。

④　A. S. Tritton, *The Caliphs and their Non-Muslim Subjects*, *A Critical Study of the Covenant of Umar*, Oxford University Press, 1930, p.137.

⑤　Mark R. Cohen, "On the Origins of the Office of Head of the Jews in Fatimid Empire", in *AJS Review*, Vol.4, 1979, p.28.

第三章　宋元犹太人入华

一　宋代犹太人流散状态[①]
——以《本杰明行纪》为中心

公元 1 世纪罗马军队占领巴勒斯坦,犹太人开始大流散时代,直到 1948 年以色列建国才重返故土。中世纪时期,犹太人长期散布在欧亚大陆诸地。关于此时犹太人流散地区与数量分布等流散情况备受学界关注,但是限于流散地区众多,且关于犹太人数量的文献极为稀少,因此难以全面统计中世纪时期犹太人分布地区与数量。目前所知,针对犹太人流散地区与数量的统计与研究仅限于某一国家或某一地区,未见对某一历史时期犹太人流散情况进行系统统计者。[②]但是,通过 12 世纪西班牙拉比本杰明(Rabbi Benjamin)所著《本杰明行纪》记载,可以管窥此时欧亚诸地犹太人流散地区与数量分布,尤其是宋代伊斯兰世界犹太人的流散状态,为探究宋代犹太人入华提供线索。

---

① 本节独立发表于《世界历史评论》,部分内容与体例有所调整,详见李大伟:《〈图德拉的本杰明行纪〉所见 12 世纪中后期犹太人流散状况探微》,《世界历史评论》,2021 年第 19 辑,第 235—260 页。

② 对中世纪时期个别国家与地区犹太人流散情况进行统计与研究者,以以埃利亚·阿什特(Eliyahu Ashtor)等学者为代表,详见 Eliyahu Ashtor, *The Jews of Moslem Spain*, the Jewish Publication Society of America, Philadelphia, 1973, Vol.1; De Gruyter, *The Origin of Ashkenzai*, Walter de Gruyter GmbH&Co. KG, Berlin/New York, 2011; Ben-Sasson, *A History of the Jewish People*, Harvard University Press, 1999; Albert M. Hyamson, *A History of the Jews in England*, Methuen & Co. Ltd., 1928; Ruth Langer, *Cursing The Christians? A History of the Birkat HaMinim*, Oxford University Press, 2012; Robert Bonfil, *Jews in Byzantium: Dialectics of Minority and Majority Cultures*, Brill, 2011. 兹列举数例如上,具体详见下文注释以地区为单位进行介绍。

（一）本杰明与《本杰明行纪》

12 世纪拉比本杰明出生于西班牙图德拉（Tudela）——该地位于今西班牙东北部纳瓦拉（Navarra）的埃布罗（Ebro）河畔；8 世纪被摩尔人（Moors）占领，[①]成为阿拉伯帝国倭马亚王朝（661—750 年）的领地；1119 年被西班牙基督教阿拉贡王国（1035—1707 年）占领、纳入基督教世界。图德拉地区很早便有犹太社团，11 世纪开始初具规模，且颇具影响。[②]12 世纪阿拉贡王国统治之时，当地犹太人之前所享有的自治管理与法律等权利被承认，生活在相对和平的环境中，拥有犹太会堂与墓地，从事各类手工业与贸易活动。中世纪时期，著名希伯来诗人与哲学家拉比犹大·哈列维（R. Jehuda Halevi，1075—1141 年）、圣经评论者与哲学家亚伯拉罕·伊本·以斯拉（Abraham ibn Ezra，1089—1167 年）与卡巴拉（Kabbalah）学者约书亚·本·舒瓦（Joshua ibn Shuaib，1280—1340 年）等即出生在图德拉。[③]

拉比本杰明作为一名犹太商人，大约于 1159—1173 年间在欧亚诸地经营贸易，有机会接触各地犹太社团，便据其贸易见闻以希伯来文著《本杰明行纪》，记载欧亚诸地犹太人流散状态以及一些历史地理信息与各类奇闻异事等。据《本杰明行纪》所记，本杰明从图德拉出发经今西班牙、法国、意大利、希腊与君士坦丁堡等地到达叙利亚、巴勒斯坦、美索不达米亚、阿拉伯半岛、波斯，甚至至撒马尔罕，然后经海路至印度、中国，再返回并至非洲埃塞俄比亚、埃及，再至西西里岛、意大利、德国与波希米亚（Bohemia）等地，[④]最后至法国巴黎。

在对各地的记载中，本杰明对西班牙、法国、意大利、希腊与拜占庭帝国等基督教世界，以及巴勒斯坦、美索不达米亚、波斯、埃及、阿拉伯半岛等伊斯兰世界记载尤为详细，并在大多数情况下都准确地记载了其所经诸地之间的距离，此便显示他应亲自到达过这些地区。但是，对中亚、印度、锡兰与中国等东方诸地，乃至俄国的记载却十分简略。很多学者据此认为，本杰明

---

① 摩尔人指中世纪时期生活在伊利比亚半岛、马格里布以及西非等地的穆斯林，最初来自西非等地。8 世纪，摩尔人征服西班牙，以科尔多瓦为统治中心，建立了强大的穆斯林国家。直到 15 世纪，摩尔人才最终被基督教徒驱赶出伊利比亚半岛。

② Eliyahu Ashtor, *The Jews of Moslem Spain*, Vol.2, p.247.

③ Kabbalah 为希伯来语קַבָּלָה音译，意为"接受、得到"，是犹太教中一种深奥的方法，旨在探究无限、永恒、宇宙以及人类的关系，该学派学者经常以犹太经典解释各类神秘的现象，之后逐渐成为神秘主义解释的基础，并被其他教派所使用。

④ 波西米亚位于今捷克，占据古捷克中西部大部分地区。

向东方的行程应未超出巴格达、波斯地区，其关于东方的记载应是听闻而来——本杰明在行纪中亦曾明确提及他曾从他人处听闻了一些事迹，并记载之。尽管我们无法准确判断本杰明是否曾亲自到达过中亚、西藏、印度、锡兰与中国等东方诸地，但可以确信的是他关于这些地区犹太人信息的记载却十分真实，[1]而且颇具意义的是作为一位欧洲人，他首次提到中国，称中国为ציו (tsin)——希伯来语称中国为סיו (Sin，即"秦"，指秦王朝，Sin 为西方人从海路入华对中国的称号，最初应是马来人以"秦"之名称呼中国，后经阿拉伯人等传给希腊人、罗马人等)，因语言流变，即 s/th/ts 音互转，中世纪时期本杰明所记希伯来语ציו即指中国，并详细记述到达中国的海路行程与一些奇闻异事等。[2]

本杰明的游历比著名的马可·波罗(1254—1324 年)与伊本·白图泰(1304—1377 年)仍要早至少百年之久，堪称中世纪时期游历家之先驱。其行纪远溯博索，以朴实、简洁、明快的语言为我们留下了 12 世纪中叶犹太人的流散状态与商业贸易情况，包括犹太人流散地区与城市、数量、宗教活动、著名犹太人物以及经济贸易等，但他却没有明确指出其所记犹太人数量的具体单位。12 世纪，另外一位犹太游历者波西米亚的比西哈奇亚(Pethachia)曾在巴勒斯坦与美索不达米亚等地游历，并记载了这些地区犹太人数量。比西哈奇亚的记载比本杰明晚十余年，经过文本比对显示本杰明所记犹太人数量在大多数情况下应代表犹太人户数。[3]

目前所知《本杰明行纪》流传于世的希伯来文抄本有 12 个，其中 1543 年君士坦丁堡、1556 年意大利费拉拉(Ferrara)、大英博物馆(No.27089)、罗马卡萨纳特瑟(Casanatense)图书馆(No.216)与维也纳爱泼斯坦(Herr Epstein)所藏抄本较为完整、准确。此处主要以《本杰明行纪》意大利费拉拉与大英博物馆所藏希伯来文抄本为基础，[4]并结合其他相关文献，按照欧亚、亚洲与非洲的地理区域对 12 世纪犹太人流散地区与数量分布进行梳

---

① 本杰明关于这些地区犹太人信息记载的真实性，详见下文。

② ספר מסעות של רבי בנימן ז'ל על פי כתבי יד עם הערות ומפתח, לונדן, שנת ת'ר לפ'ק (《本杰明行纪》大英博物馆藏);מסעות של רבי בנימן ז'ל, לונדן, שנת ת'ר לפ'ק【《本杰明行纪》意大利费拉拉(Ferrara)藏】，第 94 页。

③ 本杰明与比西哈奇亚所记犹太人数量的比对，详见下文。比西哈奇亚的游历，详见 Pethachia, *Travels of Rabbi Pethachia of Ratisbon*, A. Benisch, ed., London: Longman and Co., Paternoster Row, 1861.

④ ספר מסעות של רבי בנימן ז'ל על פי כתבי יד עם הערות ומפתח, לונדן, שנת ת'ר לפ'ק (《本杰明行纪》大英博物馆藏).מסעות של רבי בנימן ז'ל, לונדן, שנת ת'ר לפ'ק【《本杰明行纪》意大利费拉拉(Ferrara)藏】。下文以中文表述《本杰明行纪》的希伯来文抄本。

理,以此揭示中世纪时期犹太人的流散状况。

(二) 塞法迪、阿什肯纳兹与罗马尼特犹太人流散状态

本杰明从家乡图德拉出发,但未提及该地犹太人具体数目,经西班牙东北部的托尔托萨(Tortosa)、塔拉贡纳(Tarracona)、巴塞罗那与赫罗纳(Gerona)等地,进入今法国南部纳博讷(Narbonne)地区,称巴塞罗那与赫罗纳有犹太社团,亦未提及具体数目。[①]由于行程原因,也未提及西班牙其他地区犹太人。

8世纪摩尔人入侵西班牙,先后建立信奉伊斯兰教的科尔多瓦酋长国(756—929年)与科尔多瓦哈里发王国(929—1031年),统治着除北部之外的伊比利亚半岛大部分地区;1031年,科尔多瓦哈里发王国分裂为数个小的伊斯兰教王国,仍旧保持对半岛中部与南部大部分地区的统治。11世纪,西班牙北部先后建立了阿拉贡(1035—1707年)与卡斯提尔(1065—1230年)等基督教王国。早在伊斯兰教之前,犹太人就生活在西班牙地区,直到1498年西班牙驱逐犹太人运动中被迫改宗为马拉诺(Marrano)或迁徙到他地。[②]中世纪时期,西班牙犹太人自称塞法迪犹太人(Sephardi Jews)——Sephardi,源自希伯来语ספרדי,即希伯来语对西班牙的称谓。8—12世纪,犹太人主要生活在科尔多瓦酋长国与科尔多瓦哈里发等伊斯兰教王国以及阿拉贡与卡斯提尔等基督教王国统治下,总体处于一种和平的环境。摩尔人改变了先前统治西班牙的西哥特人对犹太人的迫害政策,犹太人地位得到改善,并恢复与外界犹太人的联系;阿拉贡与卡斯提尔等早期基督教王国出于统治需要,对犹太人也保持了相对温和的政策。[③]

科尔多瓦哈里发时期,犹太人主要分布在西班牙南部安达卢西亚(Andalusia)与东北部地区。安达卢西亚中部与南部的犹太人最多,集中在科尔多瓦、塞维利亚(Seville)、卢塞纳(Lucena)与托莱多(Toledo)等地,科尔多瓦与塞维利亚犹太人规模最大,科尔多瓦犹太人直到10世纪下半叶才开始减少;[④]安达卢西亚东部以格拉纳达(Granada)犹太人为代表。西班牙东北

---

① 《本杰明行纪》意大利费拉拉(Ferrara)与大英博物馆藏希伯来文抄本,第1页。
② 马拉诺指被迫改宗基督教,但是背后依然信仰犹太教的犹太人。
③ Eliyahu Ashtor, *The Jews of Moslem Spain*, Vol.1, p.119.
④ Eliyahu Ashtor, *The Jews of Moslem Spain*, Vol.1, pp.291—230.

部地区,犹太人主要分布在巴塞罗那、卡拉塔尤德(Calatayud)、萨拉戈萨(Saragossa)、塔拉贡纳与托尔托萨等地。①伊比利亚半岛西部犹太人相对较少,分布在梅里达(Mérida)、贝加(Béja)与圣塔伦(Santarem)等地。②

11—12世纪中叶,安达卢西亚地区犹太人数量仍然最多。③此时,犹太社团也开始出现在龙达(Ronda)、阿尔赫西拉斯(Algeciras)、涅夫拉(Niebla)、巴达霍斯(Badajoz)、里斯本、卡莫纳(Carmona)、塔拉韦拉·德·拉·雷纳(Talavera de la Reina)、莱里达(Lerida)、阿拉贡、托尔托萨(Tortosa)与阿尔梅利亚(Almería)等伊利比亚半岛其他地区。④从科尔多瓦哈里发时期到12世纪中叶,阿拉贡与卡斯提尔王国仅维持对伊比利亚半岛北部地区的统治,安达卢西亚等中南部大部分地区在伊斯兰教王国统治之下,说明直到此时大部分犹太人仍生活在伊斯兰教世界。

表3-1-1　11世纪西班牙部分地区犹太人分布状况⑤

地区与城市	数量
萨拉戈萨	1 200余位
塔拉韦拉·德·拉雷纳	400余位
莱里达	30余户
托尔托萨	30余户
阿尔梅利亚	2 000余位

本杰明进入今法国之后,途经南部的纳博讷、贝济耶(Beziers)、蒙彼利埃(Montpellier)、吕内尔(Lunel)、珀斯奇瑞斯(Posquieres)、圣吉尔斯(Bourg De St. Gilles)、阿尔勒(Arles)与马赛等地,行程结束之时最终到达巴黎。这些地区皆有犹太社团,本杰明称其户数从100到400不等。⑥本杰明在行程末段曾到达今德国地区,称犹太人居住在大莱茵河畔,从科隆到雷根斯堡(Regensburg)沿线,分布在科布伦茨(Coblence)、安德纳赫(Andernach)、考布(Kaub)、卡塔尼亚(Kartania)、沃尔姆斯(Worms)、明斯特(Mi-

① Eliyahu Ashtor, *The Jews of Moslem Spain*, Vol.1, pp.300—306.
② Eliyahu Ashtor, *The Jews of Moslem Spain*, Vol.1, p.119.
③ Eliyahu Ashtor, *The Jews of Moslem Spain*, Vol.2, p.201.
④ Eliyahu Ashtor, *The Jews of Moslem Spain*, Vol.2, pp.200—298.
⑤ Eliyahu Ashtor, *The Jews of Moslem Spain*, Vol.2, pp.232—298.
⑥ 《本杰明行纪》意大利费拉拉与大英博物馆藏希伯来文抄本,第2—6页。

stran)、梅斯(Metz)、特里尔(Tirer)、波恩、科隆、宾根(Bingen)、斯特拉斯堡
(Astransburg)、杜伊斯堡(Duidisburg)、马特恩(Mantern)、弗赖辛(Pisin-
gas)、班贝格(Bamberg)、茨尔(Tsor)、雷根斯堡与维尔茨堡(Würzburg)等
城市，并提及波希米亚也有犹太人，但未谈及这些地区犹太人数量。①

　　早在 1 世纪犹太人开始大流散之前，犹太人就生活在马赛等今法国南
部普罗旺斯沿海地区；罗马时期，犹太人开始出现在里昂、特里尔、波恩与科
隆等地。②墨洛温(500—751 年)与加洛林王朝(751—877 年)对犹太人政策
相对温和，尤其是加洛林王朝堪称欧洲犹太人的最好时期；10 世纪末期，犹
太社团已经遍布在今法国各地。③1066 年诺曼征服之后，法国鲁昂(Rouen)
犹太人在英格兰建立犹太社团，这也是犹太社团首次在英格兰出现。④11—
12 世纪，犹太社团出现在剑桥(1073 年)、牛津(1075 年)、斯坦福德(Stam-
ford)、温彻斯特(Winchester)、伦敦与诺维奇(Norwich)等城市，以及约克
(York)、格洛斯特(Gloucester)与康威(Conway)等 69 个城镇中。⑤德国犹
太人最初生活在莱茵河地区。迄今所知，最早的德国犹太社团位于科隆。⑥
9 世纪莱茵河地区犹太人急速增长，以莱茵河为中心，一直到法国东北部香
槟区(Champagne)与南部、佛兰德尔以及德国东部等地，形成了众多犹太社
团。⑦这些犹太人被称为阿什肯纳兹犹太人(Ashkenazi Jews)——
Ashkenazi 为希伯来语的 אשכנזית 音译，为圣经人物阿什肯纳兹；圣经将阿什
肯纳兹与遥远北部王国联系起来，后又用于指日耳曼人发源地；中世纪时期
很多《塔木德》学者以其指今德国地区，因此莱茵河一带的犹太人被称为阿
什肯纳兹犹太人，中欧与东欧犹太人亦被如此称之。

　　1096 年，第一次十字军东征给西欧犹太人带来了巨大灾难，大约有
2 000—12 000 余名犹太人被杀害。⑧这场灾难也导致了西欧犹太人第一次
大规模迁徙，即大量阿什肯纳兹犹太人向东部与东南部迁徙，雷根斯堡、巴
伐利亚(Bavaria)与弗兰肯(Franconia)等地在 12—13 世纪成为新的犹太人
中心，还有一些迁徙至波兰、捷克与立陶宛等东欧地区。⑨1290 年，英国

---

① 《本杰明行纪》意大利费拉拉与大英博物馆藏希伯来文抄本，第 110—111 页。
② De Gruyter, *The Origin of Ashkenzai*, p.24.
③ De Gruyter, *The Origin of Ashkenzai*, p.31.
④ Albert M. Hyamson, *A History of the Jews in England*, p.4, p.7.
⑤ Albert M. Hyamson, *A History of the Jews in England*, pp.14—17.
⑥ Albert M. Hyamson, *A History of the Jews in England*, p.37.
⑦ Ben-Sasson, *A History of the Jewish People*, p.394.
⑧ De Gruyter, *The Origin of Ashkenzai*, p.45.
⑨ De Gruyter, *The Origin of Ashkenzai*, pp.45—49, p.56.

16 000余名犹太人则被全部驱逐,大部分流散到今法国与德国地区,直到17世纪下半叶才重新进入英格兰。[1]

表 3-1-2　中世纪法国与英格兰犹太人分布状况(单位:户)[2]

时间	国家	地区与城市	数量
12 世纪	法国	纳博讷	300
		吕内尔	300
		珀斯奇瑞斯	400(40)
		圣吉尔斯	100
		阿尔勒	200
		马赛	300
1290 年	英格兰		16 000 余位

本杰明从今法国南部到达意大利后,曾途经 14 座城市,除热那亚之外,称匹萨、卢卡(Lucca)、罗马、卡普亚(Capua)、那不勒斯、萨勒诺(Salerno)、阿马尔菲(Amalfi)、贝内文托(Benevento)、梅尔菲(Melfi)、阿斯科利(Ascoli)、特拉尼(Trani)、塔兰托(Taranto)、布林迪西(Brindisi)与奥特朗托(Otranto)等地皆有犹太社团,数量从 20 到 600 户不等。[3]本杰明从西奈半岛经意大利前往今德国途中曾途经西西里岛,称此岛的墨西拿(Messina)城与巴勒莫(Palermo)也有犹太社团,分别为 200 与 1 500 户。[4]

表 3-1-3　本杰明所记 12 世纪意大利犹太人分布状况(单位:户)[5]

地区与城市	数量	地区与城市	数量	地区与城市	数量
匹萨	20	那不勒斯	500	特拉尼	200
卢卡	40	萨勒诺	600	塔兰托	300
罗马	200	阿马尔菲	20	布林迪西	10
卡普亚	300	贝内文托	200	奥特朗托	500

---

[1]　Ben-Sasson, *A History of the Jewish People*, p.462.

[2]　关于珀斯奇瑞斯犹太人数量,意大利费拉拉藏抄本记载 400 户,大英博物馆藏抄本记载 40 户,具体详见《本杰明行纪》意大利费拉拉与大英博物馆藏希伯来文抄本,第 2—6 页;英格兰犹太人数量,详见 Ben-Sasson, *A History of the Jewish People*, p.462.

[3]　《本杰明行纪》意大利费拉拉与大英博物馆藏希伯来文抄本,第 6—15 页。

[4]　《本杰明行纪》意大利费拉拉与大英博物馆藏希伯来文抄本,第 108 页。

[5]　《本杰明行纪》意大利费拉拉与大英博物馆藏希伯来文抄本,第 6—15 页,第 108 页。

本杰明从意大利经科孚岛到达希腊诸地,记载希腊的科孚岛、阿尔塔(Arta)、阿刻罗俄斯(Achelous)、帕特拉斯(Patras)、勒班陀(Lepanto)、科瑞萨(Crissa)、科林斯(Corinth)、底比斯(Thebes)、奈戈旁特(Negropont)、拉本尼卡(Rabenica)、泽图河(Zeitún)、伽迪肯(Gardicki)、阿莫柔(Armiro)、比森纳(Bissina)、萨洛尼卡(Salunki)、梅特里斯(Mitrizzi)、爪玛(Drama)与基督城(Christopoli)等地有犹太社团,数量从1户到2 000户不等,但未提及伽迪肯犹太社团数量。①

本杰明从希腊到达君士坦丁堡,称犹太人没有居住在该城,而是居住在金角湾北侧的佩拉(Pera),有2 000余户拉比(Rabbi)犹太人与500余户卡拉派(Karaism)犹太人。②经君士坦丁堡到达拜占庭帝国的罗都斯徒(Rodosto)、加利波利(Gallipoli)、肯里亚(Kilia)、米蒂利尼(Mitilene)岛、希俄斯(Chio)岛、萨摩斯(Samos)岛、罗德斯(Rhodes)岛、塞浦路斯与安条克等地,称这些地区犹太社团从50户—400户不等,但未提及米蒂利尼岛与塞浦路斯犹太社团数量。③

表3-1-4　本杰明所记12世纪拜占庭帝国犹太人分布状况(单位:户)④

地区与城市	数量	地区与城市	数量	地区与城市	数量
科孚岛	1	拉本尼卡	100	佩拉	2 500
阿尔塔	100	泽图河	50	罗都斯徒	400
阿刻罗俄斯	10	阿莫柔	400	加利波利	200
帕特拉斯	50	比森纳	100	肯里亚	50
勒班陀	100	萨洛尼卡	500	希俄斯岛	400
科瑞萨	200	梅特里斯	20(50)	萨摩斯岛	300
科林斯	300	爪玛	140	罗德斯岛	400
底比斯	2000	基督城	20		
奈戈旁特	200	安条克	10		

---

① 《本杰明行纪》意大利费拉拉与大英博物馆藏希伯来文抄本,第15—19页。

② 1世纪罗马人摧毁第二圣殿,拉比通过研读圣经经典的方式组织犹太人学习律法、延续犹太教传统,因此被称为拉比犹太教。拉比犹太教为中世纪犹太人主流信仰,拉比犹太人遵守拉比对圣经的解释以及《塔木德》等拉比犹太教经典。卡拉派犹太教指只信奉圣经,以圣经对一切教义、习俗进行解释,与主流拉比犹太教相区分,反对口传律法《塔木德》等,8世纪期间开始兴盛,一直流传至今。

③ 本杰明之记载,详见《本杰明行纪》意大利费拉拉与大英博物馆藏希伯来文抄本,第19—26页。

④ 《本杰明行纪》意大利费拉拉与大英博物馆藏希伯来文抄本,第15—26页。

本杰明所经意大利、希腊直至安条克诸地,历史上属罗马帝国统治。395 年东西罗马帝国分裂之后,意大利先后被西哥特人、汪达尔人劫掠,6 世纪中叶又一度被东罗马(拜占庭)帝国统治;从希腊至安条克诸地直到 12 世纪仍属东罗马帝国统治。罗马帝国早期(公元前 27—395 年),犹太人便流散在帝国各地。313 年米兰敕令颁布基督教获得合法地位之后,帝国境内犹太人便受制于基督教徒,尤其是中世纪意大利教皇国(754—1870 年)与东罗马帝国境内的犹太人。除本杰明所言诸地之外,中世纪时期意大利的热那亚、米兰、阿格里真托(Agrigentum)、卡拉布里亚(Calabria)、博洛尼亚(Bologna)、巴里(Bari)、阿普利亚(Apulia)与撒丁岛等地也有犹太社团,但本杰明并未提及热那亚犹太社团。总体而言,意大利南部与西西里岛犹太人境遇比罗马等北部犹太人要相对优越,拥有更多自由。

在希腊奥罗波斯(Oropos)出土的公元前 300—前 250 年铭文,显示公元前 4 世纪犹太人便生活在希腊。[①]最早生活在希腊的犹太人被称为罗马尼特犹太人(Romaniote Jews)——Romaniote 即希伯来语拜占庭帝国,指罗马,רומניוטים。4—12 世纪希腊罗马尼特犹太人在拜占庭帝国统治之下,成为帝国犹太人主体。罗马尼特犹太人分为拉比派与希腊—卡拉派,形成了不同于塞法迪犹太人与阿什肯纳兹犹太人的宗教文化。[②]拜占庭帝国境内讲希腊语的犹太人皆受罗马尼特犹太人影响、尊奉罗马尼特犹太人宗教仪式,其遍布在西至意大利南部与西西里、东至帝国西部、南至克里特岛、北至克里米亚与巴尔干等地域范围之中。[③]本杰明所言 12 世纪拜占庭帝国诸地犹太人即为罗马尼特犹人人社团,阿克力达(Achrida)与卡斯托里亚(Kastoria)等地也有罗马尼特犹太社团。[④]

本杰明总计记载了欧洲基督教世界 74 处犹太人流散地区与城市(其中12 世纪巴塞罗那与赫罗纳被基督教阿拉贡王国统治)、9 720—10 110 户犹太人,其中 1 240—1 600 户法国犹太人、2 890 户意大利犹太人与 5 590—5 620户拜占庭帝国犹太人。中世纪时期,除了西班牙伊斯兰教王国治下的部分塞

---

① David M. Lewis, P. J. Rhodes, ed., *Selected Papers in Greek and Near Eastern History*, Cambridge: Cambridge University Press, 2002, p.381.

② Steven Bowman, *The Jews of Byzantium 1204—1453*, Tuscaloosa, Alabama: University of Alabama Press, 1985, p.758.

③ Ruth Langer, *Cursing The Christians? A History of the Birkat HaMinim*, Oxford University Press, 2012, p.203.

④ Robert Bonfil, *Jews in Byzantium: Dialectics of Minority and Majority Cultures*, Brill, 2011, p.122.

法迪犹太人之外,欧洲其他地区的犹太人皆生活在基督教世界中。由于长期
生活在不同的基督教区域之中,甚至缺乏彼此之间的交往与联系,这些犹太
人深受不同习俗与文化的影响,在遵守犹太传统的基础上形成了各有特色的
习俗与生活方式,最终在基督教世界形成了以塞法迪犹太人、阿什肯纳兹犹
太人与罗马尼特犹太人为主体的犹太人群体,分别代表西班牙、西欧与拜占
庭帝国犹太人。12世纪,以西班牙的科尔多瓦、西欧纳博讷与吕内尔、希腊的
底比斯等地代表的犹太社团则成为欧洲犹太人的宗教与学术中心。①

(三)犹太人在东方的流散状态

本杰明从拜占庭帝国安条克到达叙利亚-巴勒斯坦(Syria Palaestina)
地区,行程大致为经今叙利亚、黎巴嫩到达巴勒斯坦,再北上到达叙利亚北
部,途经54个城市与地区,足迹几乎遍布叙利亚-巴勒斯坦各地。本杰明记
载犹太人分布在叙利亚-巴勒斯坦地区的莱加(Lega)、比布鲁斯(Byblos)、
贝鲁特(Beyrut)、西顿(Saida)、提尔(Tyre)、阿卡(Acre)、凯撒利亚
(Cesarea)、圣乔治(St. George)、纳布卢斯(Nablous)、耶路撒冷、伯利恒
(Bethlehem)、拜特·贾伯林(Beith Jaberim)、拉特伦(Latrun)、拜特·努巴
(Beith Nubi)、拉姆拉(Ramleh)、雅法(Jaffa)、亚实基伦(Ascalon)、耶斯列
(Jezreel)、太巴列(Tiberias)、吉什(Gish)、阿尔玛(Almah)、大马士革、基列
(Gilead)、达莫(Thadmor)、卡列亭(Cariateen)、埃米萨(Emesa)、阿勒颇、
巴利斯(Bales)、卡拉特·加巴(Kalat Jabar)与拉卡(Racca)等地,数量从1
户到5 000户不等。②

其中凯撒利亚400户由200户犹太人与200户撒玛利亚人构成——公
元前722年亚述灭亡以色列王国(公元前931—前722年),把外族移入该
地;这些外族与当地犹太人所生后裔被称为撒玛利亚人;纳布卢斯为10
(1 000)户撒玛利亚人;亚实基伦550户分别为200户拉比犹太人、50户卡
拉派犹太人与300户撒玛利亚人;大马士革3 600户分别为3 000户拉比犹
太人、200户卡拉派犹太人与400户撒玛利亚人。③比本杰明晚十余年的比

---

① 本杰明对12世纪欧洲犹太人宗教与学术中心的记载,详见《本杰明行纪》意大利费拉拉与
大英博物馆藏希伯来文抄本,第2—4页,第17页。

② 《本杰明行纪》意大利费拉拉与大英博物馆藏希伯来文抄本,第27—51页。

③ 《本杰明行纪》意大利费拉拉藏希伯来文抄本记载纳布卢斯犹太人为10户,大英博物馆藏
希伯来文抄本记载为1 000户,详见《本杰明行纪》意大利费拉拉与大英博物馆藏希伯来文抄本,第
32—48页。

西哈齐亚曾到达大马士革,称该城有 10 000 余位犹太人,本杰明记载有 3 600 户,这便说明本杰明所记应指犹太人户数。①

关于耶路撒冷犹太人数量,大英博物馆与意大利费拉拉所藏希伯来文抄本皆记载有 200 户犹太人,这些犹太人皆为染工。罗马卡萨纳特瑟(Casanatense)图书馆收藏《本杰明行纪》抄本记载有 4 户犹太人,比西哈齐亚记载仅有一位名为亚伯拉罕(Abraham)的犹太染工。②对比而言,大英博物馆与意大利费拉拉所藏希伯来文抄本与比西哈齐亚所记差别甚大,但是本杰明与比西哈齐亚前后相距仅十余年,耶路撒冷犹太人数量应不会发生如此大的变化。在希伯来语中,字母ד代表数字 4、字母ר代表 200,故极有可能是抄写员在抄写《本杰明行纪》手稿过程中误将ד抄写为ר,类似抄写讹误也常出现。因此,此时耶路撒冷有 4 户犹太人更符合事实。

表 3-1-5　本杰明所记 12 世纪叙利亚-巴勒斯坦地区犹太人分布状况(单位:户)③

地区与城市	数量	地区与城市	数量	地区与城市	数量
莱加	200	耶路撒冷	4	太巴列	50
比布鲁斯	150	伯利恒	12	吉什	20
贝鲁特	50	拜特·贾伯林	3	阿尔玛	50
西顿	20	拉特伦	300	大马士革	3 600
提尔	400(500)	拜特·努巴	2	基列	60
阿卡	200	拉姆拉	3(300)	达莫	2 000
凯撒利亚	400	雅法	1	卡列亭	1
圣乔治	1	亚实基伦	550	埃米萨	20
纳布卢斯	10(1 000)	耶斯列	1	阿勒颇	1 500(5 000)
巴利斯	10	卡拉特·加巴	2 000	拉卡	700

关于巴勒斯坦犹太人数量,比西哈齐亚记载以色列犹太社团户数从 100—300 不等。④本杰明的记载,显示户数较多的城市大部分皆位于叙利亚与黎巴嫩地区,如提尔【400(500)户】、卡拉特·加巴(2 000 户)、大马士革(3 600 户)、达莫(2 000 户)、阿勒颇【1 500(5 000)户】与拉卡(700 户)等,总

---

① Pethachia, *Travels of Rabbi Pethachia of Ratisbon*, p.53.

② Pethachia, *Travels of Rabbi Pethachia of Ratisbon*, p.61.

③ 意大利费拉拉藏抄本记载提尔、纳布卢斯、拉姆拉与阿勒颇犹太人户数分别为 400、10、3 与 1 500,大英博物馆藏抄本记载的数量分别为 500、1 000、300 与 5 000,具体详见《本杰明行纪》意大利费拉拉与大英博物馆藏希伯来文抄本,第 27—51 页。

④ Pethachia, *Travels of Rabbi Pethachia of Ratisbon*, p.55.

计 12 200—15 800 户。巴勒斯坦地区犹太人数量,超过 300 户的有凯撒利亚(400 户)、亚实基伦(550 户),但是这两个地区分别有 200 户与 300 户撒玛利亚人;纳布卢斯有 10(1 000)户撒玛利亚人,其中意大利费拉拉所藏抄本记有 10 户,大英博物馆所藏抄本记有 1 000 户,但并没有犹太人。比西哈齐亚所记载犹太人户数从 100—300 户,并不包括撒玛利亚人的户数。因此,本杰明对于巴勒斯坦犹太人数量的记载基本与比西哈齐亚符合。本杰明记载巴勒斯坦地区犹太人的数值在 1—300 之间——其中圣乔治、雅法、耶斯列与卡列亭等为 1 户,拉特伦与大英博物馆所记载拉姆拉的户数为 300,此与比西哈齐亚所记 300 户的上限一致,这再次印证了本杰明所记犹太人的数量单位应为户数,总计记载巴勒斯坦犹太人(包括撒玛利亚人)户数在 2 518—3 905 之间。

本杰明特别提及巴勒斯坦的萨尔朋塔(Sarepta)、卡库(Kakun)、塞巴斯特(Sebaste)、基利波(Gilboa)山、亚雅仑(Ajalon)谷、基遍(Gibeon)、佩斯普阿(Pesipua)、雅比尼(Ibelin)、帕密斯(Palmis)与卡迪斯(Kades)等地没有犹太人。[1]同时,本杰明并没有记载的黎波里(Tripoli)、海法(Haifa)、迦百农(Capernaum)、希伯伦(Hebron)、示罗(Shiloh)、色佛黎(Sufurieh)、特布尼(Tebnin)、梅龙(Meroon)、布里拿斯(Belinas)、撒迦(Salkhat)、巴勒贝克(Baalbec)、设扎尔(Sheizar)、拉特(Lamdin)与哈马(Hamah)等地犹太人情况,但是却称数年前(1157 年)的黎波里曾发生地震,巴勒斯坦在这场灾难中有 2 万多异教徒与犹太人死亡,哈马有 200 名犹太人在一天内死亡,[2]显示这些地区可能有犹太人,仅是本杰明并未详备而已,如比西哈齐亚曾提及太巴列有犹太社团。[3]

1 世纪罗马人占领巴勒斯坦,犹太人开始大流散。罗马与拜占庭帝国相继统治巴勒斯坦。639 年,阿拉伯人占领巴勒斯坦,取消了罗马与拜占庭禁止犹太人在耶路撒冷居住的禁令,耶路撒冷犹太人逐步增多。在大多数时间中,阿拉伯人对巴勒斯坦犹太人都比较宽容。10 世纪,由于阿拔斯与法蒂玛王朝(909—1171 年)之间的争端,对巴勒斯坦犹太人有更多限制,犹太人开始减少;10 世纪末期变得更少,耶路撒冷与拉姆拉犹太人几乎完全消失。[4]

---

① 《本杰明行纪》意大利费拉拉与大英博物馆藏希伯来文抄本,第 30—46 页。

② 《本杰明行纪》意大利费拉拉与大英博物馆藏希伯来文抄本,第 27—49 页。

③ Pethachia, *Travels of Rabbi Pethachia of Ratisbon*, p.55.

④ Yossi Ben-Artzi, "The Jewish Settlement in Palestine in the Early Muslim Period(634—1099)", in Alex Carmel, Peter Schäfer, Yossi Ben-Artzi, *The Jewish Settlement in Palestine*, *634—1881*, Wiesbaden, 1990, p.19.

639—1099 年间,巴勒斯坦犹太人主要分布在两个地区:一为约旦河(Gund 'Urdunn)地区(包括加利利与约旦河周围地区),分布在太巴列、提尔、阿卡、海法、布里拿斯等地,中心为太巴列,总计约有 20 余个犹太社团;二为约旦-巴勒斯坦地区(Gund Filastin)(包括沿海平原地区、撒玛利亚南部,直到约旦河地区),分布在拉姆拉、希伯伦、雅法、亚实基伦与加沙等地,中心为拉姆拉——11 世纪中叶拉姆拉犹太人逐渐增多,达到 1 000 余户,总计 4 000—5 000 余位。①

1099 年,第一次十字军东征在巴勒斯坦建立了耶路撒冷王国(1099—1291 年),确立了基督教的统治。尤其在第一耶路撒冷王国(1099—1187 年)时期,十字军实现了对巴勒斯坦地区的全面统治。十字军的征服引起了巴勒斯坦地区犹太人分布与数量的变化。早在十字军到来之前,雅法与拉姆拉地区的犹太人早已弃城逃离。十字军占领的前十年间(1099—1110 年),致力于消除所占地区的犹太人,包括耶路撒冷(1099 年)、海法(1100 年)、阿卡(1110 年)与贝鲁特(1110 年)等地犹太人或被杀害、囚禁,或选择逃离。此举导致阿卡、贝鲁特、耶路撒冷与海法等地一度没有一位犹太人。1110 年之后十字军逐渐转变政策,开始对犹太人宽容、接纳,并允许其移民或返回原住地,耶路撒冷王国犹太人数量也随之增长。本杰明所记巴勒斯坦犹太人分布地区与数量,即为第一耶路撒冷王国 1110 年之后犹太人的状况。希尔维亚·施恩(Sylvia Schein)据本杰明所记数量,推算如果此数量单位代表缴纳人头税的成年男子数量,其所记约占 30%—45% 的犹太人,整个巴勒斯坦犹太人约为 4 000 余位。②但是,这些数量单位指户数似更符合事实。尽管无法准确推算出该地犹太人数量,但毋庸置疑的是 12 世纪十字军占领期间,巴勒斯坦犹太人数量比阿拉伯人时期急剧减少,因为 11 世纪中叶仅拉姆拉犹太人就有 1 000 余户、4 000—5 000 余位。

本杰明从叙利亚北部到达美索不达米亚北部,然后至巴格达、库法(Kufa)与沙菲贾底布(Shafjathib)等地,再穿越沙漠到达阿拉伯半岛,从阿拉伯半岛再返回至波斯湾的瓦西特(Waset)与巴士拉。在沿途所经诸地中,本杰明称美索不达米亚地区的哈兰(Choran)、拉斯-埃尔-艾因(Ras-el-Ain)、尼斯比斯(Nisibin)、耶泽尔·本·奥马尔(Jezireh Ben'Omar)、摩苏

---

① Yossi Ben-Artzi, "The Jewish Settlement in Palestine in the Early Muslim Period(634—1099)", p.20.

② Sylvia Schein, "The Jewish Settlement in Palestine in the Crusader Period(1099—1291)", p.25.

尔(Mosul)、拉哈巴(Rahabah)、迦基斯亚(Karkisia)、普穆贝迪塔(Pumbe-
ditha)、哈达拉(Hadara)、奥克巴拉(Okbara)、巴格达、伽黑甘(Gihiagin)、
巴比伦城、希拉(Hillah)、拿帕查(Napacha)【卡夫里(Kaphri)】、克茨拿
(Kotsonath)、库法、瓦西特、巴士拉与阿拉伯河畔等地有犹太社团,数量从
20—40 000 户不等,但是没有详备尼尼微(Niniveh)、艾因·亚法塔(Ain
Japhata)、莱伽(Lega)、苏拉(Sura)与沙菲贾底布等地犹太社团情况,仅提
到这些地区犹太人的遗迹与墓地。[①]比西哈齐亚则仅记载尼尼微有 6 000 余
位犹太人,并称从尼斯比斯到巴格达每一座城市与村庄都有犹太社团。[②]

表 3-1-6　本杰明所记 12 世纪美索不达米亚地区犹太人分布状况(单位:户)[③]

地区与城市	数量	地区与城市	数量	地区与城市	数量
哈兰	20	普穆贝迪塔	2 000 (3 000)	拿帕查 (卡夫里)	200
拉斯-埃尔-艾因	200	哈达拉	15 000	克茨拿	300
尼斯比斯	1 000	奥克巴拉	10 000	库法	70 000 (7 000)
耶泽尔·本·奥马尔	4 000	巴格达	1 000 (40 000)	瓦西特	10 000
摩苏尔	7 000	伽黑甘	5 000	巴士拉	2 000 (10 000)
拉哈巴	2 000	巴比伦城周边	20 000 (3 000)	阿拉伯河畔	1 600
迦基斯亚	500	希拉	10 000		

公元前 6 世纪新巴比伦王国将大量犹大人俘虏至巴比伦地区,史称
"巴比伦之囚";1 世纪犹太人大流散,再次进入美索不达米亚地区。帕提
亚时期(公元前 247—224 年),犹太人已生活在巴比伦城、巴格达、内哈德
(Nehardea)、尼斯比斯、马侯泽(Māhōzē)、普穆贝迪塔、苏拉、马褚扎(Ma-
chuza)、泰西封(Ctesiphon)与阿达什芮斯(Ardashiris)等地,成为最大的一

---

① 《本杰明行纪》意大利费拉拉藏抄本分别记载普穆贝迪塔、巴格达、巴比伦城周边、拿帕查、
库法与巴士拉等地犹太人数量为 2 000、1 000、20 000、200、70 000 与 2 000,大英博物馆藏抄本则
分别记之为 3 000、40 000、3 000、200、7 000 与 10 000,具体详见《本杰明行纪》意大利费拉拉与大
英博物馆藏希伯来文抄本,第 51—73 页。

② Pethachia, *Travels of Rabbi Pethachia of Ratisbon*, p.9.

③ 《本杰明行纪》意大利费拉拉与大英博物馆藏希伯来文抄本,第 51—73 页。

支流散犹太人群体;萨珊波斯时期(224—651年),巴比伦地区犹太人已取代巴勒斯坦犹太人地位。[1]阿拉伯时期,犹太人整体处于一种较为和平的环境之中。巴比伦地区犹太人因协助穆斯林攻城有功,更是享受到更多优待,[2]其地犹太人数量不断增多。12世纪本杰明所记美索不达米亚犹太人数量,显然比欧洲、叙利亚-巴勒斯坦等地高出十倍之多。

2世纪巴比伦地区犹太人开始由流散宗主(Exilarch)统治——Exilarch源自希伯来语名称ראש גלות,意为流散首领或宗主,指巴比伦之囚与1世纪犹太人大流散时期流亡到巴比伦地区犹太人的首领。流散宗主一直延续至11世纪,通常认为希西家(Hezekiah)为最后一任流散宗主。[3]但是,之后也有犹太人偶尔也被称为犹太宗主,本杰明就提到巴格达犹太人但以理·本·哈斯德(Danile B. Hisdai,1160—1174年)即为流散宗主,[4]其父哈斯德(Hisdai)也曾担任流散宗主。这是因为在哈里发穆卡塔菲(Al-Muqtafi,1096—1160年)时期,善待犹太人、竭力恢复其自治权利,因此流散宗主又重新出现。[5]阿拉伯时期,流散宗主被整个犹太世界尊奉为最高政治权威,不仅管理巴比伦地区犹太人内部事务,而且对欧亚诸地犹太人社团都有巨大的政治影响,接受各地犹太人的贡奉,因此2—11世纪、甚至12世纪,巴比伦地区一直作为整个犹太世界的政治中心。

6—11世纪,巴比伦地区也是整个犹太世界的宗教中心。早在帕提亚时期,犹太人耶希瓦(Yeshiva)已在巴比伦地区出现——Yeshiva即希伯来语ישיבה,原意为"坐下",指古代主要学习、研究犹太经典、《塔木德》与犹太律法的学校。3世纪,苏拉与普穆贝迪塔分别建立了两座耶希瓦,其主事者多为学识渊博、德高望重的宗教学者。6世纪之后,苏拉与普穆贝迪塔耶希瓦主事者被称为"加昂尼姆"(Geonim)——Geonim即希伯来语גאונים,单数形式为גאון,即Geon,加昂,为荣耀、天才之意,专指6—11世纪苏拉与普穆贝迪塔耶希瓦主事者。加昂尼姆被视为流散犹太人精神领袖,对《托拉》(Torah)与犹太律法具有最权威的解释、讲授《塔木德》,并通过"答问"(Responsa)——Responsa,源自希伯来语שאלות ותשובות,意为"问与答",回答各

---

① H. H. Ben-Sasson, *A History of the Jewish People*, p.375.

② Norman A. Stillman, *The Jews of Arab Lands*, p.30.

③ Solomon Katz, *The Jews in the Visigothic and Frankish Kingdoms of Spain and Gaul*, the Mediaeval Academy of America Cambridge, Massachusetts, 1937, pp.76—77.

④ 《本杰明行纪》意大利费拉拉与大英博物馆藏希伯来文抄本,第78页。

⑤ Simon Dubnov, *History of Jews*, New Jersey: South Brunswick, Vol.2, pp.800—801.

地犹太人的宗教问题,规范、影响犹太人宗教生活与习俗。"答问"的传递、流通维系了犹太人之间的交流,增进了加昂尼姆的影响。苏拉与普穆贝迪塔耶希瓦在 11 世纪最终谢幕,但据本杰明所记 12 世纪巴格达仍有 10 所耶希瓦,显示此地犹太人宗教影响依然存在。[①]由于加昂尼姆在宗教方面的权威性,6—11 世纪巴比伦地区便成为整个犹太世界的宗教中心。中世纪时期、尤其在 11—12 世纪之前,巴比伦地区犹太人在规模数量、政治与宗教影响等诸多方面,在整个犹太世界都首屈一指;流散宗主与加昂尼姆分别作为犹太人政治与宗教领袖,引领并规范了整个犹太世界的发展。

本杰明在美索不达米亚行程中途曾至阿拉伯半岛,途经阿拉伯北部提马(Thema)、蒂尔马斯(Telmas)与黑巴尔(Chaibar),以及也门首都塔拿姆(Thanaeim)与韦拉(Virah)河畔等地,称这些地区犹太人从 3 000 至 300 000户不等。[②]在之后的海路行程中,本杰明从中国返回途中经锡兰至也门西部的宰比德(Zebid),称该地有少量犹太人,但未提及确切数目。[③]

表 3-1-7　本杰明所记 12 世纪阿拉伯半岛犹太人分布状况(单位:户)[④]

地区与城市	数量	地区与城市	数量
蒂尔马斯	100 000	塔拿姆	300 000
黑巴尔	50 000	韦拉河畔	3 000

早在第一圣殿被摧毁之前,犹太人便来到阿拉伯半岛地区。《旧约·耶利米书》(38:2)记载:"耶和华如此说,住在这城里的必遭刀剑……但出去归降迦勒底人的必得存活。"[⑤]犹大部落 75 000 多名犹太人便离开耶路撒冷来到也门。[⑥]在阿拉伯出土的亚述铭文曾记载提马、帕达库(Pa-dak-ku)、黑巴尔与麦地那等阿拉伯半岛北部犹太人。[⑦]第二圣殿后期,一些犹太人在反抗罗马失败之后,也大量流亡、定居在半岛北部地区。1 世纪犹太著名史学家约瑟夫斯(Josephus,37—100 年)在《犹太古史》中记载希律王(Herod,公

---

① 《本杰明行纪》意大利费拉拉与大英博物馆藏希伯来文抄本,第 60—61 页。

② 犹太人数量,具体详见《本杰明行纪》意大利费拉拉与大英博物馆藏希伯来文抄本,第70—72 页。塔拿姆即也门首都萨那(Sanaa),详见 Marcus Nathan Adler, *The Itinerary of Benjamin of Tudela*, Oxford University, 1907, p.49, n.2.

③ 《本杰明行纪》意大利费拉拉与大英博物馆藏希伯来文抄本,第 95 页。

④ 《本杰明行纪》意大利费拉拉与大英博物馆藏希伯来文抄本,第 70—72 页。

⑤ *The Harper Collins Study Bible*, pp.1182—1183.

⑥ Reuben Ahroni, *Yemeite Jewry*, Indiana University Press·Bloomington, 1986, p.25.

⑦ Reuben Ahroni, *Yemeite Jewry*, p.36.

元前 74—前 4 年）曾派遣 5 000 多位随从给凯撒大帝，公元前 25—24 年罗马将领艾柳思·加鲁斯（Aelius Gallus）将他们带到红海地区以征服阿拉伯南部地区，但最终失败。①6 世纪，阿拉伯半岛犹太人已经颇具规模与影响，也门黑马亚王国（Himyar Kingdom，公元前 110—525 年）阿萨尔·德·努瓦斯（Asar Dhu Nuwas，517—525 年在位）统治时期，也门皇室曾一度信仰犹太教。②穆罕默德时期，曾与阿拉伯半岛北部犹太人交战并获胜。福斯塔特戈尼萨中保存了一封穆罕默德写给黑巴尔与半岛南部马奇拿（Maqna）犹太人的信件。穆罕默德在信中赋予了这些地区犹太人一些特权，如允许他们生活在此地、获取利益等。③但是，第二任哈里发奥马尔（Omar）却撕毁协定，让他们迁徙到库法地区。④据本杰明所记，显示提马、蒂尔马斯与黑巴尔等地 12 世纪仍有大量犹太人，并且颇具规模与影响，如本杰明称"这些犹太人拥有坚固的城市，不臣服于任何异教徒，并与他们的阿拉伯邻居一起发动远征……他们的领地很大……"⑤对比而言，中世纪也门等半岛南部地区的犹太人所处的环境较为优越，以也门首都塔拿姆为中心形成了颇具规模的犹太人社团，这些犹太人凭借此地便利条件常前往东西方各地贸易。⑥

阿拉伯河畔是伊拉克与波斯的边界，本杰明从此到达波斯地区的胡齐斯坦（Khuzestan）、鲁德巴尔（Rudbar）、哈莱万（Holwan）河【尼哈万德（Nihawand）】、木剌夷（Mulehet）【即阿剌模式（Alamuth）】、阿马迪耶（Amadia）、哈马丹（Hamadan）、泰伯里斯坦（Tabaristan）、伊斯法罕（Ispahan）与设拉子（Shiraz）【法尔斯（Fars）地区】等地，称这些地区犹太人从 4 000 户到 50 000 户不等，但并未提及木剌夷犹太人数量，仅称该地有 4 个犹太社团。⑦本杰明从设拉子又到达中亚地区的基瓦（Giva）【加兹尼

① Josephus, *Antiquities*, XV, IX, London: T. Nelson and Sons, Paternoster Row, 1895, pp.423—426.

② 也门黑马亚王国由希腊与罗马人所建，525 年被阿克苏姆王国所灭，详见 Norman A. Stillman, *The Jews of Arab Lands: a History and Source Book*, the Jewish Publication of America, 1979, pp.3—4。

③ 此封戈尼萨文书，详见 Reuben Ahroni, *Yemeite Jewry*, p.48。

④ Reuben Ahroni, *Yemeite Jewry*, Indiana University Press · Bloomington, 1986, p.50.

⑤ 《本杰明行纪》意大利费拉拉与大英博物馆藏希伯来文抄本，第 95 页。

⑥ Goitein, *India Traders of the Middle Ages*, *Documents from the Cairo Geniza*, Brill, 2008.

⑦ 意大利费拉拉藏抄本记为哈莱万河、设拉子，大英博物馆藏抄本记为尼哈万德河、法尔斯地区，设拉子即位于法尔斯地区，详见《本杰明行纪》意大利费拉拉与大英博物馆藏希伯来文抄本，第 73—82 页。

(Ghaznah)】、撒马尔罕、尼沙布尔（Nisabur），从尼沙布尔返回胡齐斯坦再至波斯湾基什岛、卡提法（Katifa）岛，称这些地区犹太人数量从 500 户到 80 000 户不等，但未提及尼沙布尔犹太人数量，仅称此城居住着四个以色列支派，分别为但（Dan）、西布伦（Zebulun）、亚设（Asher）与拿弗他利（Naphthali）等，应是被亚述国王俘虏而去。①

表 3-1-8　本杰明所记 12 世纪波斯与中亚地区犹太人分布状况（单位：户）②

地区与城市	数量	地区与城市	数量
胡齐斯坦地区	7 000	哈马丹地区	50 000(30 000)
鲁德巴尔	20 000	泰伯里斯坦	4 000
哈莱万（尼哈万德）河畔	4 000	伊斯法罕	15 000
阿马迪耶	25 000	设拉子（法尔斯地区）	10 000
基瓦（加兹尼）地区	8 000(80 000)	基什岛	5 000(500)
撒马尔罕	50 000	卡提法	5 000

公元前 722 年亚述攻占以色列王国，将以色列人俘虏并安置在米底人城中【《旧约·列王纪》（17∶6）】，米底即今伊朗西部与北部地区。公元前 539 年古波斯帝国征服巴比伦，释放被囚禁的犹太人，但仍有部分犹太人选择向东到达波斯，如胡齐斯坦与设拉子等地。③塞琉古时期（公元前 312—前 64 年），波斯犹太人已到达亚美尼亚与里海等地。④萨珊波斯（224—651 年）与阿拉伯帝国时期，波斯犹太人几乎遍布各地。除本杰明所言诸地之外，还主要分布地在马赞达兰（Mazandaran）的阿莫尔（Amol）、塞姆南（Semnan）的达姆甘（Damghan）、法尔斯的卡尚（Kashan）、以斯塔哈（Estakhr）与卡泽伦（Kazerun）、德黑兰地区的费卢斯库（Firuzkuh）、波斯西北部的马拉加（Maragha）与奥鲁米耶（Urmia）、克尔曼沙赫（Kermanshah）地区、克尔曼（Kerman）地区的锡尔延（Sirjan）、波斯东北部的图斯（Tous）、西拉夫（Siraf）与霍尔木兹港，乃至喀布尔、古尔（Ghur）、木鹿（Merv）、巴里黑

---

① 意大利费拉拉藏抄本记为基瓦，大英博物馆藏抄本记为加兹尼，详见《本杰明行纪》意大利费拉拉与大英博物馆藏希伯来文抄本，第 82—83 页。基瓦，即今乌兹比克斯坦希瓦（Khiva），位于今乌兹比克斯坦花剌子模地区；加兹尼位于今阿富汗东部地区。

② 《本杰明行纪》意大利费拉拉与大英博物馆藏希伯来文抄本，第 73—83 页。

③ Houman M. Sarshar, *Jewish Communities of Iran*, Encyclopaedia Iranica Foundation, 2011, p.1; Laurence D. Loeb, *Outcaste, Jewish Life in Southern Iran*, Gordon and Breach, 1977, p.26.

④ Houman M. Sarshar, *Jewish Communities of Iran*, p.18.

(Balkh)与布哈拉(Bukhara)等地。①

阿拉伯时期,呼罗珊(Khorasan)从波斯东北部一直延伸至今阿富汗、中亚河中地区,喀布尔、古尔、木鹿、巴里黑、布哈拉、尼沙布尔与撒马尔罕等皆属其境。②前述呼罗珊麦穆尼(Maimuneh)、喀布尔、坎大哈、赫拉特(Herat)与赫尔希斯坦(Gharshistan)等地亦有大量犹太人社团。③在赫尔希斯坦诸地出土的犹太人遗迹显示此地犹太人使用"犹太-波斯语";近代喀布尔、巴里黑与赫拉特等地犹太人仍在使用带有波斯方言的希伯来语。④此便说明呼罗珊犹太人最初来自波斯;喀布尔等地犹太人使用带有波斯方言的希伯来语,显示这些犹太人可能在中古波斯语时期(公元前2世纪—7/8世纪)就从波斯流散而来。

中世纪时期,波斯犹太人数量与影响皆可与巴比伦地区犹太人相媲美。比西哈齐亚称波斯犹太人与巴比伦、古实(Gush)地区犹太人数量相差无几——古实为含(Ham)的长子,古实地区指古实后裔居住的地区,通常认为位于红海周边地区,包括今埃塞俄比亚与阿拉伯半岛等地。⑤虽然,阿拉伯帝国的统治将波斯犹太人与巴比伦地区犹太人纳入到一个政治实体之中,但是波斯犹太人凭借其规模与影响,仍保持较为独立的状态,甚至对巴比伦地区流散宗主的权威提出挑战,如公元10世纪法尔斯地区犹太人一度对抗流散宗主,拒绝向其缴纳赋税。⑥

本杰明从卡提法岛经印度洋到达印度奎隆(Khulam)、哈迪(Khandy)岛与中国,从中国返回时经僧伽罗(Gingaleh)。印度奎隆位于印度西南部马拉巴海岸(Malabar)南端,为历史上重要的贸易港口,《诸蕃志》与《岭外代答》记作"故临";⑦本杰明称该地有100余户(数千余位)犹太人,这些犹

---

① Vera Basch Moreen, "Medieval Times to the Late Eighteenth Century ", in Houman M. Sarshar, *Jewish Communities of Iran*, p.36.

② (阿拉伯)古达玛·本·贾法尔:《税册及其编写》,收录于(阿拉伯)伊本·胡尔达兹比赫:《道里邦国志》,宋岘译注,第258—259页。

③ 尼沙布尔位于今伊朗东北部城市,详见 C. E. Bosworth, "The Early Islamic History of Ghur", in *Central Asiatic Journal*, The Hague, 1961, Vol.6, pp.116—133。

④ Erich Brauer, "The Jews of Afghanistan: An Anthropological Report", in Jewish Social Studies, Vol.4, No.2, 1942, pp.121—122; Walter J. Fischel, "The Rediscovery of the Medieval Jewish Community at Firuzkuh in Central Afghanistan", in the Journal of the American Oriental Society, Vol.85, No.2, p.150.

⑤ Pethachia, *Travels of Rabbi Pethachia of Ratisbon*, p.19.

⑥ Laurence D. Loeb, *Outcaste, Jewish Life in Southern Iran*, p.27.

⑦ (宋)赵汝适:《诸蕃志校释》,杨博文校释,第66—67页;周去非:《岭外代答校注》,北京,中华书局,1985年,第23页。

太人与其他人一样肤色黝黑。①本杰明所记 Khandy 应指锡兰西南部沿海寇特(Kotte)城——该城今为斯里兰卡(即锡兰)官方首都、历史上曾作为该地寇特王国的都城;Gingaleh 或 Cingala,即汉籍所记"僧伽罗",梵文称之为Simhaladvipa(驯狮人之意),即锡兰古称;②本杰明称哈迪岛与僧伽罗分别有 23 000(3 000)与 1 000 余位犹太人。③

　　本杰明对锡兰地名的记载,显然将寇特与锡兰的关系混淆,显示其对该地不甚了解。因此,很多学者认为本杰明从未到达印度、锡兰与中国,其所记载应来自别人口述。尽管如此,他关于印度与锡兰犹太人的记载却并非杜撰,历史上印度马拉巴海岸确有大量犹太人。前述 1324 年伊本·白图泰在印度西海岸昆芝凯雷发现一个犹太社团,称这些犹太人向奎隆苏丹纳贡。④西海岸的僧急里也有犹太人社团——僧急里位于今克兰伽努尔(Crangalor)地区,与昆芝凯雷紧邻。1524 年该地犹太人迁至科钦,被当地印度王公安置在宫殿附近。由于这批犹太人常年生活在炎热地带,肤色变得黝黑,故被称为"黑犹太人"。⑤因此,本杰明所言"黑犹太人"确实存在。奎隆作为此地重要的贸易港口被广为人知,昆芝凯雷与僧急里等地犹太人受奎隆王国节制,向其纳贡,所以本杰明称其为奎隆犹太人。

　　除昆芝凯雷与僧急里之外,前述 10 世纪阿拉伯史家伊本·穆哈利尔记载信德的赛义姆尔也有犹太社团,⑥1322 年入华的圣方济各教士鄂多立克(Friar Odoric)途经马拉巴海岸时记载梵答剌亦纳有犹太社团,⑦孟买南部孔坎地区亦有犹太社团,这些犹太人被称为"以色列之子"。⑧这些犹太人与昆芝凯雷、僧急里等地犹太人一样,皆为黑犹太人。同样,关于中世纪时期锡兰犹太人,10 世纪阿拉伯人阿布·赛义德(Abu Saiyid)即记载锡兰岛上居住着为数众多的犹太教徒,锡兰王准许他们遵从自己的祭司;⑨本杰明的

---

　　①　《本杰明行纪》意大利费拉拉与大英博物馆藏希伯来文抄本,第 92 页。

　　②　(唐)玄奘、辩机:《大唐西域记》,北京,中华书局,1991 年,第 157 页。

　　③　《本杰明行纪》意大利费拉拉与大英博物馆藏希伯来文抄本,第 92—95 页。

　　④　(阿拉伯)伊本·白图泰:《伊本白图泰游记》,马金鹏译,银川,宁夏出版社,2000 年,第487—488 页。

　　⑤　Walter J. Fischel, "The Exploration of the Jewish Antiquities of Cochin on the Malabar Coast", in *Journal of the American Oriental Society*, Vol.87, No.3, 1967.

　　⑥　(法)费琅辑注:《阿拉伯波斯突厥人东方文献辑注》,耿昇、穆根来译,第 243 页。

　　⑦　(意)鄂多立克:《鄂多立克东游录》,何高济译,北京,中华书局,2002 年,第 54—55 页。

　　⑧　Joan G. Roland, "The Jews of India: Communal Survival or the End of a Sojourn?" in *Jewish Social Studies*, Vol.42, No.1, 1980, p.77.

　　⑨　(阿拉伯)阿布·赛义德著:《中国印度见闻录》(卷二),(日)藤本胜次译注、黄倬汉译,第124 页。

同代人阿拉伯史地学家伊德里斯（Edrisi）亦记载："锡兰岛的印度人、希腊人、穆斯林、犹太人与不同种族的人聚集在一起。"①

本杰明总计记载了叙利亚-巴勒斯坦、美索不达米亚、阿拉伯半岛、波斯与中亚诸地 78 处犹太人流散地区与城市以及印度与锡兰的犹太人流散地，其中叙利亚-巴勒斯坦地区犹太人户数在 12 318—16 205 户之间——这些犹太人大多数分布在今叙利亚与黎巴嫩，美索不达米亚犹太人户数在 8.2—20.9 万之间，阿拉伯半岛犹太人户数在 45 万左右，波斯与中亚地区犹太人户数在 19.8—27.5 万之间。7 世纪阿拉伯帝国兴起之后，这些地区皆处于伊斯兰教统治之下，除了十字军东征期间基督教短暂占领巴勒斯坦地区之外。中世纪时期，巴勒斯坦地区犹太人比较稀少，圣城耶路撒冷更是如此，尤其是基督教耶路撒冷王国时期，因此美索不达米亚、阿拉伯半岛、波斯与中亚地区成为伊斯兰教世界犹太人的主要流散地。11—12 世纪之前，巴比伦地区作为整个犹太世界的政治与宗教中心，以苏拉与普穆贝迪塔为代表的犹太社团成为犹太人的宗教与学术中心。中亚、印度与锡兰等地犹太人与波斯、阿拉伯帝国犹太人联系密切，他们大部分应是从波斯与阿拉伯帝国诸地迁徙而去。

（四）非洲犹太人流散状态

从中国返回途中，本杰明经锡兰、也门宰比德到达非洲埃塞俄比亚北部的阿丹（Adan），②称此地有很多独立的犹太人，不臣服于任何异教徒权势，并与当地基督徒交战，但未提及这些犹太人的数量。③

本杰明所记阿丹犹太人为历史上埃塞俄比亚的黑犹太人。这些犹太人来源可谓众说纷纭，有所罗门王后裔、但部落、上埃及犹太移民与也门等诸多说法。④《旧约·列王纪》（上 10：1—2）记载："示巴女王听见所罗门因耶和华之名的名声……随她到耶路撒冷的人很多，有骆驼驮着许多香料、宝石和金子。她见了所罗门王，把心里所有对所罗门都说出来了。"⑤示巴王国位于阿拉伯半岛南部，大致囊括今埃塞俄比亚与也门等地。相传示巴女王此

---

① A. Asher, *The Itinerary of Benjamin of Tudela*, London and Berlin, A. Asher & Co., 1841, Vol.2, pp.185—188.

② 阿丹，即位于非洲之角的阿德尔（Adal）地区。

③ 《本杰明行纪》意大利费拉拉与大英博物馆藏希伯来文抄本，第 95—96 页。

④ Steven Kaplan, "Indigenous Categories and the Study of World Religions in Ethiopia: the Case of the Beta Israel", in *Journal of Religion in Africa*, Vol.22, 1992, p.209.

⑤ *The Harper Collins Study Bible*, p.532.

行受孕生子,逐渐繁衍为埃塞俄比亚的黑犹太人。

前述883年埃塞俄比亚但支派犹太人埃尔达德曾致信西班牙犹太人称:

> 我们是但的后代……耶罗波安号召以色列部族攻打罗波安,众部族纷称不愿与同胞厮杀……但部落便出走,经过埃及沿尼罗河到达埃塞俄比亚……亚述王辛那赫里布死后,拿弗他利、迦得、亚设等部落也来到此地。①

西班牙犹太人犹大·本·克拉什曾就此问题向普穆贝迪塔耶希瓦加昂拉比杰麦克询问,杰麦克作"答问"回复。此封"答问"与埃尔达德所写信件一同流传至今。②杰麦克作在"答问"中称:"亚述王将要统治以色列时,但部落迁至埃塞俄比亚。……我们的哲人告诉我们,辛那赫里布俘虏了以色列四个部落……但部落并未在其中,这是因为他们在圣殿灭亡前135年之前迁徙到了埃塞俄比亚。"③如其所言无误,说明公元前10世纪早期但部落犹太人已前往埃塞俄比亚。

埃塞俄比亚犹太人主要居住在埃塞俄比亚北部与东北部,自称为"贝塔以色列"(即希伯来语 בֵּית יִשְׂרָאֵל,意为以色列之家),当地非犹太人称其为法拉沙人(Falasha),意为"流亡者"或"陌生人"。4世纪统治埃塞俄比亚的阿克苏姆王国(100—940年)将基督教定为国教,信奉犹太教的贝塔以色列遭到迫害与杀戮,埃尔达德在信中亦称此地犹太人每年都与这里的埃塞俄比亚王国交战。④本杰明所记12世纪此地犹太人与基督教徒的关系,显示直到此时双方关系依然比较紧张。埃塞俄比亚犹太人长期与世隔绝,极少与其他犹太社团联系,直到19世纪60年代才被欧洲探险家发现。

本杰明从阿丹到达埃及诸地,途经埃及的阿斯旺(Assuan)、赫勒万(Chaluah)、库兹(Kutz)、法尤姆(Fayum)、麦西拉姆(Mitsraim)、贝尔比斯(Belbeis)、布比奇戈(Al-Bubizig)、本哈(Benha)、色非塔(Sefita)、萨姆努(Samnu)、达米拉(Damira)、马赫勒(Mahaleh)、亚历山大里亚、杜姆亚特

---

① A. Neubauer, "Where Are the Ten Tribes? II, Eldad the Danite", in *the Jewish Quarterly Review*, Vol.1, No.2, pp.99—103.

② A. Neubauer, "Where Are the Ten Tribes? II, Eldad the Danite", pp.110—114.

③ Elkan Nathan Adler, *Jewish Travellers*, Routledge, 1930, p.19.

④ A. Neubauer, "Where Are the Ten Tribes? II, Eldad the Danite", pp.99—103.

(Damietta)、斯马斯姆(Simasim)、苏巴特(Sunbat)、艾拉(Ailah)、利非丁(Rephidim)、西奈山与特尼斯(Tennis)等地,称这些地区犹太人数量从 20 到 7 000 户不等,利非丁并没有犹太人,但未提及阿斯旺、艾因-沙马、苏巴特、艾拉与西奈山是否有犹太人。①

表 3-1-9　本杰明所记 12 世纪埃及犹太人分布状况(单位:户)②

城市	数量	城市	数量	城市	数量
赫勒万	300	布比奇戈	200	马赫勒	500
库兹	30 000(300)	本哈	60	亚历山大里亚	3 000
法尤姆	20(200)	色非塔	200(500)	杜姆亚特	200
麦西拉姆	2 000(7 000)	萨姆努	200	斯马斯姆	100
贝尔比斯	3 000(300)	达米拉	700	特尼斯	40

埃及在犹太人历史上扮演着重要角色,《旧约·出埃及记》记载先知摩西带领犹太人走出埃及、逃离奴役,并与族人定下"摩西十诫"。公元前 597 年新巴比伦王国征服犹大王国(公元前 931 年—前 586 年)后,大量犹太人再次流散到埃及。托勒密王朝时期(公元前 305—前 30 年),托勒密一世(Ptolemy I)占领犹大,将 120 000 余名犹太人俘虏至埃及;这些犹太人后来成为自由民。③托勒密与罗马帝国时期,埃及犹太人主要分布在亚历山大里亚,其他地区犹太人数量较少。④拜占庭时期,由于基督教成为官方宗教,因此埃及犹太人、尤其是亚历山大里亚犹太人生存环境变得恶劣,414 年亚历山大里亚犹太人一度遭到驱逐。641 年,阿拉伯人占领埃及——相传在阿拉伯人占领埃及之前,70 000 余名犹太人逃离亚历山大里亚,仍有 40 000 余名继续留守。⑤从 641 年至 12 世纪中叶,阿拉伯人对埃及犹太人相对宽容,迁徙至埃及的犹太人日渐增多;埃及库兹、麦西拉姆、贝尔比斯与亚历山

①　Mizraim,即希伯来语 מִצְרַיִם,为犹太人对埃及的称谓。本杰明此处以 מִצְרַיִם 指包括福斯塔特等在内的开罗近郊地区,犹太人主要生活在福斯塔特地区,具体详见《本杰明行纪》意大利费拉拉与大英博物馆藏希伯来文抄本,第 96—107 页。

②　《本杰明行纪》意大利费拉拉与大英博物馆藏希伯来文抄本,第 96—107 页。

③　Josephus, *Antiquities of the Jews*, in *The Works of Josephus*, Peabody Massachusetts: Hendrickson Publishers, 1987, pp.308—309.

④　Aryeh Kasher, *The Jews in Hellenistic and Roman Egypt: The Struggle for Equal Rights*, Mohr Siebeck, 1985, pp.107—108.

⑤　E. Ashtor, "Prolegomena to the Medieval History of Oriental Jewry", in *the Jewish Quarterly Review*, 2013, Vol.50, p.55.

大里亚等成为重要的犹太人流散地。

10 世纪之后,埃及犹太首领被称为纳迪德(Nagid)——Nagid,源自希伯来语נגיד,意为王子或首领,该词首次出现在北非马格里布(Maghreb)犹太人中。埃及纳迪德在埃及犹太人中拥有绝对权威,可以处置任何一位违背命令的犹太人。本杰明称此时埃及"君主的君主"拉比拿坦业(R. N'thanel)作为所有犹太社团首领,具有任命拉比与管理者的权力——"君主的君主"即指埃及犹太人纳迪德,预示埃及犹太人社团如同国中之国,纳迪德管理这些犹太人如同"君主的君主",并提及埃及犹太人服从埃及伊斯兰教领袖,反对阿拔斯王朝哈里发的权威,因为这两派之间已敌视很久。[①]阿拉伯统治时期,埃及先后经历法蒂玛(909—1171 年)与阿尤布王朝(1171—1250 年)统治;10 世纪后阿拔斯王朝四分五裂,11 世纪塞尔柱人攻陷巴格达,哈里发的权力被消解,仅作为帝国的象征。故如据本杰明所记,在此种状况下埃及犹太人与巴比伦地区、波斯等地犹太人,显然处于敌对的政治环境之中,埃及纳迪德因此在埃及犹太人内部形成了绝对的权威。

本杰明总计记载了埃及 15 处犹太人流散地区与城市,犹太人户数在8 120—46 000 户之间,明显少于美索不达米亚(8.2—20.9 万户)、阿拉伯半岛(45 万户)、波斯与中亚(19.8—27.5 万户)的犹太人数量。综合叙利亚-巴勒斯坦、美索不达米亚、阿拉伯半岛、波斯与中亚以及埃及诸地,本杰明总计记载了 68 处伊斯兰教世界犹太人流散地区与城市,犹太人户数大致在75—99.6 万户之间,其中不包括 25 处巴勒斯坦犹太人流散地区与城市以及2 518—3 905 户犹太人的数量,因为 12 世纪中叶巴勒斯坦被基督教耶路撒冷王国统治。

在离开埃及之后,本杰明经西西里岛、意大利到达德国、法国,最终在巴黎结束行程。由于行程原因,本杰明没有到达北非马格里布(Maghrib)地区,[②]但是历史上该地曾为重要的犹太人流散地。早期的腓尼基商人曾到达非洲,建立迦太基王国(公元前 650—前 146 年)。相传此时犹太人就随腓尼基人到达马格里布。但是,犹太人确切进入该地的时间应在巴比伦之囚时期。此时部分犹太人向西迁徙,突尼斯杰尔巴(Djerba)犹太人便是如此来到此地。[③]罗马统治时期有数千个犹太社团从巴勒斯坦流散到马格里

---

① 《本杰明行纪》意大利费拉拉与大英博物馆藏希伯来文抄本,第 98—99 页。

② 马格里布,即指今北非突尼斯、阿尔及利亚与摩洛哥等地。

③ Michael M. Bernet, *Between East and West: A History of the Jews of North Africa*, The Jewish Publication Society of America, 1973, p.8.

布,据称罗马皇帝提图斯(Titus)曾将 30 000 余位犹太人驱逐到此地。①此时,犹太人已经流散在突尼斯的迦太基城(Carthage)、哈马姆·利夫(Ham-mam-Lif)、尤蒂卡(Utica)、托泽尔(Tozeur)、凯鲁万(Kairouan)与苏斯(Sousse)、阿尔及利亚的安纳巴(Annaba)、色塔(Cirta)、斯蒂菲斯(Sitifis)、奥兹亚(Auzia)、提帕萨(Tipasa)与彻切尔(Cherchel)、摩洛哥的沃路比里斯(Volubilis)与利比亚的的黎波里(Tripoil)、拉布达(Labdah)等地。②

汪达尔统治时期,马格里布犹太人曾经历短暂的和平。但是,拜占庭帝国时期经常迫害、甚至杀戮此地犹太人,如马格里布一个石窟中曾发现 50 余位被杀戮的犹太人遗骸。613 与 622 年,西班牙西哥特王国(418—712 年)犹太人曾大规模涌入马格里布,为凋敝的犹太社团带来了一丝生机。③7 世纪中叶,阿拉伯人入侵马格里布地区。阿拉伯人统治初期,为维护马格里布的稳定,对犹太人施行较为宽容的政策。670 年,阿拉伯人曾将数千户科普特人(Copts)与犹太人安置在凯鲁万。9 世纪,马格里布地区的凯鲁万、康斯坦丁(Constantine)、特莱姆森(Tlemcen)与菲斯(Fez)等地形成了颇具规模与组织严密的犹太社团。13 世纪之前,凯鲁万、特莱姆森与菲斯等地一直作为马格里布犹太人学术与宗教中心——凯鲁万耶希瓦与苏拉、普穆贝迪塔耶希瓦有直接联系,沟通了巴比伦、巴勒斯坦与埃及等地的宗教与学术交往;特莱姆森与菲斯也建有数所耶希瓦。④阿拉伯人治下的和平,使得马格里布犹太人与西班牙、巴比伦地区以及波斯等地犹太人联系密切,尤其是马格里布沿海地区的犹太人受到西班牙犹太人影响颇深,而南部地区犹太人则保持相对传统的习俗。

拉比本杰明在《本杰明行纪》中总计提到了欧、亚、非诸地 170 余处犹太人流散地区与城市,其中基督教世界 99 处(欧洲 74 处、巴勒斯坦 25 处)、伊斯兰教世界 68 处、印度与锡兰 3 处(哈迪岛即指锡兰,亦可合为一处),并且明确提到了绝大部分地区与城市的犹太人数量。这些地区与城市几乎囊括了除马格里布地区之外绝大多数犹太人流散地与主要犹太社团。据本杰明统计,12 世纪中叶基督教世界犹太人(包括欧洲与巴勒斯坦)大致在

① Neubauer, *Mediaeval Jewish Chronicle*, Oxford: Clarendon Press, 1895, Vol.I, p.190.

② Michael M. Bernet, *Between East and West: A History of the Jews of North Africa*, pp.14—15.

③ Michael M. Bernet, *Between East and West: A History of the Jews of North Africa*, pp.24—28.

④ Michael M. Bernet, *Between East and West: A History of the Jews of North Africa*, pp.79—85.

12 238—14 015 户之间,伊斯兰教世界犹太人户数大致在 75—99.6 万户之间,其中基督教世界犹太人数量未包括阿什肯纳兹犹太人与基督教统治的塞法迪犹太人,伊斯兰教世界犹太人数量未包括穆斯林统治的塞法迪犹太人与北非犹太人。尽管如此,由于基督教世界与伊斯兰世界犹太人数量差距太大,我们可以明显地看到 12 世纪中叶绝大多数犹太人生活在伊斯兰世界中,基督教世界犹太人只占很小一部分,印度、锡兰等东方地区的犹太人则少之又少。

自 7 世纪阿拉伯帝国倭马亚(661—750 年)与阿拔斯等王朝的统治,从西班牙、马格里布、埃及、叙利亚-巴勒斯坦、阿拉伯半岛、美索不达米亚、波斯到中亚诸地的广阔地理区域皆被纳入到伊斯兰教世界。据本-萨松(Ben-Sasson)估计,由于 632—711 年间阿拉伯人不断开疆拓土,在整个流散犹太群体中超过 90％的犹太人生活在阿拉伯帝国疆域之中。[①]因此,从 7—12 世纪中叶绝大多数犹太人生活在阿拉伯人治下,伊斯兰世界犹太人为流散犹太群体的绝对主体,尤其以巴比伦地区犹太人为代表的伊斯兰世界犹太人引领并主导了流散犹太群体的宗教与社会发展,唐代与宋元时期入华的犹太人也主要与伊斯兰世界犹太人(包括波斯或波斯化的犹太人)有着密切的联系。

二　戈尼萨文书所记印度洋犹太人贸易[②]

(一) 福斯塔特犹太人与戈尼萨文库

641 年阿拉伯著名将领阿穆尔·本·阿斯占领埃及之后,建立福斯塔特城。该城为阿拉伯人在埃及的首座都城;969 年,法蒂玛王朝(909—1171 年)在福斯塔特城北部营建新城开罗,开罗取代福斯塔特成为新的都城。中世纪时期,大量犹太人生活在福斯塔特地区,12 世纪著名的西班牙犹太游历家图德拉的拉比本杰明在游历该地时,曾称:"麦西拉姆(Mizraim)大约有七千余名犹太人,分属巴勒斯坦拉比派与巴比伦拉比派,两派犹太人各有一座犹太会堂。"[③]Mizraim,即希伯来语 מצרים,为犹太人对埃及的称谓。

---

① Ben-Sasson, *A History of the Jewish People*, p.393.

② 本节内容独立成文发表于《丝瓷之路》,详见李大伟:《戈尼萨文书所记印度洋犹太人贸易》,余太山、李锦绣主编:《丝瓷之路》,2017 年第 VI 期,第 208—224 页。

③ 本杰明之记载,详见 Benjamin, *Travels of Rabbi Benjamin*, *Son of Jonah of Tudela*, Rev. Marcus Nathan Adler, pp.69—71, n.4.

本杰明此处以מִצְרַיִם指包括福斯塔特、埃尔-阿斯卡尔(El-Askar)、卡苏尔-埃什-沙玛(Kasr-esh-Shama)等地的开罗近郊地区。882年,福斯塔特科普特人(Coptic)人为向埃及图伦王朝(868—905年)创立者艾哈迈德·伊本·突伦(Ahmad Ibn Tulun,835—884年)缴纳军税,将麦尔基派(Melchite)教会所有的圣迈克尔(St. Michael)教堂卖给了福斯塔特巴勒斯坦拉比派犹太人。此座基督教堂被改建为犹太会堂,被称为福斯塔特本·以斯拉(Ben Ezra)犹太会堂。[①]本杰明所言巴勒斯坦拉比派犹太会堂即指福斯塔特本·以斯拉犹太会堂。

在本·以斯拉犹太会堂中有一座存放犹太人文书的府库戈尼萨(Geniza)。1012年,法蒂玛王朝哈里发哈基姆·本-阿姆鲁·阿拉(al-Hakimbi-Amr Allah)大肆迫害埃及境内的犹太人,福斯塔特本·以斯拉犹太会堂也惨遭破坏。[②]1025年,本·以斯拉犹太会堂被重修,会堂内的戈尼萨也被整修。由于福斯塔特犹太会堂的戈尼萨没有门窗可供进入,仅在棚顶有一洞口以供放入文书,清理该戈尼萨十分不便,因此这些文书数据方才幸运地被保存下来。[③]早在1864年之前,耶路撒冷拉比所罗门·韦特海默尔(Solomon A. Wertheimer)与克里米亚卡拉派信徒亚伯拉罕·弗科威奇(Abraham Firkovitch)曾通过各种管道收集了大量戈尼萨文书。1864年一位来自耶路撒冷的犹太学者进入福斯塔特戈尼萨内部,福斯塔特戈尼萨文库从此广为人知。但不久之后,本·以斯拉犹太会堂被重修之时,戈尼萨因顶棚塌陷被掩埋在地下。1890年犹太会堂再次翻修,戈尼萨所藏文书被重

---

① Coptic意为埃及基督教徒,科普特人即指埃及基督教徒。麦尔基派教会属于盛行于埃及、叙利亚的东方正教会(Oriental Orthodoxy)——东方正教会指5世纪脱离普世牧首的东正教派系。该派基督教认可教皇权威,但尊奉东方教会的宗教仪式。451年在加采东(Chalcedon)大公会议上麦尔基派被认可为东正教信仰,并被拜占庭接受。关于福斯塔特本·以斯拉犹太会堂的详情,详见Stefen C. Reif, *A Jewish Archive from Old Cairo*, Curzon, 2000, pp.9—11。

② 基姆·本-阿姆鲁·阿拉(985—1021年),法蒂玛王朝第六任哈里发。

③ 犹太人将犹太会堂戈尼萨中的文书进行清理、下葬,从20世纪初的考古发现中也得到了印证。20世纪初,一些犹太文书从福斯塔特东部的Basātin墓地中被发掘。1912—1913年,在约瑟夫·莫瑟瑞(Jaseph Mosseri)的帮助下,巴黎犹太研究学会的伯纳德·查帕拉(Bernard Chapira)对Basātin墓地展开了细致搜寻,发现了4000多卷文书残卷,通常被称为"莫瑟瑞收集(文书)"(*the Mosseri Collection*)。1908年,查尔斯·弗里尔(Charles L. Freer)在埃及的一个墓地中获得了价值极高的文书【现存华盛顿弗瑞尔美术馆(The Freer Gallery of Art)】以及1910年宾夕法尼亚大学从开罗购买的、现藏该校博物馆的文书也是从Basātin墓地中出土,详见S. D. Goitein, *The Mediterranean Society*, Vol.1, p.5。与之相比,希伯来大学马格内斯(J. L. Magnes)在耶路撒冷地区的犹太会堂中也没有发现任何相关的古代文书;阿德勒(E. N. Adler)在叙利亚北部阿勒颇地区著名的犹太会堂也只发现了一些新近的文书资料,详见E. N. Adler, *Jews in Many Lands*, Philadelphia, 1905, pp.163—167。

新发现，从此流向各地。①1896 年，剑桥大学所罗门·谢克特进入福斯塔特戈尼萨内部，带走了约 100 000 件文书，戈尼萨彻底被清空。②

迄今为止，在福斯塔特戈尼萨中出土的文书总计约 25 万件。这些文书主要以希伯来文、亚拉姆文、阿拉伯文以及“犹太–阿拉伯文”（Judeo-Arabic）书写，包括各类宗教文书、法律文书、商业信件以及公共事务文书数据等。文书时间上岂 10 世纪、下止 19 世纪——10 世纪的文书相对较少，主要集中于 11 世纪之后，且未发现 10 世纪之前的文书，此应是因为 1025年本·以斯拉犹太会堂戈尼萨在重新整修之时 1025 年之前的文书被清理，仅有少量 10 世纪文书被重新放入戈尼萨中。③

（二）戈尼萨文书所记印度洋犹太人贸易

戈尼萨文书研究学者戈伊泰因最先在戈尼萨文书中发现了犹太人在印度洋贸易的文书，并随后与弗里德曼（M. A. Friedman）从散落在各地的戈尼萨文书中，整理出大约 459 件与印度洋犹太人贸易相关的文书。这些戈尼萨文书大多以“犹太–阿拉伯文”书写，主要为 11—12 世纪的商业信件以及处理贸易纠纷的法律文书。

这些文书中提到在印度洋经营贸易的犹太商人多达数百人，但是大部分文书皆出自北非利比亚拉巴达（Lebda）的约瑟夫·拉巴达（Joseph Lebdi）、亚丁的哈桑·布达尔（Hasan b. Bundār）以及突尼斯马赫迪叶（Al-Mahdiyya）的亚伯拉罕·伊居（Abraham b. Yiju）三位犹太商人及其家族成

---

① 目前戈尼萨文书主要分布在剑桥大学、牛津大学、大英博物馆、美国犹太神学院和圣彼得堡国家图书馆等地。除此之外，还有流散在宾夕法尼亚德罗普西学院、布达佩斯匈牙利科学研究院、剑桥长老派威斯敏特学院、巴黎以色列世界联合会、维也纳国家图书馆、以色列耶路撒冷国家和大学图书馆、德国海德堡大学图书馆、法国斯特拉斯堡大学图书馆、英国曼彻斯特约翰·赖兰（John Rylands）图书馆、剑桥基督学院、英国伯明翰大学塞利纳奥克校区图书馆、辛辛那提市希伯来联合学院、圣彼得堡亚洲民族研究所等地也收藏部分戈尼萨文书。德国法兰克福市政图书馆收藏的戈尼萨文书在第二次世界大战中被毁坏，其中剑桥大学从福斯塔特戈尼萨总计获得了 100 000 件文书，收藏戈尼萨文书数目最多，详见 Norman Bentwich, *Solomon Schechter: A Biography*, Philadelphia, 1948, pp.126—163；Paule Kanle, *The Cairo Geniza*, New York, 1960, pp.12—13。

② 关于谢克特事迹，详见 Norman Bentwich, *Solomon Schechter: A Biography*, Philadelphia, 1948, pp.126—163。

③ 亚拉姆语（Aramaic）为古代亚拉姆人所适使用的语言语，属于闪米特语族，旧约圣经后期即以亚拉姆语书写，其与希伯来文、阿拉伯文相近。“犹太–阿拉伯文”即以希伯来字母拼写的阿拉伯文，遵从阿拉伯文语法。中世纪时期，犹太人长期生活在阿拉伯世界之中，为交流便利便经常使用“犹太–阿拉伯文”。关于戈尼萨存储文书详情，详见 Paule Kanle, *The Cairo Geniza*, New York, 1960。

员,仅有零星的文书与其他商人有关,这就说明这些文书应是偶然得以保存下来。①

据戈尼萨文书所记,约瑟夫·拉巴达与亚伯拉罕·伊居常年驻守印度经营进出口贸易,即负责将亚丁、福斯塔特等地犹太人运送到印度的商货进行分派、销售,再为他们代购印度商货,从中收取酬劳;哈桑·布达尔则作为亚丁犹太人首领与商业代表——商业代表作为当地犹太人贸易管理者,负责监管当地犹太人贸易、征收关税以及管理商人物资等事宜,②经常雇佣或委托犹太商人在印度经营贸易,如约瑟夫·拉巴达就为哈桑·布达尔在印度经营进出口贸易。

在有关约瑟夫·拉巴达与福斯塔特犹太人商业代表耶谷提耳·哈基姆(Jekuthiel al-Hakim)、伊本·苏格玛(Ibn Sughmar)贸易纠纷的法律文书以及约瑟夫·拉巴达写给哈桑·布达尔的商业信件中,显示约瑟夫·拉巴达由北非拉巴达地区,相继迁至的黎波里(Tripoli)、马赫迪叶、福斯塔特,并在福斯塔特购买了当地犹太人房产;③他曾于 1094/1095—1097 年、1099—1011 年先后两次从马赫迪叶启程前往印度古吉拉特(Gujarati)纳赫瓦拉(Nahrwāra)等地贸易,并受耶谷提耳·哈基姆、伊本·苏格玛以及哈桑·布达尔的委托,为他们在印度代理进出口贸易。④1098/1099 年,约瑟夫·拉巴达因与耶谷提耳、伊本·苏格玛产生贸易纠纷,从印度返回福斯塔特,经福斯塔特拉比法庭(Rabbinical Court)调节之后,又前往印度贸易。⑤在印度贸易

① 拉巴达即为今利比亚沿海地区瓦迪·拉巴达(Wadi Lebda),位于今利比亚首都的黎波里以东约 100 余公里处。马赫迪叶,突尼斯中部沿海城市。戈尼萨文库中有关犹太人在印度洋贸易的文书以及约瑟夫·拉巴达、哈桑·布达尔以及亚伯拉罕·伊居三位犹太商人及其家族的贸易活动,详见 G. D. Goitein and Mordechai Akiva Friedman, *India Traders from the Middle Ages*: *Documents from the Cairo Geniza*, Brill Leiden. Boston, 2008。

② 关于商业代表的职能,详见美国犹太神学院所藏 ENA 2728 f. 2 号戈尼萨文书记载内容,详见 G. D. Goitein and Mordechai Akiva Friedman, *India Traders from the Middle Ages*, p.309。

③ 的黎波里,今利比亚首都。约瑟夫·拉巴达的贸易事迹,详见 G. D. Goitein and Mordechai Akiva Friedman, *India Traders from the Middle Ages*: *Documents from the Cairo Geniza*, pp.224—225, pp.279—281。

④ 古吉拉特,印度西部沿海地区,即汉籍所记胡茶辣国,详见(宋)赵汝适:《诸蕃志》,杨博文校释,第 74 页。

⑤ 以上文书编号为 ULC Add. 3418, ULC Add. 3421, ULC Add. 3420 f. 1, ULC Add. 3421, ULC Add. 3420 f. 2, ULC Add. 3414 f. 1, ULC Add. 3414 f. 2, ULC Add. 3420 f. 2, ULC Add. 3416, ULC Or. 1080 J58, TS 10J27 f. 4, TS28. 22, Bodl. MS. Heb. d. 66(Cat. 2878), fol. 64, Bodl. MS. Heb. d. 66(Cat. 2878), fol. 65, Bodl. MS. Heb. d. 66(Cat. 2878), fol. 66, Bodl. MS. Heb. d. 66(Cat. 2878), fol. 67, JRL B 6028, 详见 G. D. Goitein and Mordechai Akiva Friedman, *India Traders from the Middle Ages*, pp.167—221。

期间,约瑟夫·拉巴达还曾于法拉(Farah)、纳斯尔(Nasr)两位犹太商人结成合作伙伴,不幸的是两人在阿拉伯半岛艾哈德(Aydhāb)地区惨遭谋杀。①

哈桑·布达尔参与印度洋贸易见于诸多戈尼萨文书记载之中。除约瑟夫·拉巴达之外,哈桑·布达尔还曾委托在印度贸易的突尼斯犹太商人阿布·法拉吉·尼希姆(Abu l-Faraj Nissim)从印度运送价值 100—125 第纳尔(Dinar)的樟脑,阿布·法拉吉·尼希姆前往苏门答腊一带为其购买这批樟脑。②哈桑·布达尔死后,其子马达姆·哈桑(Madmūn b. Hasan)在 1131/1132—1151 年间继任亚丁商业代表,并建造大量贸易海舶,雇佣商人为其运送商货。③马达姆·哈桑与亚伯拉罕·伊居合作甚密,据戈尼萨文库保存的马达姆·哈桑写给亚伯拉罕·伊居的 9 封信件,显示马达姆·哈桑首先委托或雇佣商人将商货运送给亚伯拉罕·伊居,亚伯拉罕·伊居则负责在印度销售这些商货,并为其购买所需印度商货,再发往亚丁。④如 1133 年、1135 年以及 1139 年,马达姆·哈桑在写给亚伯拉罕·伊居的商业信件中,提到自己分别委托教长阿布·萨义德·马哈福兹(Sheikh Abu Saʿid b. Mahfuz)、艾哈迈德·巴克茨提亚(Ahmad b. Bakhtiyar)、拉米史特(Ramisht)与布·哈桑·阿布·卡塔布(Abu L-Hasan b. Abu L-Kataib)等商人,将槟榔、纸张、蔗糖、葡萄干等商货,以及写给亚伯拉罕·易殊·法尤姆(Abraham b. Yishu Fayyumi)、法乌法利(al-Fawfali)、伊姆兰(Imran)、塞德(Said)以及印度曼加洛尔(Mangalore)商人的信件运送到曼加洛尔、梵答剌亦纳(Pandaraina)等地,告知亚伯拉罕·伊居及时领取,同时让他转达对印度商人苏斯·斯提(Sus Siti)、基巴提(Kinbati)以及艾萨克(Ishaq)的问候。⑤马达

---

① 艾哈德位于今阿拉伯半岛西侧红海沿海地区。以上事迹,详见 TS 8J5 f. 5 文书记载,G. D. Goitein and Mordechai Akiva Friedman, *India Traders from the Middle Ages*:*Documents from the Cairo Geniza*, p.241。

② 第纳尔为阿拉伯地区金币单位。阿布·法拉吉·尼希姆在印度的贸易及其与哈桑·布达尔之间的商业合作以及,见 TS 13J23 f. 10;Bodl. MS. Heb. d. 75 fol. 19;ENA 2805 f. 22;CAJS 394;DK 230 f. 3;TS 10 J 16 f. 2;TS 12. 19;Mosseri II 160(L161)等文书记载,详见 G. D. Goitein and Mordechai Akiva Friedman, *India Traders from the Middle Ages*, pp.288—302。

③ 马达姆用于贸易的海舶,ENA 3616 f. 19 文书记载颇详,详见 G. D. Goitein and Mordechai Akiva Friedman, *India Traders from the Middle Ages*, p.353。

④ 马达姆·哈桑与亚伯拉罕·伊居的信件来往,详见 G. D. Goitein and Mordechai Akiva Friedman, *India Traders from the Middle Ages*, pp.310—370。

⑤ 阿拉伯语 Sheikh 为教长、长者之意。曼加洛尔为位于印度西部马拉巴海岸沿海港口城市。梵答剌亦纳,位于印度西南部沿海地区,即汉籍所记之班达里,详见(元)汪大渊:《岛夷志略》,苏继庼校释,第 254 页。以上贸易事迹,详见 TS 6J4 f. 14;TS 18J2 f. 7;TS 12, 416;TS 20. 130;TS NS J241;TS NS J240;TS 20. 137;TS NS J1 等文书记载,详见 G. D. Goitein and Mordechai Akiva Friedman, *India Traders from the Middle Ages*, pp.311—318, pp.328—351, pp.373—374。

姆·哈桑还与亚丁穆斯林首领比拉尔·加里尔(Bilal b. Jarir)曾共同经营印度洋贸易。1130 年马达姆·哈桑在写给阿布·兹克瑞·科恩(Abu Zikri Kohen)的信中提到,他与比拉尔·加里尔出资建造海舶,雇佣萨利姆(Salim)、伊本·亥达达(Ibn Hidada)以及巴提提(al-Batiti)等人满载商货,安全抵达锡兰贸易,贸易所获甚丰。①

亚伯拉罕·伊居前往印度贸易,首见于 1133 年马达姆·哈桑写给他的信件之中——关于其先前的活动及其到达印度贸易的准确时间不得而知。②但是,据圣彼得堡亚洲民族研究所藏 SPIOS D55. 10 戈尼萨文书记载,1132 年 10 月 17 日亚伯拉罕·伊居在印度曼加洛尔曾签署一条释奴令,给予其在印度购买的女奴阿舒(Ashu)人身自由,这位女子后改宗犹太教,取名贝拉哈(Berakha);③之后亚伯拉罕·伊居与该女子结婚,并育有一子一女,④说明他应在 1132 年之前就已到达印度。

据戈尼萨文书所记,除马达姆·哈桑之外,亚伯拉罕·伊居还为亚丁犹太商人约瑟夫·亚伯拉罕(Joseph b. Abraham)、马达姆·哈桑的堂兄卡拉夫·艾萨克·布达尔(Khalaf b. Isaac b. Bundar)在印度经营进出口贸易,⑤约瑟夫·亚伯拉罕亦曾前往印度达马坦(Damattan)地区贸易,并搭乘伊本·穆卡塔尔姆(Ibn al-Muqaddam)的船只返回亚丁。⑥从 1137—1140 年、1135—1138 年、1136—1139 年、1148—1149 年,约瑟夫·亚伯拉罕在写给亚伯拉罕·伊居的信件中,提到自己先后委托教长阿布·阿里·塔伊布(Sheikh Abu Ali b. Tayyib)、教长马达姆(Sheikh Madmun)为亚伯拉罕·伊居运送丝绸、砒霜、蔗糖、葡萄干、木香、杏仁、蔷薇等商货,并告知亚伯拉罕·伊居委托拉施密特(Rashmit)为其运送印度商货的船只不幸沉没,同时对亚伯拉罕·伊居在印度为他购买胡椒、生姜、豆蔻等表示感谢,并让其

---

① Bodl. MS. Heb. a. 3(Cat. 2873) fol. 19 文书记载,详见 G. D. Goitein and Mordechai Akiva Friedman, *India Traders from the Middle Ages*, pp.373—374。

② TS 20.130 文书记载,详见 G. D. Goitein and Mordechai Akiva Friedman, *India Traders from the Middle Ages*, pp.328—336。

③ SPIOS D55. 10 文书记载,详见 G. D. Goitein and Mordechai Akiva Friedman, *India Traders from the Middle Ages*, pp.632—634。

④ TS 10J10 f. 15 文书记载,详见 G. D. Goitein and Mordechai Akiva Friedman, *India Traders from the Middle Ages*, pp.679—689。

⑤ TS 24.64 文书记载,详见 G. D. Goitein and Mordechai Akiva Friedman, *India Traders from the Middle Ages*, p.598。

⑥ 达马坦疑似印度西海岸某地,具体不详,详见 TS 24.64 文书记载,详见 G. D. Goitein and Mordechai Akiva Friedman, *India Traders from the Middle Ages*, p.598。

及时将利润情况汇报给他……①卡拉夫·艾萨克·布达尔与亚伯拉罕·伊居的通信来往主要集中在 1138、1139、1146、1147 与 1148 年间，卡拉夫·艾萨克·布达尔在信中提到委托穆瓦法克·阿沙瑞（Muwaffaq al-Ashairi）、教长阿拉·本·阿布·卡塔布（Allah b. Abu l-Kataib）、阿布·兹克瑞·伊本·沙弥（Abu Zikri Ibn al-Shami）、阿里·伊本·哈拉（Ali Ibn al-Halla）、谢赫·马达姆（Sheikh Madmun）等人将蔗糖、葡萄干、纸张、槟榔、杏仁、蓝矾、纸张、木香等商货运送到梵答剌亦纳、朱巴塔尼（Jurbat-tani）②、曼加洛尔等地，让亚伯拉罕·伊居及时领取，并问候亚伯拉罕·伊居的仆人巴马（Bama），亚伯拉罕·伊居则先后委托伊卜·阿布·卡塔布（Ibu Abu l-kataib）、谢赫·马达姆（Sheikh Madmun）、穆瓦法克·阿沙瑞（Muwaffaq al-Ashairi）、马达姆·萨利姆（Madmun b. Salim）等人为卡拉夫·艾萨克·布达尔运送印度的胡椒、铁等商货。③

除经营贸易之外，亚伯拉罕·伊居在印度还拥有一座铜厂，并雇佣也门与印度犹太人充当铜匠，如印度犹太人亚伯拉罕（Abram）便受雇于亚伯拉罕·伊居。④来自亚丁的顾客经常给亚伯拉罕·伊居运送铜，让其铸造铜器，如马达姆·哈桑与亚伯拉罕·伊居在 1133—1140 年间通信中，多次提到为亚伯拉罕·伊居运送铜料；⑤约瑟夫·亚伯拉罕则在 1134—1137 年、1135—1138 年、1136—1139 年、1137—1140 年，先后委托穆斯林商人教长玛义姆（Sheikh Maymun）、教长阿布·阿里·塔伊布为亚伯拉罕·伊居运送黄铜，让其为自己铸造托盘、烛台、水壶等物。⑥1149 年，亚伯拉罕·伊居从印度返回亚丁，结束了长达数十年的贸易生涯，在写给其兄约瑟夫

① TS 12. 320；TS 10J9 f. 24；TS 10J32 f. 6；TS 10J12 f. 5；TS NSJ181；TS AS 146 f. 12；TS 12. 235 等文书记载，详见 G. D. Goitein and Mordechai Akiva Friedman, *India Traders from the Middle Ages*，pp.551—563，pp.568—572，pp.574—581，pp.587—593。

② 又作 Jurbattan, Jurbatan，该地以生产米与胡椒闻名，在印度马拉巴地区，梵答剌亦纳附近，见 TS Misc.25 f.103 文书记载，详见 G. D. Goitein and Mordechai Akiva Friedman, *India Traders from the Middle Ages*，pp.622—626。

③ TS 24. 64；TS 18J5 f. 1；TS 18J4 f. 18；TS NSJ21；TS 8. 19；TS Misc. 25 f. 103；JNUL 4°577. 3/6 等文书记载，详见 G. D. Goitein and Mordechai Akiva Friedman, *India Traders from the Middle Ages*，pp.594—605，pp.607—631。

④ TS 20. 137 文书记载，详见 G. D. Goitein and Mordechai Akiva Friedman, *India Traders from the Middle Ages*，p.638。

⑤ TS 24. 66；TS NS J5；TS 13J7 f. 13；TS K 25 f. 252 等文书记载，详见 G. D. Goitein and Mordechai Akiva Friedman, *India Traders from the Middle Ages*，pp.322—327。

⑥ TS 8J7 f. 23；TS 10J9 f. 24；TS 10J32 f. 6；TS 10J12 f. 5；TS NSJ181；TS AS 146 f. 12 等文书记载，详见 G. D. Goitein and Mordechai Akiva Friedman, *India Traders from the Middle Ages*，pp.564—567。

(Joseph)的信中说自己积累了大量财富,足够家族生活之用。①

　　由于印度洋贸易收获甚丰,这些犹太商人经常通过子承父业延续贸易传统。如约瑟夫·拉巴达之子巴拉卡特·拉巴达(Barakāt Lebdi)亦随其父前往印度贸易,巴拉卡特·拉巴达曾受福斯塔特犹太人艾萨克·纳夫斯(Ishaq al—Nafusi)委托为其经营印度贸易。②约瑟夫·拉巴达的兄弟所罗门(Solomon)死后,其子戴维·所罗门·拉巴达(David b. Solomon Lebdi)也与约瑟夫·拉巴达进行商业合作,约瑟夫·拉巴达教其经营贸易。③亚丁商业代表马达姆·哈桑死后,其子哈尔丰·本·马达姆(Halfon b. Madmun)在 1153—1172 年间继承其父生前事业。据维也纳国家图书馆收藏 PER H 161 戈尼萨文书的记载,1156 年哈尔丰·马达姆曾派遣故临号(Kulami, Quilon)海舶,与一艘前往印度巴里巴塔尼(Baribatani)的海舶,从亚丁起航前往印度马拉巴(Malabar)地区,不幸的是海舶在离开不久之后便沉没。④据剑桥大学所藏 1214 年 TS 10J17 f. 4 戈尼萨文书记载,哈尔丰·马达姆之孙马达姆·本·戴维(Madmun b. David)又继续担任亚丁商业代表,并一度与印度保持贸易往来。⑤在其任内,一位亚丁犹太商人前往印度贸易长期不归,马达姆·本·戴维委派船商为其寄信,此信落款为发往缅甸西海岸拉瓦曼达(Lawamanda)地区。⑥

　　马达姆·哈桑家族除子承父业、家族世袭之外,还通过联姻的形式与其亲属共同操持印度洋贸易,如马达姆·哈桑妹妹嫁给福斯塔特商业代表阿布·兹克瑞·科恩,阿布·兹克瑞·科恩妹妹又嫁给亚丁商人马赫鲁兹·雅各布(Mahruz b. Jacob)。⑦阿布·兹克瑞·科恩与马赫鲁兹·雅各布亦常

　　① TS 10J10 f. 15 文书记载,详见 G. D. Goitein and Mordechai Akiva Friedman, *India Traders from the Middle Ages*, pp.679—689。

　　② G. D. Goitein and Mordechai Akiva Friedman, *India Traders from the Middle Ages*, pp.258—264.

　　③ TS 13J6 f. 32, ULC Or. 1080J92 等文书记载,详见 G. D. Goitein and Mordechai Akiva Friedman, *India Traders from the Middle Ages*, pp.226—230, pp.255—257。

　　④ Baribatani, 又作 Bani-Batan、Brtqtn、Barifatan, 即 Valarapattanam、Baliapatam 地区,该地在克兰伽努尔(Cannanore, Cranganore)沿海地带,故临以北;马拉巴即印度西海岸地区。以上事迹,详见 PER H 161 文书记载,详见 G. D. Goitein and Mordechai Akiva Friedman, *India Traders from the Middle Ages*, pp.530—540。

　　⑤ TS 10J17 f. 4 文书记载,详见 G. D. Goitein and Mordechai Akiva Friedman, *India Traders from the Middle Ages*, pp.544—550。

　　⑥ TS Misc. 28 f.187 号文书记载,详见 G. D. Goitein and Mordechai Akiva Friedman, *India Traders from the Middle Ages*, pp.503—505。

　　⑦ G. D. Goitein and Mordechai Akiva Friedman, *India Traders from the Middle Ages*, p.473.

年经营印度贸易,如1137年马赫鲁兹·雅各布写给阿布·兹克黎·科恩之子苏莱曼·阿布·兹克黎·科恩(Sulayman b. Abu Zikri Kohen)的信中就提到他刚从印度抵达亚丁;①1145年马赫鲁兹·雅各布则在写给阿布·兹克瑞·科恩的信中提到,曾在印度塔纳(Tana)写信给阿布·兹克瑞·科恩,并让印度商人廷布(Tinbu)给他带去了20个第纳尔,请他迅速到曼加洛尔,然后一起乘船返回,并告知从布柔赤(Broach)、坎贝雅特(Kanbayat)、塔纳发出的船只十分便利,经马拉巴(Malibarat)、克兰坎努尔(Kayakannur)就可到达曼加洛尔。②

福斯塔特戈尼萨文库所记约瑟夫·拉巴达、哈桑·布达尔、亚伯拉罕·伊居及其家族成员于11—12世纪在印度洋经营贸易,显示北非突尼斯、埃及福斯塔特以及也门等地犹太商人至少在11世纪就已深入到印度、锡兰,乃至缅甸拉瓦曼达、苏门答腊一带贸易,尤其在印度布柔赤、坎贝雅特、古吉拉特纳赫瓦拉、塔纳、克兰伽努尔、曼加洛尔、巴芮巴塔尼、达马坦、梵答剌亦纳、朱巴塔尼以及故临等地贸易尤为频繁,并形成了由各地商业代表、长期驻守印度贸易的商人以及负责海运的船商与零散商人组成的贸易合作关系。当发生贸易纠纷时,则由各地犹太法庭进行裁决,如约瑟夫·拉巴达与耶谷提耳·哈基姆、伊本·苏格玛的贸易纠纷,即由福斯塔特犹太法庭裁决,③1132—1139年亚伯拉罕·伊居在印度布柔赤就记录了一位犹太商人的法庭笔录——此则笔录记录在布匹之上,因保存不善,具体内容无法辨明,但却显示这些前来印度贸易的犹太商人已在当地建立了临时犹太法庭。④

这些幸存的戈尼萨文书,应仅是北非、也门诸地犹太商人在印度洋贸易的缩影,此时这些地区亦应有更多的犹太人前往印度、锡兰,甚至更遥远的

---

① T6 16. 345号文书与BL Or. 5542 f. 17文书记载,详见 G. D. Goitein and Mordechai Akiva Friedman, *India Traders from the Middle Ages*, p.481。

② 塔纳即印度孟买东北部城市,布伽赤位于塔纳北部,坎贝雅特即今印度坎贝湾,Malibarat应指马拉巴地区;克兰坎努尔,即下坎努尔地区,位于印度西南沿海地区。以上事迹,见 Bodl. MS. Heb. b. 11(Cat. 2874 no.21) fol. 22文书记载,详见 G. D. Goitein and Mordechai Akiva Friedman, *India Traders from the Middle Ages*, pp.474—479。

③ 见 ULC Add. 3418, ULC Add. 3421, ULC Add. 3420 f. 1, ULC Add. 3421, ULC Add. 3420 f. 2, ULC Add. 3414 f. 1, ULC Add. 3414 f. 2, ULC Add. 3420 f. 2, ULC Add. 3416等文书记载,详见 G. D. Goitein and Mordechai Akiva Friedman, *India Traders from the Middle Ages*, pp.167—215。

④ 此件文书又或为1145—1149年,文书时间不详,见 TS Arabic 41 f. 81,详见 G. D. Goitein and Mordechai Akiva Friedman, *India Traders from the Middle Ages*, p.713。

东方贸易。由于 1025 年福斯塔特犹太会堂戈尼萨被重新整修,先前文书被清理,所以并未见到 11 世纪之前犹太人在印度洋贸易的文书,但是 11—12 世纪北非、也门诸地犹太商人在印度洋各地建立如此系统、周密的长途贸易应非一朝一夕所能形成。

(三) 宋元犹太人海路入华考辨

据伊本·胡尔达兹比赫所记,拉唐犹太商人不仅从埃及地区的古勒祖姆、红海沿岸地区的达伽尔与吉达,经红海至信德、印度与中国贸易,而且经巴格达、乌布拉、阿曼等地,从波斯湾至信德、印度与中国贸易。由于所有贸易道路彼此联通,因此拉唐犹太商人在经红海贸易入华之时,除了途经埃及的古勒祖姆之外,亦有可能选择途经北非苏斯·阿克萨、丹吉尔、凡莱玛、凯鲁万与埃及首都等地。如上所述,在 969 年之前福斯塔特城一直作为阿拉伯人在埃及的都城,《道里邦国志》成书于 9 世纪中叶,故此处的埃及首都应指福斯塔特城。既然在 9 世纪中叶之前来自塞瓦杜拉唐尼亚地区的犹太商人就已到达凡莱玛、古勒祖姆、凯鲁万以及福斯塔特等地,再经红海、印度洋至信德、印度与中国贸易,因此这些地区的犹太人可能早已在拉唐犹太商人时代就涉足印度洋贸易。

由于福斯塔特本·以斯拉犹太会堂的戈尼萨曾在 1025 年被清理,我们无法得知 11 世纪之前这些地区犹太人在印度洋贸易的状况,但是据伊本·胡尔达兹比赫所记拉唐犹太人沿海路入华贸易的状况判断,福斯塔特等地犹太人极有可能与拉唐犹太商人一道朝向信德、印度,乃至中国等东方诸地贸易,1025 年被清理的戈尼萨文书中亦有可能包括此类文书。

前述《道里邦国志》大约完成于 846 年左右,说明至少在 846 年之前塞瓦杜拉唐尼亚犹太商人就已入华贸易。唐代广州作为唯一贸易大港,拉唐尼亚犹太商人定会前来此地贸易,此时广州犹太商人中有塞瓦杜拉唐尼亚犹太商人,但是这些犹太商人应并非全部来自塞瓦杜拉唐尼亚。包括福斯塔特等地在内的流散在红海、波斯湾地区的犹太人亦有可能来到广州贸易。

戈尼萨文库所记北非、也门犹太人在印度洋贸易,由于海途遥远、耗费繁多,并非所有的犹太商人都会选择亲自前往印度、锡兰等地贸易,而是经常选择雇佣犹太船商或商人将商货运送至当地,再委托驻守在当地的犹太商人为其打理贸易,如约瑟夫·拉巴达与亚伯拉罕·伊居即扮演此种角色。由于犹太商人长期驻守在贸易目的地能够深入了解当地形势,委托其贸易可避免诸多不便以及损失,因此如戈尼萨文库所记大多商人选择此种方式经营贸易,如此便形成了由各地商业代表、长期驻守印度经营进出口贸易的商人、负责海运的船商及零散商人等所构成的贸易合作关系。黄巢在广州屠杀大量犹太商人,说明在广州贸易的犹太人并非在此贸易之后就旋即离开,应是采取戈尼萨文库所记犹太商人在印度、锡兰等地的贸易方式,当有大量如约瑟夫·拉巴达与亚伯拉罕·伊居等犹太商人选择长期驻守印度,甚至在此地形成犹太人贸易聚集区。黄巢在攻陷广州、屠杀蕃商之后,广州贸易环境日益严峻。故此时犹太商人有可能中断入华贸易,转而在印度、锡兰一带经营贸易,如戈尼萨文库所记约瑟夫·拉巴达、哈桑·布达尔与亚伯拉罕·伊居等犹太商人及其家族直到 11 世纪都未曾入华。

埃及福斯塔特本·以斯拉犹太会堂戈尼萨文库所藏犹太人在印度洋地区的贸易文书,显示至少在 11 世纪来自北非等地的犹太人已在印度洋地区建立了规律的贸易联系,形成了规范的贸易方式。将戈尼萨文书与伊本·胡尔达兹比赫所记拉唐犹太人、巴佐尔·本·萨赫里亚尔所记阿曼犹太商人艾萨克、阿布·赛义德与马苏第所记黄巢在广州所屠杀犹太商人等史料进行勾连,显示流散在北非、红海、波斯湾等欧亚诸地的犹太人唐代已经海路入华贸易,并在广州建立了犹太人贸易聚集地。黄巢在广州屠杀犹太商人之后,犹太人海路入华贸易颇受影响,甚至一度中断,但是 12 世纪戈尼萨文书显示宋代仍有大量犹太人活跃在印度洋周边地区,完全有可能在宋元时期再次入华。

三　开封犹太人入华问题再思考

关于开封犹太人入华的探讨,主要集中于入华时间与来源地等方面。国内外学者对此研究颇多,提出了诸多认识与见解。[①]此处拟对前人关于开封犹太人入华时间与来源地等研究予以介绍,并试图结合宋代犹太人流散与在东方活动状况,对开封犹太人入华问题重新进行探讨。

(一) 开封犹太人入华时间

前述在"古代犹太人入华诸说"中,周代之前说、周代说与汉代说难以成

---

① 国内外学者关于开封犹太人入华研究动态,详见李大伟:《古代开封犹太人入华研究动态》,《犹太研究》,2015 年第 13 辑,第 231—245 页。关于开封犹太人入华时间与来源地的研究将在下文论述过程中有所介绍与辨析。

立。这些主张皆以开封犹太人为中心展开论述,因此开封犹太人周代之前、周代与汉代入华的观点自然缺乏证据。目前,关于开封犹太人入华时间(即开封犹太人到达开封的时间)比较流行的说法是宋代说,但还有唐代与明洪武年间等说法,尤其是后者对传统宋代说提出了新的质疑,颇为引人关注。

1. 唐代说

犹太人在唐代到达中国已成为不可争辩的历史事实,同时有些学者也主张犹太人在唐代到达了开封。孔宪易主张,"开封犹太人在唐中叶以后进入开封,已历千年,岁月既久,教徒逐渐汉化,教中除了满喇等少数认识希伯来文以外,其他一般人经营商业、手工业、和一些人学习儒家经典作为猎取功名的工具。"[1]他提出,唐代各色西域人等沿着丝绸之路进入中国,犹太人进入也是情理之中。"安史之乱"之后,唐朝政治、经济等中心东移,开封地位逐渐提高。同时,唐朝为了避免汉蕃混杂,规定:"大历十四年(779)诏,回纥诸蕃住在京师者,各服其国之服,不得与汉相参。"开封也受此限制,故犹太人在土十字居住,宋代也同样不可能让这些西域蕃人居住在城内,尤其是大内东华门附近,所以他们祖祖辈辈在土市子定居,并有可能已经建立祠庙,只是他们族人自己知道,影响不大而不为人知。他进一步提出,从唐宋以来因为其祠庙名不见经传,很难摄入文人的笔下。明代开封人李濂与犹太族人李应元,不仅是同乡,还同是进士,先后都在山西省太原居官,李濂不能不知开封犹太人,但其名著《汴京遗迹志》只字未提一赐乐业礼拜寺一事。清代开封人刘昌为康熙碑撰文者,与该族重要人物赵映乘等私交甚好,同时其府第就在礼拜寺旁边,可是在其修撰的《河南通志》《开封府志》中亦只字未提开封犹太人礼拜寺。清代嘉兴人周城作为一个外省人,在《宋东京考》中亦只字未提就可想而知了。开封犹太人历经金元明等朝代,适应中国环境,读儒家书者甚多,有些更是应试从政,开封籍的搢绅纵然熟知他们是犹太人,也不好意思提及,这也是中国人的恒情,不足为怪。同时,该寺一直坐落在土市子东背后的小巷中,故非熟于开封当地情况者,很难知晓。[2]

高望之认为虽然目前尚无史料可以断定,但从唐代中西交通历史来看开封犹太人可能在唐代到达。高望之指出,在唐代极有一部分犹太人从广州、扬州到达开封定居。他认为,虽然目前尚无史料可以断定,但是从唐代中西交通的历史来看,对于开封犹太人而言,并非如陈垣所言"非

---

① 孔宪易:《开封一赐乐业教钩沉》,《上海师范大学学报》,1985 年第 3 期,第 68 页。

② 孔宪易:《开封一赐乐业教钩沉》,第 68 页。

宋以前所至"。①

潘光旦亦认为开封犹太人中间的一部分在唐代到达开封。他根据，1605年艾田告诉利玛窦族里的一个传说，即"当帖木儿征服波斯之时，他们也征服了中国，并将很多摩尔人、基督徒和犹太人带进中国。这大约是八百年前的事情"之记载，认为大概是在明代，中东犹太人和开封犹太人还是有些接触，他们把帖木儿席卷中东一带的侵略行动，当故事一般的说给开封族人，因而演成了这样一个牛头不对马嘴的传说，但是其中两点是对的，即一是"大约在八百年前"，即唐中叶以后，二是同来的还有基督教徒和回教徒等。据此，他认为在开封犹太人中间，多少总有一部分人的祖先是唐代来的。除此之外，他还引用五代时期，何光远《鉴诫录》中所记波斯人李珣在中国参加科考等事迹，类比开封犹太人，说明开封犹太人至少有一部分是在唐代入华。②

但是，现存开封犹太人碑刻与其他文献资料中，并没有提及犹太人在唐代到达开封。以上学者主要是基于一种可能性的判断，并没有提出明确的证据。通过对唐代犹太人的考古与文献材料的分析，可以看到唐代犹太人多因贸易入华，主要活动在中国边境贸易城市，如于阗、敦煌、广州，乃至吐蕃等地。迄今为止，尚未发现犹太人在中国内地活动的证据。但是，若为贸易之便，犹太人最有可能首先选择到达唐代都城长安，因为此时长安不仅是中国经济贸易中心，而且由于古代中国奉行朝贡贸易，犹太人来到长安之后会得到唐廷大量赏赐。唐代开封的地位较之东都洛阳都相差甚远，更遑论长安，因此似乎没有什么优势能够吸引犹太人前去。因此，开封犹太人唐代说尚有待确凿证据证明，至少目前而言不能得出明确结论。

2. 宋代说

开封犹太人宋代入华说主要基于明弘治二年《重建清真寺记》与明正德七年《尊崇道经寺记》的记载。明弘治二年《重建清真寺记》记载：

> 教道相传，授受有自来矣！出自天竺，奉命而来，有李、俺、艾、高、穆、赵、金、周、张、石、黄、李、聂、金、张、左、白七十姓（十七姓之误）等，进贡西洋布于宋，帝曰："归我中夏，遵守祖风，留遗汴梁。"宋孝隆兴元年（1163）癸未，列微五思达领掌其教，俺都刺始建寺焉。③

① 高望之：《关于中国犹太人》，收录于沙博理编著：《中国古代犹太人——中国学者研究文集点评》，第133页。

② 潘光旦：《中国境内犹太人的若干历史问题——开封的中国犹太人》，第36—37页。

③ 陈垣：《陈垣史学论著选》，第66—67页。

明正德七年《尊崇道经寺记》亦记载："厥后原教自汉时入居中国，宋孝隆兴元年（1163 年）癸未，建祠于汴（开封）。"①

明弘治二年《重建清真寺记》记载更为详实，意指十七姓开封犹太人来自天竺（印度），向宋朝贡奉西洋布——西洋在明代之前主要指东南亚与印度洋沿线国家，晚清之后主要指西方欧美国家，古代印度以盛产棉布闻名，西洋布显然指印度棉布，宋代皇帝允诺他们久居开封。宋孝隆兴元年（1163 年），开封犹太人俺都剌首次建寺，即犹太会堂——寺在古代中国初指佛教寺庙，但之后也用以指其他宗教的活动场所，如唐代入华的聂斯托利派基督教（景教）教堂被称为"大秦寺""波斯寺"，穆斯林 Mosque 被称为清真寺等。列微即 Levi，犹太人的祭司阶层，五思达即 Oustad，在波斯语中类似犹太人拉比的意思，管理宗教事务。明正德七年《尊崇道经寺记》记载开封犹太人建立犹太会堂的时间与明弘治二年《重建清真寺记》一致，不同的将犹太会堂称之为"祠"——祠，为古代中国祭祀祖先的地方，即祠堂，此处又一次借用了汉语词汇来称谓犹太会堂，应是因为犹太会堂扮演类似祭祀的功能。

明弘治二年《重建清真寺记》与明正德七年《尊崇道经寺记》刻写的"隆兴"是南宋（1127—1279 年）皇帝宋孝宗赵眘的年号，从 1163—至 1164 年。1127 年之后，金朝（1115—1234 年）灭亡北宋（960—1127 年），占领开封；北宋皇室赵构（1107—1187 年）辗转至应天府（今河南商丘）称帝，建立南宋。因此 1163 年开封犹太人显然是在金人统治时建立犹太会堂。明代开封犹太人在立碑之时，没有采用金朝统治年号，这是因为宋朝与明朝皆为汉族政权，金朝非汉族所建立政权，因此开封犹太人选择宋朝皇帝年号表述时间，以示正统。

如明弘治二年《重建清真寺记》与明正德七年《尊崇道经寺记》所记，1163 年开封犹太人既已建立犹太会堂，那么犹太人在此之前肯定已到达开封，即金朝或北宋。张绥在此基础上对犹太人到达开封的具体时间提出了三种猜测，即第一，此事应属宋徽宗宣和后期之事，犹太人经同意在开封定居，后汴京（开封）被女真族（即金人）攻占，当时兵荒马乱，史家难闻犹太人定居一事；第二，第一批在开封定居的犹太人在女真族到来之后到达，开封犹太人同女真族统治者的这种关系到了明朝却成了"不光彩"的历史，于是明弘治二年《重建清真寺记》以符合正统观念的史笔作此篡改，即"金代说"；第三，犹太人也有可能在北宋统治时期到达开封，而在两三

---

① 陈垣：《陈垣史学论著选》，第 69 页。

代之后才建立了会堂。①对此娜婷·佩伦认为由于中国编年史中对开封犹太人定居一事并没有任何提及，很难在各种假设中作出判断。②关于张绥提到的"金代说"，需要注意的是前述明弘治二年《重建清真寺记》已明确记载了开封犹太人首次建寺的时间，即宋孝隆兴元年(1163年)。金朝在大定元年(1161年)7月迁都开封，距1163年犹太人建立会堂仅有2年时间，从犹太人朝贡到建寺时间未免太过短促，比起犹太人进入开封较长时期以后建寺，更不合理。③另外，明弘治二年《重建清真寺记》记载这批犹太人来自印度，显然是经海路入华。但是，1161年之后金朝与南宋对峙，南宋控制中国南部地区，犹太人不可能途经中国南部沿海地区到达开封，因此相比金代而言开封犹太人更有可能是在北宋入华并到达开封。

关于开封犹太人入华时间，陈垣称："自汉至明，千有余年，犹太人若久居中国，不应无一人一事一建筑物足述。何以弘治碑之始，于本教传入源流，止溯于宋，而不及于宋以上？故谓汉以前已有犹太人曾至中国则可，谓开封犹太人为汉所遗留则不可。"④针对陈垣的论述，Yu Peng认为陈垣不仅不接受开封犹太人汉来说，而且怀疑宋来说，⑤完全误解了陈垣的意思。陈垣显然是以明弘治二年《重建清真寺记》将开封犹太人历史追溯至宋代的记载，驳斥汉代说，并非质疑宋代说，所谓"自汉至明，千有余年，犹太人若久居中国，不应无一人一事一建筑物足述"，则是强调为何在汉代没有关于中国犹太人的记载或事迹。而且，陈垣在下文紧接着又称：

> 及之唐世，欧亚交通渐盛，景教、回教皆接踵而来，犹太人亦当继至，亚拉比(阿拉伯)人阿布·赛义德《东洋行纪》有曰：唐末黄巢之乱，因贸易而至广府之回教徒、犹太教徒与基督教徒等十二万人，皆死于难。此足为唐末犹太人至中国之确证。……今试以种种方法，证明开封犹太族非宋以前所至。宋敏求《东京记》，颇注意于祠庙……而于一赐乐业教寺无闻；张邦基《墨庄漫录》……而于一赐乐业教寺无闻；……足见宋时一赐乐业教尚无人能道，其非宋之前所至，可断言也。⑥

---

① 张绥：《犹太教与中国开封犹太人》，第31—32页。
② 娜婷·佩伦：《中国的犹太人——开封和上海犹太人社团的神奇历史》，耿昇译，第335页。
③ 魏千志：《中国犹太人定居开封时间考》，《史学月刊》，1993年第5期，第41页。
④ 陈垣：《陈垣史学论著选》，第83页。
⑤ Yu Peng, "Revising the date of Jewish arrival in Kaifeng, China, from the Song Dynasty (960—1279) to the Hung-wu period(1368—98) of the Ming Dynasty", p.371.
⑥ 陈垣：《陈垣史学论著选》，第83—84页。

可见陈垣通过引用阿布·赛义德所记黄巢在广州屠杀犹太教徒的事迹说明唐代中国已经出现了犹太人,又称宋代历史地理著作中没有提到开封犹太人,是因宋代开封"一赐乐业教"(以色列教)不被人所知,开封犹太人非宋之前所至,可断言也。因此,陈垣的主要观点是开封犹太人不是在宋代之前来到开封,恰是支持宋代说。

黄义也认为陈垣一说,较为妥当。①与陈垣相同的是,法国汉学家伯希和与沙畹据《弘治碑》之记载,也主张开封犹太人真正准确的资料要到北宋年代所有。②时经训认为犹太人到汴京在北宋初叶,并认为北宋提倡道教,他教几无容足之地,洎徽、钦北狩而道教倏衰,宋室南渡,汴京为金人势力范围,始建寺焉。③前开封博物馆馆长王一沙也认为犹太人定居开封当在北宋时期,而由于1489年的石碑上称犹太人进贡了"西洋布",所以王一沙认为他们是布商,而所提"七姓八家"之说则使王一沙相信,这批犹太人是携家带眷、团聚亲友而来的。④

白眉初的主张与"宋代说"稍有不同,提出了"汉宋调和说",指出:

> 弘治碑则言来自宋,据正德碑则言来自汉,据康熙碑则言来自周。故其所谓汉者,非纪元后数十年之汉,乃纪元后九百五十年五代之汉也,是时犹太人为回教徒所据三百余年。待犹太人至虐,而沙兰生(即萨拉森人)之后,又据于土耳其人。十字军之役即因是而起,十字军未兴之前,犹太人多已出之在外。弘治碑之所谓宋,是言其至开封时。正德碑所谓汉,康熙碑之所谓周(五代周)是言其离犹太时,固未有凿柄也。⑤

对此潘光旦指出,但以为五代刘知远的汉,而不是纪元初年刘秀的汉,

---

① 其论证与陈垣基本一致,详见黄义:《中国犹太人考》,收录于李景文等编校:《古代开封犹太人——中文文献辑要与研究》,第151—153页。

② 方豪:《中西交通史》(下),上海人民出版社,2008年,第398页;潘光旦:《中国境内犹太人的若干历史问题——开封的中国犹太人》,第39页。

③ 时经训:《河南挑筋教源流考》,收录于李景文等编校:《古代开封犹太人——中文文献辑要与研究》,第103页。

④ 王一沙:《开封犹太人后裔》,收录于沙博理编著:《中国古代犹太人——中国学者研究文集点评》,第178页。

⑤ 白眉初:《河南省志》第六卷《政教民俗》第三节《宗教》,第18—22页,民国十四年版,此处李景文等编校:《古代开封犹太人——中文文献辑要与研究》,第112页。该书之此文又采自《东方杂志》第十七卷第五六号所载陈援庵先生著《开封一赐乐业教考》,原文近两万言。

说法虽然聪明,足以解决两碑的矛盾,却并没有任何事实或传说的根据,而另一个汉的说法,则至少在开封族人自己的话里曾经提到过。此外,潘光旦认为开封有一部分犹太人是自唐代入华以外,其大部分是自北宋进入中国,并且可能是北宋后叶,即在南渡以前不太久。①实际上,白眉初的说法还是仍旧主张开封犹太人自宋代入华,但是关于《正德碑》所记汉之解释之外却并没有其他旁证可以支持。前所述及,江文汉虽主张在公元前开封犹太人已经进入中国,但也承认比较集中的是在北宋时期来到开封。②

目前,除了明弘治二年《重建清真寺记》与明正德七年《尊崇道经寺记》记载之外,确实没有其他有关宋代说的证据,但这是否意味着犹太人不可能在宋代到达开封?

首先,除了明弘治二年《重建清真寺记》与明正德七年《尊崇道经寺记》关于犹太人在开封建立会堂的记载一致,皆称宋孝隆兴元年(1163)癸未建立会堂,元至元十六年己卯重建会堂,明代历经重修等。尽管清康熙二年碑记载:"教……周时传于中州,建祠于大梁"——前述此已被证明可信度不大,但是清康熙二年碑仍然强调其寺俺都喇始创于宋孝隆兴元年,重建于元至元十六年。虽然,此三碑存在差异,但关于开封犹太人宋代建立会堂的记载完全一致,而且越是久远的碑刻可信度更大,因此不能轻易否定弘治二年碑的价值。

其次,明弘治二年碑对犹太会堂称谓的记载,经历了从寺、古刹清真寺到清真寺的流变,即宋孝隆兴元年癸未……始建寺,元至元十六年己卯重建古刹清真寺,明代数次重修清真寺。③前述寺或古刹为中国古代佛教寺庙称谓,但常用来称呼其他宗教场所。清真寺称谓出现在明代,专指穆斯林宗教场所,开封犹太人被汉人称为蓝帽回回(穆斯林),因此可以理解犹太会堂在弘治二年被称为清真寺,元代古刹清真寺则应是明代人对元代开封犹太人重建会堂的称呼。从寺、古刹清真寺到清真寺称谓的演变,显示犹太人在明代之前就已到达开封,那么便是元代或宋代,且弘治二年碑明确提及宋代建寺、元代重建古刹清真寺,显示开封犹太人在元代对宋代的犹太会堂进行了重建,因此犹太人在宋代应已到达开封。

这里需要注意明正德碑关于犹太会堂称谓的记载。明正德碑记载:"宋孝隆兴元年癸未,建祠于汴。元至元十六年己卯重建,其寺古刹也,以为尊

---

① 潘光旦:《中国境内犹太人的若干历史问题——开封的中国犹太人》,第39页。
② 江文汉:《中国古代基督教及开封犹太人》,第188页。
③ 陈垣:《陈垣史学论著选》,第66—67页。

崇是经之所。"①其中祠与寺同，为借用汉语词汇来称谓犹太会堂。李渡南称陈垣对该碑的断句，显示元至元十六年重建的"尊崇是经之所"（即犹太会堂）是由一座古刹改建而来，起初并非作为犹太会堂。②李渡南应是误解了此段内容的意思。在明正德碑中没有提及"清真寺"这一称谓，碑名也被称为《尊崇道经寺记》，"道经"即指摩西五经。这是因为明代中叶大量伊斯兰教场所都被称为清真寺，已占据绝对优势，开封犹太人在明正德碑中刻意不再使用该词，应为避免穆斯林的影响，担心被同化的危险。因此，明正德碑所记元至元十六年的"古刹"实际为弘治二年碑所记"元至元十六年古刹清真寺"，指的就是犹太会堂，是作为"尊崇是经之所"，并非如李渡南所言元至元十六年的犹太会堂是从古刹改建而来。

明弘治二年《重建清真寺记》与明正德七年《尊崇道经寺记》的记载显然可以支持宋代说，但最为重要的是北宋时期犹太人是否具备到达开封的可能与必要？前述唐代中国犹太人的资料，显示唐代犹太人已经开通了入华的陆路与海路，犹太人出现在于阗、敦煌与广州等地贸易。那么宋代犹太人完全有可能入华，因为宋代是海上丝绸之路最为繁荣的时期，许多波斯、阿拉伯、印度与东南亚等地商人都入华贸易，大量国库收入都来自海外贸易税收。前述据戈尼萨文书记载，11—12 世纪来自北非、也门地区的犹太人已经在印度洋地区建立了系统的贸易联系，并已深入到印度、苏门答腊一带贸易，显示宋代犹太人已形成了较为完备的海上贸易体系。历史上印度西海岸地区也一直作为印度犹太人主要分布区域，信德赛义姆尔、孟买南部 20 英里处孔坎、梵答剌亦纳与僧急里以及锡兰等地皆有大量犹太人流散。③据戈尼萨文书记载，北非、亚丁等地犹太人 11 世纪已到达印度西海岸等地，并与印度犹太人有贸易联系，如马达姆·哈桑在给亚伯拉罕·伊居的信中让他转达对印度商人艾萨克等人的问候，④亚伯拉罕·伊居在印度铜厂中雇

① 陈垣：《陈垣史学论著选》，第 69 页。

② Lesile, *The Survival of the Chinese Jews*, Leiden: Brill, 1972, pp.79—80.

③ Joan G. Roland, "The Jews of India: Communal Survival or the End of a Sojourn?" in *Jewish Social Studies*, Vol.42, No.1, 1980, p.77; Walter J. Fischel, "Bombay in Jewish History in the Light of New Documents from the Indian Archives", in *Proceedings of the American Academy for Jewish Research*, Vol. 38/39, 1970—1971, pp.123—125; David G. Mandelbaum, "The Jewish Way of Life in Cochin", in *Jewish Social Studies*, Vol.1, No.4, 1939, p.424; Benjamin, *Travels of Rabbi Benjamin, Son of Jonah, of Tudela*, p.93.

④ 戈尼萨文书 TS 6J4 f. 14；TS 18J2 f. 7；TS 12, 416；TS 20. 130；TS NS J 241；TS NS J240；TS 20. 137；TS NS J1 等记载，详见 G. D. Goitein and Mordechai Akiva Friedman, *India Traders from the Middle Ages*, pp.311—318, pp.328—351, pp.373—374.

佣了亚伯拉罕等印度犹太人。①因此,印度西海岸与锡兰犹太人应早已活跃在印度洋贸易中,完全有可能在宋代经海路到达中国。古代中国奉行朝贡贸易,异域商人尤喜向中央王朝朝贡,因此可获得远比贡奉之物更多的赏赐。所以,这些印度犹太人完全有理由来到北宋都城开封,贡奉"西洋布"于宋,并定居开封。

开封犹太人碑刻与《托拉》卷轴(*Torah scroll*),显示开封犹太人受到波斯地区犹太人影响颇深,如碑刻所记"五思达"即为波斯语,开封犹太人《托拉》与波斯犹太人的《托拉》相同,开封犹太人圣所建筑风格在波斯地区也极为常见。②这些因素表明开封犹太人应来自波斯,因此很多学者对明弘治二年碑所记来自天竺产生怀疑,质疑弘治二年碑的真实性。③

但是需要注意的是,明弘治二年碑所记来自印度的犹太人可能是最早到达开封,其与宋孝隆兴元年(1163)癸未掌教五思达与俺都喇建立犹太会堂的犹太人应是不同批次到达,因为犹太人到达开封不可能立即建立犹太会堂,后者显然来自波斯,因此不难理解开封犹太人受到波斯犹太人的影响。

明正德七年《尊崇道经寺记》中提到了"天竺西域"这一地名,记载:

> 至于一赐乐业教,始祖阿耽(亚当),本出天竺西域,稽之周朝,有经传焉。④

天竺-西域的称谓说明明代开封犹太人久居中国对犹太教发源地信息非常模糊,因此以来源地表示犹太教发源地,即分别来自印度与西域——西域自然包括波斯以及中亚等其他地区,清康熙碑刻则记载教起于天竺。这些记载说明开封犹太人来源的多样性,开封犹太人应是分不同批次入华,但是最早一批有可能是来自印度。Yu Peng 将明弘治二年碑、明正德七年碑与清康熙碑记载的"天竺"与"天竺西域",错误地理解为开封犹太人宗教的来源地,并指出开封犹太人提供了混乱的信息。⑤实际如前所述,只有明弘治二年碑记载了开封犹太人的来源,后两者则是记载宗教的来源,所指并不

① 戈尼萨文书 TS 20.137 的记载,详见 G. D. Goitein and Mordechai Akiva Friedman, *India Traders from the Middle Ages*,p.638。

② W. C. White, *The Chinese Jews*,Vol.II,p.21,p.144.

③ Yu Peng, "Revising the date of Jewish arrival in Kaifeng, China, from the Song Dynasty (960—1279) to the Hung-wu period (1368—98) of the Ming Dynasty", p.377.

④ 陈垣:《陈垣史学论著选》,第69页。

⑤ Yu Peng, "Revising the date of Jewish arrival in Kaifeng, China, from the Song Dynasty (960—1279) to the Hung-wu period(1368—98) of the Ming Dynasty", p.376.

相同。

当然历史上印度犹太人与波斯联系密切,而且大部分都是从波斯迁徙而来,如僧急里犹太人便被认为是 5 世纪受到萨珊波斯的迫害迁徙到印度。①中世纪时期,尤其是 8—11 世纪印度西海岸诸地、锡兰犹太人与波斯、阿拉伯,乃至西班牙等地犹太人联系密切、彼此熟知。11 世纪早期印度犹太人就诸多宗教与犹太律法等问题咨询普穆贝迪塔耶希瓦加昂亥,加昂亥以"答问"答之。②因此,这些来到开封的印度犹太人本身就可能继承了波斯犹太人的传统与习俗。

虽然 Yu Peng 称在《册府元龟》中没有找到有关犹太人进贡西洋布的记载,③但并不能因此全然否定宋来说。古代中国官方史书不可能完全记载所有朝贡事宜,且古代汉人常将穆斯林与犹太人混淆,如明清时期开封犹太人便被汉人称为蓝帽回回,因此不排除宋廷误将犹太人视为穆斯林的可能。尽管目前没有发现宋来说的其他证据,但基于上述分析显示开封犹太人应在北宋到达开封,宋代说不能被轻易否定,尤其是明弘治二年碑的价值不能被忽视。

3. 明代说

Yu Peng 认为开封犹太人在元代入华,最早到达开封的时间为明洪武年间(1368—1398)。具体而言,其称元代开封犹太人与回回共同被蒙古人带到中国,元代灭亡后这些犹太人在明初来到开封,由于明朝是汉人政权,不再对蒙古时期的色目人实行优待,甚至出台了一些歧视性政策,因此开封犹太人在碑刻中伪造了他们的历史,追溯至宋代、汉代,甚至周代,说明犹太人与汉人一样久居中国,而声称来自印度,是因为印度在中国人心目中是一个佛教国家,佛教早在汉代便传入中国,这样便掩饰他们曾经作为蒙古元代统治阶层的历史,以避免受到明廷的迫害与歧视。④

为论证此说,Yu Peng 力求证明开封犹太人碑刻所记宋孝隆兴元年

① Walter J. Fischel, "The Exploration of the Jewish Antiquities of Cochin on the Malabar Coast", in *the Journal of the American Oriental Society*, Vol.87, 1967, p.231; Werner Keller, *Diaspora*, *The Post-Biblical History of the Jews*, pp.106—108; H. H. Ben-Sasson, *A History of the Jewish People*, p.380.

② 中世纪印度犹太人与阿拉伯等地犹太人交往,详见 Werner Keller, *Diaspora*, *the Post-Biblical History of the Jews*, pp.156—157。

③ Yu Peng, "Revising the date of Jewish arrival in Kaifeng, China, from the Song Dynasty (960—1279) to the Hung-wu period (1368—98) of the Ming Dynasty", p.372.

④ Yu Peng, "Revising the date of Jewish arrival in Kaifeng, China, from the Song Dynasty (960—1279) to the Hung-wu period(1368—98) of the Ming Dynasty", pp.375—378.

(1163)建立犹太会堂的俺都刺就是明代永乐年间的俺诚（或俺三），犹太会堂首次在明代永乐年间建立，开封犹太人故意将会堂建立时间篡改到北宋。①如 Yu Peng 所述，尽管开封犹太人碑刻与《明实录》中关于开封犹太人俺诚（或俺三）身份、姓名等记载存在差异，但不容否认的是开封犹太人碑刻所记俺诚与《明实录》所记俺三为同一人，而且曾因举报周王谋反被赐姓赵（也被称为赵诚），授予锦衣卫指挥等职位。②如明弘治二年碑记载："俺诚医士，永乐十九年奉(1421)周府定王令，赐香重修清真寺，寺中奉大明皇帝万万岁牌。永乐二十一年以奏闻有功，钦赐赵姓，授锦衣卫指挥，升浙江都指挥佥事。"③《明实录》记载："擢河中护卫军丁俺三为锦衣卫指挥佥事，赐姓名赵诚，以其告周王橚不轨，得实也。"④

康熙十八年(1679)开封赵姓犹太人（即俺诚家族），立《清真寺赵氏牌坊并开基源流序》碑刻，纪念赵氏家族从赵诚到清代的历史与开封犹太会堂的建造情况。该碑记载："由今追昔，创地（犹太会堂）者，吾俺都喇锦衣公也。"⑤其中俺都喇即宋孝隆兴元年建立犹太会堂的俺都刺，锦衣应指锦衣卫，"公"在古代汉语中意为长者或老者，常用来尊称先辈。锦衣卫是明代专有官职，专门进行军政情报搜集的机构，开封犹太人中只有俺诚曾担任锦衣卫。因此，Yu Peng 据"俺都喇锦衣公"的记载，认为俺都喇就是俺诚，指出开封犹太人故意将 1421 年俺诚建寺的事迹追溯至 1163 年的宋代。

古代中国若后世出将入相、称王称帝，则会将此份荣耀追溯至其先祖，此为惯制，如明太祖朱元璋建立明朝之后便将其父朱世珍尊为皇帝，谥号淳皇帝。需要注意的是《清真寺赵氏牌坊并开基源流序》将俺都喇称为锦衣公，而非锦衣卫。若如 Yu Peng 所言俺都喇与俺诚为一人，则仅记为"俺都喇锦衣卫"即可，因此"俺都喇锦衣公"的记载，显示应是后人将俺诚生前担任锦衣卫的荣耀追溯至俺家先祖俺都喇，将其称之为锦衣公。而且，《清真

①　Yu Peng, "Revising the date of Jewish arrival in Kaifeng, China, from the Song Dynasty (960—1279) to the Hung-wu period(1368—98) of the Ming Dynasty", p.384.

②　Yu Peng, "Revising the date of Jewish arrival in Kaifeng, China, from the Song Dynasty (960—1279) to the Hung-wu period(1368—98) of the Ming Dynasty", pp.373—383.

③　陈垣：《陈垣史学论著选》，第 67 页。

④　《明实录》卷 232，第 1 页，总第 2242 页，台湾"中央研究院"历史语言研究所校印，收录于李景文等编校：《古代开封犹太人——中文文献辑要与研究》，第 30 页。

⑤　碑文记载，详见李景文等编校：《古代开封犹太人——中文文献辑要与研究》，第 43 页。

寺赵氏牌坊并开基源流序》明确记载:"永乐时,俺诚□□□□□代孙,以奏闻有功,钦赐赵姓。"①虽然中间五个字迹模糊无法辨认,但显然是指俺诚为开封犹太人俺家多少代子孙,其意应是俺诚为俺都喇数十代子孙,显示其并非俺家先祖俺都喇。因此,俺诚与俺都喇不可能为同一人。

同时,Yu Peng 援引怀履光称明洪武初年,一支李姓犹太人从北京迁徙到开封,说明这支犹太人就是开封李姓犹太人,并由此证明整个开封犹太人群体明初从北京迁往开封。②元代灭亡后,北京犹太人在明初迁徙到开封,为自然之事,因为明代开封犹太人与中国各地犹太人联系密切,如明代天顺年间(1457—1464)宁波犹太人为开封犹太人呈送本教道经(*Torah*)一部,宁夏犹太人金瑄为开封犹太会堂购置供桌、铜炉、瓶子与烛台等;明正德七年重建犹太会堂时,扬州犹太人又为开封犹太人请道经一部,宁夏犹太人为开封犹太会堂修建碑亭等。③但是,这支李姓犹太人的迁徙仅能说明明初有北京犹太人迁徙到开封,并不能说明整个开封犹太人群体都是从北京而来。

因此,Yu Peng 的主张并没有说服力的证据。这里需要强调的是尽管开封犹太人碑刻关于犹太人入华时间记载存在出入,如明正德碑与清康熙碑分别记载汉代与周代,但是关于宋代开封犹太会堂建立的时间完全一致,皆记载宋孝隆兴元年(1163)俺都喇建立犹太会堂。在古代中国碑刻中,越是久远的碑刻越能接近事实、真实性更大,新近的碑刻则包含一些后人添加的内容,所以同类碑刻之间难免会有出入,因此不能完全否定开封犹太人三个碑刻的价值,想当然地认为这种差异是开封犹太人篡改历史所引起的。即使如 Yu Peng 所言,开封犹太人三个碑刻是经过篡改、伪造,但是难以想象能够伪造得如此精确,如明弘治二年碑精确地记载了元代建寺的时间、地点,称:"元至元十六年己卯,五思达重建古刹清真寺,坐落土市字街东南,四至三十五杖。"④

同时,Yu Peng 言称"明朝不对蒙古时期色目人实行优待,甚至出台了一些歧视性政策",但是,开封犹太人三个碑刻字里行间仍然清晰地表明其

---

① 碑文记载,详见李景文等编校:《古代开封犹太人——中文文献辑要与研究》,第 42 页。

② W. C. White, *The Chinese Jews*, Vol. III, pp.158, 221; Yu Peng, "Revising the date of Jewish arrival in Kaifeng, China, from the Song Dynasty(960—1279)to the Hung-wu period (1368—98)of the Ming Dynasty", p.385.

③ 陈垣:《陈垣史学论著选》,第 67、70 页。

④ 陈垣:《陈垣史学论著选》,第 66—67 页。

所信奉的为异域宗教,其亦非汉人,如此何以躲避明朝的迫害与歧视? 反而是明弘治二年碑明确记载:"殆我大明太祖高皇帝开国初,扶绥天下军民,凡归其化者皆赐地以安居乐业之乡,诚一视同仁之心也。"①显示在明朝建立之初,明太祖允诺只要异域族群(包括犹太人)能够归服中央受其教化,便可赐地让其安居乐业。明代开封犹太会堂中奉大明皇帝万万岁牌,就表明开封犹太人接受明廷统治,并没有受到歧视,否则俺诚何以能够在明廷中担任锦衣卫指挥此等要职。

明代对于境内异族的政策,主要体现在取消他们在元代享有的优待,鼓励异族与汉族通婚,限制族内通婚,达到同化他们的目的。《明会典》记载:"洪武三年,令蒙古色目人氏,既居中国,许与中国人家结婚姻,不许与本类自相嫁娶,违者男女两家抄没,入官为奴婢。"②这项政策便主要是通过联姻,促使异族同化,并非对异族进行迫害与歧视。因此,明代开封犹太人只要能够归服中央受其教化,便可足以安居乐业。Yu Peng 所谓开封犹太人为避免受到明廷迫害与歧视而伪造历史的主张,夸大了这些政策对于异族的危害性,且最为重要的是并没有提出足以支撑其主张的历史证据,因此其关于开封犹太人元代入华与明代到达开封的说法不足为信。

虽然学术界关于开封犹太人到达开封时间有诸多不同说法,由于迄今所知犹太人最早在唐代入华,因此唐代之后(包括唐代)的说法具备一定的可能性。但是,综合开封犹太人碑刻记载、宋代犹太人流散与贸易状况等诸多因素分析,宋代说更为可信,而明代说显然是缺少证据支持。

(二) 开封犹太人来源地

开封犹太人从何处而来,一直是开封犹太人入华研究的重点问题之一。国内外学者对此问题提出了诸多不同解释,最具代表性的有本土说、波斯说、印度说与中亚说等。

1. 本土说

主张犹太人在周代之前和周代进入中国的学者,多以开封犹太人弘治二年碑和康熙二年碑为依据,认为这批犹太人从本土进入中国。19 世纪俄国维诺格拉多夫认为开封犹太人在摩西以前就离开本土,进入中国的时间在周代之前。前述此说穿凿附会,并无确凿证据。潘光旦就提出,"如果犹

---

① 陈垣:《陈垣史学论著选》,第 67 页。
② 《明会典》卷 20,《户部七》,北京,中华书局,1989 年,第 135 页。

太人在摩西之前就进入开封,则离开之时自在摩西以前了,此时犹太人十二个支派还都在埃及,甚至不称自己为以色列人,即一赐乐业人!"①

宋君荣和西盎涅以康熙二年碑(1663 年)《重建清真寺记》所记"教起于天竺,周时传于中州,建祠于大梁",断定开封犹太人在周代进入中国,认为开封犹太人与以色列流散十个部落有关,由古代以色列王国流散到中国。但令人遗憾的是这些学者并没有明确的证据证明犹太人在周代进入到了中国,其论述大多有附会之嫌。前述周代说尚待商榷,因此将开封犹太人与流散十个部落联系起来并无确凿证据证明。

江文汉认为开封犹太人并不知道"犹太"这一称呼,而只知道"一赐乐业",因为犹太这一词在公元前 6 世纪后才开始普遍使用,所以由此推断开封犹太人在公元前几世纪就离开本土向东离散,然后进入中国。②前述主张犹太人汉代入华说的学者,如考迪埃、德拉古柏利、王一沙与时经训等认为开封犹太人是在公元 70 年耶路撒冷城被罗马军队摧毁之后离开本土,流散进入中国。但是,关于开封犹太人入华的周代说、汉代说等观点并无确凿证据证明,故以此说明开封犹太人在此时从本土流散到开封的说法显然有待商榷,似难以成立。

2. 波斯说

开封犹太人从波斯入华的主张,主要基于其带有浓厚的波斯风格,主要包括:其一、他们所用的经文有似波斯体格的书法,即以波斯化的犹太语书写,又有似波斯制品之丝纸;③其二、在明代弘治二年《重建清真寺记》所记载"宋孝隆兴元年癸未,列微五思达领掌其教,……至元十六年己卯,五思达重建古刹清真寺"中,其中"五思达"系波斯语;其三、开封犹太人圣所建筑风格与犹太会堂风格截然不同,而是常见的闪米特 *miskdash* 式的,即长方形大院,周围以各式所用的房屋环绕,其中最神圣的堂屋在最西面,公共会堂(Popular Assembly-Rooms)在东头,自然面向西方;这种闪米特建筑风格在波斯地区极为常见。④

怀履光对以上这些说法有所提及。除此之外,他还提出从开封犹太人与耶稣会士们对话中,提到在宋代立庙之后,他们与西域时常保持往来。⑤

---

① 潘光旦:《中国境内犹太人的若干历史问题——开封的中国犹太人》,第 58 页。

② 江文汉:《中国古代基督教及开封犹太人》,第 186—187 页。

③ 陈垣:《陈垣史学论著选》,第 85 页。

④ W. C. White, *The Chinese Jews*, p.144.

⑤ W. C. White, *The Chinese Jews*, p.49.

潘光旦认为这些证据说明开封犹太人中至少一部分是直接从波斯而来,直接或间接进入开封。[①]江文汉则认为犹太人不是一个航海民族,对航海引为畏途,所以开封犹太人从波斯由陆路经布哈拉(Bokhara)与撒马尔罕进入中国的可能性很大。[②]关于犹太人对航海引为畏途之说,显然有误。骆保禄也称:"开封犹太人每谓于东汉明帝时,始至中国,其来自西域。遍察若辈言语交接,而知西域一地,实指波斯;似曾取道高喇桑(Corassan,呼罗珊)与洒麦而冈特(Samarcande,即撒马尔罕)两地而来者;因彼等语言中,尚杂不少波斯土语,而若辈之与波斯,亦曾保持一长时间之商业也。"[③]

由于开封犹太人具有浓厚的波斯风格,开封犹太人从波斯入华具备可信性,至少部分开封犹太人是从波斯而来或至少曾经生活在波斯地区。中古时期,波斯与中原的交往尤为密切,尤其体现在贸易交流方面。大量波斯商人经丝绸之路入华贸易,前述在于阗所获两封犹太-波斯语信件,证明波斯犹太人,即受波斯文化影响的犹太人早在唐代便入华贸易,又如戈尼萨文书所记,北非、也门等地犹太商人在宋代已深入到苏门答腊等地贸易,因此波斯地区犹太商人也可经丝绸之路,尤其是海上丝绸之路入华贸易,并到达都城开封。

3. 印度说

主张印度说的学者,常以明弘治碑所记"进贡西洋布于宋"和明弘治、正德与清康熙碑所记"天竺"为根据。据开封犹太人自己讲,此"西洋布"是五色的,即"五色棉"。自古以来,印度都是种棉、植棉最早区域,其中以印度西南部地区为最。直到元代,黄道婆才将植棉和棉纺织带到中国,故在宋代这种棉布仍旧是极为稀罕的物品,才作为贡品上贡。

因此,潘光旦认为开封犹太人至少是其中起决定作用的一部分,是从印度西部阿拉伯海沿岸走海路来到中国。他提到印度西南沿海地区犹太人同开封犹太人祖先几乎同时离开本土,因为他们至少在三个方面有着相似性,即第一、他们都是重视《西玛》祷文;第二、双方都像在犹太本土的第二圣殿时期的规矩一样,举行礼拜之时一定点香;第三、双方都不识光明节为何物,其中第三点是最为重要的。所以,他认为开封犹太人即由印度西南沿海,更为确切的是从孟买一带犹太人中间迁移出来的,[④]但同时也并没有

---

① 潘光旦:《中国境内犹太人的若干历史问题——开封的中国犹太人》,第51页。
② 江文汉:《中国古代基督教及开封犹太人》,第187页。
③ 原载徐宗泽《中国天主教传教史概论》,第17—48页,详见收录李景文等编校:《古代开封犹太人——中文文献辑要与研究》,第185页。
④ 潘光旦:《中国境内犹太人的若干历史问题——开封的中国犹太人》,第70页。

否认从波斯湾、红海也门地区或阿拉伯海西岸的犹太人经印度洋到达开封的可能性。①至此,潘光旦得出大部分开封犹太人,是在公元前170年代离开犹太故土,进入印度孟买区域,并在此区域定居了一千一百多年后,在11世纪中叶或后叶又循海道向东到达中国,定居开封;除此之外,还有一小部分从波斯而来,所以弘治、正德与康熙三块碑记,凡三称"天竺",一称"西域",是完全合乎事实。②

刘迎胜指出宋元时代的"西洋"所指应是印度马八儿及其周围地区,而"西洋布"则是此地区所出产纺织品,所以开封犹太人来自印度东南部马八儿一带的可能性要大于孟买。③曹寅则认为开封犹太人并非如潘光旦所述是从印度直接来到中国,因为如此不能解释开封犹太人中存在大量波斯文化遗迹,所以开封犹太人应在波斯居住了很长一段时间,直到波斯地区伊斯兰化之后才离开当地。这批犹太人最有可能起初定居在波斯湾或阿拉伯海沿岸地区,10—11世纪为躲避逊尼派伊斯兰教徒对犹太人的攻击选择到达印度西海岸,在当地经营棉布生意,但不久就去往中国,因为在开封犹太人中很少发现他们留有印度犹太人特征。④

但是,张绥认为并不能仅从"西洋布"判断这些犹太人就是从海上而来,对潘光旦判断这批犹太人从印度孟买地区而来提出了质疑。他认为孟买地区犹太人地处印度洋贸易枢纽地带,不会如此与世隔绝,而不知光明节是何物?⑤劳费尔则据"西洋布"和"天竺"等记载,认为天竺在中国古代泛指西方,若指印度则与佛教混杂,故其极有可能从海道来,曾经印度,不能就以碑中所记"天竺"便认为是出自印度。⑥

以上学者关于开封犹太人从印度经海路入华的探讨,提出了各种可能性与解释,甚至有一些否定性的看法。但是,考虑到宋代海上丝绸之路作为中国与域外联系的主要通道,而且如戈尼萨文书所记宋代犹太人显然已对印度洋贸易颇为熟悉,并建立了规范的贸易联系,因此宋代开封犹太人更有可能是经海路入华。前述中古时期,有大量犹太人流散在印度西海岸地区,

---

① 潘光旦:《中国境内犹太人的若干历史问题——开封的中国犹太人》,第55—56页。
② 潘光旦:《中国境内犹太人的若干历史问题——开封的中国犹太人》,第70—71页。
③ 刘迎胜:《关于术忽人(犹太人)的几个问题》,收录于刘迎胜:《蒙元帝国与13—15世纪的世界》,第340—342页。
④ 此说详见曹寅:《丝绸之路与中国古代犹太人研究》,2011年。
⑤ 张绥:《犹太教与中国开封犹太人》,第39—40页。
⑥ Berthold Laufer, "A Chinese Hebrew Manuscript, A New Source for the History of the Chinese Jews", in *the American of Semitic Languages*, 1903, Vol.,46, No.3, pp.189—197.

其中很多犹太人都是从波斯地区而来,带有浓厚的波斯风格,并与波斯、阿拉伯地区犹太人联系密切。据戈尼萨文书所记,这些印度犹太人也曾参与到印度洋贸易中,因此不排除开封犹太人,至少是其中一部分来自印度西海岸地区的可能性。明清时期开封犹太人碑刻所记"西洋布"与"天竺",已经有相对明确的涵义,并非是一个宽泛的地理概念,因此这些信息不应被轻易忽视,甚至曲解。

据开封犹太人弘治二年碑与明正德七年碑记载,开封犹太人在明清时期与宁波犹太人联系密切。弘治二年碑记载:"天顺年,石斌、李荣、高鉴、张瑄取宁波本教道经一部,宁波赵应捧经一部,赍至汴梁归寺"。①宁波,即唐宋时期的明州;维扬即指扬州。开封犹太人碑刻记载显示历史上明州与扬州也有犹太人定居。曹寅曾援引 12 世纪图德拉的本杰明对中国 Nikpa 海的记载,称本杰明所记 Nikpa 海即"宁波海",本杰明已知道宁波是犹太人入华的重要地区,并进一步推断开封犹太人首先进入广州或泉州,再进入明州、杭州、扬州,最后进入开封,故明州犹太人与开封犹太人同时进入中国。②

本杰明在《本杰明行纪》中只有一次提到中国,即关于中国 Nikpa (הנקפא)海的记载,其称:

> 从哈迪(Khandy)岛经行四十日到达中国,这个国家位于东方。有人说这里有一处被称为 Nikpa 海,位于猎户座方位内。有时此海有剧烈风暴,没有海员能够驾驶他们船只;当风暴将船只打翻入海,就不可能被控制。船员与乘客食用补给,然后凄惨地死去。③

锡兰西南部沿海地区有一座名为 Kotte 的城市,13—16 世纪末此地曾为锡兰寇特(Kotte)王国,该城今为锡兰官方首都。据对音判断,Kotte 与Khandy 音近。本杰明此处所言 Khandy 应指锡兰寇特地区,因此此处指从锡兰到中国的行程。希伯来语 נקפא,拟音 Nikpha,确与"宁波"音近,仅从对音判断可能为宁波。唐开元二十六年(738 年),唐廷设明州;明洪武四年(1381 年),为避国号讳,取"海定则波宁"之义,将明州改为宁波。自唐之后,明州一直作为中国重要的贸易港口,沟通中国与印度洋诸地以及日本、朝鲜等地贸易交流。考之宁波之名,始于 1381 年。若 נקפא 为宁波,则与本

---

① 碑文可见,陈垣:《陈垣史学论著选》,第 65—68 页。

② 曹寅:《丝绸之路与中国古代犹太人研究》,第 76—77 页。

③ A. Asher, *The Itinerary of Benjamin of Tudela*, Vol.1, pp.143—144.

杰明游历时间相差甚远,故 Nikpa 不应指宁波。希伯来语 נקפא 在圣经中意为凝结或冻结,《旧约·出埃及记》(15:8)记载:"קפאו תהומות בלב ים",意为:"海中的深水凝结";《旧约·约伯记》(10:10)记载:"כגבינה תקפיאני",意为:"使我凝结如同奶饼"。①因此,נקפא 应是本杰明借助圣经中词语形容中国海(即南海)或一些海峡狂暴、危险的特点。众所周知,南海有很多暗礁、浅石等,航行极为不便。之后,本杰明叙述了船员在落水之后用牛皮囊自救的方式。②以上就是本杰明关于中国的所有记载。

这些记载显示本杰明并未亲自到达中国,只是凭借见闻而记,也不知所谓"宁波海"与宁波是犹太人入华的重要地区等。尽管如此,唐宋时期明州与扬州皆为重要贸易城市,明州、扬州犹太人完全有可能是与开封犹太人同时在宋代入华,只是分布在不同城市中。开封犹太人与明州、扬州犹太人的信息,显示历经唐末黄巢起义破坏与宋代海上丝绸之路贸易勃兴,犹太人在宋代重启了海路入华贸易,入华的犹太人开始出现在明州、扬州等港口贸易城市与都城开封等地。

4. 中亚诸说

此说尤以林梅村、殷罡与龚方震等为代表,其中林梅村主张开封犹太人来自阿富汗、萨忽与可萨等地,殷罡与龚方震主张来自布哈拉等地。

林梅村认为天竺实指中亚地区,明弘治二年碑所记五思达是波斯语,开封犹太人所奉的希伯来文《正经》只分 53 卷,完全按照犹太波斯经的分卷法,即第 52 与 53 卷合为一卷,故应当把开封犹太人与中亚犹太人,尤其是阿富汗加兹尼地区犹太人联系起来,尽管不排除开封犹太人从海上丝绸之路来华可能性,但其主源应是中亚,并称 1962 年图齐(G. Tucci)教授率领的意大利中东亚研究所考古团在加兹尼发掘伽色尼王朝遗址和邻近塔帕·萨尔达尔(Tapasardār)遗址时发现在卑路兹库(Firuzkuh)(今称贾姆村)出土了大批希伯来文犹太波斯墓志,阿富汗历史上的漕国与漕矩吒为"犹太"之意、稽那天神指摩西,因此开封犹太人与加兹尼地区犹太人有着一定联系——前述此说已被证明有误,漕国与漕矩吒非"犹太"之意、稽那天神为婆罗门教神灵。③

其次,林梅村指出开封犹太人另外一个来源可能里海沿岸的萨忽与可萨地区。④关于萨忽,这是因为林梅村认为萨忽为"犹太"之意。前述"萨忽"或

---

① Marcus Nathan Adler, *The Itinerary of Benjamin of Tudela*, pp.66—67, n.1, n.2.

② A. Asher, *The Itinerary of Benjamin of Tudela*, Vol.1, p.144.

③ 林梅村:《犹太人入华考》,林梅村:《西域文明》,第 85—90 页。

④ 林梅村:《犹太人入华考》,林梅村:《西域文明》,第 91—93 页。

"隆忽"为铁勒部族,很难将铁勒部族与犹太人视为同一族群,此说显然有误。

殷罡提出布哈拉与撒马尔罕一向是东西贸易要地,历史上很多波斯人侨居中亚,犹太人较波斯人流动性更大,故不能排除他们中混杂了一些犹太人,宋代黑汗国(840—1212,亦称喀喇汗王朝)与宋廷交往频繁,1009年首次遣使朝贡,前往开封的商人、难民与进贡称臣使者一度使宋廷无力接待,故宋神宗元丰年间(1078—1085)规定:只有携带黑汗国官方文书和贡品者方可进入京师,如宋太宗建龙年间(960—963)布哈拉教主索菲尔因避难,曾率家族数百人来到开封,后被安插在淮河一带;所非尔、阿思补哈剌(布哈拉)国王于熙宁时(1068—1077)逊国来华,亲属部众从者数百计。因此,殷罡认为布哈拉犹太人同布哈拉的国王遭遇相似,应是在宋朝初年来到中国避难,曾求见宋帝(很可能是真宗),被安置在开封城外定居,扬州与宁波等华南沿海商业城市犹太人应是从海上丝绸之路经印度而来,并不同于来自中亚开封犹太人。[①]

龚方震认为开封犹太人与波斯联系密切,犹太人自巴比伦大流散后,有相当的人进入波斯,早在波斯萨珊王朝初期,波斯已有讲波斯语犹太人社区,这些人多数集中在布哈拉,所以开封犹太人可能主要从波斯布哈拉而来。同时,他也没有排除由阿富汗而来的可能性。[②]中古时期,布哈拉、撒马尔罕与可萨等地,皆为重要的犹太人流散地。前述唐代这些地区犹太人就有可能与拉唐犹太商人一道入华贸易,因此宋代这些地区的犹太人完全具备入华贸易的条件,尤其是可萨地区作为中世纪唯一信奉犹太教的国家,于965年被罗斯人灭亡,其地犹太人众多,而且地处丝绸之路北道交通要地,因此至少在北宋初期可萨犹太人完全有可能入华贸易。另外,这些地区犹太人显受波斯文化影响,如直到近代布哈拉、撒马尔罕等地都使用带有撒马尔罕—布哈拉地区塔吉克方言的希伯来语,塔吉克语即为波斯语的一种方言。[③]因此,很容易将开封犹太人与这些地区犹太人联系起来。

---

① 殷罡:《开封犹太人:来历、经历与同化进程》,沙博理编著:《中国古代犹太人——中国学者研究文集点评》,第221—246页。

② 龚方震:《关于对中国古代犹太人研究的述评》,李景文等编校:《古代开封犹太人——中文文献辑要与研究》,第225—226页。

③ Richard Foltz, "Judaism and the Silk Route", in *The History Teacher*, Vol. 32, No. 1, 1998, p. 15; Eliz Sanasarian, "Babi-Bahais, Christians and Jews in Iran", in *Iranian Studies*, Vol. 31, No. 3/4, Review of the Encyclopaedia Iranica, Summer-Autumn, 1998, p. 623; Rachel L. Goldenweiser, "The Bukharian Jews through the Lenses of the 19th Century Russian Photographers", in *Iran & the Caucasus*, Vol. 9, No. 2, 2005, pp. 257—259.

历史上开封犹太人与宁夏犹太人联系密切，明弘治二年碑记载："宁夏金瑄，先祖任光禄寺卿，伯祖胜，任金吾前卫千兵；瑄置买供桌铜炉瓶烛台；瑄弟瑛，弘治二年捨资财，置寺庙地一段；瑛与钟托赵俊置碑石。"①明正德七年碑记载："宁夏金润立碑一座。"②殷罡甚至认为开封犹太会堂一定程度上是开封与宁夏两地犹太人共建，他们应都经陆路从中亚布哈拉而来。③宁夏地处中国西北，其地犹太人更有可能是从陆上丝绸之路而来，开封与宁夏犹太人之间密切的联系显示他们之间彼此熟知，不排除皆经陆路丝绸之路而来的可能性。因此，若从丝绸之路交通、中亚等地犹太人历史上的贸易活动以及开封犹太人与宁夏犹太人某种联系等方面而言，中亚诸地犹太人在宋代完全有可能到达开封。

以上关于开封犹太人来源地的讨论，其中波斯说、印度说与中亚说皆有相关历史依据与可能性，为我们从不同角度认识开封犹太人来源提供了思路与线索。

关于开封犹太人宗教来源，明弘治二年碑记载：

> 教道相传，授受有自来矣！出自天竺，奉命而来，……进贡西洋布于宋，帝曰："归我中夏，遵守祖风，留遗汴梁。"宋孝隆兴元年癸未，列微五思达领掌其教，俺都剌始建寺焉。④

明正德七年立碑则记载：

> 至于一赐乐业教，始祖阿耽，本出天竺西域，稽之周朝，有经传焉。⑤

其中"天竺"毋庸置疑确指的今印度地区。但是从弘治二年立碑到正德七年立碑，将"天竺"改为"天竺西域"，对此陈垣谓之：

---

① 碑文可见，陈垣：《陈垣史学论著选》，第 67 页。
② 陈垣：《陈垣史学论著选》，第 65—70 页。
③ 殷罡：《开封犹太人：来历、经历与同化进程》，沙博理编著：《中国古代犹太人——中国学者研究文集点评》，第 221—246 页。
④ 关于此碑所记之内容，详见李景文等编校：《古代开封犹太人——中文文献辑要与研究》，第 21 页。
⑤ 开封犹太人明正德七年《尊崇道经寺记》碑所记内容，详见李景文等编校：《古代开封犹太人——中文文献辑要与研究》，第 24—25 页；陈垣：《陈垣学术论文集》（第 1 集），第 260—262 页。

（开封犹太人）不过以旧有之词，拟西域极远之处，犹之以盘古二字
比阿耽，令人易明。否则弘治以前，未闻有犹太，苟以为出自犹太，人且
不知为何地。撰者未能创造新名，又不知元世已有术忽然、斡脱之译，
则用天竺拟犹太，在当日未为大谬。正德碑于天竺之下，加西域二字，
较允当矣。①

对此，张绥则认为犹太人刻碑在于"勒之金石，用传永久云"，应不存在
明知"犹太"或"以色列"而不用，却以"天竺"拟"犹太"的形式，来表达"令人
易明"的道理，另外开封犹太人对该教产生历史知之甚详，不可能出现"源于
天竺"的错误，也没有必要将自己的发源地改为"天竺"，两碑刻所出现的变
化自当别有他因，而不得知也。②

明弘治二年碑与正德七年碑将发源地记为"天竺"与"天竺西域"，皆显
示明代开封犹太人对故土迦南似已没有任何概念，并不如张绥所言开封犹
太人对该教产生历史知之甚详，他们此时只知"一赐乐业教"。甚至在1605
年，耶稣会士利玛窦在北京与开封犹太人艾田会面之时，艾田告诉利玛窦，
他从未听说过"犹大"（Judah）与"犹太"（Jew）这个称谓。③因此，此处的"天
竺"与"天竺西域"极有可能是开封犹太人将其来源地视为犹太教发源地而
记载之，实际指开封犹太人的来源地。

中国古代天竺、西域是一个相对较为明确的地理概念：天竺确指今印度
地区；西域自汉代以来狭义上指玉门关、阳关以西地区，是一个从陆路交通
所引申出的地理概念。明弘治二年碑与正德七年碑所记"天竺"与"天竺西
域"，应并非如陈垣所言"不过以旧有之词，拟西域极远之处，犹之以盘古二
字比阿耽，令人易明"，而应是为表述开封犹太人不同的来源地。

具体而言，即明弘治二年碑所记"天竺"，应是显示开封犹太人初期是从
印度地区经海路而来，明正德七年碑所记"天竺西域"，应是显示后来又有一
批开封犹太人是经陆路而来，即源自西域地区——关于后来这批犹太人到
达开封时间，我们不得而知，但是最晚不会晚于明代。因此，开封犹太人应
并非仅从某一处地方而来，也并非由单一犹太群体构成，应是宋代之后不同
时期、不同地区犹太人分别经海路与陆路而来，因此开封犹太人同时与宁
波、扬州与宁夏等地犹太人保持密切联系。当然，首先到达开封的犹太人群

① 陈垣：《陈垣史学论著选》，第85页。
② 张绥：《犹太教与中国开封犹太人》，第29页。
③ 利玛窦、金妮阁：《利玛窦中国札记》，何高济等译，第116页。

体应是经海路从印度地区而来,而且开封犹太人带着浓厚的波斯风格,说明源自波斯地区或受波斯文化影响的犹太人数量较多,甚至占据主体地位。

四　文献所记宋元各地犹太人入华

唐代犹太人已经出现在于阗、敦煌与广州等丝绸之路贸易重镇地区,甚至形成了规模不等的犹太人聚集生活区。据目前所知的中文文献记载,显示宋元时期除了开封之外,犹太人还出现在明州(宁波)、扬州、宁夏、汗八里(北京)、杭州与泉州等地。

(一) 明州(宁波)与扬州

明州之有犹太人在开封犹太人《弘治二年碑》中有所记载,其记:"天顺年,石斌、李荣、高鉴、张瑄取宁波本教道经一部,宁波赵应捧经一部,赍至汴梁归寺"。[①]由此可知,明代明州犹太人不仅有经卷,还有犹太会堂,而且明州犹太人与开封犹太人关系密切。

扬州之有犹太人也据开封犹太人《正德七年碑》所记,"大明正德七年壬申秋甲子重建寺,俺、李、高、维扬金溥请道经一部,立二门一座。"[②]维扬,即指扬州,潘光旦甚至提出《正德七年碑》书丹的高涝可能是扬州犹太人。[③]朱江曾对扬州境内犹太人历史遗迹有所考察,尤其是扬州的"蓝帽回回"——开封犹太人常穿戴蓝帽,因此被称为"蓝帽回回"或"青回回",[④]因此扬州的"蓝帽回回",如同开封犹太人一样,应为犹太人,扬州甚至还有戴黑帽的回回,并有蓝、黑皆戴的回回,更有一顶帽子上镶有蓝黑二色等等。朱江言称曾考察扬州三个不同金姓人家,他们都戴黑色或接近黑色的帽子,扬州已有犹太人金溥,并提及扬州张子祥之家保存有蓝帽子,故推断张氏家族先祖很有可能是明代邵勇将军张炘家族中的一支——张炘原名为"劄木赤",因战功赐姓"张",明代扬州的"劄木赤"很可能和元代在江南游方卖药的西域老

---

① 碑文可见,陈垣:《陈垣史学论著选》,第65—68页。
② 碑文可见,陈垣:《陈垣史学论著选》,第68—70页。
③ 潘光旦:《中国境内犹太人的若干历史问题——开封的中国犹太人》,第21页;张绥:《犹太教与中国开封犹太人》,第23页。
④ 详见陈垣:《开封一赐乐业教考》,详见《陈垣史学论著选》,第86—87页;潘光旦:《中国境内犹太人的若干历史问题——开封的中国犹太人》,第1—7页;高望之:《关于中国犹太人》,详见沙博理编著,《中国古代犹太人——中国学者研究文集点评》,第134—135页。

胡"答木丁",同为11世纪由印度孟买迁徙到中国的犹太人,但是这些结论并没有可靠的史料作为佐证,很难仅凭此点证明其即为犹太人。①

历史上明州、扬州是海上贸易重镇。宋徽宗崇宁元年(1102年)七月在明州等地设市舶司,专管海外贸易事宜,至元十四年元廷又重置庆元(今浙江宁波)市舶司,直到洪武七年(1374年)才被明廷裁撤。早在唐代扬州已有蕃商贸易,《新唐书·田神功传》记载:"神功兵至扬州,杀胡商波斯数千人。"②早在唐代犹太人就已到达广州贸易,宋代中国海上丝绸之路贸易勃兴,犹太人完全有可能到达明州、扬州等地。明代开封犹太人碑刻记载显示明州、扬州犹太人、开封犹太人关系密切,因此不排除这两个地区犹太人与开封犹太人在北宋时期一同经海路入华的可能。曹寅即持此说,认为开封犹太人与杭州、泉州、宁波、扬州等地犹太人一样是在北宋时由海路来到中国,开封犹太人经过广州或泉州进入中国,之后又从海路前往明州,因为广州与泉州距离开封太远,且没有方便的交通线路直达,明州附近是大运河终点杭州,犹太人完全可以从明州登陆后经陆路到达杭州,从杭州进入大运河途经扬州抵达开封;这批犹太人之所以前往开封,在于以"进贡"之名行"贸易"之实,同时宋廷鼓励蕃商到开封进行贸易,所以才得以"留遗汴梁",这批在北宋时期到达中国的犹太人实际上同一批犹太人,他们在开封、杭州、扬州、明州等重要商业城市建立了一个犹太贸易网络,到了元代欧亚大陆交通重新开放,又在宁夏建立了新的犹太社团,这样一个遍布在中国各地重要贸易地区的犹太贸易网络维持了犹太人贸易畅通,直到16世纪明廷海禁政策实施和通往西域道路受到阻塞,这些犹太人因为得不到商业补充,与外界联系几近中断,便逐渐衰落。③

需要注意的是鉴于明州与扬州犹太人、开封犹太人确有密切的联系与交往,因此他们有可能是同一批经海路进入中国贸易的犹太人。但是据目前所掌握的文献资料,显示杭州与泉州犹太人在元代才出现,当然不排除杭州、泉州在北宋,甚至唐代就已存在犹太人之可能,只是现存文献并未记载而已,且未有资料显示开封犹太人与杭州、泉州犹太人之间有着类似与明州、扬州以及宁夏犹太人如此密切的关系。目前所知仅有1605年开封犹太

---

① 朱江之说,详见朱江:《犹太人在扬州的踪迹》,收录于沙博理编著《中国古代犹太人——中国学者研究文集点评》,第154—169页。

② 以上之记载,分别详见《旧唐书》卷8,《玄宗纪》,第174页;(明)陈懋仁:《泉南杂志》,北京,中华书局,1985年,第13页;《新唐书》卷144,《田神功传》,第4702页。

③ 此说详见曹寅:《丝绸之路与中国古代犹太人研究》,2011年。

人艾田在会见利玛窦之时，曾提到杭州犹太人要比开封多，那里也有一所礼拜堂（犹太会堂）,①尤其是陈垣曾谓之马可·波罗称"马可东游之日，正至元十六年(1279)重建本教寺(此处指开封犹太会堂)之时，其时犹太族初来，未改汉姓，故马可一见能辨，元以后则渐改汉姓矣。"②显示在马可·波罗看来杭州犹太人应是在元代入华。因此，鉴于没有更多的史料证据，对于杭州与泉州犹太人是否与开封犹太人一同经海路入华贸易，他们是否为同一批犹太人仍应持审慎的态度。同时，明州、扬州犹太人与开封犹太人一同经海路入华也仅是基于文献史料的一种可能性的推断，但可以确定的是明州、扬州犹太人在宋元时期确已到达中国。

(二) 宁 夏

宁夏之有犹太人在开封犹太人《弘治二年碑》和《正德七年碑》中都有记载。《弘治二年碑》记载："宁夏金瑄，先祖任光禄寺卿，伯祖胜，任金吾前卫千兵；瑄置买供桌铜炉瓶烛台；瑄弟瑛，弘治二年捨资财，置寺庙地一段；瑛与钟托赵俊置碑石。"《正德七年碑》记载："宁夏金润立碑一座。"③此两碑所记显示宁夏犹太人在开封犹太人历次修缮犹太会堂过程中给予了大量资助，前述殷罡认为真正与开封犹太人较为密切的是宁夏犹太人，甚至可以说开封犹太会堂一定程度上是开封和宁夏两地犹太人共建的。④

尽管《弘治二年碑》和《正德七年碑》所记宁夏犹太人与开封犹太人的交往出现在明代，但可以确定的是历史上双方之间的关系十分密切。前述开封犹太人应是在宋代入华，确切而言是在北宋时期入华。有鉴于此，宁夏犹太人应是与开封犹太人或部分开封犹太人在北宋时期或宋代之后同时入华。关于宁夏犹太人之来源，殷罡认为其应从中亚布哈拉而来，即经陆上丝绸之路而来；曹寅则主张宁夏犹太人应同开封、扬州、杭州、明州等地犹太人从海路而来，宁夏犹太人是元代开封犹太人为了拓展贸易而迁徙过去的。⑤

---

① 穆尔:《1550 年前的中国基督教史》,郝镇华译,中华书局,1984 年,第 3 页。

② 陈垣:《陈垣史学论著选》,第 84 页。但笔者在《马可波罗行纪》中未曾发现其关于杭州犹太人之记载,详见(法)沙海昂注:《马可波罗行纪》,冯承钧译,中华书局,2004 年。

③ 碑文可见,陈垣:《陈垣史学论著选》,第 65—70 页。

④ 殷罡:《开封犹太人:来历、经历与同化进程》,收录于沙博理编著:《中国古代犹太人——中国学者研究文集点评》,第 221—246 页。

⑤ 殷罡在德国美因兹大学 2003 年 9 月中国古代犹太人国际学术研讨会会议论文,摘自李景文等编校:《古代开封犹太人——中文文献辑要与研究》,第 341—350 页;曹寅:《丝绸之路与中国古代犹太人研究》,第 76—77 页。

从宁夏犹太人与开封犹太人密切关系而言,宁夏犹太人应是从海路入华的开封犹太人为拓展贸易迁徙而来。但是,需要注意的是宁夏地处中国西北,受地理位置影响,与陆上丝绸之路联系密切,同时考虑到开封犹太人来源的多源性,宁夏犹太人也可能是与经陆上丝绸之路入华的那批开封犹太人一起入华,因此形成与开封犹太人密切的关系,这种可能性也是存在的。尽管如此,与明州、扬州犹太人一样,可以确定的是宁夏犹太人在宋元时期确已到达中国。

通过对唐代犹太人入华的相关考古发现与文献资料的分析考证,显示唐代流散在丝绸之路各地的犹太人通过彼此间的贸易联系形成了一个跨越欧亚地区的犹太人贸易网络,这一贸易网络的东端位于中国,犹太人在唐代进入到了于阗、敦煌与广州等边界地区进行贸易。北宋时期,开封犹太人入华以及明州、扬州与宁夏等地犹太人的出现以及彼此之间密切的交往与联系,显示此时丝绸之路上的犹太人贸易之网已经完全深入到了中国,不像唐代那样仅局限于边界地区,中国内地已经逐步形成了一个犹太人贸易网络。

(三)汗八里、杭州与泉州

汗八里之有犹太人,马可·波罗和方济各派罗马教士马黎诺里都有记载。马可·波罗提到忽必烈对基督徒、伊斯兰教徒、犹太人和佛教徒等同样的礼遇。[1]马黎诺里,意大利佛罗伦萨人、元代入华传教士,也是教皇派出的最后一位出使中国的使节;马黎诺里记载他在汗八里(即北京)与犹太人及其他教派经常讨论宗教上之正义,而且每次都能够辩胜。[2]

北京犹太人因年代久远,很多无从可考。随着元代覆没,更是难以巡察。除了上述记载以外,关于北京犹太人的资料似乎再也没有什么发现。潘光旦称谓之开封犹太人中李氏一族,即《守汴日志》作者李光墅早在明代洪武初年便从北京移居到开封。15世纪有开封教人曾告诉耶稣会士说,北京某藏书楼仍有《摩西五经》等经卷,但后经其寻访,并无所获。[3]怀履光亦称明洪武初年,一支李姓犹太人从北京迁徙到开封。[4]蒙古人的征服一度在

---

① (法)沙海昂注:《马可波罗行纪》,冯承钧译,第305页。
② 张星烺(编):《中西交通史料汇编》(卷1),第354页。
③ 潘光旦:《中国境内犹太人的若干历史问题——开封的中国犹太人》,第21—22页。
④ W. C. White, *The Chinese Jew*, Vol. III, pp. 158, 221; Yu Peng, "Revising the date of Jewish arrival in Kaifeng, China, from the Song Dynasty(960—1279)to the Hung-wu period (1368—98) of the Ming Dynasty", p.385.

丝绸之路沿线建立了蒙古治下的和平,北京作为元代大都,此时欧亚各地犹太人通过陆路与海路到达元大都当为便利。元代色目人地位高于汉人,犹太人应享有蒙古人更好的礼遇,汗八里犹太人应不仅仅是因贸易而来,也有可能是伴随着蒙古的征服迁徙而来。

杭州之有犹太人皆出现在元代文献记载中。元代阿拉伯旅行家伊本·白图泰曾记载:"在杭州……由所谓犹太人进入第二城,城内居民为犹太和基督教人,以及崇拜太阳的土耳其人,他们人数很多。"①陈垣谓之马可·波罗在杭州也记有犹太人,并称"马可东游之日,正至元十六年(1279)重建本教寺(此处指开封犹太会堂)之时,其时犹太族初来,未改汉姓,故马可一见能辨,元以后则渐改汉姓矣。"②元人杨瑀(1285—1361年)《山居新话》记载:"李朵儿只左丞至元间为处州路总管。本处所产荻蔗,每岁供给杭州砂糖局煎熬之用,糖官皆主鹘、回回富商也,需索不一,为害滋甚。李公一日遣人来杭果木铺买砂糖十斤,取其铺单,因计其价,比之官费有数十倍之远。遂呈省革罢之。"③其中"主鹘"即"术忽"的转写,指犹太人。此处记载显示杭州犹太人作为糖官,存在高价勒索的行为,为害滋甚,被处州路总管李朵儿只革罢之。除此之外,1605年开封犹太人艾田在会见利玛窦之时,也提到杭州的教人要比开封多,那里也有一所礼拜堂。其他地方也有信仰他们宗教的,但是没有礼拜堂,因为他们的信仰正在逐渐消失。④刘迎胜据杭州犹太人制糖术之使用,推断其应都是掌握制糖术的西域商人,受到蒙古贵族的信用,并认为艾田告诉利玛窦的杭州犹太人当为元代掌握制糖技术的主鹘富商的后裔。⑤的确存在此种可能,据以上文献记载显示犹太人最晚在元代确已出现在杭州。

关于泉州犹太人的记载也出现在元代,元代天主教传教士安德鲁(Andrew)有所记载。安德鲁,意大利佩鲁贾人,1308年到达汗八里(北京),后任泉州主教。1326年,安德鲁尝自泉州致书于其故乡瓦尔敦(Friar Warden)叙述东方情形,此书现存于巴黎国立图书馆。安德鲁在此书中言称:

① 伊本·白图泰:《伊本·白图泰游记》,马金鹏译,宁夏人民出版社,2000年,第551页。
② 陈垣:《陈垣史学论著选》,第84页。但笔者在《马可波罗行纪》中未曾发现其关于杭州犹太人之记载,详见(法)沙海昂注:《马可波罗行纪》,冯承钧译,中华书局,2004年。
③ 杨瑀:《山居新话》,中华书局,1991年,第5页。
④ 穆尔:《1550年前的中国基督教史》,郝镇华译,中华书局,1984年,第3页。
⑤ 刘迎胜:《关于术忽人(犹太人)的几个问题》,收录于刘迎胜:《蒙元帝国与13—15世纪的世界》,第345—350页。

　　安德鲁在信中写道,在此大帝国境内,天下各国人民,各种宗教,皆依其信仰,自由居住。盖彼等以为凡为宗教,皆可救护人民。然此观念,实为误谬。吾等可自由传教,虽无特别允许,亦无妨碍。犹太人及萨拉森人改信吾教者,至今无一人。然偶像教徒来受洗礼者,前后甚众。即受洗而不守基督正道者,亦复不鲜。①

安德鲁所言,犹太人、萨拉森人(阿拉伯人),无人改宗基督教,偶像教徒(即佛教徒,因其祭拜佛像,基督教、伊斯兰教等都不拜偶像,故而得名)改宗基督教者较多,显示此时泉州已有犹太人生活,且严格地遵守自己的习俗。

　　历史上的杭州,尤其泉州是重要的海外贸易城市,其地贸易蕃商众多。早在唐代泉州已有蕃商贸易;唐代闽越之间已"岛夷斯杂",唐廷在泉州置参军事四人,掌出使导赞。②唐代阿拉伯人苏莱曼称从巴士拉起航的海舶经印度、占婆,再经过"中国之门",向涨海前进到达中国城市 Khānfū;③伊本·胡尔达兹比赫则记由波斯湾入华贸易者依次进入中国第一个港口鲁金(Lūqin),再从鲁金至 Khānfū、汉久(Khānjū)、刚突(Qāntū)。④其中 Lūqin 即今位于越南北部的龙编——唐廷曾设安南都护府管交州(越南北部等地)地,此时龙编亦归其管辖,故伊本·胡尔达兹比赫称将鲁金称之为中国港口;Khānfū 即广州;Khānjū,阿布尔肥达记之为 Shanju,并称"刺桐(Zaitun)即 Shanju"⑤——宋元时期泉州因广植刺桐树,因此也被称为刺桐城,Shanju 应为泉州之转音;Qāntū 与江都音近,应指唐代扬州江都郡。⑥唐代安南、广州、泉州、扬州已有蕃商贸易。因此,伊本·胡尔达兹比赫应是从波斯、阿拉伯蕃商口中得知安南、广州、泉州、扬州等贸易要地,并依照蕃商经常出入的顺序记之。据伊本·胡尔达兹比赫记载,入华蕃商依次进入安南、广州、泉州与扬州等地,唐代犹太人即已到达广州,这些犹太商人在此时便有可能已前往泉州、扬州等地。安德鲁与开封犹太人明正德七年碑之记载,分别为元代与明代,皆与唐代相去甚远,但也仅能凭借唐代蕃商贸易之信息,推测此时犹太人可能已至泉州、扬州贸易。此时犹太人是否已至泉州、

---

①　张星烺(编):《中西交通史料汇编》(卷 1),第 334 页。

②　(明)陈懋仁:《泉南杂志》,第 13 页。

③　(阿拉伯)苏莱曼:《中国印度见闻录》,穆根来、汶江、黄倬汉等译,第 7 页。

④　(阿拉伯)伊本·胡尔达兹比赫:《道里邦国志》,宋岘译注,第 71—72 页。

⑤　(阿拉伯)阿布尔肥达:《地理书》,详见张星烺(编):《中西交通史料汇编》(卷 2),第 802 页。

⑥　(阿拉伯)伊本·胡尔达兹比赫:《道里邦国志》,宋岘译注,第 72 页。

扬州贸易仍需确切史料记载与考古发现证实。若以唐代海外贸易而论,此时犹太人当不外乎到达广州、泉州、扬州等地贸易。

宋代,尤其是南宋时期,杭州作为南宋首都,更是蕃商趋之若鹜之地。1087 年宋廷便在泉州设置市舶司,直到明成化八年(1407 年)年间,市舶司一直作为泉州贸易管理机构;宋元时期泉州成为最为重要的海外贸易港口之一。1990 年,英国人大卫·塞尔本(David Selbouone)曾获一部犹太人的手稿——该手稿是 13 世纪意大利安科纳犹太人雅各·德安科纳(Jacob d'Ancona)以意大利方言所写,并夹杂有希伯来语、拉丁语、阿拉伯语及希腊语等。①雅各·德安科纳在手稿中,记录他从 1270 年至 1273 年在印度洋各地,尤其是泉州的贸易见闻。雅各·德安科纳记载他于 1270 年 4 月,从意大利出发,经阿卡、巴士拉、波斯湾、印度西海岸、锡兰、苏门答腊、柬埔寨等地到达泉州经营贸易,并在泉州逗留约半年之后,于 1272 年 2 月沿海路经爪哇、锡兰、西印度,又经亚丁、红海至亚历山大港,最后于 1273 年 5 月返回安科纳。他言及在上帝保佑之下,来到了中国刺桐城(泉州),蛮子人(南宋汉人)称此城为"光明之城",因为每到晚上这座城市被油灯、火把等照得十分灿烂,来此贸易的有法兰克人、萨拉森人(阿拉伯人)、印度人、犹太人,犹太人在此居住的历史最为悠久,在江堤有很多贸易仓库,又尤以萨拉森人与犹太人的仓库为多;犹太人在泉州建有会堂、学堂以及墓地等,犹太人在泉州居住在四宫街(Four Span)和小红花街(the Little Red Flowers),犹太会堂也在此地,犹太人墓地位于城墙之外被叫做 ciuscien 的地区;他曾与几位泉州犹太人在犹太会堂祷告,并祝愿在此犹太人数量增加百倍。同时,雅各·德安科纳还提到了黄巢(Baiciu)屠杀辛迦兰(Sinchalan,即广州)犹太人,行在(杭州)犹太人住在城东的 Singte 与 Ouangian 门之间,有 200 多个家庭,并称苏州(Suciu)有 40 个犹太家庭住在城市北面的齐门(the Se gates)附近,靠近北禅寺(piscien temple)——这也是首次关于苏州犹太人的记载。②

自大卫·塞尔本将雅各·德安科纳的书稿刊布以来——因其对泉州记载尤详,故谓其书名曰《光明之城》,学界对此书稿的真伪各执一词。认为此书系伪书的以黄时鉴为代表,黄时鉴据其书稿中关于泉州及当时中国的若干记载有误,尤其是其中的年代错乱问题而断定,并提出了书中存在的"十

---

① (意大利)雅各·德安科纳:《光明之城》,杨民等译,上海人民出版社,1999 年。
② (意大利)雅各·德安科纳:《光明之城》,杨民等译,第 145—192 页。

个关键问题",张小夫等则认为黄时鉴的证据并不足以证明此书为伪造之作,并从历史语言学的角度提出了辩驳。①

　　虽然,学界关于《光明之城》一书的真伪有所争议,但就宋末元初中西交流历史考量,彼时雅各·德安科纳从意大利经印度洋至泉州贸易并不存在任何障碍。前述在讨论伊本·胡尔达兹比赫所记拉唐犹太商人来源之时,显示中世纪早期,欧洲商人,当然包括欧洲的犹太商人前往东方贸易应未超出阿拉伯、拜占庭等地,似更没有能力组织到达印度、中亚,乃至中国的贸易,唐代中国与法兰克王国并未有直接联系,汉文史籍对域外记载亦从未提及西欧地区,但是元代随着蒙古的征服,西欧基督教世界开始与中国有着较大规模的联系,圣方济各教士柏朗嘉宾、鲁布鲁克、约翰·孟德高维诺、安德鲁、鄂多立克、马黎诺里等天主教教士前往中国传播基督教,马可·波罗及其叔父二人等欧洲商人前往中国贸易等等,中国与欧洲交往的例子不胜枚举。雅各·德安科纳前往东方的时间从 1270 至 1273 年,此时虽然南宋未被元朝最终消灭,但是蒙古人的征服早已在丝绸之路沿线实现了蒙古人治下的和平,欧洲与东方的交往通道已经被彻底打开,来自欧洲的商人、传教士完全有可能经陆上与海上丝绸之路到达东方,因此雅各·德安科纳具备从海路到达泉州的条件。

　　早在唐代,拉唐犹太商人就已在地中海、印度洋各地经营贸易并由此入华。埃及福斯塔特本·以斯拉犹太会堂戈尼萨文库所藏犹太人在印度洋地区的贸易文书,显示至少在 11—12 世纪期间来自北非等地的犹太人已在印度洋地区建立了规律的贸易联系,形成了规范的贸易方式,这些犹太商人在东方的贸易已经深入到了东南亚苏门答腊等地。这些幸存的戈尼萨文书,应仅是北非、也门诸地犹太商人在印度洋贸易的缩影,此时这些地区亦应有更多的犹太人前往印度、锡兰,甚至更遥远的东方贸易。南宋时期直到元代中西海上交通日益繁荣,南宋末年来自欧洲的犹太人商人通过利用犹太人在印度洋的贸易传统,经印度洋入华贸易当更为便利。同样,雅各·德安科纳在《光明之城》中所提到的南宋时期的泉州犹太人,也完全有条件经印度洋贸易来到泉州,乃至杭州,仅是限于史料,现在只能确信泉州与杭州直到元代才出现犹太人。

　　因此,南宋末年意大利商人雅各·德安科纳来泉州贸易,并言及泉州已

---

　　①　关于该书真伪的争论,详见黄时鉴:《〈光明之城〉伪书考》,《历史研究》,2001 年第 3 期,第 65—80 页;张小夫:《〈光明之城伪书考〉存疑——兼与黄时鉴教授商榷》,《海交史研究》,2003 年第 1 期,第 91—99 页。

有犹太商人,应在情理之中,具备此种历史可能性。雅各·德安科纳或是因为在泉州并未久留,而且作为一名异域人士,对泉州及当时中国所发生之事以及习俗等不甚了解,以至《光明之城》一书中的很多记载都与当时历史事实并不相符,甚至有些离奇、怪诞。尽管如此,综合中西交通与犹太人在印度洋贸易活动的文献记载分析,显示犹太人在宋代完全有可能到达泉州,乃至杭州等城市贸易,但是限于史料有限的记载,目前仅提到了元代的杭州与泉州犹太人。同样,前述鉴于没有更多的史料证据,仍然很难断定杭州与泉州犹太人与开封犹太人是一同经海路入华贸易,至于他们是否为同一批次入华的犹太人仍要持审慎的态度。但是,在这些难以确定的可能性面前,可以确定的是随着元代泉州与杭州犹太人的出现,显示犹太人在中国贸易活动的网络又得到了扩大与延伸,杭州、泉州,乃至汗八里成为新的犹太人贸易站点。

唐代至宋元,从目前所知的有关犹太人入华的考古发现与文献史料,显示犹太人入华贸易的城市从于阗、敦煌、广州,扩大到了开封、明州(宁波)、扬州、宁夏、杭州与泉州,乃至汗八里(北京)等地,虽然汗八里犹太人应不仅仅是因为贸易入华,犹太人在华贸易地区不断延伸。早在唐代时期,流散在欧亚诸地的犹太人,尤其是伊斯兰世界的犹太人已经在丝绸之路沿线形成了犹太人贸易网络,此时出现在于阗、敦煌与广州的犹太人显示中国也被纳入到此贸易网络之中,现有的资料显示唐代犹太人尚未深入到中原内地,只出现在边界贸易城市与地区。唐代犹太人入华贸易,尤其是海上入华贸易,随着黄巢在广州屠杀贸易蕃商,受到了较大的冲击与影响,可能甚至一度中断,但是宋元时期随着海外贸易的勃兴,尤其是蒙古帝国在丝绸之路治下的和平,为犹太人再次入华提供了条件。宋元时期,犹太人在开封、明州(宁波)、扬州、宁夏、杭州与泉州,乃至汗八里(北京)等地的出现,显示犹太人已经深入到中原内地,尤其是开封、明州、扬州与宁夏等地犹太人密切的交往表明犹太人在华贸易网络应已出现。由此历经唐指宋元时期,犹太人贸易之网已经完全深入到了中国,不像唐代那样仅局限于边界地区,中国内地已经逐步形成了一个犹太人贸易网络。

唐至宋元时期,从犹太人入华的形式与分布地而言,显示犹太人大多是因贸易入华,入华之后多分布在贸易重镇与港口城市,并形成犹太人聚集地。流散在丝绸之路沿线的犹太人,尤其是波斯、伊斯兰世界的犹太人成为入华犹太人的主体。中世纪时期中国通过丝绸之路与波斯、阿拉伯帝国交往甚密,且其地犹太人分布众多,唐至宋元时期入华犹太人的考古发现与文献记载显示这些犹太人皆带有波斯、阿拉伯帝国犹太人的印记,并与波斯、阿拉伯帝国犹太人联系密切。如同唐代一样,宋元时期经海路、陆路入华贸易的阿拉伯人、波斯人以及中亚等商业群体人数为多,这些贸易群体在此时中国与西方诸地贸易交往中的作用常被提及,有关犹太商人的文献以及考古发现较为稀少。但是,结合前述关于唐代犹太人入华贸易的研究以及宋元时期犹太人入华贸易的不断深入,显示宋元时期犹太人继续沟通了中国与丝绸之路沿线地区的贸易交往,并且在中国出现了更多的犹太人贸易聚集区。因此,综合而论,犹太人在古代丝绸之路贸易中的作用与历史地位应当被重新审视。

第四章　宋元汉籍所记犹太人信息

一　宋元汉籍所记犹太人称谓[①]

目前通常认为开封犹太人在宋代,尤其是北宋时期入华。尽管如此,但是关于开封犹太人的称谓皆出现在明清时期开封犹太人明弘治二年《重建清真寺记》、明正德七年《尊崇道经寺记》、康熙二年《重建清真寺记》与康熙十八年开封赵姓犹太人《清真寺赵氏牌坊并开基源流序》等记载中,并没有见到宋代对开封犹太人的称谓的记载。

宋代文士孟元老著《东京梦华录》"潘楼东街巷条"记载:"自(开封)土市子南去,铁屑楼酒店。"[②]孔宪易认为"铁屑"一词应为北宋东京(开封)犹太人对 Israel 的音译,元代译为"迭屑"。[③]元代《至元辨伪录》记载:"迭屑人奉弥失诃。"[④]弥师诃为 Messiah 的汉译,即迭屑人信奉 Messiah。唐代《大秦景教流行中国碑》中曾记载"达娑",其记:"清节达娑,未闻斯美;白衣景士,今见其人。"其中达娑与景士指两类景教人士,前者指常居修院的修士(Monk),后者则为世俗神职人员;达娑,一说为来自梵文 Dasa 之音译,即佛之役人(即为佛服役之人),二说来自波斯语 tarsa。[⑤]比较而言,后者更为准确,因为景教徒在入华之前常居波斯,更有可能以波斯语称之。"达娑"与

---

① 宋元汉籍所见犹太人称谓内容,发表于牛津大学犹太研究中心《犹太研究》,详见 Li Dawei and Meng Fanjun, "Chinese Terms of Address for the Jews from the Tang to the Qing Dynasties", in *the Journal of Jewish Studies*, pp.79—92(A&HCI)。

② 孟元老:《东京梦华录》,郑州,中州古籍出版社,2010 年,第 46 页。

③ 孔宪易《开封一赐乐业教钩沉》,李景文等编校:《古代开封犹太人——中文文献辑要与研究》,北京:人民出版社,2011 年,第 256—259 页。

④ 释祥迈:《至元辨伪录》元刻本影印本(卷 3),第 152 页。

⑤ 关于达娑解释,详见朱谦之:《中国景教》,第 170 页;翁绍军:《汉语景教文典诠释》,第 69 页。

252

"铁屑""迭屑"皆为外来词,音近字异,故应来自同一外来词,所指相同。由此可以判断,"铁屑"应指基督徒,非犹太人,孔宪易说法显然并不正确。尽管如此,迄今为止我们尚未发现宋代汉籍关于犹太人的称谓。

元代,蒙古人的统治为中西方之交流提供了诸多便利。此时入华犹太人甚多,亦见于各类异域史籍记载之中。阿拉伯旅行家伊本·白图泰提到:"通过犹太门进入杭州第二城,城内居民有犹太和基督教人,以及崇拜太阳的土耳其人,他们人数很多。"①1326 年天主教传教士安德鲁在写给罗马教会的一封信中,提到很难规劝泉州犹太人改宗基督教。②马可·波罗提到忽必烈对基督徒、伊斯兰教徒、犹太人与佛教徒都同样礼遇,对耶稣、穆罕默德、摩西和释迦牟尼同样尊重。③元末入华的罗马教皇使者马黎诺里则提及他在汗八里(今北京)与犹太人及其他教派经常讨论宗教之正义。④

《元史·文宗本纪》中曾记载:文宗天历二年(1329 年)三月,诏僧、道、也里可温、术忽、答失蛮为商者,仍旧制纳税。⑤僧即指佛教僧侣,道即指道士;也里可温,为蒙古语 Erke'ud,应为希伯来语上帝 אלוהים 之转音,是元代对基督教之称谓;⑥答失蛮,即波斯语 Dāshumand,意为"有知识者",中亚地区穆斯林以该词指伊斯兰教教士,蒙古人亦如此称之。《元史·文宗本纪》所记僧、道、也里可温与答失蛮,皆为宗教僧侣,由此推断术忽亦应指宗教人士。19 世纪来华的俄国东正教会祭司鲍乃迪最早指出"术忽"指犹太人。⑦劳费尔与李渡南认为"术忽"来自新波斯语对犹太人之称谓 Djuhūt 或 Djahud,⑧即其中

① H. A. R. Gibb, *The Travels of Ibn Batuta*, London: the Hukluyt Society, 1994, p.901; Ibn Batuta, *Ibn Batuta's Travels*, in Henry Yule, *Cathay and the way thither: being a collection of medieval notices of China*, Vol.IV, London: Printed for the Hakluyt society, 1916, p.130.

② Andrew, *The Letter from Andrew Bishop of Zayton in Manzi or Southern China in 1326*, in Henry Yule, *Cathay and the way thither: being a collection of medieval notices of China*, Vol.III, London: Printed for the Hakluyt society, 1914, p.74.

③ A. C. Moule, Paul Pelliot, *Marco Polo: the Describe of the World*, Vol.1, George Routledge & Sons Limited, Carter Lane London, 1938, p.201.

④ John De Marignolli, *The Travels of John De Marignolli*, in Henry Yule, *Cathay and the Way Thither: being a Collection of Medieval Notices of China*, Vol.III, p.215.

⑤ 《元史》卷 33,《文宗本纪》,第 732 页。

⑥ 元代将基督徒称为 Erke'uds,即"信奉上帝(אלוהים)的人",详见陈垣:《陈垣史学论著选》,第 5 页。

⑦ Palladius, "Elucidation of Marco Polo's Travels in North China drawn from Chinese Sources", in *Journal of the N.-Ch. Branch*, RAS, Shanghai, New Series, No.10, 1876, p.38.

⑧ Berthod Laufer, "A Chinese-Hebrew Manuscripts, a New Source for the History of the Chinese Jews", pp.192—193; D. Leslie, *The Survival of the Chinese Jews: The Jewish Community of Kāifēng*, p.12.

Ju 与 Shu 音互转而成;此说被广泛采纳。但是也有一种可能,即元代术忽之称谓源自唐代景教文献所记之"石忽",虽然石忽亦源自于波斯语 Djuhūt 或 Djahud。

《元史·顺帝六》亦曾记载术忽,称:"元顺帝至正十四年(1354)五月,各处回回(Huihui)、术忽殷富者,赴京师从军。"①其中回回指元代蒙古人西征期间一批迁徙至中国的信仰伊斯兰教的中亚人与基督教徒,甚至犹太人。汉语对外来事物(包括人、物品)的翻译,经常据这些事物的发音,找发音一致的汉字进行表述。由于汉语中有很多汉字是音同字不同,同一事物的翻译经常出现用不同汉字表述的现象,因此"术忽"还被书写为同音异字,甚至相近的"珠赫""竹忽""主吾""主鹘",甚至"木忽"等,而且,这些词在文本中,与元代色目人或宗教人士一起出现,包括回回、佛教徒、道教徒、也里可温与答失蛮等,因此在此种情况下,这些词最有可能或只能为犹太人的称谓。②兹列举如下:

① 珠赫:《四库全书·元史》卷 33 记载:"僧、道、伊噜勒昆、珠赫、达实密为商者,仍旧制纳税。"卷 43 记载:"各处回回、珠赫殷富者,赴京师从军。"③《四库全书·元史》与上述《元史·文宗本纪》所记时间与内容相同,伊噜勒昆为也里可温之转写,达实密为答失蛮之同音异字转写。

② 竹忽:《沈刻元典章》记载:"元英宗延祐七年(1320 年)回回、也里可温、竹忽、答失蛮等纳税事宜。"④

③ 主吾:《元史·顺帝三》记载:"元惠宗至元六年(1340 年)宜禁答失蛮、回回、主吾人等叔伯为婚。"⑤《四库全书·元史》记载:"辉和尔,原文作主吾,考元时诸色目人,无此名。"⑥其中"辉和尔"所指不明,主吾即犹太之意,此记载将"辉和尔"称为主吾疑为讹误;色目人即元代时对来自中、西亚的各民族统称,广义来讲一切除蒙古、汉人、南人以外的西北民族都算是色目人。

④ 主鹘:元人杨瑀(1285—1361)《山居新话》记载:"本处所产获蔗,每岁供给杭州砂糖局煎熬之用,糖官皆主鹘、回回富商也,需索不一,为害滋甚。"⑦

---

① 《元史》卷 43,《顺帝六》,第 915 页。

② 李渡南即认为"珠赫""竹忽""主吾""主鹘""木忽"等皆为犹太的称谓,详见 Donald Leslie, *The Survival of the Chinese Jews:The Jewish Community of Kāifēng*, pp.12—15。

③ 台湾商务印书馆影印文渊阁《四库全书·元史》卷 33,第 9 页,总第 292 册,第 481 页;卷 43,第 12 页,总第 292 页,第 601 页。

④ 《沈刻元典章》,第 35 页。

⑤ 《元史》卷 40,《顺帝三》,第 858 页。

⑥ 《四库全书·元史》卷 40,《考证》,第 1 页,总第 292 册,第 569 页。

⑦ 杨瑀:《山居新话》,第 5 页。

⑤　木忽：《沈刻元典章》记载："至元十六年（1280 年）十二月二十四日忽必烈下旨，从今以后，木速忽蛮回回每，木忽回回每，休抹杀羊者。"[①]其中"每"为元代复数表达形式，木速忽蛮为 Muslim 转音，木忽即指犹太人——木忽一词出现在术忽之前，但是术忽更为接近波斯语 Juhūt 的发音，故木忽应为术忽之讹误，木忽回回即将犹太人称为回回；鲁道夫·罗文达将"木忽回回"（Mu-hu Hui-Hui）记为"术忽回回"（Chu-Hu Hui-Hui），应为讹误。[②]

清代刘智（1669—1764 年）编纂的伊斯兰教文献《天方典礼》（卷 14）所言"祝虎"，与清人俞正燮（1775—1840 年）所著《癸巳存稿》（卷 13）所言"祝乎德"，以及其他汉文文献所出现的"珠忽""朱灰""主鹤""诸呼""主乎得""祝虎德""耶乎德""朱乎得""诸呼得""术忽特"与"朱乎代"等，皆为"术忽"或"珠赫""竹忽""主吾"与"主鹘"之转音或别称。[③]

此外，元人陶宗仪在《南村辍耕录》列举元代汉人八种中，提到"竹因歹""竹温"与"竹亦歹"等族群。[④]其中"歹"是蒙语"人"的意思，"竹因""竹温"与"竹亦"，皆与"竹忽"发音较为接近，因此可能为犹太人之称谓。但是，犹太人在元代被归为色目人，"竹因歹""竹温"与"竹亦歹"等则为汉人，元代汉人特指北方前金朝遗民、大理以及朝鲜一带族群，因此仅凭对音很难将"竹因歹"、"竹温"与"竹亦歹"等视为犹太人。《元史》中多次记载"斡脱"一词，如《元史·世祖三》曾记载："至元四年（1267 年）……立诸位斡脱总管府省。"[⑤]洪钧认为斡脱指犹太教，即"攸特"（Youte）——Youte 与 Judah 音近。[⑥]张星烺也支持此说，指出希腊人称犹太人曰亦俄代（Ioudaios，Ioudaia），拉丁人称之为犹地斯（Judæus），德国人与俄国人称犹太人为裕对（Jude），斡脱之名即亦俄代或裕对之别译；其自欧洲迁来自中国者，必仍曰裕对，或亦亦俄代，由此讹作斡脱。[⑦]但是，伯希和则认为斡脱为突厥语

---

①　《沈刻元典章》，第 20 页。

②　Rudolph Lowenthal, "The Nomenclature of Jews in China", in Hyman Kublin, *Studies of Chinese Jews*, *Selected from Journals East and West*, p.68.

③　方豪：《中西交通史》（下），第 399 页。

④　汉人八种：契丹、高丽、女直、竹因歹、算术里阔歹、竹温、竹赤歹、渤海，详见（元）陶宗仪：《南村辍耕录》，北京，中华书局，1959 年，第 14 页。

⑤　《元史》卷 6，《世祖三》，第 117 页。

⑥　洪钧：《元世各教名考》，李景文等编校：《古代开封犹太人——中文文献辑要与研究》，第 74 页。

⑦　张星烺（编）：《中西交通史料汇编》（卷 2），第 989—1003 页。

ortaq、蒙古文 ortoq 的对音,意为穆斯林的商业组织。中国学者潘光旦亦认为据斡脱所显示,斡脱显然非指一种人,而是一种机关。①因此,斡脱是否指犹太人,尚未有定论。

开封犹太人明弘治二年《重建清真寺记》、明正德七年《尊崇道经寺记》与康熙二年碑《重建清真寺记》中对犹太人称谓有所记载。这些记载虽然出现在明清时期,但应是从宋代延续而来,由此可以追溯、推断宋代对犹太人的称谓。在这些碑刻中,分别将以色列(Israel)称之为"一赐乐业"、亚当(Adam)称之为"阿耽"、亚伯拉罕称之为"阿无罗汉"、将摩西称之为"乜摄"、以斯拉(Ezra)称之为"蔼子剌"、利未(Levi)称之为"列微"、以撒(Issac)称之为"以思哈忒"、雅各(Jacob)称之为"雅呵厥勿"、亚伦(Aaron)称之为"阿呵联"、约书亚(Joshua)称之为"月束窝"。②

明清时期对开封犹太人的称谓主要分为两类,即开封犹太人自称与其他人,尤其是汉人对于开封犹太人的称谓。这两类称谓皆源自意译,即对开封犹太人起源与特征的概括与提炼而形成。

在开封犹太人自称中,明清时期一些开封犹太人后裔将自己信奉的犹太教称之为"古教""回回古教""天竺教"与"教经教"等。"古教"、"回回古教"应是为区别伊斯兰教而采用的称谓,是为了突出犹太教早于伊斯兰教;"天竺教"的名称应源自于弘治二年《重建清真寺记》中记载开封犹太人"出自天竺"——此记载显示应有部分犹太人从印度而来;③"教经教"意为以《圣经》教人之教,故而称之,开封犹太人后裔所居住的街道也被称为"教经胡同"。"古教""回回古教""天竺教"与"教经教"等称谓皆以汉语词汇表述,显示这些犹太人后裔长期受汉文化影响,但究其命名特征而言则是对开封犹太人起源与特征的概括。

在汉人或其他族群对开封犹太人的称谓中,开封犹太人经常被称为"挑筋教""青回回""蓝帽回回""七姓回回"等。众所周知,犹太人不食用牛羊肉大腿的筋,在宰杀之时须将其剔除,教外人士因此将这些人信奉的宗教称为挑筋教。同时,开封不仅有犹太人,也有大量穆斯林;在当地汉人看来犹太人与穆斯林在生活习俗方面有很多相似之处,但又不全相同,比较明显的区别就是开封犹太人经常在头上缠一条青蓝色的布,当地穆

---

① 潘光旦:《中国境内犹太人的若干历史问题——开封的中国犹太人》,第1页。
② 开封犹太人三个碑刻以及关于犹太人记载,详见陈垣:《陈垣学术论文集》(第1集),第256—268页。
③ 陈垣:《陈垣学术论文集》(第1集),第257页。

斯林则用白布,因此他们将这些犹太人称为青回回、蓝帽回回以示区分。据康熙二年碑《重建清真寺记》记载该碑为开封犹太人李、赵、艾、张、高、金、石等七姓族人出资所建,①"七姓回回"的称谓即源于此,指此时开封的七姓犹太人。

1610 年入华的意大利耶稣会士艾儒略(Giulio Aleni)与 1658 年入华的比利时耶稣会士南怀仁(Ferdinand Verbiest)皆精通汉文,分别以汉文著《职方外纪》与《坤舆图说》,并在其著作中皆将历史上的犹大国汉译为"如德亚"。②"如德亚"之名应是艾儒略与南怀仁据拉丁语 Iuda 汉译而来,其丰富了汉语词汇,也成为汉籍对犹太的新称谓;之后出现的"如得亚""德亚""路得亚"等称谓皆源于"如德亚",为其转音。

鲁道夫·罗文达认为开封犹太人在 12 世纪或 12 世纪之前到达开封之时,可能采用了如德亚之称谓,但在 10 世纪他们随着阿拉伯商人首次到达中国之前肯定没有使用此称谓。③鲁道夫·罗文达此说难以成立。首先,开封犹太人只知以色列,不知犹大或犹太称谓,在三个碑刻中亦从未见到关于犹大或犹太之称谓,且称其来自天竺(弘治二年碑)、天竺西域(《尊崇道经寺记》)等。艾儒略与南怀仁首次以"如德亚"称犹大国,历史上的开封犹太人对此并不知晓。当艾田回见利玛窦之时,曾告知利玛窦开封犹太人从未听说过有关犹大或犹太的称谓。④其次,开封犹太人自称他们来自天竺或天竺西域,在艾儒略与南怀仁使用"如德亚"这一称谓之前,开封犹太人应从未听说过犹大王国。迄今为止,除了开封犹太人的碑刻记载以及利玛窦的记述之外,并没有其他证据显示开封犹太人先前便知晓"如德亚"这一称谓。实际上,现代之前汉文文献关于犹太人的知识少之又少。直到明清时期,开封犹太人仍然被称为"回回",或更精确而言,被称为"蓝帽回回""七姓回回"。这些称谓显示犹太人被误认为是穆斯林。这便显示古代中国对犹太人群体缺乏基本的认识,更遑论在汉文文献中出现对犹太人普遍、公认的称谓。在开封犹太人入华千年之久后,西方传教士首次辨认出开封犹太人的身份,而非本土汉人,这更加证明古代中国对犹太人认识的缺乏。中国本土对犹太

---

① 陈垣:《陈垣学术论文集》(第 1 集),第 267 页。

② (意)艾儒略:《职方外纪》,中华书局,1996 年,第 52 页;(比利时)南怀仁:《坤舆图说》卷下,《亚细亚洲》,中华书局,1985 年,第 65—68 页。

③ Rudolph Lowenthal, "The Nomenclature of Jews in China", in Hyman Kublin, *Studies of Chinese Jews*, *Selected from Journals East and West*, p.73.

④ 利玛窦、金妮阁:《利玛窦中国札记》,第 116 页。

人的认识在明清时期才不断明晰,表现为"犹太"这一称谓被普遍接受。正因如此,古代中国对犹太人的称谓在漫长的历史时期中呈现出不连贯、断断续续,甚至互不相关的状态,并没有出现被普遍使用的称谓。开封犹太人及生活在其周围的汉人或其他族群应并不知晓"如德亚"这一称谓,元代对犹太人的称谓"术忽""竹忽"等亦不可能被用来称呼开封犹太人,唐代"石忽"更是如此。

现代普遍使用的"犹太"这一称谓出自清代德国传教士郭实腊(Karl Friedlich Gutzlaff)。郭实腊精通汉语,常称自己为"爱汉者"(Lover of Chinese),1832 年入华。他在 1833 年以汉文编印的《东西洋考每月统记传》中首次使用了汉语"犹太"一词指犹太人——其中"犹",本意为良犬,又引申意为迟疑、如同、仍然,又作姓氏,同"尤"。[①]"犹太"应是郭实腊据德语 Jude 汉译而来,并首次将 Israel 汉译为"以色列"。郭实腊在该书中还对以色列历史进行了详尽的介绍,促进了中国人对于犹太民族的认识。[②]

鲁道夫·罗文达提及利玛窦在其汉文著作《天主实义》中,首次使用了汉语"犹太",[③]利玛窦在《天主实义》中唯一一处提到"犹太",即"斯于人身,犹太阳于世间,普遍光明。"[④]但是,很显然此处"犹太"并非指对犹太人的称谓,而是犹如太阳之意,鲁道夫·罗文达对此理解有误。之后,1836 年出版的《耶稣降世之传》中出现了"犹太民"一词;1840 年出版的汉译《圣经》中出现了"犹太人"之称谓。[⑤]清代人士徐继畬(1795—1873 年)在《瀛环志略》中沿袭使用了"犹太"一词。[⑥]从此之后,"犹太"一词成为目前中国对犹太人的通用称谓。

汉籍对于犹太人的称谓从唐、元、明至清代历经变化,先后出现了"石忽""术忽""祝虎""祝乎德""如德亚"与"犹太"以及关于开封犹太人的特定称谓,形成了两套不同的命名体系,即音译与意译。

"石忽""术忽""祝虎""祝乎德""如德亚"与"犹太"等这一套命名方式为音译,分别转自波斯语、拉丁语与德语等。虽然各个称谓直接语源不同,但

---

① 许慎:《说文解字》,上海古籍出版社,1981 年,第 850—851 页。

② Karl Friedlich Gutzlaff, *Eastern Western Monthly Magazine*, Peking: China Publishing House, 1997, p.205, p.232, p.380, p.377, p.402.

③ Rudolph Lowenthal, "The Nomenclature of Jews in China", in Hyman Kublin, *Studies of Chinese Jews*, *Selected from Journals East and West*, p.73.

④ 利玛窦:《天主实义》,北京:商务印书馆,第 79—80 页。

⑤ 辛全民、田文革:《"犹太"汉语译名考》,《民族论坛》,第 62 页。

⑥ 徐继畬:《瀛环志略》,台湾华文书局,1968 年,第 21 页。

皆为希伯来语对犹太人称谓יהודי对音或转音,具体体现为异字同音,直到19世纪"犹太"出现并成为统一的称谓之后。这些称谓显示其他族群与宗教人士在推动汉人认识并记载犹太人过程中发挥着重要作用,丰富了汉语词汇关于犹太称谓的记载,尤其古代关于犹太称谓大多来自波斯语 Djuhūt或 Djahud,表明波斯犹太人入华者众多。开封犹太人的特定称谓,如开封犹太人后裔自称的"古教""回回古教""天竺教"与"教经教",与汉人所称的"挑筋教""青回回""蓝帽回回"与"七姓回回"等,皆以汉语词汇进行意译,带有鲜明的中国文化色彩,尤其是"挑筋教""青回回""蓝帽回回"等称谓更加鲜活地展现了汉人对犹太人的认识。

自唐以来,犹太人便入华贸易,直至今日两个古老的文明仍旧沿着历史的足迹继往开来、深入交往,彼此之间的认识已远非古代所能比拟。回溯历史、追本溯源,古代中国对犹太人称谓的演变及其特点,形象地反映了中国对于犹太人认知的历史过程以及犹太文明与华夏文明的交往历程。

二　宋元汉籍所见犹太人举隅

宋元时期应为古代犹太人入华高峰时期,宋代海外贸易勃兴与元代蒙古人统治下的和平,为流散在各地的犹太人入华提供了便利。据现有文献与考古资料显示,宋元时期犹太人已经不仅像唐代仅集中出现在中国边境贸易城市,如于阗、敦煌与广州等地,而且深入到了开封、汗八里(北京)等内陆中心城市之中,同时范围也扩大至杭州、泉州,甚至明州(宁波)、扬州、宁夏等地。元代汉籍中出现的"术忽""珠赫""竹忽""主吾""主鹘""木忽"等关于犹太人的称谓,一定程度上反映了对于作为色目人身份的犹太人的认知,但是很显然这种认知应仅集中于极少数士大夫或知识阶层以及当时与犹太人有深入交往的人士,尤其是色目人,"术忽"等称谓显然没有成为对犹太人普遍、公认的称谓,犹太人的身份应鲜被知晓,或因此宋元时期汉籍对于具体入华犹太人的记载仍然非常少见或极不明晰、准确,此处兹列举目前学界关于宋元时期所谓犹太人的认识与研究。

(一)《宋史·真宗纪》所记僧"你尾尼"

《宋史·真宗纪》记载:"咸平元年(998年),春正月……,僧'你尾尼'等自西天来朝,称七年始达。"①陈长琦与魏千志皆认为"你尾尼"为犹太人,即列微、列未、利未的转写,与明弘治二年《重建清真寺记》所记掌教"列微"吻合,"你尾尼"就是咸平元年率族人来到开封时的犹太掌教,因此认为开封犹太人在宋咸平元年进入开封,如此"你尾尼"自然为犹太人。②

《佛祖统纪》又曾记载:"真宗咸平元年……中天竺沙门你尾抳等来朝,进佛舍利、梵经、菩提树叶、菩提子数珠。"③对此,曹寅认为《佛祖统纪》所记"你尾抳"与《宋史·真宗纪》所记"你尾尼"是同一事件,"你尾抳"所贡之物多是佛教之物,有可能是佛教僧侣,并非犹太人。④曹寅之说颇为中肯,不能仅凭"你尾尼"之发音与"列微"类似就简单将其断定为犹太人,并以此论证开封犹太人入华时间,《佛祖统纪》关于"你尾抳"所贡之物更能显示其身份为佛教徒,而非犹太人。Yu Peng 亦曾以"你尾抳"非为犹太人之根据,说明开封犹太人不应在宋代入华。⑤但需要明确的是,仅凭此点又不足以否定开封犹太人宋代入华之说,两者并无必然联系。

(二) 元代汉籍所记犹太人

关于元代入华的具体犹太人,党宝海有所提及与研究。党宝海曾据元人张铉编《至正金陵新志》(卷 6)《官守志·题名·行御史台》所记:"亦思哈,珠笏氏,从仕,至正元年上",指出"珠笏"即指犹太人,亦思哈即为犹太人以撒(Isaac),同时对元人的碑刻与文集中所记"亦思哈"进行了梳理与研究。⑥党宝海关于"珠笏"与"亦思哈"的认识,颇为中肯。"珠笏"的读音与"术忽"基本相同,"珠笏"两字寓意良好,显示亦思哈选用这两个字来译写自己的族属可能颇费了一番心思。"亦思哈"则为犹太人 Isaac 常见人名,其担任江南行御史台任监察御史,说明当时犹太人已经进入了元朝非常重要

① 《宋史》卷 6,《真宗纪》,第 106 页。

② 陈长琦:《佛僧还是犹太拉比?》,沙博理编著,《中国古代犹太人——中国学者研究文集点评》,新世界出版社,2008 年,第 150—153 页;魏千志:《中国犹太人定居开封时间考》,史学月刊,1993 年第 5 期,第 36—41 页。

③ (宋)志磐:《佛祖统纪》(卷 3),上海:上海古籍出版社,2012 年,第 1043—1044 页。

④ 曹寅:《"犹太人宋咸平元年定居开封说"再思考》,《犹太研究》,山东大学出版社,2011 年,第 131—145 页。

⑤ Yu Peng, "Revising the date of Jewish arrival in Kaifeng, China, from the Song Dynasty (960—1279) to the Hung-wu period(1368—98) of the Ming Dynasty", pp.372—373.

⑥ 党宝海:《关于元代犹太人的汉文史料》,《中国史研究》,2005 年第 3 期,第 137—141 页;《至正金陵新志》(卷 6)的记载,见《至正金陵新志》卷六,叶 64a,台北国泰文化事业有限公司《宋元地方志三十七种》(第 3 册),影印元至正四年(公元 1344 年)刊本,1980 年版。

的官僚系统。①

以"珠笏亦思哈"为线索,党宝海在元人的碑刻与文集中遍检同名的"亦思哈",②其中包括后至元五年(1339年)欧阳玄撰《大元敕修曲阜宣圣庙碑》碑阴题名所刻御史台官员"亦思哈"("管勾"条下)、③元人李士瞻《经济文集》(卷一)《再与普大夫书》所记至元二十二年(1362年)福建行省官员"亦思哈"、④元人杨维祯《东维子文集》(卷一三)《吏部侍郎贡公平耀记》所记"监郡亦思哈"(《四库全书》中作"监郡伊斯罕公")、⑤明人王懋德等修《万历金华府志》(卷一二)"官师二"所记"元末金华府义乌县主簿回回人亦思哈"、⑥明人汪尚宁等修《嘉靖徽州府志》(卷五)"县职官"所记"至正末年徽州黟县达鲁花赤亦思哈"等。⑦以上所述"亦思哈"与"珠笏亦思哈"音同,确有可能为犹太人,但是需要注意的是在上述汉籍中并没有明确提及这些"亦思哈"的族群身份,仅注其名而已,尤其元代大量基督教徒入华,基督教徒也常以 Isaac 为名,即使作为回回的"亦思哈"也不一定为犹太人,因为元代回回人中亦包括基督教徒。同样,张星烺曾提到《元典章》所记"奥刺憨",应为Abraham 之音译,似为犹太人,⑧但是也有可能为基督教徒,仅凭其姓名并无法确证其为犹太人。

因此,党宝海亦称由于方志记载简略,到目前为止,我们只能肯定《至正金陵新志》中的江南行御史台监察御史珠笏人亦思哈是犹太人,他是我们目前所知的惟一一个有明确人名和具体身份的元朝犹太人,同时提到明人莫旦编撰的《弘治吴江县志》卷一一"来宦"所记"后至元元年吴江县同知亦思刺",⑨"亦思刺"名称更似 Israel,即"一赐乐业"。⑩尽管如此,这为增进对元代犹太人记载的认识提供了新的线索。

---

① 党宝海:《关于元代犹太人的汉文史料》,第139—140页。

② 党宝海:《关于元代犹太人的汉文史料》,第140页。

③ 王昶编写:《金石萃编未刻稿》,见国家图书馆善本金石组编《辽金元石刻文献全编》(第2册),北京,图书馆出版社,2003年,第705页。

④ 《湖北先正遗书》本(卷1),叶22b。

⑤ 《四部丛刊》本(卷13),叶3a;《影印文渊阁四库全书》本(卷13),叶4a。

⑥ 《中国史学丛书》(第30册),卷12,台北学生书局,1965年,叶57a。

⑦ 《中国史学丛书》(第15册),卷5,叶33b。

⑧ 张星烺(编):《中西交通史料汇编》(卷2),第1080页。

⑨ 《中国史学丛书三编》(第44册),卷11,台北学生书局,1987年,叶4b。

⑩ 党宝海:《关于元代犹太人的汉文史料》,第140—141页。

参 考 文 献

1 原始史料

1.1 正史典籍

［1］司马迁:《史记》,北京,中华书局,1959 年。

［2］班固:《汉书》,北京,中华书局,1962 年。

［3］范晔:《后汉书》,北京,中华书局,1965 年。

［4］魏收:《魏书》,北京,中华书局,1974 年。

［5］令狐德棻:《周书》,北京,中华书局,1971 年。

［6］姚思廉:《梁书》,北京,中华书局,1973 年。

［7］李延寿:《北史》,北京,中华书局,1974 年。

［8］魏征:《隋书》,北京,中华书局,1973 年。

［9］刘昫:《旧唐书》,北京,中华书局,1975 年。

［10］欧阳修、宋祁:《新唐书》,北京,中华书局,1975 年。

［11］欧阳修:《新五代史》,北京,中华书局,1977 年。

［12］脱脱:《宋史》,北京,中华书局,1977 年。

［13］宋濂:《元史》,北京,中华书局,1976 年。

［14］张廷玉:《明史》,北京,中华书局,1974 年。

［15］赵尔巽:《清史稿》,北京,中华书局,1976 年。

1.2 其他汉文文献

［1］(汉)郑玄注,(唐)贾公彦疏:《周礼注疏》,北京,中华书局,2008 年。

［2］(东晋)法显:《法显传校注》,章巽校注,北京,中华书局,2008 年。

［3］(梁)释慧皎:《高僧传》,西安,陕西人民出版,2010 年。

［4］(唐)道宣:《释迦方志》,北京,中华书局,1983 年。

［5］(唐)玄奘、辩机:《大唐西域记》,北京,中华书局,1991 年。

［6］(唐)玄奘、辩机:《大唐西域记校注》,季羡林校释,北京,中华书局,
2000 年。

[7] (唐)义净:《唐代西域求法高僧传校注》,王邦维校注,北京,中华书局,
1988年。

[8] (唐)义净:《南海寄归内法传校注》,王邦维校注,北京,中华书局,
1995年。

[9] (唐)释道世:《法苑珠林》,周叔迦、苏晋仁校注,北京,中华书局,
2003年。

[10] (唐)慧立、彦悰:《大慈恩寺三藏法师传》,北京,中华书局,2000年。

[11] (唐)慧超:《往五天竺国传笺释》,张毅笺释,北京,中华书局,2000年。

[12] (唐)杜环:《经行记笺注》,张一纯笺注,北京,中华书局,2000年。

[13] (唐)段成式:《酉阳杂俎》,方南生点校,北京,中华书局,1931年。

[14] (唐)真人元开:《唐大和上东征考》,汪向荣校注,北京,中华书局,
2000年。

[15] (宋)王溥:《唐会要》,北京,中华书局,1955年。

[16] (宋)志磐:《佛祖统纪校注》,釋道法校注,上海,上海古籍出版社,
2012年。

[17] (宋)王钦若、杨亿、孙奭:《册府元龟》,北京,中华书局,1985年。

[18] (宋)张邦基:《墨庄漫录》,北京,中华书局,2002年。

[19] (宋)孟元老:《东京梦华录》,郑州,中州古籍出版社,2010年。

[20] (宋)朱牟:《曲洧旧闻》,北京,中华书局,1985年。

[21] (宋)周去非:《岭外代答校注》,杨武泉校注,北京,中华书局,1999年。

[22] (宋)赵汝适:《诸蕃志校释》,杨博文校释,北京,中华书局,2000年。

[23] (宋)岳珂:《桯史》,北京,中华书局,1981年。

[24] (宋)蔡絛:《铁围山纵谈》,李欣、符均注,西安,三秦出版社,2005年。

[25] (宋)朱彧:《萍洲可谈》,北京,中华书局,2007年。

[26] (宋)乐史:《太平寰宇记》,王文楚等点校,北京,中华书局,2007年。

[27] (宋)唐慎微:《证类本草》,尚志钧等点校,北京,华夏出版社,1993年。

[28] (宋)李昉等:《太平御览》,北京,中华书局,1960年。

[29] (元)陶宗仪:《南村辍耕录》,李梦生校点,上海,上海古籍出版社,
2012年。

[30] (元)杨瑀:《山居新话》,北京,中华书局,1991年。

[31] (元)汪大渊:《岛夷志略校释》,苏继庼校释,北京,中华书局,1981年。

[32] (明)李光墍:《守汴日志》,郑州,中州古籍出版社,1987年。

[33] (明)曹金撰:《开封府志》,山东,齐鲁书社,2001年。

[34]（明）陈懋仁：《泉南杂志》，北京，中华书局，1985 年。

[35]（明）李时珍：《本草纲目》，北京，人民卫生出版社，1977 年。

[36]（明）马欢：《明钞本〈瀛涯胜览〉校注》，万明校释，北京，海洋出版社，2005 年。

[37]（明）严从简：《殊域周咨録》，北京，中华书局，1993 年。

[38]（明）黄省曾：《西洋朝贡典録校注》，谢方校注，北京，中华书局，2000 年。

[39]（明）张燮：《东西洋考》，谢方点校，北京，中华书局，2000 年。

[40]（明）巩珍：《西洋番国志》，向达校注，北京，中华书局，2000 年。

[41]（明）费信：《星槎胜览》，北京，中华书局，1991 年。

[42]（清）宋继郊：《东京志略》，开封，河南大学出版社，1999 年。

[43]（清）刘智：《天方典礼》，天津，天津古籍出版社，1988 年。

[44]（清）李濂：《汴京遗迹志》，北京，中华书局，1999 年。

[45]（清）周城：《宋东京考》，北京，中华书局，1988 年。

[46]（清）徐继畬：《瀛环志略》，上海，上海书店出版社，2001 年。

[47]（清）仇巨川：《羊城古钞》，广州，广东人民出版社，1993 年。

[48] 中国新疆文物考古研究所、日本佛教大学尼雅遗址学术研究机构：《丹丹乌里克遗址——中日共同考察研究报告》，北京，文物出版社，2009 年。

[49] 顾海：《东南亚古代史中文文献提要》，厦门，厦门大学出版社，1990 年。

[50] 罗振玉：《芒洛冢墓遗文》（卷中），民国六年自刊本。

[51] 张星烺：《中西交通史料汇编》，北京，中华书局，2003 年。

[52] 耿引曾：《汉文南亚史料学》，北京，北京大学出版社，1990 年。

[53] 周绍良、赵超：《唐代墓志汇编》，上海古籍出版社，1992 年。

1.3 宗教文献

[1] *The Harper Collins Study Bible*, Wayne A. Meeks, ed., London, Harper Copllins Publishers, 1993.

[2] 开封犹太人明弘治二年《重建清真寺记》碑文、明正德七年《尊崇道经寺记》碑文、清康熙二年《重建清真寺记》碑文，详见陈垣：《陈垣史学论著选》，上海，上海人民出版社，1981 年；江文汉：《中国古代基督教及开封犹太人》，上海，知识出版社，1982 年。

[3]《大秦景教流行中国碑》碑文，详见江文汉：《中国古代基督教及开封犹

太人》,上海,知识出版社,1982 年。

[4]《新修大正大藏经》,河北,河北省佛教协会,2009 年。

[5]《长阿含经》,恒强校注,北京,线装书局,2012 年。

1.4 汉译外文文献

[1] (阿拉伯)马苏第:《黄金草原》,耿昇译,北京,人民出版社,2013 年。

[2] (阿拉伯)佚名:《世界境域志》,王治来译注,上海,上海古籍出版社, 2010 年。

[3] (阿拉伯)伊本·胡尔达兹比赫:《道里邦国志》,宋岘译注,北京,中华 书局,1991 年。

[4] (阿拉伯)《一千零一夜》,纳训译,北京,人民文学出版社,1978 年。

[5] (阿拉伯)伊本·白图泰:《伊本·白图泰游记》,马金鹏译,银川,宁夏 出版社,2000 年。

[6] (阿拉伯)苏莱曼:《中国印度见闻录》,穆根来、汶江、黄倬汉译,北京, 中华书局,1983 年。

[7] (波斯)火者·盖耶速丁:《沙哈鲁遣使中国记》,何高济译,北京,中华 书局,2002 年。

[8] (亚美尼亚)乞剌可思·刚札克赛:《海屯行纪》,何高济译,北京,中华 书局,2002 年。

[9] (法)费琅:《阿拉伯突厥人东方文献辑注》,耿昇、穆根来译,北京,中 华书局,1989 年。

[10] (法)鲁布鲁克:《鲁布鲁克东行纪》,(美)柔克义译注、何高济译,北京, 中华书局,1985 年。

[11] (法)戈岱司:《希腊拉丁作家远东古文献辑录》,耿昇译,北京,中华书 局,1987 年。

[12] (意)柏朗嘉宾:《柏朗嘉宾蒙古行纪》,(法)贝凯、韩百诗译注、耿昇译, 北京,中华书局,1985 年。

[13] (意)马可·波罗:《马可波罗行纪》,冯承钧译,上海,上海书店出版社, 2001 年。

[14] (意)马可·波罗:《马可波罗行纪》,(法)沙海昂注、冯承钧译,北京,中 华书局,2004 年。

[15] (意)鄂多立克:《鄂多立克东游录》,何高济译,北京,中华书局, 2002 年。

[16] (意)利玛窦、金妮阁:《利玛窦中国札记》,何高济等译,中华书局,

1983 年。

[17] (英)裕尔:《东域纪程录丛——古代中国闻见录》,(法)考迪埃修订、张绪山译,北京,中华书局,2008 年。

1.5　英文文献

[1] Adler, Elkan Nathan, *Jewish Travelers*, George Routledge & Sons, LTD, 1927.

[2] Al-Tabari, *The History of al-Tabari*, Vol.XXXII, State University of New York Press, 1987.

[3] Benjamin, *Travels of Rabbi Benjamin*, *Son of Jonah of Tudela*, Rev. Marcus Nathan Adler, London, 1907.

[4] Indicopleustes, Cosmas, *The Christian Topography of Cosmas*, New York, 1897.

[5] Marcus, Jacob R., *The Jew in the Medieval World: a Source Book from 315 to 1791*, Atheneum, New York, 1981.

[6] Rabbi Benjamin, *Travels of Rabbi Benjamin of Tudela*, London: printed for the translator; and sold by Messrs. Robson, New Bond-Street; J. Murray, in Fleet-Street; T. Davis, Holborn; W. Law, Ave-Maria-Lane, and at No.7, Canterbury-Square, Southwark, M, DCC, LXXXIV, 1784.

[7] Stillman, Norman A., *The Jews of Arab Lands: a History and Source Book*, the Jewish Publication Society of America, 1979.

[8] Simonsohn,Shlomo, *The Jews in Sicily*, Leiden, Boston, 2010.

[9] Theophanes, *The Chronicle of Theophanes*, trans. Cyril Mango and Roger Scott, Oxford: Clarendon Press, 1997.

[10] Yule, Henry, *Cathay and the Way Thither: Being a Collection of Medieval Notices of China*, Vol.II, III, IV, Cambridge University Press, 1916, 1916, 2010.

2　研究著作

2.1　中文著作

[1] 陈垣:《陈垣史学论著选》,上海,上海人民出版社,1981 年。

[2] 陈尚胜、陈高华:《中国海外交通史》,台北,文津出版社,1997 年。

[3] 方豪:《中西交通史》,上海,上海人民出版社,2008 年。

［4］冯承钧:《中国南洋交通史》,上海,上海古籍出版社,2005 年。

［5］冯承钧:《西域地名》,北京,中华书局,1955 年。

［6］耿世民:《古代突厥文碑铭研究》,北京,中央民族大学出版社,
2005 年。

［7］桂宝丽:《可萨突厥》,兰州,兰州大学出版社,2012 年。

［8］江文汉:《中国古代基督教及开封犹太人》,上海,知识出版社,
1982 年。

［9］姜伯勤:《敦煌吐鲁番文书和丝绸之路》,北京,文物出版社,1994 年。

［10］李景文等编校:《古代开封犹太人——中文文献辑要与研究》,北京,人
民出版社,2011 年。

［11］李树辉:《乌古斯与回鹘研究》,北京,民族出版社,2010 年。

［12］李铁生:《古波斯币》,北京,北京出版社,2006 年。

［13］林梅村:《西域文明》,北京,东方出版社,1995 年。

［14］林梅村:《松漠之间》,北京,三联出版社,2007 年。

［15］林悟殊:《唐代景教再研究》,北京,中国社会科学,2003 年。

［16］刘迎胜:《蒙元帝国与 13—15 世纪的世界》,北京,三联书店,2013 年。

［17］刘迎胜:《海路与陆路》,北京,北京大学出版社,2011 年。

［18］潘光旦:《中国境内犹太人的若干历史问题——开封的中国犹太人》,
北京,北京大学出版社,1983 年。

［19］吴晗:《吴晗史学论著选集》,北京,人民出版社,1986 年。

［20］王一沙:《中国犹太春秋》,海洋出版社,1992 年。

［21］向达:《中西交通史》,上海书店,民国二十三年。

［22］向达:《唐长安与西域文明》,石家庄,河北教育出版,2001 年。

［23］许序雅:《中亚萨曼王朝史研究》,贵阳,贵州教育出版社,2000 年。

［24］徐新、凌继尧:《犹太百科全书》,上海,上海人民出版社,1993 年。

［25］余太山:《早期丝绸之路文献研究》,北京,商务印书馆,2013 年。

［26］张绥:《犹太教与中国开封犹太人》,上海,三联出版社,1991 年。

［27］张绪山:《中国与拜占庭帝国关系研究》,北京,中华书局,2012 年。

［28］张广达、王小甫:《天涯若比邻——中外文化交流史略》,香港,中华书
局,1988 年。

［29］朱威烈、金应忠:《90 中国犹太学研究总汇》,上海,上海三联书店,
1992 年。

2.2　汉译外文著作

267

［１］（比利时）亨利·皮雷纳：《穆罕默德和查理曼》，王晋新译，上海，三联出版社，2011年。

［２］（法）伯希和：《蒙古与教廷》，冯承钧译，北京，中华书局，2008年。

［３］（法）费琅：《昆仑及南海古代航行考》、《苏门答剌古国考》，冯承钧译，北京，中华书局，2002年。

［４］（法）费赖之：《入华耶稣会士列传》，冯承钧译，商务印书馆，民国二十七年。

［５］（法）勒内·格鲁塞：《草原帝国》，蓝琪译、项英杰校，北京，商务印书馆，2010年。

［６］（法）娜婷·佩伦：《中国的犹太人——开封和上海犹太人社团的神奇历史》，耿昇译，郑州，大象出版社，2005年。

［７］（法）荣振华、（澳）李渡南等编著：《中国的犹太人》，耿昇译，郑州，大象出版社，2005年。

［８］（法）沙畹：《西突厥史料》，冯承钧译，北京，中华书局，2004年。

［９］（美）菲利浦·希提：《阿拉伯通史》，马坚译，北京，新世界出版社，2008年。

［10］（美）劳费尔：《中国伊朗编》，林筠因译，北京，商务印书馆，1964年。

［11］（美）沙博理编著：《中国古代犹太人——中国学者研究文集点评》，殷罡等译，北京，新世界出版社，2008年。

［12］（美）谢弗：《唐代的外来文明》，吴玉贵译，北京，中国社会科学出版社，1995年。

［13］（英）G.F.赫德逊：《欧洲与中国》，王遵仲、李申、张毅译，何兆武校，北京，中华书局。

［14］（英）穆尔：《1550年前的中国基督教史》，郝镇华译，北京，中华书局，1984年。

［15］（英）斯坦因：《西域考古记》，向达译，北京，商务印书馆，2013年。

［16］（日）桑原骘藏：《唐宋元时代中西通商史》，冯攸译，北京，商务印书馆，民国十九年。

［17］（日）桑原骘藏：《隋唐时代西域人华化考》，何建民译，昆明，中华书局，1939年。

［18］（日）桑原骘藏：《蒲寿庚考》，陈裕菁译，北京，中华书局，2009年。

［19］（日）三上次男：《陶瓷之路》，李锡经、高喜美译，蔡伯英校，北京，文物出版社，1972年。

［20］（日）藤田丰八:《中国南海古代交通丛考》,何建民译,北京,商务印书馆,民国二十四年。

［21］（日）藤田丰八:《西域研究》,杨炼译,上海,商务印书馆,1951 年。

［22］（日）羽田亨:《西域文明史概论》,耿世民译,北京,中华书局,2005 年。

［23］（伊朗）志费尼:《世界征服者史》,何高济译,商务印书馆,2009 年。

［24］波斯坦、科尔曼、彼得·马塞厄斯主编:《剑桥欧洲经济史》,王春法译,北京,经济科学出版社,2004 年。

［25］朱杰勤:《中外关系史译丛》,北京,海洋出版社,1984 年。

［26］中国中亚文化研究协会、中国社会科学院历史研究所、中外关系史研究室编,《中亚学刊》（第 2 辑）,北京,中华书局,1987 年。

2.3 英文著作

［1］Ben-Sasson, H. H., *A History of the Jewish People*, Harvard University Press, 1999.

［2］Brook, Kevin A., *The Jews of Khazaria Northvale*, NJ：Jason Aronson, 1999.

［3］Dunlop, Douglas M., *The History of the Jewish Khazars*, New York：Schocken, 1967.

［4］Eber, Irene., *Chinese and Jews*, Vallentine Mitchell, London, Portand, Oregon, 2008.

［5］Ehrlich, M. Avrum., *The Jewish-Chinese Nexus*, *Routledge*, London and New York, 2008.

［6］Finn, James., *The Jews in China：their Synagogue, their Scriptures, their History*, London：B. Wertheim, Aldine Chambers, Paternoster Row, 1893.

［7］Goitein, S. D., *Jews and Arabs, their Contacts through the Ages*, Schocken Books, New York, 1964.

［8］Goitein, S. D., *From the Land of Sheba*, *Tales of the Jews of Yemen*, *Schocken Books*, New York, 1973.

［9］Golb, Norman., and Pritsak, Omeljan., *Khazarian Hebrew Documents of the Tenth Century*, Ithaca, NY：Cornell University Press, 1982.

［10］Golden, Peter B., *Khazar Studies：A Historico-Philological Inquiry into the Origins of the Khazars*, Vol.1, Budapest：Akadémiai

Kiadó, 1980.

[11] Gow, Andrew C., *The Red Jews*, Leiden Netherlands: E. J. Brill, 1995.

[12] Holo, Joshua., *An Economic History of the Jews of Byzantium from the Eve of the Arab Conquest to the Fourth Crusade*, A Dissertation Submitted to the Faculty of the Division of the Humanities in Candidacy for the Degree of Doctor of Philosophy, Chicago Illinois, 2001.

[13] Hourani, George F., *Arab Seafaring, in the Indian Ocean in Ancient and Early Medieval Times*, Princeton Press, Princeton, New Jersey, 1979.

[14] Huntingford, George Wynn Brereton., ed., *The Periplus of the Erythraean Sea*, Hakluyt Society, 1980.

[15] Katz, Solomon., *The Jews in the Visigothic and Frankish Kingdoms of Spain and Gaul*, the Mediaeval Academy of America Cambridge, Massachusetts, 1937.

[16] Keller, Werner., *Diaspora, the Post-Biblical History of the Jews*, New York: Harcourt, Brace & World, Inc., 1966.

[17] Koestler, Arthur., *The Thirteenth Tribe: The Khazar Empire and Its Heritage*, New York: Random House, 1976.

[18] Kubin, Hyman., *Jews in Old China: Some Western Views*, Paragon Book Reprint Corp, 1971; *Studies of the Chinese Jews: Selections from Journals Eastand West*, Paragon Book Reprint Corp, 1971.

[19] Leslie, Donald Daniel., *The Survival of the Chinese Jews: the Jewish Community of Kaifeng, Monographie X of T'oung Pao*, Leiden, E. J. Brill, 1972; *The Chinese-Hebrew Memorial Book of the Jewish Community of K'aifeng*, Canberra College of Advanced Education, 1984; *Jews and Judaism in Traditional China: A Comprehensive Bibliography*, Monumental Serica XLIV, 1999.

[20] Neubauer, ed., *Medieval Jewish Chronicles and Chronological Notes*, Oxford, 1895.

[21] Perlmann, S. M., *The History of the Jews in China*, London: R. Mazin & Co. Ltd., 1913.

［22］Pollak，Michael.，*Mandarins，Jews and Missionaries，the Jewish Experience in the Chinese Empire*，Philadelphia，1980；*The Sino-Judaic Bibliographies of Rudolf Lowenthal*，Hebrew Union College Press，Cincinnati，1988；*The Jews of Dynastic China：a Critical Bibliography*，Hebrew Union College Press，1993.

［23］Rabinowitz，L.，*Jewish Merchant Adventures：A Study of the Radanites*，London：Edward Goldston，1948.

［24］Schoff，Wilfred H.，ed.，*Periplus of the Erythraean Sea*，Munshiram Manoharlal Publishers Pvt. Limited，1995.

［25］Schwarcz，Vera.，*Bridge across Broken Time，Chinese and Jewish Cultural Memory*，Yale University Press，1998.

［26］Smith，George.，*The Jews at K'ae-fung-foo：Being a Narrative of a Mission of Inquiry，to the Jewish Synagogue at K'ae-fung-foo，on Behalf of the London Society for Promoting Christianity among the Jews*，London Missionary Society's Press，1851.

［27］Stein，M. A.，*Kalhana's Rajatarangini*，Motilal Banarsidass Publishers，Delhi，2009.

［28］Stillman，Norman A.，*The Jews of Arab Lands*，Oxford University Press，1979.

［29］White，Willam Charles.，*The Chinese Jews*，Toronto，1942.

3 参考论文

3.1 中文论文

［1］曹寅：《丝绸之路与中国古代犹太人研究》，上海社会科学院硕士学位论文，2011 年。

［2］龚方震：《丝绸之路上的犹太商人》，《西北民族研究》，1989 年，第 1 期。

［3］龚方震：《可萨汗国—东西方贸易的枢纽》，载中国中外关系史学会编：《中外关系史论丛》（第 4 辑），天津古籍出版社，1994 年。

［4］华涛：《穆斯林文献中的托古兹古思》，《西域研究》，1991 年，第 2 期。

［5］（日）吉田丰：《有关和田出土 8—9 世纪于阗语世俗文书中的札记》（三）中、（三）下，田卫卫译、西村阳子校，《敦煌学辑刊》，2012 年，第 2 期。

［6］孔宪易：《开封一赐乐业教钩沉》，《上海师范大学学报》，1985 年，第

3 期。

［7］林梅村：《新疆和田出土汉文于阗文双语文书》，《考古学报》，1993 年。

［8］林英：《试论唐代西域的可萨汗国——兼论其与犹太人入华的联系》，《中山大学学报》，2000 年，第 1 期。

［9］马雍：《古代鄯善、于阗佉卢文资料综考》，《中国民族古文字研究》，中国社会科学出版社，1984 年。

［10］芮传明：《"萨宝"的再认识》，《史林》，2000 年，第 3 期。

［11］芮传明：《康国北及阿得水地区铁勒部落考——〈隋书〉铁勒诸部探讨之二》，《铁道师院学报》，1990 年。

［12］荣新江：《萨保与萨薄：北朝隋唐胡人聚落首领问题的争论与辨析》，载叶弈良：《伊朗学在中国论文集》（第 3 集），北京：北京大学出版社，2003 年。

［13］苏北海：《唐代中亚热海道考》，《社会科学》，1987 年，第 3 期。

［14］杨刚基：《不丹考释》，《西藏研究》，1991 年，第 4 期。

［15］杨铭：《吐蕃与南亚中亚各国关系史述略》，《西北民族研究》，1990 年，第 1 期。

［16］余欣、瞿旻昊：《中古中国的郁金香与郁金》，《复旦学报》，2014 年，第 3 期。

［17］魏良弢：《突厥汗国与中亚》，《西域研究》，2005 年，第 3 期。

［18］魏千志：《中国犹太人定居开封时间考》，《史学月刊》，1993 年，第 5 期。

［19］魏千志：《中国古代犹太人姓氏变化考》，《史学月刊》，1997 年，第 2 期。

［20］王一沙：《中国古代犹太人的历史文化遗产》，《同济大学学报》，1994 年，第 2 期。

［21］吴其昱：《景教三威蒙度赞研究》，载《中央研究院历史语言研究所集刊》，1986 年。

［22］张绪山：《6—7 世纪拜占庭帝国与西突厥汗国的交往》，《世界历史》，2002 年，第 1 期。

［23］张广达、荣新江：《〈唐大历三年三月典成铣牒〉跋》，《新疆社会科学》，1988 年，第 1 期。

［24］钟兴麒：《唐代安西碎叶镇位置与史事辨析》，《中国边疆史地研究》，2000 年，第 1 期。

［25］张湛、时光：《一件新发现犹太波斯语信札的断代与释读》，《敦煌吐鲁番研究》，第 11 卷，上海古籍出版社，2009 年。

[26] 张湛:《粟特商人的接班人? ——管窥丝路上的伊朗犹太商人》,荣新江、罗丰:《粟特人在中国:考古发现与出土文献的新印证》,北京,科学出版社,2016 年。

[27] 赵家栋:《〈序听迷诗所经〉疑难字词考辨》,《敦煌研究》,2017 年。

3.2 英文论文

[1] Bosworth, C.E., "The Early Islamic History of Ghur", in *Central Asiatic Journal*, Hague, 1961.

[2] Bosworth, C.E., "The Early Ghaznavids", in R.N. Frye, *the Cambridge History of Iran*, Cambridge University, 1995, Vol.4.

[3] Botticini, Maristella., and Eckstein, Zvi., "From Farmers to Merchants, Conversions and Diaspora: Human Capital and Jewish History", in *Journal of the European Economic Association*, Vol.5, No.5, 2007.

[4] Brauer, Erich., "The Jews of Afghanistan: An Anthropological Report", in *Jewish Social Studies*, Vol.4, No.2, 1942.

[5] Bruno, Andrea., "Notes on the Discovery of Hebrew Inscriptions in the Vicinity of the Minaret of Jam", in *East and West*, Vol.14, No.3/4, 1963.

[6] Chaffee, John., "Diasporic Identities in the Historical Development of the Maritime Muslim Communities of Song-Yuan China Diasporic Identities in the Historical Development of the Maritime Muslim Communities of Song-Yuan China", in *the Journal of the Economic and Social History of the Orient*, Vol.49, No.4, *Maritime Diasporas in the Indian Ocean and East and Southeast Asia（960—1775）*, 2006.

[7] Charanis, Peter., "The Jews of the Byzantine Empire under the First Palaeologi", in *Speculum*, Vol.22, No.1, 1947.

[8] Fang, Chaoying., "Notes on the Chinese Jews of Kaifeng Notes on the Chinese Jews of Kaifeng", in *the Journal of the American Oriental Society*, Vol.85, No.2, Apr.—Jun., 1965.

[9] Fischel, Walter J., "Cochin in Jewish History: Prolegomena to a History of the Jews in India", in *the Proceedings of the American Academy for Jewish Research*, Vol.30, 1962.

[10] Fischel, Walter J., "The Exploration of the Jewish Antiquities of Cochin on the Malabar Coast", in *the Journal of the American Oriental Society*, Vol.87, No.3, 1967.

[11] Fischel, Walter J., "Bombay in Jewish History in the Light of New Documents from the Indian Archives", in *the Proceedings of the American Academy for Jewish Research*, Vol.38/39, 1970—1971.

[12] Fischel, Walter J., "The Spice Trade in Mamluk Egypt: A Contribution to the Economic History of Medieval Islam", in *the Journal of the Economic and Social History of the Orient*, Vol.1, No.2 Apr., 1958.

[13] Fischel, Walter J., "The Origin of Banking in Mediaeval Islam: A Contribution to the Economic history of the Jews of Baghdad in the tenth Century", in *the Journal of the Royal Asiatic Society of Great Britain and Ireland*, No.3, Jul., 1933.

[14] Fischel, Walter J., "The Rediscovery of the Medieval Jewish Community at Fīrūzkūh in Central Afghanistān", in *the Journal of the American Oriental Society*, Vol.85, No.2, Apr.—Jun., 1965.

[15] Fischel, Walter J., "The Jewish Merchants, Called Radanites", in *the Jewish Quarterly Review*, *New Series*, Vol.42, No.3, Jan., 1952.

[16] Foltz, Richard., "Judaism and the Silk Route Judaism and the Silk Route", in *the History Teacher*, Vol.32, No.1, Nov., 1998.

[17] Gil, Moshe., "The Radhanite Merchants and the Land of Radhan", in *the Journal of the Economical and Social History of the Orient*, Vol.XVII, Part 3.

[18] Gitisetan, Dariush., "Judeo-Persian Language and Literature", in *MELA Notes*, No.28, 1983.

[19] Golb, Norman., "The Topography of the Jews of Medieval Egypt", in *the Journal of Near Eastern Studies*, Vol.33, No.1.

[20] Gnoli, Gherardo., "Further Information Concerning the Judaeo-Persian Documents of Afghanistan", in *the East and West*, Vol.14, No.3/4.

[21] Goldenweiser, Rachel L., "The Bukharian Jews through the Lenses

of the 19th Century Russian Photographers", in *Iran & the Cauca-sus*, Vol.9, No.2, 2005.

[22] Henning, W.B., "The Inscriptions of Tang-i Azao", in *Bulletin of the School of Oriental and African Studies*, University of London, Vol.20, No.1/3, *Studies in Honour of Sir Ralph Turner, Director of the School of Oriental and African Studies*, 1937—57, 1957.

[23] Israeli, Raphael., "Medieval Muslim Travelers to China", in *the Journal of Muslim Minority Affairs*, Vol.20, No.2, 2000.

[24] Jacoby, David.,"The Jews of Constantinople and their Demographic Hinterland", Cyril Mango and Gilbert Dagron ed., London, 1955.

[25] Johnston, J. H., "The Mohammedan Slave Trade", in *the Journal of Negro History*, Vol.13, No.4, 1928.

[26] Jr., Lawrence I. Kramer., "The K'Aifeng Jews: A Disappearing Community", in *the Jewish Social Studies*, Vol.18, No.2, Apr., 1956.

[27] Kaplan, Frederick I., "The Decline of the Khazars and the Rise of the Varangians", in *American Slavic and East European Review*, Vol.13, No.1, Feb., 1954.

[28] Kaplan, Steven.,"Indigenous Categories and the Study of World Re-ligions in Ethiopia: the Case of the Beta Israel", in *Journal of Reli-gion in Africa*, Vol.22, 1992.

[29] Katz, Nathan., "The Judaisms of Kaifeng and Cochin: Parallel and Divergent Styles of Religious Acculturation", in *the Numen*, Vol.42, No.2, May, 1995.

[30] Lange, Nicholas de., "Hebraism and Hellenism: the Case of Byzan-tine Jewry", in *Poetics Today*, Vol.19, No.1, Hellenism and He-braism Reconsider: the Poetics of Cultural Influence and Exchange I, 1998.

[31] Laufer, Berthold., "A Chinese Hebrew Manuscript, A New Source for the History of the Chinese Jews", in *the American of Semitic Languages*, 1903, Vol.46, No.3.

[32] Leslie, D., "Some Notes on the Jewish Inscriptions of K'aifeng Some Notes on the Jewish Inscriptions of K'aifeng", in *the Journal of the*

American Oriental Society, Vol.82, No.3, Jul.—Sep., 1962.

[33] Leslie, D., "The K'aifeng Jew Chao Ying-ch'eng and His Family The K'aifeng Jew Chao Ying-ch'eng and His Family", in *the T'oung Pao*, Second Series, Vol.53, 1967.

[34] Li Dawei and Meng Fanjun, "Chinese Terms of Address for the Jews from the Tang to the Qing Dynasties", in *the Journal of Jewish Studies*, Oxford Centre for Hebrew and Jewish Studies, 2020, Vol.1.

[35] Löwenthal, Rudolf., "The Early Jews in China: A Supplementary Bibliography", in *the Folklore Studies*, Vol.5, 1946.

[36] 羅文達(Löwenthal, Rudolf.),張相文,王聯祖,王聯祖,"An Early Chinese Source on the Kaifeng Jewish Community / 大梁訪碑記英譯", in *the Folklore Studies*, Vol.4, 1945.

[37] MacKenzie, D. N., "Jewish Persian From Isfahan", in *the Journal of the Royal Asiatic Society of Great Britain and Ireland*, No.1/2, Apr., 1968.

[38] Mandelbaum, David G., "The Jewish Way of Life in Cochin", in *Jewish Social Studies*, Vol.1, No.4, 1939.

[39] Margoliouth, D. S., "An Early Judæo-Persian Document from Khotan, in the Stein Collection, with Other Early Persian Documents", in *the Journal of the Royal Asiatic Society of Great Britain and Ireland*, Oct., 1903.

[40] McCormick, Michael., "New Light on the Dark Ages: How the Slave Trade Fulled the Carolingian Economy", in *Past & Present*, No.177, 2002.

[41] Neubauer, A., "Where Are the Ten Tribes? II, Eldad the Danite", in *the Jewish Quarterly Review*, Vol.1, No.2.

[42] Neusner, Jacob., "Some Aspects of the Economic and Political Life of Babylonian Jewry, Ca. 160—220 C. E.", in *Proceedings of the American Academy for Jewish Research*, Vol.31, 1963.

[43] Pritsak, Omeljan., "The Khazar Kingdom's Conversion to Judaism", in *Harvard Ukrainian Studies*, Vol.2, No.3, 1978.

[44] Rabinowitz, L., "The Routes of the Radanites", in *the Jewish*

Quarterly Review, New Series, Vol.35, No.3, Jan., 1945.

[45] Rabinowitz, L., "Eldad Ha-Dani and China", in *the Jewish Quarterly Review*, Vol.36, No.3, 1946.

[46] Rhee, Song Nai., "Jewish Assimilation: The Case of Chinese Jews", in *the Comparative Studies in Society and History*, Vol.15, No.1, Jan., 1973.

[47] Ricks, Thomas M., "Persian Gulf Seafaring and East Africa: Ninth-Twelfth Centuries", in *African Historical Studies*, Vol.3, No.2, 1970.

[48] Roland, Joan G., "The Jews of India: Communal Survival or the End of a Sojourn?", in *the Jewish Social Studies*, Vol.42, No.1, Winter, 1980.

[49] Sanasarian, Eliz., "Babi-Bahais, Christians and Jews in Iran", in *Iranian Studies*, Vol.31, No.3/4, Review of the Encyclopaedia Iranica, 1998, p.623.

[50] Schechter, S., "An Unknown Khazar Document", in *the Jewish Quarterly Review*, Vol.3, No.2, 1912.

[51] Sen, Tansen., "The Formation of Chinese Maritime Networks to Southern Asia, 1200—1450", in *the Journal of the Economic and Social History of the Orient*, Vol.49, No.4, *Maritime Diasporas in the Indian Ocean and East and Southeast Asia(960—1775)*, 2006.

[52] Sharot, Stephen., "The Kaifeng Jews: A Reconsideration of Acculturation and Assimilation in a Comparative Perspective", in *the Jewish Social Studies*, New Series, Vol.13, No.2, Winter, 2007.

[53] Sprenger, A., "Some passages on the early commerce of the Arabs", in *the Journal of the Asiatic Society of Bengal*, Vol.14, Part 2. 1844.

[54] Spector, Johanna., "Shingli Tunes of the Cochin Jews", in *Asian Music*, Vol.3, No.2, Indian Music Issue, 1972.

[55] Walter J. Fischel., "The Exploration of the Jewish Antiquities of Cochin on the Malabar Coast", in *the Journal of the American Oriental Society*, Vol.87, 1967, p.231.

[56] Yu Peng, "Revising the date of Jewish arrival in Kaifeng, China,

from the Song Dynasty (960—1279) to the Hung-wu period (1368—98) of the Ming Dynasty", in *Journal of Jewish Studies*, 68 (2017).

4　戈尼萨文库资料

4.1　戈尼萨文库文献

[1] Goitein, S. D., and Friedman, Mordechai Akiva., *India Traders of the Middle Ages*, *Documents from the Cairo Geniza*, Brill, Leiden • Boston, 2008.

[2] Goitein, S. D., *Letters of Medieval Jewish Traders*, Princeton University Press, 1973.

4.2　戈尼萨文库研究著作

[1] Adler, E. N., *Jews in Many Lands*, Philadelphia, 1905.

[2] Adler, Elkan N., *Catalogue of Hebrew Manuscripts in the Collections of Elkan Nathan Adler*, Cambridge, 1921.

[3] Ashtor, Eliyahu., *Levant Trade in the Later Middle Ages*, Princeton, N. J.: Princeton University Press, 1984; *The Jews and the Mediterranean Economy*, *10—15th Centuries*, London: Variorum Reprints, 1983.

[4] Aslanian, Sebouh David., *From the Indian Ocean to the Mediterranean: the Global Trade Networks of Armenian Merchants from New Julfa*, University of California Press, 2011.

[5] Bentwich, Norman., *Solomon Schechter: A Biography*, Philadelphia, 1948.

[6] Blau, Joshua., *The Emergency and Linguistic Background of Judaeo-Arabic:A Study of the Origins of Middle Arabic*, Oxford, 1965.

[7] Blau, Joshua., and Reif, Stefan C., *Genizah Research after 90 Years*, Cambridge University, 1992.

[8] Cook, M. A., *Studies in the Economic History of the Middle East from the Rise of Islam to the Present Day*, London: Oxford University Press, 1970.

[9] Constable, Olivia Remie., *Trade and Traders in Muslim Spain*,

the Commercial Realignments of the Iberian Peninsula, *900—1500*, Cambridge: U.P., 1994.

[10] Diem, Werner., and Radenberg, Hans-Peter., *A Dictionary of the Arab Material of S. D.Goitein's A Mediterranean Society*, Otto Harrassowitz Verlag, 1994.

[11] Goldberg, Jessica., *Institutions and Geographies of Trade in the Medieval Mediterranean: the Business World of the Maghribi Traders*, New York: Cambridge University Press, 2012.

[12] Goitein, S.D., *The Mediterranean Society*, Vol.1—5, University of California Press, 1970—1999.

[13] Goitein, S. D., *The Mediterranean Society: an Abridgment in One Volume*, University of California Press, 1999.

[14] Goitein, S. D., and Sanders, Paula., *A Mediterranean Society: Cumulative Indices: the Jewish Communities of the Arab World as Portrayed in the Documents of the Cairo Geniza: Cumulative Indices* Vol.6, University of California Press, 1999.

[15] Goldberg, Jessica., *Geographies of Trade and Traders in the Eleventh Century Mediterranean: a Based on Documents from the Cairo Geniza*, Submitted in partial Fulfillment of the Requirements for the Degree of Doctor of Philosophy in the Graduate of Arts and Sciences of Columbia University, 2005.

[16] Groom, Susan Anne., *Linguistic Analysis of Biblical Hebrew*, *Carlisle*, Paternoster Press, 2003.

[17] Halper, B., *Descriptive Catalogue of Genizah Fragments in Philadephia*, Philadelphia, 1924.

[18] Ho, Engseng., *Graves of Tarim: Genealogy and Mobility across the Indian Ocean*, University of California Press, 2006.

[19] Kanle, Paule., *The Cairo Geniza*, New York, 1960.

[20] Khalilieh, Hassan Sailh., *Islamic Maritime Law and Practice during the Classical Period (200—900 A. H/815—1494 C.E): A Study Based on Jurisprudential, Historical and Geniza Sources*, A Dissertation Presented to the Faculty of Princeton University in Candidacy for the Degree of Doctor of Philosophy, 1995.

[21] Lambert, Phyllis., *Fortifications and the Synagogue: the Fortress of Babylon and Ben Ezra Synagogue, Cairo*, Montreal: Canaidan Centre for Architerture, 1994—2001.

[22] Mann, Jacob., *The Jews in Egypt and in Palestine under the Fatimid Caliphs*, Oxford, 1920.

[23] Margariti, Roxani Eleni., *Like the Place of Congregation on Judgment Day: Maritime Trade and Urban Organization in Medieval Aden (ca. 1083—1229)*, A Dissertation Presented to the Faculty of Princeton University in Candidacy for the Degree of Doctor of Philosophy, June, 2002.

[24] Margariti, Roxani Eleni., *Aden and the Indian Ocean Trade: 150 Years in the Life of a Medieval Arabian Port, Chapel Hill*, University of North Carolina Press, 2007.

[25] Neubauer, A., and Cowley, A. E., *Catalogue of the Hebrew Manuscripts in the Bodleian Library*, 2 Vols, Oxford, 1906.

[26] Reif, Stefan C., *The Cambridge Genizah Collections*, Cambridge University, 2002; Hebrew Manuscripts at Cambridge University Library, Cambridge University Press, 1997.

[27] Reif, Stefen C., *A Jewish Archive from Old Cairo*, Curzon, 2000.

[28] Shaked, Shaul., *A Tentative Bibliography of the Geniza Documents*, Paris and Hague, 1964.

[29] Stillman, Norman Arthur., *East-West in the Islamic Mediterranean in the Early Eleventh Century: A Study in the Geniza Correspondence of the House of Ibn Awkal*, Ann Arbor, Mich.: UMI, 1970.

[30] Wagner, Esther-Miriam., *Linguistic Variety of Judaeo-Arabic in Letters from the Cairo Genizah*, Brill Academic Publisher, 2010.

[31] Weiss, Gershon., *Legal Documents Written by the Court Clerk Halfon ben Manassee(dated 1100—1138): A Study in the Diplomatics of the Cairo Geniza*, Ann Arbor, Mich, UMI, 1971.

4.3 戈尼萨文库论文

[1] Adler, Marcus N., "The Itinerary of Benjamin of Tudela", in *the Jewish Quarterly Review*, Vol.18, No.4, Jul., 1906.

［ 2 ］Boyarin, Daniel., "On the History of the Babylonian Jewish Aramaic Reading Traditions", in *the Journal of Near Eastern Studies*, Vol.37, No.2, Colloquium on Aramaic Studies, 1978.

［ 3 ］Chakravarti, Ranabir., "Nakhudas and Nauvittakas", in *the Journal of the Economic and Social History of the Orient*, Vol.43, No.1, 2000.

［ 4 ］Citarella, Armand O., "A Puzzling Question concerning the Relations between the Jewish Communities of Christian Europe and Those Represented in the Geniza Documents", in *the Journal of the American Oriental Society*, Vol.91, No.3, 1971.

［ 5 ］Citarella, Armand O., "Patterns in Medieval Trade", in *the Journal of Economic History*, Vol.28, No.4, Dec., 1968.

［ 6 ］Cohen, Mark R., "Jews in the Mamlūk Environment: the Crisis of 1442", in *the Bulletin of the School of Oriental and African Studies*, University of London, Vol.47, No.3, 1984.

［ 7 ］Cohen, Mark R., "On the Origins of the Office of Head of the Jews in the Fatimid Empire", in *the AJS Review*, Vol.4, 1979.

［ 8 ］Cuffel, Alexandra., "Call and Response", in *the Jewish Quarterly Review*, New Series, Vol.90, No.1/2, 1999.

［ 9 ］Ettinghausen, Richard., "The Uses of Sphero-Conical Vessels in the Muslim East", in *the Journal of Near Eastern Studies*, Vol.24, No.3, Erich F. Schmidt Memorial Issue, Part One, 1965.

［10］Gil, Moshe., "References to Silk in Geniza Documents of the Eleventh Century A. D.", in *the Journal of Near Eastern Studies*, Vol.61, No.1, Jan., 2002.

［11］Gil, Moshe., "The Jewish Merchants in the Light of the 11th Century Geniza Documents", in *the Journal of the Economic and Social History of the Orient*, Vol.46, No.3, 2003.

［12］Gil, Moshe., "The Jewish Quarters of Jerusalem according to Cairo-Geniza Documents and Other Sources", in *the Journal of Near Eastern Studies*, Vol.41, No.4, Oct., 1982.

［13］Goitein, S. D., "The Documents of the Cairo Geniza as a Source for Mediterranean Social History", in *the Journal of the American Ori-*

ental Society, Vol.80, No.2, 1960.

[14] Goitein, S. D., "Portrait of a Medieval India Trader: Three Letters from the Cairo Geniza", in *the Bulletin of the School of Oriental and African Studies*, University of London, Vol.50, No.3, 1987.

[15] Goitein, S. D., "Petitions to Fatimid Caliphs from the Cairo Geniza", in *the Jewish Quarterly Review*, New Series, Vol.45, No.1, 1954.

[16] Goitein, S. D., "The Main Industries of the Mediterranean Area as Reflected in the Records of the Cairo Geniza", in *the Journal of the Economic and Social History of the Orient*, Vol.4, No.2, 1961.

[17] Goitein, S. D., "From Aden to India: Specimens of the Correspondence of India Traders of the Twelfth Century", in *the Journal of the Economic and Social History of the Orient*, Vol.23, No.1/2, Apr., 1980.

[18] Greif, Avner., "Contract Enforceability and Economic Institutions in Early Trade: The Maghribi Traders' Coalition", in *the American Economic Review*, Vol.83, No.3, 1993.

[19] Jacob, David., "Silk Economics and Cross-Cultural Artistic Interaction", in *the Dumbarton Oaks Papers*, Vol.58, 2004.

[20] Stillman, Norman A., "Jews of the Islamic World", in *the Modern Judaism*, Vol.10, No.3, *Review of Developments in Modern Jewish Studies*, Part 1, Oct., 1990.

附　　录

1. 公元 9 世纪阿拉伯史地学家伊本·胡尔达兹比赫《道里邦国志》所记"拉唐犹太商人"篇章：

这些商人讲着阿拉伯语、波斯语、罗马语（Rūmīya）、法兰克语、安达卢西亚语（Andalusian）及斯拉夫语等，或经海路、或经陆路，从东方行至西方，又从西方行至东方。他们从西方贩卖来阉人、婢女、娈童、织锦、河狸皮、貂皮等皮革及宝剑等。他们从西海的法兰克起航，航行到凡莱玛（Farama）；在那里卸载货物之后，以骆驼驮运，行经 25 法尔萨赫（Farsakhs）到达古勒祖姆（Qulzum）；然后，从东海乘船，经古勒祖姆到达达伽尔（al Djar）和吉达（Jeddah），再从此航行到信德、印度和中国。他们从中国带回麝香、沉香、樟脑、肉桂及其他东方国家的货物，到达古勒祖姆，再航行到凡莱玛。然后，有些经西海到达君士坦丁堡，将货物卖给罗马人；有些经西海到达法兰克，在此贩卖货物。更有一些人经法兰克出发，到达安条克（Antioch），然后陆行三天到达伽比亚（al-Jabia），再航行至幼发拉底河，到达巴格达，再从底格里斯河航行到达乌布拉（al-Ubulla）；最后，经此航行至阿曼（Oman）、信德、印度及中国。所有道路都彼此联通。

还有很多路线经过陆路。这些商人从西班牙或法兰克出发，到达苏斯·阿克萨（Sus-al-Aksa），再到丹吉尔（Tangier）；再从此至凯鲁万（Kairouan）和埃及首都；然后，再到达拉姆拉（ar-Ramle）、大马士革、库法（Kufa）、巴格达和巴士拉（Basra），穿过阿瓦士（Ahwaz）、法尔斯（Fars）、克尔曼（Kirman），到达信德、印度及中国。有时，他们也行至罗马后部，通过斯拉夫之地，到达可萨（Khazaria）首府海姆利杰（Khamlij）；然后经此至里海，到达巴里黑（Balkh），再越过河中地区，至九姓乌古斯驻地（Yurt Toghuzghuz），最终至中国。[①]

2. 公元900年阿拉伯史地学家伊本·法基赫《地理志》所记"拉唐犹太商人"篇章：

由于商人经海路从东方到达西方，又从西方到达东方，来自亚美尼亚、阿塞拜疆、呼罗珊、可萨及里海的物资云集于剌吉思（Rhages）。他们将织锦、上好的丝绸（卡茨）从法兰克带到凡莱玛，再经海路到达古勒祖姆，并携带所有物资到达中国；然后再将肉桂、白屈菜等（肉桂等其他不明物资）所有中国物资从海路运至古勒祖姆，再将其带至凡莱玛。这些犹太商人被称为 Rāhdānīs。他们说着波斯语、希腊语、阿拉伯语及法兰克语（弗兰加语）。他们从凡莱玛出发，并贩卖麝香、芦荟、木材及与法兰克国王（弗兰加）相关的任何东西。随后，他们到达安条克，又至巴格达、乌布拉。[②]

3. 公元10世纪阿拉伯人阿布·赛义德·哈桑在《中国印度见闻录》（卷二）中所记"班雪在 Khānfū 屠杀伊斯兰教徒、犹太教徒、基督教徒、拜火教徒"篇章：

中国的情形，全都变样了。从尸罗夫港到中国的航运也中断了，这些都是起因于下述事件。在中国出了一位名叫班雪（Banshoa）的人，他非皇族出身，从民间崛起。此人初时狡诈多谋、仗义疏财，后来便抢夺兵器、打家劫舍，歹徒们追随如流……他的势力终于壮大。在众多的中国城市中，他开始向 Khānfū 进发。这里阿拉伯人荟萃，位于一条大河之畔。回历264年，班雪攻城破池、屠杀抵抗居民。据熟悉中国情形的人说，仅寄居城中经商的伊斯兰教徒、犹太教徒、基督教徒、拜火教徒，总计有十二万人被杀害。死亡人数如此确切，是因为中国人按他们

---

① Moshe Gil, "The Rādhānite and the Land of Rādhān", pp.299—328; L. Rabinowit, "The Route of the Radanites", pp.251—280; Solomon Katz, *The Jews in the Visigothic and Frankish Kingdoms of Spain and Gaul*, p.134; M. J. de Goeje, ed. Iban Khuradadhbih, "al-Masalik wa'l-Manalik", Leiden, 1889, pp. 153—155, in Norman A. Stillman, *The Jews of Arab Lands*, pp.164—165;（阿拉伯）伊本·胡尔达兹比赫：《道里邦国志》，宋岘译注，第164页。

② L. Rabinowitz, *Jewish Merchant Adventures: a Study of the Radanites*, p.198; Moshe Gil, "The Rādhānite and the Land of Rādhān", pp.306—307.

人数课税。班雪将此地桑树全部砍光,阿拉伯人失去了丝绸货源。

洗劫 Khānfū 之后,班雪接二连三地捣毁其他城市……不久竟打到京畿,直逼名叫胡姆丹(Khumdān)的京城。皇帝逃到邻近西藏边境的穆祖(Mudhu)……致信突厥托古兹古思(Taghazghaz)王请求援兵。其王遣子率军,将班雪镇压下去。中国皇帝回到了胡姆丹,京城被破坏殆尽,皇帝意志消沉,国库枯竭……豪强权贵便争夺霸权……强者一旦制服弱者,便捣毁一切……来中国通商的阿拉伯商人也遭到侵害,航行中国的海路阻塞不通了,灾难也殃及尸罗夫与阿曼等地的船长与领航人。①

4. 公元 883 年阿比尼西亚犹太人埃尔达德信件所记"埃尔达德被带到(אצין 中国?)"篇章:

我们是但的后代……耶罗波安(Jeroboam,北部以色列国王首任国王,? —公元前 910 年)号召以色列部族攻打罗波安(Rehoboam,犹大首任国王,公元前 931—前 913 年),众部族纷称不愿与同胞厮杀……但部落便出走,经过埃及沿尼罗河到达阿比尼西亚……亚述王辛那赫里布(Sennacherib)死后,拿弗他利(Naphtali)、迦得(Gad)、亚设(Asher)等部落也来到此地。我们居住在哈维拉(Havilah),每年都与图斯那(Tussina)、卡姆提(Kamti)、库巴(Kuba)、塔瑞欧格(Tariogi)、塔库拉(Takula)、卡尔姆(Karma)与卡娄姆(Kalom)等七个埃塞俄比亚王国交战。

……

我与一位亚设部落犹太人乘船,从埃塞俄比亚河对面出发。夜晚时船只不幸被风暴摧毁,我与同伴被海浪冲到岸边。食人族埃塞俄比亚黑人俘虏了我们。他们吃掉了我的同伴,我因生病被囚禁起来……不久一队人马来到此处,处死他们,将我带走,这些邪恶的人是琐罗亚斯德教徒。四年之后,他们将我带到 אצין。一位来自以萨迦(Issachar)部落的犹太商人用 30 个金币将我赎买,并带到他的家乡——他的家乡位于沿海山地,属于米底与波斯地区,他们讲希伯来语与波斯语……②

① (阿拉伯)阿布·赛义德·哈桑:《中国印度见闻录》(卷二),(日)藤本胜次译注、黄倬汉译,第 96—97 页。阿布·赛义德·哈桑此段的记载,也可参见李豪伟(Howard S. Levy):《关于黄巢起义的阿拉伯文史料译注》,第 284—287 页。

② Elkan Nathan Adler, *Jewish Travellers*, pp.9—15；A. Neubauer, "Where Are the Ten Tribes? II, Eldad the Danite", in *the Jewish Quarterly Review*, Vol.1, No.2, pp.99—103.

5. 唐代景教文献《尊经》所记汉译犹太人名：

1　尊经

2　敬礼：秒身皇父阿罗诃，应身皇子弥施诃，

3　证身卢诃宁俱沙，已上三身同归一体。

4　(敬礼)瑜罕难法王……摩矩辞法王、明泰法王

5　牟世法王、多惠法王……宝路法王、珉艳法王

7　……岑稳僧法王、廿四圣法王

8　……贺萨耶法王

9　报信法王

10　敬礼《宣元至本经》《志玄安乐经》

11　《多惠圣王经》

……

15　《仪则律经》

16　《牟世法王经》

17　《报信法王经》①

6. 唐代景教文献《一神论》所记"石忽人"与"石忽缘人"篇章：

……

251　如学生于自家死，亦得上悬高。有

252　石忽人，初从起手向死，预前三日，早约束竟。

253　一切人于后，欲起从死，欲上天去……

255　……彼石忽人执，亦如(执亦如)

256　从自家身上作语，是尊儿口论：我是弥师

257　诃，何谁作如此语？②

286　世尊许所以名化姚霤，执捉法从家

287　索，向新牒布里裹，亦于新墓田里，有新穿

288　处，山擘裂。彼处安置，大石盖，石上搭印。

289　石忽缘人使持更守掌，亦语弥师诃，有如此

①　林悟殊：《唐代景教再研究》，第347页。

②　其中第255行，聂志军作"人执，亦如"，王兰平作"执亦如"，见聂志军：《唐代景教文献词语研究》，第346页；王兰平：《唐代敦煌汉文景教写经研究》，第206页。

290　言：三日内于死中欲起，莫迷学人来。是汝灵（莫迷，学人来
是，汝灵）

291　枢，勿从被偷将去。语讫，似从死中起居。①

292　……石忽人三内弥师诃。喻如墓田，彼印从外

293　相。喻如从起手，从女生，亦不女身，从证见处。此

294　飞仙所使，世尊着白衣。喻如霜雪见，（雪，见）向持更

295　处，从天下来。此大石在旧门上，在开劫，于

296　石上坐。其持更者见状，似飞仙于墓田中来，

297　……遂弃墓田去……当时见者，②

298　向石忽人具论，于石忽人大赐财物。所以借

299　问逗留，有何可见？因何不说？此持更人云：一依前

300　者所论，弥师诃从死起，亦如前者说，女人等就

301　彼来处依法。石忽人于三日好看，向墓田将来

302　就彼分明。见弥师诃发迷（遣）去，故相报信，向学

303　人处……

……

345　石忽【人】不【受】他【处分】。拂林向石国伊大城里，声处破

346　碎却，亦是向量（响亮）。从石忽人被煞（杀），馀百姓并被

347　抄掠将去，从散普天下，所以有弥师诃弟子。③

7. 元代意大利马可·波罗《马可波罗行纪》所记"汗八里犹太人"篇章：

大汗得胜以后……凯旋入其名称汗八里之都城，时在十一月之中
也。……大汗届时召大都之一切基督徒来前，并欲彼等携内容四种福
音之圣经俱来。数命人焚香，大礼敬奉此经，本人并虔诚与经接吻，并
欲在场之一切高官大臣举行同一敬礼。……对于回教徒、犹太教徒、偶
像教徒之主要节庆，执礼亦同。有人询其故，则答之曰："全世界所崇奉

---

① 其中第 290 行，聂志军作"莫迷学人来。是汝灵"，王兰平作"莫迷，学人来是，汝灵"，详见
聂志军：《唐代景教文献词语研究》，第 348 页；王兰平：《唐代敦煌汉文景教写经研究》，第 208 页。
② 其中第 294 行，聂志军作"雪见"，王兰平作"雪，见"，见聂志军：《唐代景教文献词语研究》，
第 348 页；王兰平：《唐代敦煌汉文景教写经研究》，第 208—209 页。
③ 聂志军认为第 345 行应为"石忽人不受他处分"，录文与断句，详见聂志军：《唐代景教文献
词语研究》，第 347—350 页；王兰平：《唐代敦煌汉文景教写经研究》，第 208—209 页，第 211—
212 页。

之预言人有四,基督教徒谓其天主是耶稣基督,回教徒谓是摩诃末,犹太教徒谓是摩西,偶像教徒谓其第一神是释迦牟尼。我对于兹四人,皆致敬礼,由是其中在天居高位而最真实者受我崇奉,求其默佑。"①

8. 元代天主教传教士马黎诺里所记"汗八里犹太人"篇章:

    大汗命亲王二人,侍从吾辈,所需皆如愿所偿。……其款待远人之惠,感人深矣。居留汗八里大都,几达四年之久,恩眷无少衰。吾等衣服、馆舍、器具皆赠给上品。来此同事,共有三十二人,总计大汗供给费用,达四千余马克。留汗八里时,常与犹太人及他教派人,讨论宗教上之正义,皆能辩胜之。又感化彼邦人士,使之崇奉基督教正宗。因之拯救灵魂于地狱苦境者不少也。②

9. 元代阿拉伯旅行家伊本·白图泰所记"杭州犹太人"篇章:

    行十七日抵达汗沙城(杭州城)。该城名完全像是女诗人汗沙的名字,我不知道它是阿拉伯文名字,或是同音巧合呢?该城是我在中国地域所见到的最大城市。……我们到达时,有法官赫仑丁,当地的谢赫·伊斯兰,以及当地的穆斯林要人,都出城迎接,他们打着白色旗帜,携带鼓号。城长也列队出迎。该城共有六城,每城有城墙,有一大城墙环绕六城。全城的第一城由守城卫兵,在长官统率下居住。……进程后,当夜寄宿在军队长官的家中。第二日,由所谓犹太人进入第二城,城内居民为犹太和基督教人,以及崇拜太阳的土耳其人,他们人数很多。该城长官系中国人。③

10. 元代天主教传教士、泉州主教安德鲁(Andrew)尝自泉州致书于其故乡瓦尔敦(Friar Warden)叙述东方情形中所记"泉州犹太人"篇章:

    在此大帝国境内,天下各国人民,各种宗教,皆依其信仰,自由居住。盖彼等以为凡为宗教,皆可救护人民。然此观念,实为误谬。吾等

---

① (法)沙海昂注:《马可波罗行纪》,冯承钧译,第305页。
② 张星烺(编):《中西交通史料汇编》(卷1),第354页。
③ 伊本·白图泰:《伊本·白图泰游记》,马金鹏译,宁夏人民出版社,2000年,第551页。

可自由传教,虽无特别允许,亦无妨碍。犹太人及萨拉森人改信吾教者,至今无一人。然偶像教徒来受洗礼者,前后甚众。即受洗而不守基督正道者,亦复不鲜。①

11. 元代意大利雅各·德安科纳《光明之城》所记"泉州犹太人"篇章:

在上帝的保佑下我们来到了中国的领土,到达了刺桐城。在这个地区,当地的人把它叫做泉州,它是一个不同凡响的城市,具有很大规模的贸易,是蛮子的主要贸易地区之一。……我把从印度及其岛屿上带来的许多珍宝都搬到了刺桐城,因为我又害怕别人会垂涎我的财物,……虽然我备受我的兄弟 Snigaglia 的纳森·本·达塔罗(Nathan ben Dattalo)的爱心关怀——他是一个制造商,此后他和这个城里其他的犹太人一起给了我许多荣誉和赞扬——并保证我不会受到伤害……

在江堤边上有许多装着铁门的大仓库,大印度以及其他地方的商人以此来确保他们货物的安全。不过其中最大的是萨拉森人与犹太商人的仓库,像个修道院,商人可以把自己的货物藏在里面,这其中,既有那些他们想要出售的货物,也包括那些他们所购买的货物。

……

然而,来这个城市的商人还是那么多,有法兰克人、萨克森人、印度人、犹太人,还有中国商人,以及来自该省乡镇的商人,一年到头它都像一个巨大的交易市场,因而在这里你可以找到来自世界遥远地方的商品。

……

在城里,人们还可以听到一百种不同的口音,到那里的人中有许多来自别的国家……确实,城里有很多种基督教徒,有些教徒还布道反对犹太人;除此之外,还有萨拉森人、犹太人和许多其他有自己的寺庙、屋舍的教徒,每一种人都呆在城内各自的地方。

……

至于犹太人,他们的人数有两千,并有一处供祈祷用的房屋,赞美上帝,他们确信那间房子大致有 300 多年了。在我们船队上岸以后的第一个安息日,我与纳森·本·达塔罗、威尼斯人埃利泽尔以及拉扎

---

① 张星烺(编):《中西交通史料汇编》(卷1),第334页。

罗·德尔·维齐奥去了这个地方，……在这儿，他们向上帝祷告，祈求度宗皇帝受到保佑，因为这个城里的犹太人极度恐慌鞑靼人的来临。

……

不过，这个地方的基督教徒企图使犹太人皈依他们的信仰，但他们并没有使一个犹太人成为异教徒背叛他祖先的上帝，愿上帝得到赞美和颂扬。

……

中国的土地上有很多犹太人是在亚伯拉罕、以撒、雅各等我们的祖先时代就已到达此地，愿他们安息。……他们的容貌、他们的习俗和名字都已改变，以至很难把这些人与城里的其他人区别开来，……他们的《托拉》也是这样，所有的经文都是用蛮子文字写成的，然而里面夹杂着整段我们的语言，以至他们也不能看懂。

……

他们说在中国的土地上，有数以万计的中国犹太人，像在辛迦兰（Sinchalan）、Penlian、行在（Chinscie）、苏州（Suciu），此外还有许多其他的地方。因此在开封的会堂里有 Maccabees 和 Sirach 之子的佚书，纳森·本·达塔罗说他曾亲眼所见，我想那会是真的。在辛迦兰，犹太人非常多，很久之前很多人与萨拉森人、基督教徒、印度拜火教徒一起遭到了一个叫白巢（Baiciu）的人的屠杀……

在苏州，有 40 个犹太家庭住在这个城市北面的齐门附近，……在行在，犹太人住在城东的 Singte 与 Ouangian 门之间，……在刺桐，他们住在四宫街和小红花街，在这儿可以发现他们的学堂。……

在整个中国，也就是说包括契丹与蛮子、犹太人——愿上帝因他伟大的仁慈永远受到赞扬——身上并没有佩戴标记物。他们获得了很大的荣誉，这不仅是因为他们的财富，而且由于他们学识广博，医道高明及其他各种高超的技艺。另外，可以看出，蛮子人从犹太人身上学到了很多东西，虽然他们崇拜偶像，但对于用动物与植物做成的同一件织物并穿在身上的做法，上帝对此难容，他们的信仰也是不允许的。因为 Leviticus 书中写道，用亚麻线与羊毛混织而成的一件衣服是不能穿在身上的。

……

但是蛮子人中有很多人认为，所有从外国来的人都差不多，犹太人与萨拉森人，或犹太人与基督徒之间都没有什么区别。因此他们把萨拉森人与犹太人叫做那种长者大鼻子、不吃猪肉的人,上帝不容啊!说他们都是色目,用我们的话来说就是长着彩色眼睛的人。如此,即便是那些在人们中间有非常大差别的事情,他们也常错误地加以理解,混乱到了如此程度。

……

在这个城市里,正像每个民族都有自己的居住区、寺庙、街道、旅馆、库房一样,犹太人也如此,愿上帝受到赞美,正如我所写的一样,犹太人也有一所医院、一栋礼拜堂、一座学堂、一所学校,还有一处墓地,愿埋在那儿的人得以安息,阿门!……在城里所有来自其他国家的人中,只有犹太人在那个地方住的历史最悠久,愿上帝受到推崇赞美。因为,正如任何人所见到的一样,这个城市里有我们古老的祈祷堂,它已历经一千多年之久,祝愿我们平安与充足,……

在这个城里,基督教堂与偶像崇拜者以联姻的方式结盟,但是萨拉森人则很少这样做,而犹太人则从不这样做。……

这里商店数目比世界上任何城市的商店都多。商店里有各种各样的商品,如香料、丝绸、珠宝、酒以及油膏等,都可以在这里找到。……有一条街叫三盘街,那里全部出售丝绸,其种类不下二百种,这种纺织技术被认为是一种奇迹。另一条街全部是金银器商人,其中有些是萨拉森人,有些是犹太人,……

新年快要来临了,内萨维(Netzavim)安息日后再过两天,新年就到来了。大埃伦已经到行在去了,我和纳森·本·达塔罗、拉扎罗·德尔·维齐奥以及威尼斯的埃利埃泽尔一起,第一次去刺桐城犹太人的会堂,那些犹太人都是中国人。此后我们又去了附近的红花街一带,来自其他国家的犹太人习惯在那里做祈祷。……①

12. 元代汉籍所见"犹太人称谓与犹太人"篇章:

文宗天历二年(1329 年)三月,诏僧、道、也里可温、术忽、答失蛮为商者,仍旧制纳税。②

——《元史·文宗本纪》

---

①　(意大利)雅各·德安科纳:《光明之城》,杨民等译,第 145—192 页。
②　(明)宋濂等:《元史·文宗本纪》卷 33,北京:中华书局,1976 年,第 732 页。

元顺帝至正十四年(1354年)五月,各处回回(Huihui)、术忽殷富者,赴京师从军。①

——《元史·顺帝六》

僧、道、伊噜勒昆、珠赫,达实密为商者,仍旧制纳税。……各处回回、珠赫殷富者,赴京师从军。②

——《四库全书·元史》卷33,卷43

元英宗延祐七年(1320年)回回、也里可温、竹忽、答失蛮等纳税事宜。③

——《沈刻元典章》

元惠宗至元六年(1340年)宜禁答失蛮、回回、主吾人等叔伯为婚。④

——《元史·顺帝三》

辉和尔,原文作主吾,考元时诸色目人,无此名。⑤

——《四库全书·元史》卷40

李朵儿只左丞至元间为处州路总管。本处所产获蔗,每岁供给杭州砂糖局煎熬之用,糖官皆主鹊、回回富商也,需索不一,为害滋甚。李公一日遣人来杭果木铺买砂糖十斤,取其铺单,因计其价,比之官费有数十倍之远。遂呈省革罢之。⑥

——元人杨瑀(1285—1361)《山居新话》

至元十六年(1280年)十二月二十四日忽必烈下旨,从今以后,木速忽蛮回每木忽回回每,休抹杀羊者。⑦

——《沈刻元典章》

亦思哈,珠笏氏,从仕,至正元年上。⑧

——《至正金陵新志》(卷6)《官守志·题名·行御史台》

---

① 《元史·顺帝六》卷43,第915页。

② 台湾商务印书馆影印文渊阁《四库全书·元史》卷33,第9页,总第292册,第481页;卷43,第12页,总第292页,第601页。

③ 《沈刻元典章》,第35页。

④ 《元史》卷40,《顺帝三》,第858页。

⑤ 《四库全书·元史》卷40,《考证》,第1页,总第292册,第569页。

⑥ 杨瑀:《山居新话》,第5页。

⑦ 《沈刻元典章》,第20页。

⑧ 《至正金陵新志》卷六,叶64a,台北国泰文化事业有限公司《宋元地方志三十七种》第三册,影印元至正四年(公元1344年)刊本,1980年版。

13. 明代弘治二年《重建清真寺记》:

夫一赐乐业立教祖师阿无罗汉,乃盘古阿耽十九代孙。自开辟天地,祖师相传授受,不塑于形象,不诌于鬼神,不信于邪术。其时神龟无济,像态无佑,邪术无益。思其天者轻清在上,至尊无对。天道不言,四时行而万物生。观其春生夏长,秋敛冬藏,飞潜动植,荣悴开落,生者自生,化者自化,形者自形,色者自色。祖师忽地醒然,悟此幽玄,实求正数,参赞真天,一心侍奉,敬谨精专。那其间立教本至今传,考之在周朝一百四十六年也。一传而至正教祖师乜摄,考之在周朝六百十三载也。生知纯粹,仁义具备,道德兼全。求经于昔那山顶,入斋四十昼夜,去其嗜欲,亡绝寝膳,诚意祈祷,虔心感于天心,正经一部,五十三卷,有自来矣。其中至微至秒,善者感发人之善心,恶者惩创人之逸志。再传而至正教祖师蔼子剌,系出祖师,道承祖统。敬天礼拜之道,足以阐祖道之蕴奥。然道必本于清真礼拜:清者,精一无二;真者,正而无邪;礼者,敬而已矣;拜,下礼也。人于日用之间,不可顷刻而忘乎天,惟寅午戌而三次礼拜,乃真实天道之理。祖贤一敬之修何如,必先沐浴更衣,清其天君,正其天官,而恭敬进于道经之前。道无形象,俨然天道之在上。姑述敬天礼拜纲领而陈之:

始焉鞠躬敬道,道在鞠躬也;中立不倚敬道,道在中立也;静而存养,默赞敬道,不忘之天也;动而省察,鸣赞敬道,不替之天也;退三步也,忽然在后,敬道后也;进三步也,瞻之在前,敬道前也;左之鞠躬敬道,即善道在于左也;右之鞠躬敬道,即不善者在于右也;仰焉敬道,道在上也;俯焉敬道,道在尔也;终焉而拜道,敬在拜也。噫!敬天而不尊祖,非所以祀先也。春秋祭其祖先,事死如事生,事亡如事存,维牛维羊,荐其时食,不以祖先之既往而不敬也。每月之祭四日斋,斋乃入道之门,积善之基。今日积一善,明日积一善,善始积累。至斋,诸恶不作,众善奉行。七日善终,周而复始,是易有云,吉人为善,惟日不足之意也。四季之时七日戒,众祖苦难,祀先报本,亡绝饮食。一日大戒,敬以告天,悔前日之过失,迁今日之新善也。是易圣人于益之大象有曰,风雷益,君子以见善则迁,有过则改,其斯之谓与!

噫!教道相传,授受有自来矣。出自天竺,奉命而来,有李、俺、艾、高、穆、赵、金、周、张、石、黄、李、聂、金、张、左、白七十姓等,进贡西洋布于宋,帝曰:归我华夏,遵守祖风,留遗汴梁。宋孝隆兴元年癸未,列微五思达领掌其教，俺都剌始建寺焉。元至元十六年己卯，五思达重建古刹清真寺，坐落土市字街东南，四至三十五杖。殆我大明太祖高皇帝开国初，扶绥天下军民，凡归其化者皆赐地以安居乐业之乡，诚一视同仁之心也。以是寺不可典守者，惟李诚、李实、俺平徒、艾端、李贵、李节、李昇、李纲、艾敬、周安、李荣、李良、李智、张浩等，正经熟晓，劝人为善，呼为满剌。其教道相传，至今衣冠礼乐，遵行时制，语言动静，循由旧章，人人遵守成法，而知敬天尊祖，忠君孝亲者，皆其力也。俺诚医生，永乐十九年奉周府定王传令，赐香重修清真寺，寺中奉大明皇帝万万岁牌。永乐二十一年以奏闻有功，钦赐赵姓，授锦衣卫指挥，升浙江都指挥佥事。正统十年，李荣、李良自备资财，重建前殿三间。至天顺五年，河水洊没，基址略存，艾敬等具呈，按照先奉本府承河南布政使司札付等因至元年古刹清真寺准此。李荣复备资财，起盖深邃，明金五彩妆成，焕然一新。成化年高鉴、高锐、高铉，自备资财，增建后殿三间，明金五彩妆成，安置道经三部，外作穿廊，接连前殿，乃为永远之计。此盖寺前后来历也。天顺年石斌、李荣、高鉴、张瑄，取宁波本教道经一部，宁波赵应捧经一部赍至汴梁归寺。高年由贡士任徽州歙县知县，艾俊由举人任德府长史。宁夏金瑄，先祖任光禄寺卿，伯祖胜，任金吾前卫千兵；瑄置买供桌、铜炉、瓶、烛台；乃弟瑛，弘治二年，舍资财，置寺地一段；瑛与钟托、赵俊置碑石。俺都剌立基址启其端，李荣、高铉建造成其事，有功于寺。诸氏舍公帑，经龛、经楼、连龛、栏杆、供桌、付檐诸物器皿，亦为妆彩画饰周围之用，壮丽一方。

愚惟三教，各有殿宇，尊崇其主。在儒则有大成殿，尊崇孔子；在释则有圣容殿，尊崇尼牟；在道则有玉皇殿，尊崇三清。在清真，则有一赐乐业殿，尊崇皇天。其儒教与本教，虽大同小异，然其立心制行，亦不过敬天道、尊祖宗、重君臣、孝父母、和妻子、序尊卑、交朋友，而不外于五伦矣。噫嘻！人徒知清真寺礼拜敬道，殊不知道之大原出于天，而古今相传，不可诬也。虽然，本教尊崇如是之笃，岂徒求福田利益计哉？受君之恩，食君之禄，惟尽礼拜告天之诚，报国忠君之意。祝颂大明皇上，德迈禹汤，圣并尧舜；聪明睿智，同日月之照临；慈爱宽仁，配乾坤之广大；国祚绵长，祝圣寿于万年；皇图巩固，愿天长于地久；风调雨顺，共享太平之福。勒之金石，用传永久云。

开封府儒学增广生员金钟撰
祥符县儒学廪膳生员曹佐书

开封府儒学廪膳生员傅儒篆

弘治二年,岁在己酉,仲夏吉日,清真后人宁夏金瑛、祥符金礼并立。瓦匠吴亮、吴遵。①

14. 明代正德七年《尊崇道经寺记》:

赐进士出身朝列大夫四川布政司右参议江都左唐撰文
赐进士出身征仕郎户科给事中前翰林院庶吉士淮南高涝书丹
赐进士出身征仕郎前吏科给事中维扬徐昂篆额

尝闻经以载道,道者何? 日用常行古今人所共由之理也。故大而三纲五常,小而事物细微,无物不有,无时不然,莫匪道之所寓。然道匪经无以存,经匪道无以行,使其无经,则道无载,人将贸贸焉莫知所之,卒至于狂谈而窈冥行矣。故圣贤之道,垂六经以诏后世,迄于今而及千万世矣。至于一赐乐业教,始祖阿耽,本出西域天竺,稽之周朝,有经传焉。道经四部,五十三卷,其理至微,其道至妙,尊崇如天。立是教者惟阿无罗汉,为之教祖;于是乜摄传经,为之师法。厥后原教自汉时入居中国。宋孝隆兴元年癸未,建祠于汴。元至元十六年己卯重建。其寺古刹也,以为尊崇是经之所。业是教者不止于汴。凡在天下,业是教者,靡不尊是经而崇是道也。

然教是经文字,虽与儒书字异,而揆厥其理,亦有常行之道,以其同也。是故道行于父子,父慈子孝;道行于君臣,君仁臣敬;道行于兄弟,兄友弟恭;道行于夫妇,夫和妇顺;道行于朋友,友益有信。道莫大于仁义,行之自有恻隐羞恶之心;道莫大于礼智,行之自有恭敬是非之心;道行于斋戒,必严必敬;道行于祭祖,必孝必诚;道行于礼拜,祝赞上天,生育万物。动容周旋之际,一本乎诚敬也。至于孤寡孤独,疲癃残疾者,莫不赒恤赈给,俾不至于失所。贫而娶妻不得娶,与葬埋不能葬者,莫不极力相助,凡婚资丧具,无不举焉。及至居丧,禁忌荤酒,殡殓不尚繁文,循由礼制,一不信于邪术。下至权度斗斛,轻重长短,一无所敢欺于人。

求观今日,若进取科目而显亲扬名者有之,若布列中外而致君泽民者有之,或折冲御侮而尽忠报国者有之,或德修厥躬而善著于一乡者亦

---

① 陈垣:《陈垣学术论文集》(第1集),第256—259页。

有之矣。逮夫农耕于野，而公税以给；工精于益，而公用不乏；商勤于远，而名著于江湖；贾志于守，而获利于通方者，又有之矣。畏天命，守王法，重五伦，遵五常，敬祖风，孝父母，恭长上，和乡里，亲师友，教子孙，务本业，积阴德，忍小忿。戒饬劝勉之意，皆寓于斯焉。呜呼！是经也，日用常行之道所著者有如此。是故天命率性，由此而全；修道之教，由此而入；仁义礼智之德，由此而存。若夫塑之以像态，绘之以形色者，徒事虚文，惊眩耳目，此则异端之说，彼固不足尚也。然而尊崇于经者，其知所本欤！

道经相传，有自来矣。自开辟以来，祖师阿耽，传之女娲，女娲传之阿无罗汉，罗汉传之思哈祓，哈祓传之雅呵厥勿，厥勿传之十二宗派，宗派传之乜摄，乜摄传之阿呵联，呵联传之月束窝，束窝传之蔼之喇；于是祖师之教，灿然而复明。故凡业是教者，其惟以善为师，以恶为戒，朝夕警惕，诚意修身，斋戒节日，饮食可叵于经，而是矜是式，尊奉而崇信焉。则天休滋至，理惠罔愆，人人有德善之称，家家遂俯育之乐。如此，则庶于祖教之意无所负，而尊崇之礼无少忒矣。刻石于寺，垂示永久，咸知所自，俾我后人其慎念之哉。

大明正德七年壬申孟秋甲子重建寺。俺、李、高、维扬金溥请道经一部，立二门一座，宁夏金润立碑亭一座，金钟修撰碑亭。镌字张鸾、张玺。①

15. 清代康熙二年《重建清真寺记》：

夫一赐乐业之立教也，其由来远矣。始于阿耽，为盘古氏十九世孙，继之女娲，继之阿无罗汉。罗汉悟天人合一之旨，修身立命之原，知天道无声无臭，至微之妙，而行生化育，咸顺其序。所以不塑乎形象，不惑于鬼神，而惟以敬天为宗，使人尽性合天，因心见道而已。数传而后，圣祖默舍生焉，神明天亶，颖异超伦，诚心求道，屏嗜欲，忘寝膳，受经于西那山，不设庐，不假舍，礼日不坛不坎，扫地而祭，昭其质也。圣祖斋祓尽诚，默通帝心，从形声俱泯之中，独会精微之原，遂著经文五十三卷，最易最简，可知可能，教人为善，戒人为恶。孝悌忠信本之心，仁义礼智原于性。天地万物，纲常伦纪，经之大纲也；动静作息，日用饮食，

---

① 陈垣：《陈垣学术论文集》（第1集），第260—262页。

经之条目也。

其大者礼与祭。礼拜者，祛靡式真，克非礼以复于礼者也。礼拜之先，必斋戒沐浴，淡嗜欲，静天君，正衣冠，尊瞻视，然后朝天礼拜。盖以天无日不在人之中，故每日寅午戌三次礼拜，正以人见天之时，致其明畏，敬道敬德，尽其虔诚，日新又新。诗云，陟降厥土，日监在兹，其斯之谓欤。其礼拜时所诵之经文，高赞之，敬道在显也；默祝之，敬道在微也；进而前者，瞻之在前也；退而后者，忽然在后也；左之如在其左也；右之如在其右也。无敢厌斁，无敢怠荒，必慎其独，以畏明旦。诗云，小心翼翼，昭事上帝，其斯之谓欤。而其行于进反升降跪拜间者，一惟循乎礼。不交言，不回视，不以事物之私，乘其人道之念。礼曰：心不苟虑，必依于道；手足不苟动，必依于礼。道之在礼拜者如此也。（以上礼拜）

祭者，尽物尽诚，以敬答其覆载之恩者也。春月万物生发，祭用芹藻，报生物之义也。仲秋万物荐熟，祭用果实，报成物之义也。凡物之可以荐者，莫不咸在，不加调和，即所云大羹不调者也，而总以尽其诚信。礼曰，外则尽物，内则尽志，此之谓也。冬夏各取时食，以祀其祖先。祭之时以礼自持，堂上观乎室，堂下观乎上，既祭之末，均享神惠，而尤以其余畀之：道之在祭祀者，如此也。（以上祭）

小者如斋。斋者，精明之至也。七日者，专致其精明之德也。斋之日，不火食，欲人静察动省，存诚去伪，以明善而复其初也。易曰，七日来复，复其见天地之心乎？尤惧人杂于私欲，浅于理道，故于秋末闭户清修一日，饮食俱绝，以培养其天真。士辍诵读，农罢耕芸，商贾止于市，行旅止于涂。情忘识泯，存心养性，以修复于善，庶人静而天完，欲消而理长矣。易曰，先王以至日闭关，商旅不行，后不省方，其斯之谓欤！（以上斋）

冠婚死葬，一如夏礼。孤独鳏寡，莫不赒赈。经之纲领条目，难以备述。而圣祖制经之义，无非此刚健中正纯粹无私之理。斯道遂灿然明备，如皓日悬空。无一人不可见道，则无一人不知尊经矣。其中文字，虽古篆音异，而于六经之理，未尝不相同也。

教起于天竺，周时始传于中州，建祠于大梁。历汉唐宋明以来，数有变更，而教众尊奉靡斁，如饮食衣服之适于人，而不敢须臾离也。其寺俺都喇始创于宋孝隆兴元年。五思达重建于元至正十六年。李荣、李良、高监、高鋐、高锐于明天顺五年黄水湮没，复捐资重修。（以上寺）

殿中藏道经一十三部，方经、散经各数十册。教众日益蕃衍，亦惟敬天法祖,世奉宗旨,罔敢陨坠而已。明末崇祯十五年壬午,闯寇作乱,围汴者三。汴人誓守无二,攻愈力,守愈坚。阅六月余,寇计穷,引黄河之水以灌之,汴没于水。汴没而寺因以废,寺废而经亦荡于洪波巨流之中。教众获北渡者仅二百余家,流离河朔,残喘甫定,谋取遗经。教人贡士高选,承父东斗之命,入寺取经,往返数次,计获道经数部,散经二十六帙。聘请掌教李祯、满喇李承先,参互考订焉。至大清顺治丙戌科进士教人赵映乘,编序次第,纂成全经一部,方经数部,散经数十册。缮修已成,焕然一新,租旷宅而安置之。教众咸相与礼拜,尊崇如昔日。此经之所以不失,而教之所以永传也。(以上经)

然而,教众虽安居于垣,终以汴寺之湮没为歉。时大梁道中军守备教人赵承基,率兵防汴,修道路,成桥梁,招人复业。惧寺废而教众遂涣散莫复也,且不忍以祖宗数百年创守之业,而忽废于一旦也,遣士卒昼夜巡逻以卫之。乃弟映斗,应试入汴,相与从荆棘中,正其故址。汴人复业者日益繁,承基因数请教众复业,而李祯、赵允中遂负经旋汴,时已为顺治癸巳年矣。公议捐资修寺,众皆乐输,估工起建。尔时贡士高选等,生员高维屏、李法天等,具呈各衙门请示,安装古刹清真寺准复修理。赵承基等首捐俸资,李祯、赵允中等极力鸠工,出前殿于黄沙,由是前殿始立。进士赵映乘分巡福建漳南道,丁艰旋里,捐俸资独建后殿三间。至圣祖殿三间,教祖殿三间,北讲堂三间,南讲堂三间,大门三间,二门三间,厨房三间,牌坊一座,行殿九间,殿中立皇清万万岁龙楼一座,碑亭二座,焚修住室二处,丹垩黝漆,壮丽辉煌,或出自教众之醵金,或出自一人之私囊。寺之规模,于是乎成,较昔更为完备矣。见者莫不肃然起敬。(以上再言寺)

殿中原藏道经一十三部,胥沦于水。虽获数部,止纂序为一部,众咸宗之,今奉入尊经龛之中。其左右之十二部,乃水患后所渐次修理者也。其散帙方经,众各出资修补。而大参赵映乘作圣经纪变,乃弟映斗复著明道序十章。经文于是备,宗旨于是明。其灿然共著,如日月之在天,如江河之行地。经有真谛,解者不敢参以支离;经自易简,解者不敢杂以繁难。自是人知君臣之义,父子之亲,兄弟之序,朋友之信,夫妇之别,原本于知能之良,人人可以明善复初。其与圣祖制经之义,祖宗尊经之故,虽上下数千百年,如在一日。(以上再言经)

计自沧桑之后,赵承基、映斗正基址以启其端,赵映乘、高登魁登捐资起建以成其事,有功于寺。高选、赵映乘订证圣经于前,李祯等修补于后，有功于经。至于寺之牌匾对联，皆各衙门宦游河南者之所书也。赵承基任陕西固原西路游击，旋里览其胜概，因叹曰：数百年创制之隆，于今得复睹其盛矣，则后人之视今日，不犹今日之视昔人耶？犹恐其久而不传，欲勒诸石以垂不朽，而请记于予。予汴人，素知一赐乐业之教，且与游击赵承基、大参赵映乘、医官艾显生，为莫逆交，巅末颇能道其详。因据其旧记而增补之，俾任知其道之由来，且以见今日经寺之修，其教中诸人之功不可泯也。是为记。

特进光禄大夫侍经筵少傅兼太子太傅前刑部尚书今予告工部尚书刘昌撰文

钦差进士提督学政云南按察司副使李光座书丹

钦差进士提督学政广东按察司副使侯良翰篆额

大清康熙二年岁次癸卯仲夏上浣榖旦武安石匠王建玉镌石

碑阴题名

清真寺之修，始于宋孝隆兴元年，迄今已数百年于兹矣。虽数经变更，而寺址依然存立。乃自明末崇祯十五年壬午沧桑之后，寺基圮坏，见者莫不凄然。至我朝顺治十年癸巳，教众旋汴复业，公议捐资重修，而李、赵、艾、张、高、金、石等七姓，各输囊金，重建前殿三间，教祖殿三间。其后殿三间，尊经龛一座，乃兵巡漳南道副使、丙戌科进士赵映乘丁艰旋里，出俸资而独成之者也。至于圣祖殿三间，大门三间，二门三间，铜炉瓶六副，乃高登魁、高登科修之。北诵经堂三间，系艾姓同修。南讲堂三间，赵允中、允成、映衮率侄元鉴同修。艾生枝修牌坊一座。金之凤立殿中皇清万岁楼一座。赵允中、允成复修行殿九间，及殿中栏杆地屏，炉台供桌，殿前至大门内甬路，南经堂甬路。艾应奎率子丛生、永胤、显生、达生、复生等修石栏井一眼，石狮一对，凤灯一座，竹帘五挂，花扁七面。李辉置铜炉三副。艾世德置铜莲花灯二座，修殿前月台石栏，及北经堂甬路。艾惟一修厨房三间。赵允中、高登科、赵元鉴修周围大墙一道。艾世德、世芳修大门外花墙月台。其焚修住宅，及桌凳炉鼎，一切树木，应用器皿等物，七姓公置之。寺之规模于是成，犹然昔日之盛，其粉饰黝垩，较昔更为壮观。附勒碑阴，以志其盛云。

殿中旧藏道经十三部，壬午胥沦于水。贡生高选捞获七部，教人李承俊捞获三部，赍至河北，聘请掌教，去其模糊，裁其漫坏，参互考订，止篹成全经一部，尊入龛中，教人宗之。其在左一部，乃掌教李祯本旧经而重修之。其在右一部,乃满喇李承先重修之。其余十部,乃渐次修整者也。教中艾惟一与同族公修一部,赵允思修一部,金应选与同族修一部,高登魁修一部,赵映乘修一部,满喇石自俊修一部,李辉同侄毓秀修一部,高登科修一部,满喇张文瑞与同族修一部,满喇艾达生同兄弟子侄修一部,至是而十三部乃全矣。焕然一新,诵者易晓,观者悦服,要皆掌教满喇之所手著,而教众之所勷成。谨勒于石,俾后人知经寺之修,其有由也夫!(以上经)①

16.《清真寺赵氏牌坊并开基源流序》(残文)

夫清真坊之为寺重也大矣,且□□创教立寺亦有自来也。吾教始祖阿耽传之女娲,又传罗汉,教兴焉。今而经传,本天人之道,合孔孟之理。□□□□□□□奉命自天竺来,汉时入中华。于汴立寺,宋孝隆兴时也。□□□□□□□□□□列微五思达领掌其教,俺都剌立基,草创殿院。而教人七十有三姓,五百余家,教以敬皇天,尊经节用,即拜载□□□□□□□□□□□□□□□□□□□□□□,元至元五思达重建,寺苑又一新矣。至明高太祖元年,皆赐地□。周定王令赐香重修。及永乐时,俺诚□□□□□代孙,以奏闻有功,钦赐赵姓□□□□□□奉经随之,□□□正统中岁,又寺基圮坏,李荣见其颓,捐资建前殿,规模宏远。成化中,高鉴等力建后殿,相拟高深,妆金结彩,并作穿廊,接连前殿。前后殿即落成,无经又何以为宗?天顺年赵应由宁波奉经归汴,而经传焉。是时,有经如有源也。不期明末壬午菊月,河决而寺没,寺没经亦漂流。教人贡士高选,奉父命入寺取经,数度往返,虽流离各天,未尝一刻忘于经也。我大清定鼎,固原参将承基是时以大梁道中军守备率兵防汴,因数请教众复业,且惧寺废教散,乃立垣留守,而前后两殿始得全也。由今追昔,创地者,吾俺都喇锦衣公始也。复址者,吾参将承基又始也。进非人力,实天佑之也。既而教众旋汴复业者日多,又得各天守其旧典,而公均有功德也。而七姓公议捐资起建至清殿,又配以圣祖殿,与夫门墙一切工力,乃高姓捐资同修。后殿积广地平,惟人力已竭。吾教人赵映乘,清初进士,刑部郎中,兵巡浙闽,谒寺怆然,捐资千金,独建后殿,焕然大观。今日奉经日,行礼拜于祠

---

① 陈垣:《陈垣学术论文集》(第1集),第262—269页。

堂,尊崇如昔。教之有源,经之不失,诸人之功不可泯也□□□□教人捐金而前后两殿又金碧辉煌,较昔为盛矣。两庑之有诵经及讲堂也,□则□□□□□□全姓成之。□□□□□□□□□□□□□□□堂阶峻整,柏森松茂,大有清淑之概,巍然为梁园一胜境矣。惟寺前清真一坊,又日赵氏坊□□□□□□□□□□□□□□□□□□□□□□□□而□□□熟不急乃成之也耶? 庆我圣天子为颂为祝,宽仁慈爱□□□□□□□□□□□□□□□□□□□□□□□□□□□□□□□封翁大□□训□□□勿惮□想斯功而免斯也,遣长子元泯、元鑑,孙文龙、文凤,夙夜□□□□□□□未有□□□□□□□□起□□□□□□之□□先□处□□,尽一人之独力,一以壮千秋之□□□□□址,殿宇祠□□□溯海前□□□□□□□□□□□□□□□□自吾始祖□□□□□□□□□□父子兄弟共建于今。西来钟秀,俨然天道□□□传教,子孙相沿无穷□□□□□□□□□□□□□□□□□□无疑矣。今而后□□□□□□有□,增□□□□□□岂仅建坊已哉! 坊成而寺修,□□今之□□□又熟不乐出。是举□吾□□□□□□□□□□□□□□□也,经始于康熙戊午秋七月,落成于康熙己未春三月也。衮不文,谨稽首沐手聊记终始。

　　敕封文林郎知云南云南府宜良县知县加一级赵映斗建

　　　　赵映衮撰文　　　石匠□□□石□□

　　今予告工部□□□同知赵元枫督成　□匠□□□□化凤　铁匠□□□ □□枝

　　　儒士赵允成　画匠张文德　　石匠韩尚武、程得银镌

　　大清康熙拾捌年季春之月吉立①

17. 意大利耶稣会士艾儒略《职方外纪》所记"如德亚"篇章:

　　亚细亚之西,近地中海,有名邦日如德亚,此天主开辟以后,肇生人类之邦。天下诸国载籍上古事迹,近者千年,远者三四千年。而上多茫然不明,或异同无据。惟如德亚史书自初生人类至今将六千年,世代相传,及分散时候,万事万物,造作原始,悉记无讹,诸邦推为宗国。地甚丰厚,人烟稠密,是天主生人最初赐此沃壤。

---

① 李景文等编校:《古代开封犹太人——中文文献辑要与研究》,第42—44页。

其国初有大圣人曰亚把剌杭,约当中国虞舜时,有孙十二人,支族繁衍,天主分为十二区。厥后生育圣贤,世代不绝,故其人民百千年间皆纯一敬事天主,不为异端所惑。其国王多有圣德,乃天主之所简命也。至春秋时,有二圣王,父曰大味得,子曰撒剌满。当造一天主大殿,皆金玉砌成,饰以珍宝,声闻最远,中国所传谓西方圣人,疑即指此也。

此地从来圣宝多有受命天主,能前知未来事者。国王有疑事,必从决之。其圣贤竭诚祈祷,以得天主默启,其所前知,悉载经典,后来无不符合。经典中第一大事是天主降生,救拔人罪,开万世升天之路,预说甚详。后果降生于如德亚白德稜之地,名曰耶稣,译言救世主也。在世三十岁年,教化世人,所显神灵圣迹甚大且多。如命瞽者明,聋者听,喑者言,跛者行,病者起,以至死者生之类,不可殚述。有宗徒十二人,皆耶稣纵天之能,不假学力,即通各国语言文字。其后耶稣肉身升天,诸弟子分散万国,阐明经典,宣扬教化,各著神奇事迹,亦能令病者即愈,死者复生,又能驱逐邪魔。缘此时天下万国大率为邪魔诱惑,不遵天主正教,妄立邪主,各相崇拜,其所奉像又诸国不同,不止千万。自天主降生垂教,乃始晓悟真理,绝其向所崇信恶教,而敬信崇向于一天主焉。所化国土,如德亚诸国为最先,延及欧罗巴,利未亚大小千余国,历今千六百余年来,其国皆久安长治,其人皆忠孝贞廉,男女为圣为贤,不可胜数。

兹为畧述教中要义数端:一曰,天地间至尊至大为人物之真主大父者,止有其一,不得有二。一者,即天主上帝而已,其全智全能全善浩无穷际,万神人物皆为天主所造,故吾人所当敬畏爱慕者,独有一天主也。此外或神或人,但能教人纯一以事天主,即为善人吉神。若以他道诱人求福免祸,是僭居天主之位而明夺其权也,其为凶神恶人无疑,崇信祭祀此类者,不免获罪。一曰,天地间惟一天主为真主,故其圣教独为真教,纵之则令人行真善,而绝不为恶,可升天堂,永脱地狱。若他教乃是人所建立,断未有能行真善免罪戾,而升天堂脱地狱者。一曰,人有形驱,有灵魂;形驱可灭,灵魂不可灭。人在世时,可以行善,可以去恶,一至命终,人品已定,永不转移。天主于时乃审判而赏罚之。其人纯一,敬事天主,及爱人如己,必升天参配天神及诸圣贤,受无穷真福。若不爱信天主,违犯教戒者,必坠地狱,永受苦难也。其苦乐永永无改,更无业尽復生为人及轮回异类等事。故实欲升天堂脱地狱,只在生前实能为善去恶,无他法也。一曰,人犯一切大小过恶,皆得罪于天主者也。

故惟天主能赦宥之，非神与人所能赦，亦非徒诵念徒舍所能赎也。今人生熟能无过，欲赦宥，必须深悔前非，勇猛迁改。故初入教先悔罪，有拔地斯摩之礼。既重犯求解罪，有恭韭桑之礼。遵依圣教守戒，祈求必获赦宥。不然一生罪过，无法可去，地狱无法可脱也。所以教中要义，望人真改过迁善，以获赦免而享升天真福，自有专书备论云。

如德亚之西有国名达马斯谷，诒丝绵、缄屦、刀剑、颜料极佳。城有二层，不用砖石，是一活树纠结无隙，甚厚而高峻，不可攀登，天下所未有也。土人制一药甚良，名的里亚加，能治百病，尤解诸毒。有试之者，先觅一毒蛇咬伤，毒发肿胀，乃以药水许嗽之，无弗愈者，各国甚珍异之。①

18. 比利时耶稣会士南怀仁《坤舆图说》所记"如德亚"篇章：

亚细亚，天下一大州。人类肇生、圣贤首出。其界南至苏门答喇、吕宋等岛，北至新增白腊及北海，东至日本岛大清海，西至大乃河、墨阿的湖、大海、西红海、小西洋，国土不啻百余，大者首推中国，此外曰鞑而靼、曰回回、曰印第亚、曰莫卧尔、曰百儿西亚、曰度儿格、曰如德亚，俱此州巨邦。海中有大岛曰则意兰、曰苏门答喇、曰爪哇、曰渤泥、曰吕宋、曰木路各，更有地中海诸岛亦属此州界内。中国则居其东南，自古帝王圣哲、声名文物、礼乐衣冠，远近所宗，山川土俗、物产、朝贡诸国，详载省志诸书，不赘。西北有回回诸国，人多习武，亦有好学好礼者。初宗马哈默之教，诸国多同。莫卧尔、印度有五，惟南印度仍其旧，余四印度皆为莫卧尔所并。其国甚广，分十四道，象三千余，尝攻西印度。其王统兵五十万、马五十万、象二百。每象负一木台，容人二十，载铳千门，大者四门，每门驾牛二百。盛载金银五十巨罂，以御不胜，尽为莫卧尔王所获。东印度有大河名安日，谓经此水浴，作罪悉得消除。五印度人咸往沐浴。东近满喇加国，各人奉四元行之一，死后各用本行葬其尸，奉土者入土，奉水者投水火，奉气者悬尸于空中。最西有名邦曰如德亚，其国史书载上古事迹极详。自初生人类，至今六千余年，世代相传。及分散时候，万事万物造作原始，悉记无讹。因造物主降生是邦，故人称为圣土。春秋时有二圣王，父达味德、子撒喇满，造一天主堂，皆

---

① （意）艾儒略：《职方外纪》，谢方校释，中华书局，1996 年，第 52—55 页。

金玉砌成,饰以珍宝,穷极美丽,费以三十万万。王德盛智高,声闻最远。中国谓西方有圣人,疑即指此。古名大秦,唐贞观中曾以经像来宾,有景教流行碑刻可考。如德亚之西有国,名达马斯谷,产丝、绵、绒、罽、颜料,极佳。城不用砖石,是一活树纠结,甚厚无隙,高峻不可攀登,天下所未有。①

---

① (比利时)南怀仁:《坤舆图说》卷下,《亚细亚洲》,中华书局,1985年,第65—68页。

后　记

我对于古犹太人入华问题的关注始于 2011 年在清华大学历史系读博士期间，博士期间主要以 9 世纪中叶阿拉伯史地学家伊本·胡尔达兹比赫《道里邦国志》所记"拉唐犹太商人篇章"为中心探讨了唐代犹太人入华的若干历史问题，撰写完成了博士论文《唐代犹太商人入华考——以拉唐犹太商人为中心》。近些年来，我在博士论文研究基础上对古犹太人入华问题进行了系统研究，将先前以拉唐犹太商人为中心对唐代犹太商人入华的研究，拓展到对唐代汉籍所记犹太人信息、宋元犹太人入华以及宋元汉籍所记犹太人信息等内容，前后历经十余年方得以成此著作。

该著作之完成得益于诸多师友的帮助与各类机构的资助。我的导师张绪山教授从研究之始便给予了我深刻的指导与帮助，为该问题研究顺利完成奠定了基础。在研究过程中，受惠于徐新、刘北成、彭刚、李锦绣、张倩红、梅雪芹、施诚、李景文、宋立宏、张弢等老师的指导，他们在我博士论文撰写、答辩或该问题研究过程中给予了很多良好的建议。2015—2017 年我在美国布兰迪斯大学（Brandeis University）访学期间，该校近东与犹太学系为我提供了良好的学习与研究环境。其间在乔纳森·萨纳（Jonathan D. Sarna）、鲁文·基梅尔曼（Reuven Kimelman）与乔纳森·德克特（Jonathan Decter）等教授指导下学习犹太史，并收集了大量研究所需的文献资料，同行的张礼刚、胡浩、王彦、李晔梦、孟凡军等师友为我提供了诸多便利。

该著作中的一些篇章内容先前曾发表在牛津大学《犹太研究》以及《敦煌研究》《西域研究》等国内外各个期刊上，其间一些国内外专家学者对某些研究问题提出了良好的建议，促进了该研究的完成。同时，关于古犹太人入华问题的研究先后得到了陕西省、教育部与国家社科基金等项目资助才最终得以完成并付诸出版，在此过程中一些匿名专家也为该问题研究提出了很多中肯的意见。当然，该研究的完成还受惠于许多其他同行与友人的帮助，该著作的出版离不开上海人民出版社以及刘畅编辑的辛苦付出。在此对所有师友的指导、建议与帮助以及相关机构的资助表示最深厚的谢意,并恳请诸位方家批评指正。

最后,该著作的完成与问世离不开家人的支持,对我的母亲茹雪利与我的妻子黄冬秀女士的帮助与理解深表感谢!

李大伟

2023 年 5 月于西安白鹿原

图书在版编目(CIP)数据

古犹太人入华研究/李大伟著.—上海:上海人
民出版社,2024
ISBN 978-7-208-18722-1

Ⅰ.①古… Ⅱ.①李… Ⅲ.①犹太人-民族历史-研
究 Ⅳ.①K18

中国国家版本馆 CIP 数据核字(2024)第 025113 号

责任编辑 刘 畅
封面设计 夏 芳

古犹太人入华研究

李大伟 著

出 版 上海人民出版社
     (201101 上海市闵行区号景路 159 弄 C 座)
发 行 上海人民出版社发行中心
印 刷 上海商务联西印刷有限公司
开 本 720×1000 1/16
印 张 20
插 页 2
字 数 330,000
版 次 2024 年 2 月第 1 版
印 次 2024 年 2 月第 1 次印刷
ISBN 978-7-208-18722-1/K·3351
定 价 88.00 元